中国对外经贸统计学会学术委员会组稿

中国国际贸易统计研究 90年纪念文集

主　编　贾怀勤
副主编　陈全润

对外经济贸易大学出版社
中国·北京

图书在版编目（CIP）数据

中国国际贸易统计研究 90 年纪念文集 / 贾怀勤主编；陈全润副主编. —北京：对外经济贸易大学出版社，2021.11

ISBN 978-7-5663-2329-3

Ⅰ. ①中… Ⅱ. ①贾…②陈… Ⅲ. ①国际贸易–贸易统计–中国–纪念文集 Ⅳ. ①F746.18-53

中国版本图书馆 CIP 数据核字（2021）第 221398 号

中国国际贸易统计研究90年纪念文集

ZHONGGUO GUOJI MAOYI TONGJI YANJIU 90NIAN JINIAN WENJI

贾怀勤 **主 编**

陈全润 **副主编**

责任编辑：陈培风

出版发行：对外经济贸易大学出版社
社　　址：北京市朝阳区惠新东街 10 号
网　　址：www.uibep.com
资源网址：www.uiberesources.com
邮政编码：100029
邮购电话：010－64492338
发行部电话：010－64492342
E-mail：uibep@126.com

成品尺寸：170mm×240mm
印　　张：20.25
字　　数：386 千字
ISBN 978-7-5663-2329-3
印　　刷：北京九州迅驰传媒文化有限公司
版　　次：2021 年 11 月北京第 1 版
印　　次：2021 年 11 月第 1 次印刷
定　　价：70.00 元

序

90 年前，杨端六和侯厚培撰写《六十五年来中国国际贸易统计》，对 1856—1931 年这 65 年间的中国对外贸易数据进行了系统的整理，并开展了卓有成效的统计研究，得到了一些有意义的发现。在此之前，中国的国际贸易统计基于海关 –总税务司的关册记录。关册所用货物的名称和分类，几经变更；且所用贸易值计量单位既不是中国流通货币，更不是国际通用货币，而是海关当局为征税所设计的虚拟单位“海关两”。这样的关册，只相当于会计账页，没履行统计整理和分析的流程。这期间或有个别学者对某时间段和某类别的货物的进出口做过研究，由于数据的不系统和观察对象的局部性，尚称不上国际贸易统计研究。上述著作第一次制订了较为科学的商品分类和列名，整理出以国际通用货币计价的贸易值时间数列。因此，中国国际贸易统计的系统研究，乃是以 90 年前杨端六和侯厚培研究成果为发端。

2021 年 5 月 15 日，由中国对外经济贸易统计学会统计委员会策划，中国对外经济贸易统计学会主办，对外经济贸易大学统计学院承办的“国际贸易统计研究传承与发展”学术报告会成功举办。我们将该报告会内外的相关论文汇集成册出版，以纪念中国国际贸易统计研究 90 年。

90 年前，杨端六先生曾憧憬有朝一日中国的对外贸易能够赶超发达国家。90 年后的今天，中国已经成为位于世界前列的贸易大国，正在向贸易强国迈进。在这 90 年间，国际贸易经历了从货物贸易占据绝对地位，到服务贸易与货物贸易并驾齐驱，再到数字贸易引领的演进过程。

本文集收入 23 篇文章。所论远至对 90 年前杨端六和侯厚培成果的回顾和评说，近到数字贸易测度方法的研讨。此外有中美贸易平衡研究及最新现状研究、服务贸易统计方法和其他一些专题。期望与读者分享上述领域的某些最近研究进展和发现，也愿意接受同行们的批评和指教，共同推进中国的国际贸易统计研究。

中国对外经济贸易统计学会学术委员会主任　贾怀勤

2021 年 6 月

目　录

90年来国际贸易统计研究的四部代表性著作①

贾怀勤

摘　要：本文对近90年间中国国际贸易统计研究的四部代表性著作做出介评。1931年杨端六的著作使用规范的统计方法系统整理了1864—1928年中国海关关册数据，开启了中国国际贸易统计研究先河。1958年陈及时的著作实现了中国国际贸易统计学科开创，提出面向世界、研究导向，确立以具有国际可比性的海关统计作为中国（货物）贸易统计主流，为后世的国际贸易统计研究奠定了基本原则。贾怀勤1988年的著作承继陈及时的学科原则，冲破当时业务统计"一枝独秀"的局面，重新确立了贸易统计的国际可比原则和海关统计的重要地位，并且由货物贸易统计拓展到其他涉外经济统计。贾怀勤2018年的著作从全局广度、历史深度和理论高度对当代国际贸易统计的研究成果进行了概括和总结，论证了国际贸易统计学科在学科体系中的地位，总结了该学科研究对象特点和特有的研究方法，高度肯定了它对中国建设全面开放型经济和参与国际经济治理的重要意义，此文还为即将兴起的数字贸易测度做了伏笔。

关键词：国际贸易统计；代表性著作；杨端六；陈及时；贾怀勤

90年来，中国国际贸易统计研究领域先后出现了四部代表性的著作，它们分别是1931年杨端六和侯厚培著的《六十五年来中国国际贸易统计》、1958年陈及时和刘伯午著的《对外贸易统计学》、1988年贾怀勤著的《对外经济贸易统计概论》和2018年贾怀勤著的《国际贸易统计：理论、规范与实务》。这四部著作的间隔大致都是30年，且处于中国对外贸易发展的关键节点上，因而具有里程碑意义。

---

① 基金项目：国家社会科学基金后期资助项目"国际贸易统计学"（16FTJ001）之对外经济贸易大学后续项目"当代国际贸易统计若干问题研究"（307/891703）。

国际贸易统计，与其他经济领域的统计研究一样，狭义上讲就是对该经济领域统计数据的采集、整理和分析方法的研究，从广义上讲还包括使用统计数据对相关经济问题的研究。本文主要针对狭义的统计研究。为方便起见，将这四部著作分别简称为“杨书”“陈书”“贾88书”和“贾18书”。

一、杨书开系统研究中国国际贸易之先河

杨书在中国近代的国际贸易统计研究史上具有重要的地位。这是因为：一方面，它是截止到当时唯一一部系统研究近代中国对外贸易统计的著作；另一方面，整个中国近代期间也只有这部著作，如果说再有研究近代中国对外贸易统计的话，已经是数十年后的当代研究成果了①。

（一）中国国际贸易统计研究始自杨书

在当代中国，海关统计几乎成了对外（货物）贸易统计的同义语。而一提海关统计，往往上溯到1864年洋员主管的中国海关开始编纂关册。杨书所称“六十五年”，即是从1864年至1928年这65年。但是这65年中并未开展过贸易统计工作。

官方统计活动包括数据采集、整理和初步分析等三段流程。进出口报关单只是货物贸易数据的原始载体，未经后续工作，就不能形成系统的贸易统计数据。近代中国海关当局出于征税的需要，采集进出口货物数据，然后汇编成关册。65年中关册的货物的名称和分类，几经变更；且所用贸易值计量单位既不是中国流通货币，更不是国际通用货币，而是海关当局为征税所设计的虚拟单位“海关两”。这样的关册，只相当于会计账页，没履行统计整理和分析的流程。这期间或有个别学者对某时间段和某类别的货物的进出口做过研究，由于数据的不系统和观察对象的局部性，尚称不上国际贸易统计研究。

杨书第一次解决了上面提到的两个问题：制订较为科学的商品分类和列名，整理出以国际通用货币计价的贸易值时间数列。杨书还使用了90年后的今天仍然使用的数据表列、图示和分析方法。杨书编有统计图18份、统计表24份，对多张统计图写有文字和数字说明，对每一份表都写有文字说明。在这个意义上，可以将1931年作为中国国际贸易统计研究“元年”。

---

① 有两部海外学者撰写的著作：（1）Hsiao Liang-lin: China’s Foreign Trade Statistics, 1864–1949, Published by East Asian Research Center, Harvard University, Distributed by Harvard University Press, Cambridge, Mass. 1974.（2）Thomas P. Lyons, China Maritime Customs and China’s Trade Statistics, 1859–1948. Trumansburg, N.Y.: Willow Creek Press, 2003.

一篇国内学者论文：吴松弟，伍伶飞. 近代海关贸易数据摘编本存在的问题分析——以全国年进出口额和各关直接对外贸易额为例[J]. 中国社会经济史研究，2013（4）.

（二）杨书的主要贡献

首先，制订进出口货物分类体系，包括货物名称的统一确定和货物名目的结构体系。编制进出口分商品的历年货值表。

其次，编算折成美金的历年货值和用物价指数折算的历年不变价格货值。

再次，编制分国别、分港别的进出口历年货值表，按年份列出的国别×商品、港别×商品的三维货值表。

最后，绘制多种形式统计图，举凡现代经济统计学常用的时间数列线性图、条形图、结构比率柱形图等图式都有绘制。

该书为当世和后世研究晚晴和民初的对外贸易提供了一套翔实且科学编列的数据和多份统计图表及所发现的规律性认识。

（三）统计整理与分析

1. 为近代海关开发出商品分类体系。

海关关册的分类是为征税方便，而杨书主要依据商品的生产加工深度，辅以原料性质、开发的商品分类方案，分类方案制订后，还得将把历年关册所载数据分配到各类中，这也是一个相当复杂的工作。其中难点在杨书自序中有详细陈述。

2. 整理具有可比性的历年进出口值数列。

（1）历年进出口货值的整理，海关两向美金的折合。1874 年以前，各项货值都是按各海关所在地所用之银两计算。1874 年，海关起用专门的征税货币——关平银，其计量单位为海关两（Haikwan Tael，复数缩写为 Hk.Tls.）。杨书在整理时，解决了将 1974 年前原采集的各地货值数据折算成海关两的问题。

为解决国际对比性问题，经过慎重考虑采用美金（而非当时国际市场影响更大的英金）作为计价货币单位。在实际换算中，海关两与美金比价，根据历年海关报告册内所载。

（2）货值的指数平减。为尽可能真实反映进出口货物规模的变动，需要使用物价指数对货值进行平减。然而当时不存在贯穿全时段的物价指数，更没有直接相关的进出口物价指数。经反复考虑，使用了前后相继的三套物价指数①作为链接平减。

3. 中国出口分类货值及其占比分析。对 1928 年中国出口货物的研究发现，食品及烟草、原料及半成品和制造品大致是各占三成多点；在食品及烟草部，

① 自 1874 年至 1893 年，为日本货币委员会所做的指数；自 1894 年至 1922 年，为南开大学何康所编指数；自 1923 年至 1938 年，为当时国民党政府财政部驻沪调查物价处的指数。

黄豆明显排在首位；在原料及半制造品部，又是豆饼居首；丝绸制品在制造品部中占据绝对优势。

4. 中国的主要贸易伙伴分析。

以1928年为例，中国（内地）的主要出口贸易伙伴，除了香港作为转口贸易港外，按出口值分别是日本、美国、德国、苏联、法国、英国和德国。而同年中国（内地）的主要进口贸易伙伴也是这7个经济体，只不过后4个的顺序与出口有异。

（四）发现中国对外经济贸易重要趋势——贸易与货币“双入超”

杨书发现：1864—1928年这65年间，贸易出超不过2 700万两，入超乃至498 000千万两。而1899—1928年间，金银入超达538 417 210两。

杨书认为：按照经济原则，货物入超必有金银出超以为抵偿。中国这期间贸易和金银双入超则必是另有原因。考虑有如华侨汇款回国、外国借款与中国、外国军民在中国境内的费用等项，未必能够对此做出完全解释。因此作者推测，很可能是近年来外国人对于中国的投资有很大的进步。

须知，当时国际上尚无国际收支统计的概念，即便是外汇收支，中国也不具备，有的只是海关对金银硬通货的输入和输出。杨书作者此时能够有“无形贸易”和资本往来的国际借款和国外投资的认识，其经济学识应该是相当深厚的。

（五）近代杨书之后无人出其右

1931年之后有两方面重大事件发生，使全面深入研究中国对外贸易统计多为不便，客观上造成了近代史后期没有新的系统研究中国国际贸易成果。

1. 1930海关征税改行关金制度。

1930年1月15日，当时国民党政府宣布实施关金制度，自2月1日起用海关金单位计征进口税，以代替过去的海关两。应该缴纳的关税，得按官定价格由银两或其他货币折算成关金。1931年5月中央银行正式发行关金券，作为缴纳关税之用。

关金代替关平银作为征税和货值统计单位，对于中国国际贸易统计提出了一个前后期衔接问题。

2. 日本侵华战争，控制沦陷区财经、贸易和海关。

1931年“九一八事变”后，总税务司署事实上不能再掌控东北各海关。1941年太平洋战争爆发后，更形成了上海伪“总税务司署”控制多数东南沿海和长江口岸海关以及国民党政府总税务司署控制其他各海关的局面。就此造成了关境和统计地理范畴的混乱。

有两部由海外学者撰写的比较系统地研究整个中国近代的国际贸易的著作，较远的一部是在 1974 年①，较近的一部是在 2003 年②。2013 年有论文③指出杨书“在数据计算、引用、表述和整理方法上都有一些错误或不当之处”，但这毕竟是 82 年以后的批评了。

二、陈书标志中国国际贸易统计学科建立

中国国际贸易统计作为国际贸易学科与经济统计学科的交叉子学科，始自 20 世纪 50 年代。本学科的名称经历的从国际贸易统计到对外贸易统计再到国际贸易统计的两番变化，称为对外贸易统计，正是从 20 世纪 50 年代开始的。期间变化原因，将在下文中做出解释。但是作为连续的学科存在，还是统称为国际贸易统计。

（一）学科背景和陈书的写作经过

20 世纪 50 年代初中国社会主义建设学习苏联的计划经济模式，高校经济管理学科的设立对应各个行业，是谓部门经济学，如工业经济学、农业经济学、财政经济学和对外贸易经济学等。每个部门经济学科都包含讲授一般经济规律和部门经济规律的理论课程、部门经济运营的实务课程，还有部门经济的管理课程。部门统计学就是作为管理课程开设的。对外贸易统计学最早是 1952 年在中国人民大学贸易经济系开设的，讲授内容基本是苏联的对外贸易统计，使用苏联原版教材。

1954 年北京对外贸易专科学校与中国人民大学外贸专业合并，成立北京对外贸易学院（对外经济贸易大学前身），对外贸易统计学遂成为该学院对外贸易经济学科的一个子学科。任课教师陈及时、刘伯午边讲课边着手编写教材。他们到外贸部和海关总署④等单位调研，并大量搜集相关教学资料，丰富课题教学内容。经过消化、吸收，结合国情，使课程内容逐渐中国化。至 1956 年写成适合中国国情的教材初稿，又几经征求意见，于 1958 年出版。这是“文革”前国内唯一一部关于外贸统计的教科书，被称为中国对外贸易统计学科的建立

① Hsiao Liang-lin: China's Foreign Trade Statistics, 1864—1949, Published by East Asian Research Center, Harvard University, Distributed by Harvard University Press, Cambridge, Mass. 1974. 汉译为萧良林（音）著《中国对外贸易统计（1864—1949）》。

② Thomas P. Lyons, China Maritime Customs and China's Trade Statistics, 1859—1948. Trumansburg, N.Y.: Willow Creek Press, 2003. 汉译为汤姆司·莱恩斯著《中国海关与中国贸易统计》。

③ 吴松弟，伍伶飞. 近代海关贸易数据摘编本存在的问题分析——以全国年进出口额和各关直接对外贸易额为例[J]. 中国社会经济史研究，2013（4）.

④ 此时海关总署已经由国务院组成单位转为对外贸易部下辖单位。

标志①。

陈书详尽阐明了对外贸易统计的机构与实施、对外贸易商品流转的数量统计方法和价值统计方法、对外贸易统计的商品目录和分类统计方法、进口来源国统计和出口运销国统计、对外贸易数据的加工分析方法、数据的相互比较等专门方法、这些在后来的同类著作都有延续。

（二）陈书的两大编写原则

1. 面向世界，研究导向。

陈书写对外贸易统计，不是局限于中国一国，而是放眼世界。该书将资本主义国家对外贸易统计作为全书的第一部分，且文字量占到全书的 68%。这是因为资本主义发达国家工业化较早，因而较早地建立起对外贸易统计制度，形成了较为完整的对外贸易统计方法体系。所谓面向世界的对外贸易统计，首先是面向资本主义发达国家。即便对中国，作者也没有无视历史，而是回顾了1859—1949 年的对外贸易统计活动，并将之置于第一部分。在第二部分，该书主要写新中国的对外贸易统计，顺便提及社会主义阵营的对外贸易统计。

在那个一切讲求政治挂帅、阶级斗争的年代，作者的高明之处就在于以批判的口吻对待资本主义国家的对外贸易统计，第一部分各章节几乎都有批判资本主义国家对外贸易统计的文字，并且在第一章第三节集中写了“对资本主义国家对外贸易统计的一般的批判”。

2. 以海关统计为中国对外贸易统计基本制度，确立统计数据的国际可比基础。

书中引入了苏联对外贸易的“三核算”说法，既指出我国的对外贸易核算是“业务、会计和统计三种核算所构成的完整体系”，又明确“业务核算和会计核算，都不是本课程所要阐述的对象”。

陈书强调：“对外贸易中的统计核算就是海关统计”，“它是记录通过边境的商品的转移”。“与业务核算和会计核算不同，统计核算所注意的不是每个单独事实而是大量现象”，其任务是“说明这些现象的规律，确定和考察这些现象发生变化的原因”。

海关统计的国际意义在于，由于海关资料的国际可比性，“在举行贸易谈判和缔结商约和协定时，都要利用海关资料”。

关于业务核算，陈书归纳了其两个显著特点：

（1）业务核算是进出口业务的全流程核算。“在出口业务方面，进行着签订

---

① 中南财经大学编，经济科学学科辞典，对外贸易统计学词条，经济科学出版社，1987 年出版，共收词条 390 条。

出口协定和合同以及它们执行情况的核算、出口商品发货的核算、出口商品库存的核算，等等。在进口业务方面，进行着签订进口协定和合同以及它们的执行情况核算、进口商品的接收以及把它们拨交用货部门的核算、进口商品库存的核算，等等”。

（2）业务核算的系统报表方式。“业务核算的任务是将对外贸易业务进程的资料进行系统的登记以编制报表”，“便于对各对外贸易组织实行业务领导并对其活动进行日常的监督”。

“对外贸易组织将有关业务执行情况的各种资料登记在专门卡片上”。“业务核算所使用的资料很多是用电报和电话来传递”。“业务核算的资料，由对外贸易组织进行定期汇总。国家根据对外贸易组织的业务报表编制全国对外贸易的综合资料”。

在“文革”前，陈书一直作为对外贸易统计学的经典著作在各高校的对外贸易经济学科中发挥影响力。

陈书所说的业务核算，就是当时在对外贸易国营经济系统业已建立起来的“进出口业务统计”。随着社会主义革命的深入，私营企业从事对外贸易的主体越来越少，国营进出口公司的进出口流转额占比越来越多，逼近100%。称为进出口业务统计的业务核算已经成为与海关统计平行的全国性、全行业统计。

三、贾88书对国际贸易统计学科的传承和发展探索

（一）贾88书的大背景

1. 国际贸易统计学科发展的中断。

国际贸易统计学科中断，有两层意思：一是指不开设贸易统计课程，二是指以片面的对外贸易业务统计取代国际贸易统计，从而背离了国际贸易统计学科创始者陈及时和刘伯午的学科导向。

1968年，在“怀疑一切”，批判“不合理的规章制度”的大背景下，以“海关统计与进出口业务统计功能和任务重复”为借口，取消了海关的统计职能。

1966年6月以后全国高校停课，后来进一步发展到许多高校停办。全国只有辽宁财经学院（简称辽财，现东北财经大学）没有中断对外贸易专业教学。1970年，陈及时等13名教师调往辽财。

1978年恢复高考，北京对外贸易学院也恢复国际贸易专业。此时所开设的对外贸易统计课程，以对外贸易业务统计制度为参照，讲授业务统计的指标体系和报表方法——即陈书所说的业务核算。此课程相当于对外贸易业务统计制度指标定义和操作流程的诠释。

由于北京对外贸易学院在全国国际贸易专业中的标杆地位，国内各高校的

外贸统计课程也是讲授业务统计。

2. 海关统计恢复和多项外经统计建立。

随着国家对外开放的逐次展开，在涉外经济统计方面发生了一系列积极的变化：1980 年国家决定恢复海关总署建制，并恢复统计职能，从 1981 年开始恢复统计数据发布。1981 年建立国际收支统计制度，由中国人民银行及后来成立的国家外汇管理局负责。1982 年建立国际旅游统计，由国家旅游局负责。1982 年建立对外工程承包和劳务合作统计，由对外经济贸易部负责。1983 年建立利用外资统计制度，由对外经济贸易部负责。

（二）贾 88 书的编纂

1. 贾 88 书的构想。

1985 年 8 月起，经过在国外长期进修、实习和考察的贾怀勤开始筹划编写一部展现中国对外贸易统计新架构和新图景的著作。他对这部新书的构想是：（1）在主导思想上继承陈书的两大原则；（2）为适合开放型经济建设的需要，以全球通行的联合国国际贸易统计规范为依据；（3）考虑到业务统计在外贸工作中已经形成的地位和实际需求，在全书中给予业务统计一定篇幅；（4）不但要写货物贸易统计，还要写反映中国对外经济关系的专项统计。

2. 贾 88 书获得前辈鼓励和同行专家支持。

贾怀勤在构思和编制这部新书时，除了得到陈及时和本校其他几位老师的支持外，还从戴世光老前辈那里得到激励。贾怀勤回忆到：当时，戴老正在编写《世界经济统计》，初稿写就，邀请我校施家珍老师等人审稿。1985 年秋季某日，施家珍带我一起去戴老家中拜访。谈话中戴老谈到，贸大的统计学还是要结合主业，搞外贸统计，发挥固有优势。话虽不多，但给我很大激励。新书构思还得到了国家统计局贸易外经司翟志宏的支持，他与我是大学同学，因此能够深入切磋，直抒己见。

3. 贾 88 书的内容和后续影响。

1988 年 8 月，贾怀勤主编的《对外经济贸易统计概论》出版[①]。全书分 5 编章 15 章。第一编以联合国有关国际贸易统计的规范为基础，阐述国际上通用的有关贸易记录制度和统计范围、商品分类和国别分组、商品的计价和计量的概念和定义、贸易指数的编制方法，并介绍一些西方和东方国家的对外贸易统计。第二编阐述我国海关统计制度和方法。第三编阐述我国对外贸易业务统计制度和方法。第四编阐述旅游和其他对外经济关系。第五编将这些项目与外贸统计一并放到国际收支统计中来考察，建立对整个对外经济关系统计的总体性认识。

---

① 贾怀勤. 对外经济贸易统计概论［M］. 北京：对外贸易教育出版社，1988.

贾88书对此后国际贸易统计学科发展有显著影响。1991年经贸部人教司主抓的五部教材之一《对外贸易统计学》认可了贾怀勤的学术思想，采用了贾88书的构思框架。1992年贾88书获经贸部优秀研究成果中青年奖。1991年，贾怀勤因为在本学科领域的研究成就被邀请参与经贸部中美双边贸易数据差异课题组，并在其中担当主力，使此后一系列的研究有了良好的开端。

四、贾18书建立国际贸易统计的学术体系

（一）1988—2018年中国国际贸易统计研究发展脉络

本节所述时段笼统地以贾88书出版到贾18书出版的30年为上下分期点。严格地算，上限应该划到1991年贾怀勤参加经贸部组织的中美双边贸易数据差异研究，下限应该划到2016年贾怀勤申请国家社科基金后期项目为贾18书所确立的写作构思和框架，共有25年。

这25年间，是中国国际贸易统计研究最活跃也是产出成果最多的时期，参与研究的主体既有政府机构，也有高校和专门科研单位，且两者间多有互动。从国际上看，冷战结束后经济全球化发展迅猛，对全球各个经济体影响最广、最深，恰在这一时期。在深化改革、扩大开放政策指引下，得益于加入世界贸易组织，中国逐渐成为世界贸易大国，国际影响力显著增大；同时中国与美国在全球市场上的利益冲突逐步增大，两国间贸易摩擦几经起伏，愈演愈烈。如何客观地测度中美双边贸易差额，正确地诠释差额产生的统计制度原因和经济原因，厘清两方在其中利益所获，成为摆在中国政府和学界面前的重大课题。正是在这个课题的驱动下，中国的国际贸易统计研究首先实现了与国际接轨，并逐次深入开展，取得了一系列重大进步。

这25年间，国内政府部门和学术界围绕中美双边货贸平衡数据差异、服务贸易统计制度建设和数据采集、基于属权的贸易核算和基于增加值的贸易核算等重大课题展开研究，这是按课题出现顺序列出的，但是美国问题都是从其提出起就一直延续下来，逐步深入。

就以上重大课题在全国范围展开研究而言，这25年是不曾间断的。但就具体机构和绝大多数学者而言，他们课题的参与是有选择的，在时间上是间断的。而贾怀勤对整个领域的问题是一直跟进，其研究涵盖上述全部课题，学术活动贯穿于整个时期，对多个重大问题多有建树。

（二）贾18书建立国际贸易统计的学术体系

2016年9月，贾18书的初稿业已完成85%，作为国家哲学社会科学基金

后期项目[①]被批准立项。2017 年 6 月完成初稿，所以评审专家基本上能够针对全书所述做出评议。贾怀勤在后续的研究中借鉴专家意见和建议，对书稿结构和内容进行了实质性的调整和增写，于 2017 年 4 月形成最终成果，顺利地通过了结项评审。

此前，国内已经有多篇有影响的研究成果问世，亦有将论文结集出版的[②]，但毕竟是各个专题分写，不能成其系统。或有系统专论成书（含研究报告）[③]，也还是囿于某一子领域，不能涵盖国际贸易统计全领域。贾 18 书从全局广度、历史深度和理论高度对 1991 年以来国际贸易统计的研究成果进行了概括和总结，既有规范性内容的系统讲述，也有针对前沿问题提出自家和其他专家之见解。此书的贡献集中体现在以下几个方面。

1. 国际贸易统计学科名称的确立和它在学科体系中的地位。

（1）关于学科名称。20 世纪 50 年代起称为“对外贸易统计”，80 年代后期陈及时讲授贸易统计的国际规范和统计方法[④]，为区别于另一位老师所讲的以讲授外贸业务统计指标体系和工作流程为内容的《对外贸易统计》，将课程名称称作“国际贸易统计”。此后，“对外贸易统计”与“国际贸易统计”长期共存。贾怀勤认为，“对外贸易统计”是受苏联影响而使用的学术词条，其背景是专业教育与政府工作直接对口，政府从事对外贸易活动，高校即开设对外贸易统计课程。进入 20 世纪 80 年代，政府的对外经济活动由单纯的对外（货物）贸易扩展到无形贸易、利用外资和对外经济合作，相应出现了“对外经济贸易统计”或“涉外经济统计”等提法。在策划编纂贾 18 书时，作者决定采用“国际贸易统计”这一词条，因为我们的研究尽管是为中国建设开放型经济服务，然而是从国际经济联系的角度研究贸易统计，旨在与国际社会保持一致。国际社会，包括国际经济组织和外国政府，在使用“贸易”一词时，通常指的就是跨越国境的商品交换活动，贸易统计的前面加上“国际”作为定语，乃是指从全球或多边视野来看待贸易统计。

（2）承继和发扬陈书的外研取向。贾 18 书认为：纵观 20 世纪后 50 年中的十多部教材和专著，其学述取向无非是外研（foreign research oriented）和内操

---

① 国家哲学社会科学基金后期项目立项针对学科的基础理论，立项的条件是著作文字量已完成 60%—70%。

② 高敏雪等. 追寻中国经济与世界的联系——对外经济统计数据估算与计量分析[M]. 北京：经济科学出版社，2010.12. 何新华，刘仕国等. 世界经济解读 2010——危机、对策与效果[M]. 北京：中国财政经济出版社，2010.3. 贾怀勤. 贸易测度方法制度研究及专题实证[M]. 北京：中国统计出版社，2016.4.

③ 上海国家社会科学基金项目成果（04CJY021）。中美贸易平衡问题对策研究.（贾怀勤应请审阅该送评作品，送审稿作者隐去）。王亚菲. 无国界服务贸易：多统计系统研究[M]. 北京：中国财政经济出版社. 2007.7. 张磊. 全球价值链下的国际贸易统计[M]. 上海：上海人民出版社，2015.8.

④ 1983 年，当初被辽宁财经学院调走的 13 位教师，除一人外，都调回北京对外贸易学院。1985 年，陈及时开设讲授《国际贸易统计》。

（internal operation oriented）两种。外研的“外”字，指放眼世界市场和国际贸易（当然视中国为世界的一部分），“研”字指研究。“外研”取向，关注国际组织和世界主要国家贸易统计数据的生产方法和理论依据，目的是使外贸工作者能够读懂国外的贸易统计数据和分析文章，从而明了国际市场竞争态势和趋势，为国家制订对外贸易政策和规划服务，为对外贸易企业经营决策提供数据支持。这是中国建设开放型经济所需要的。而“内操”取向，限于中国封闭的对外贸易管理体系，重在中国对外贸易统计的数据采集、整理和基本分析操作。为中国政府制订对外贸易政策和计划提供数据支持，为监督、检查对外贸易政策和计划服务。但“内操”取向也随着计划经济下社会主义市场经济转型而式微。

贾18书尽管没有使用与陈书一样的学科名称表述，但却承继和发扬了它的学术思想。

（3）关于国际贸易统计的学科地位。贾18书载明：国际贸易统计是关于构建贸易统计指标体系和数据采集、汇总、分析、核算的理论和方法的学问。在学科体系中，它是一级学科统计学之下二级学科经济统计学下属的三级学科，也是一级学科应用经济之下二级学科国际经济与贸易与经济统计学的交叉学科。

2. 使国际贸易统计研究上升到新的理论高度。

（1）从国际贸易发展与国际贸易统计的辩证关系，阐述了国际贸易统计制度和方法的创新背景和演进历程。

（2）系统地论述了经济全球化背景下国际贸易统计学理论、方法和指标体系，填补了学科研究的空白。

学术创新集中体现在两张理论框架结构图上：贸易对象和交易方式平面直角坐标系图书，十多年前绘制，首次发布在当时的论文中；贸易统计指标体系框图是该书著作中首次绘制。

3. 国际贸易统计具备了作为独立子学科存在的要项。

一个学术思想体系能否作为独立子学科存在，主要则取决于三个方面：是否具有明确、合理的研究对象？是否具有独特的方法？是否具有应用价值？国际贸易统计无疑具备了这些要项。

（1）国际贸易统计（学）所研究现象的独特之处：① 统计研究观察对象承载体跨越国界；② 统计研究观察对象承载体的双向流动测度；③ 统计研究观察对象的镜像现象；④ 统计研究观察对象的全球汇总和国际比较问题；⑤ 统计研究观察对象的独特数据采集渠道。

（2）国际贸易统计（学）研究方法具有统计学的共性，但是对某些方法有独特的侧重和发挥，如国际贸易数据的获取途径和方法（行政记录法、银行申报法和企业/住户直接调查法）、商品（行业）类别和交易国别的单向分组法和两个标志的交叉分组法、单位价值对交易价格的替代法、质量指标数据和数量指标数据的综合运用、镜像数据替代法和镜像数据比对（即双边贸易数据差异比对）法。

（3）国际贸易统计服务于中国建设全面开放型经济和参与全球经济治理。自 20 世纪 90 年代以来，中国学者对重大课题的研究成果和政府统计专家在相关工作领域的推进，增加了中国在全球治理中的发言权和影响力。

跋：贾 18 书为数字贸易测度伏笔

贾 18 书的篇章结构如下图所示。

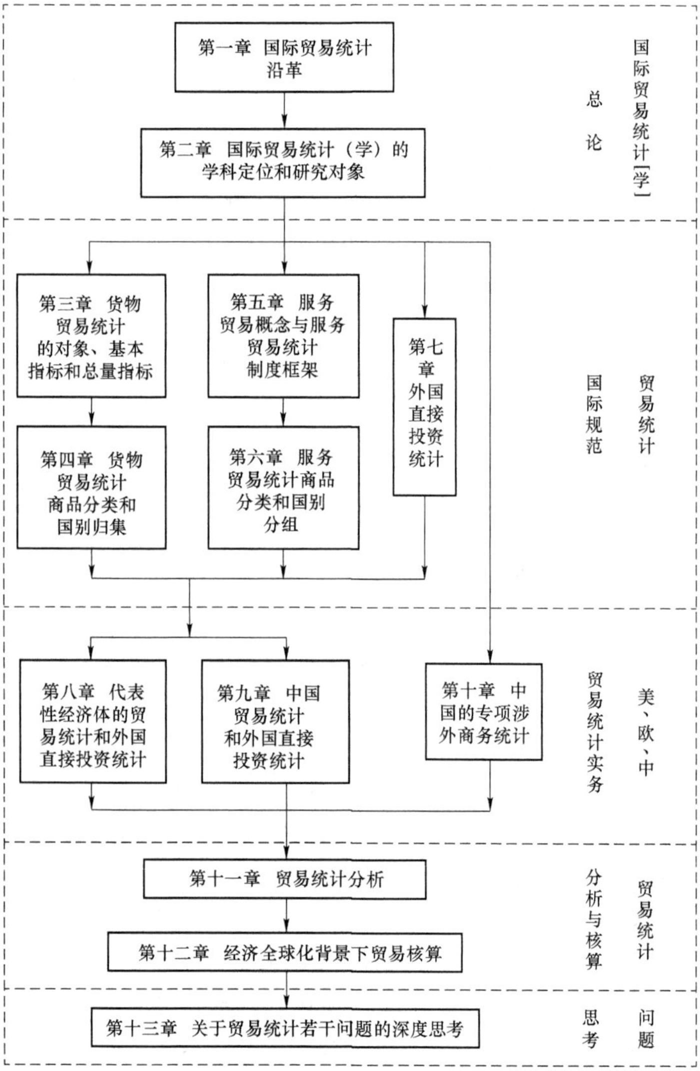

在“中国贸易实务”版块中安排有第十章“中国专项涉外商务统计”。这章具体内容就是服务外包统计和跨境电子商务统计。从常理说，一项贸易，要么属于货贸，要么属于服贸，这两项统计应该在第八章或第九章中。然而问题在于无论是货贸统计还是服贸统计，虽然包含了它们，但却不能单独测度它们的进出口值。而中国政府又特别关注这两种新兴业态，建立了专门统计制度，贾18书就给它们单列一章了。

21世纪第二个十年，数字经济异军突起，数字贸易成为国际产业链和价值链贸易之后一个崭新国际贸易样态。在此书编著过程中，贾怀勤已经关注到这一点：服务外包和跨境电商都属于数字贸易。只是作为系统的国际贸易统计理论和方法专著，不能写入其时连基本概念都不甚了了的数字贸易，只好以专项涉外贸易处之。

早在21世纪第一个十年，贾怀勤就已涉猎跨境电子商务统计了。2007年他发表了论文《关于建立我国电子商务统计的思考》①。2011年他发表了论文《电子商务统计及其与国际贸易统计的交叉》②。一俟贾18书稿经国家哲学社会科学基金审定交付出版社，贾怀勤立即投入对数字贸易测度的研究。近三年来业已取得了一些进展。

参考文献

[1] 杨端六，侯厚培. 六十五年来中国国际贸易统计[J]. 中央研究院社会科学研究所，专刊第四号，1931.
[2] 陈及时，刘伯午. 对外贸易统计学[M]. 北京：中国财政金融出版社，1958.
[3] 贾怀勤. 对外经济贸易统计概率[M]. 北京：对外贸易教育出版社，1988.
[4] 贾怀勤. 国际贸易统计：理论、规范与实务[M]. 北京：经济科学出版社，2018.
[5] 中南财经大学. 经济科学学科辞典[M]. 北京：经济科学出版社，1987.
[6] 高敏雪等. 追寻中国经济与世界的联系——对外经济统计数据估算与计量分析[C]. 北京：经济科学出版社，2010.
[7] 何新华，刘仕国等. 世界经济解读2010——危机、对策与效果[C]. 北京：中国财政经济出版社，2010.
[8] 贾怀勤. 贸易测度方法制度研究及专题实证[M]. 北京：中国统计出版社，2016.

① 载于《管理科学文摘》2007年第12期。
② 载于《中国电子商务》2011年第9期。

[9] 作者匿名. 中美贸易平衡问题对策研究[R]. 上海国家社科基金项目成果（04CJY021）送评稿。
[10] 王亚菲. 无国界服务贸易：多统计系统研究[M]. 北京：中国财政经济出版社，2007.
[11] 张磊. 全球价值链下的国际贸易统计[M]. 上海：上海人民出版社，2015.

推进贸易数字化　大力发展数字贸易

——在“国际贸易统计研究传承与发展”学术报告会上的致辞

王亚平

（2021 年 5 月 15 日）

尊敬的蒋庆哲书记、尊敬的李金昌书记、尊敬的邱东老校长、尊敬的贾怀勤老校长，各位专家、各位领导，大家上午好！

由以贾怀勤老校长为主任的学术委员会发起，我们中国对外经济贸易统计学会和对外经贸大学统计学院在这里举办“国际贸易统计研究传承与发展学术报告会”。值此中国共产党建党百年大庆和全国开展党史学习教育活动之际，我们举办国际贸易统计研究传承与发展学术报告会，同时具有突出的政治意义和学术意义。征集论文和筹备召开报告会的过程，就是我们在学习党史的同时学习了中国对外贸易发展史。杨端六、陈及时和贾怀勤等几代外经贸专家辛勤耕耘 90 年，建立起了较为系统的中国国际贸易统计学科体系，为我们现在的教学研究奠定了良好的基础。今天报告会可以说是专家云集，高朋满座，交流的论文更多的是跨境电商统计、数字贸易测度、中美贸易平衡分析、“一带一路”沿线国家投资风险统计测度等现实课题。在这里请允许我代表中国对外经济贸易统计学会热烈欢迎各位专家学者参加线下线上会议，预祝学术报告会取得圆满成功！

同志们，当今世界正处于百年未有之大变局之中，经济全球化遭遇逆流，保护主义、单边主义上升，世界经济低迷，国际贸易和投资大幅萎缩，国际经济、科技、文化、安全、政治等格局都在发生深刻调整，新冠肺炎疫情全球大流行促使这个大变局加速演进，世界进入动荡变革期。然而，正如习近平主席指出的，“国际经济联通和交往仍是世界经济发展的客观要求。我国经济持续快速发展的一个重要动力是对外开放。对外开放是基本国策……”，“新发展格局绝不是封闭的国内循环，而是开放的国内国际双循环”。我国坚定不移地对外开放，而且在错综复杂的国际形势下取得了亮眼的外经贸成绩。

今年1至4月，我国外贸发展延续增长势头，优进优出、贸易产业融合和贸易畅通“三大计划”全面推进，进出口总值达11.62万亿元人民币，同比增长29.5%，比2019同期增长21.8%，规模创历史同期新高。一季度全国吸收外资448.6亿美元，同比增长43.8%，较2019年同期增长25.3%。一季度我国对外直接投资2 061.4亿元人民币，同比增长4.6%。对“一带一路”沿线国家非金融类直接投资44.2亿美元，同比增长5.2%。

同时，我国持续加大改革开放力度，在国内以制度创新推进自贸区（港）开放平台建设，坚定支持自贸试验区充分发挥先行先试和开放高地优势，在构建新发展格局中走在前列。去年11月我国签署了《区域全面经济伙伴关系协定》（RCEP），世界上最大自贸区诞生，目前正在积极推进RCEP争取早日生效实施，同时正在积极考虑加入《全面与进步跨太平洋伙伴关系协定》（CPTPP）。4月19日龙永图老部长在博鳌论坛上指出，签署RCEP的意义在于，它向整个世界释放一个积极信号：“全球化还是有希望的，经济全球化潮流不可阻挡”。他还表示，中国现在考虑加入CPTPP的话，在谈判中需要做更大努力——因为别人对你的要求更高。“以开放倒倒逼改革，这是一个永恒的真理”。4月27日林毅夫在北京大学的一个报告会上也指出，“开放是化解中美脱钩的最好办法”。在3月9日国务院参事室召开的“我国加入CPTPP前景与问题研究”专题研讨会上，我做了题为“深化国企改革是我国加入CPTPP的重点和难点”的报告，也谈了用开放倒逼国企改革问题。

我们通过开放来倒逼改革，再通过改革来促进创新。4月9日全国外贸工作会议在湖北召开，商务部王文涛部长强调指出要“以科技创新挖掘潜力，以制度创新激发活力，以模式和业态创新增添动力，扎实推进贸易创新发展”。在不久前召开的一次外贸企业座谈会上，6家企业介绍贸易创新发展经验，其中有5家不约而同地介绍了用数字化对产业链、供应链、平台和物流等的改造，共同的结论是创新离不开数字化。

今天到会的较多的是经贸统计和数字贸易方面的专家，在这里我想再一次强调贸易数字化问题，也请大家能更多关注并积极参与贸易数字化的研究。早在2019年11月，《中共中央、国务院关于推进贸易高质量发展的指导意见》就明确提出要“提升贸易数字化水平，形成以数据驱动为核心，以平台为支撑、以商产融合为主线的数字化、网络化、智能化发展模式，推动企业提升贸易数字化和管理能力。”去年10月25日，《国务院办公厅关于推进对外贸易创新发展的实施意见》再一次强调要“加快贸易数字化发展”。我想贸易数字化一定会写进“十四五”对外贸易发展规划。其实贸易数字化是顺应新一轮科技革命和产业变革大趋势的必然创新产物，而且新冠肺炎疫情的全球大流行又反过来推动了贸易数字化的发展，一年多来数字化在我国对外贸易回稳向好、逆势上扬中发挥了重要作用。去年跨境电商成为企业开展国际贸易的首选和外贸创新发展排头兵，进出口增长 31.1%。超万家传统外贸企业触网上线、提质增效。1 800 多个海外仓成为海外营销重要节点和外贸新型基础设施。据 31 个试点市场初步统计，市场采购贸易方式全年出口约 1 000 亿美元，创历史新高。今年一季度跨境电商进出口 4 195 亿元，增长 46.5%。

推进贸易数字化，需要大力发展数字贸易，更主要的是推动传统贸易数字化，即用数字技术改造和赋能对外贸易全流程，推动贸易和生产企业的数字化转型，实现对外贸易全产业的数字化。去年 8 月我们中国对外经济贸易统计学会专门成立了“贸易数字化专业委员会”，9 月 26 日与上海对外经贸大学共同举办“首届中国贸易数字化创新大会”，有关报道仅新华社客户端的点击量就超过 1 000 万人次。该专委会在半年多时间内就发展了近百名专家和企业委员。前几天我们先后与商务部外贸司和配额许可证事务局讨论了贸易数字化的理论研究、实践推广和宣传培训等工作，酝酿筹备召开第二届中国贸易数字化创新大会。

同志们，党的十九届五中全会对我国“十四五”时期发展做出全面规划，从今年起开启全面建设社会主义现代化国家新征程。对外贸易是我国国民经济发展的重要推动力量，让我们通过经贸统计教学研究工作，通过贸易数字化的研究、宣传和促进工作，为尽早实现“贸易强国”目标积极贡献力量！

谢谢大家！

做好对外经贸统计的传承和发展的几点意见

——在“国际贸易统计研究传承与发展”学术报告会上的点评发言

曾五一

（2021 年 5 月 15 日）

谢谢贾怀勤教授的邀请，让我担任他这个报告的点评。我不是贸易统计方面的专家，但是我对贾教授在贸易领域的这个业绩还是早有所闻。今天贾教授做了一个比较扼要的报告。从中我们可以知道，几代统计学人前仆后继，辛勤耕耘，贾怀勤教授发挥着非常重要的承上启下的作用，在国际贸易领域辛勤耕耘，开拓创新，做出了非常重要的贡献，比如说在我国较早开始研究属地、属权贸易体系问题，最早研究中美贸易的差额问题，等等，特别是前一段时间发生的中美贸易摩擦，都急需关于上述问题的系统研究。由此可见，贸易统计是大有可为的。

我这里简单讲几点个人的意见。

第一，今后研究的范围可进一步拓展，不仅仅是贸易，而应包括所有对外经济各方面的统计。我们应该继续深耕，坚持在这个领域发挥我们的特色。我们两所经贸大学开设的统计学，要想在全国有影响，那么重点肯定应该放在这里。统计学有很多领域，有一般的理论统计，有数理统计、概率论，还有现在发展起来的大数据、机器学习等各种各样的方法。从贸易统计来讲，应该重点坚持自己的专有领域，前面提到的一般统计理和方法都很重要，但是要解决外经贸方面的问题，只能将其作为一个工具为我所用，这个应该要搞清楚。当然，另一方面，要拓宽研究领域。王会长刚才已经讲了，今后要把数字贸易作为很重要的研究领域。实际上随着对外经济交流的发展，还会有更多的问题需要研究，这些都是贸易统计的专业板块，应该得到重视。

第二，对外经贸统计现在面临的较大问题是人才青黄不接。这个跟我国当前的社会需要不相适应。今后应怎样防止这种局面继续恶化？对外经济贸易统计的初心就是要准确测度对外经济各种数量关系，更好地反映有关的数量规律，为对外经济贸易的发展提供更多更可靠的数量依据。经济统计包括对外经济统计如何才能够做到不忘初心，非常需要各级领导制定正确的人才评价标准。为什么会后继无人，或者后劲不那么强劲？只靠少数专家在这里坚持是不够的。这与我们国家经济大国的地位和对外经济贸易世界第一大国的地位不相称。中国要在国际规则中有更多的话语权，非常需要这方面的专家啊！你不能光说，因为我贸易量很大，所以我要怎么怎么做。你要能够讲出一套理论，那就必须培养后继人才，要有年轻学者更多参与到这个领域。这个人才评价标准是非常重要的啊！过去一段时期，我们统计界有一些人才评价标准不太正确，比如片面地强调在国际刊物上发文，或者片面强调在所谓“四大天王”刊物上发文，“四大天王”都是数理统计理论的刊物，让国际经济贸易统计的专家在那上面发文，可能性不大。因此，应该改变这种人才评价标准，要把是不是能够真正为解决国家经济社会发展的重大问题作为最高的评价，要鼓励专家把论文写在祖国的大地上。校、院两级的领导，应该对国际经济贸易统计专家的培养采取比较特殊的政策，例如类似于保护非物质文化遗产那样的政策。这当然不是让所有的人都来研究这些，但应该要保证有一些年轻人不为职称、待遇发愁来研究，必须有一些专家能够安下心来，全心全意地研究这个问题。

第三，为把对外经济贸易统计搞得更好，理论研究部门跟实际运用部门应该要进一步的结合。实际运用部门比理论研究部门更加了解目前经济社会中迫切需要解决的问题，以及统计实务。理论研究部门比实际运用部门更加超脱一点，而且理论水平比较高，可以站在更高的视角来研究。所以，两者要进一步结合。实际运用部门提出需要解决的问题，理论研究部门积极参与研究，包括吸收国外一些先进的理论和方法，这样才可能搞得更好。

最后，要进一步加强国际交流。刚才我们邱老师讲，现在中国已经发展得相当好，在国际上应该要有相当的发言权，所以我们应该积极地参与国际标准和规则的制定。当然，为了能够参加国际规则和标准的制定，你要了解现有的规则是怎么回事，为什么这样制定。假如我们要提出新规则，我们应该用什么样的道理说服大多数国家接受我们的规则。这需要一些专家做这个事情。在我们高校里面，国际贸易统计的课程不可能很多，一个学校最多由一两个老师来承担。但是，作为高校，包括对外经济贸易大学跟上海对外经济贸易大学，都应该有这么一个肚量，能够拨出一定的编制，让一些人来专研究这些问题，让研究的力度更大一点。

总而言之，回顾历史才能不忘初心，与时俱进方可拥抱未来。我祝愿我们国家对外经济统计发展越来越好，祝贺对外经贸大学统计搞得越来越好。

昨天晚上，刘立新院长提出很好的建议，说对外经济贸易大学和上海对外经济贸易大学要建立战略合作关系。我相信，今后如果真的沿着这个方向做下去，那么对外贸易高校中的这两朵花就可以开得非常鲜艳。一谈起对外经济贸易，哪些国家（地区）发生了贸易摩擦等问题，你们马上就能够提出一些很有理论和实践价值的建议，那就是真正地发挥作用了！

谢谢！

中国特色社会主义的贸易强国之路[①]

——从杨瑞六先生90年前对中国国际贸易未来的憧憬说起

徐　复

摘　要：杨瑞六先生 90 年前的专著对旧中国时期对外贸易的贫弱状况进行了分析，并憧憬未来的中国必将成为一个对外贸易的大国和强国。新中国成立后经过 70 年艰辛的发展历程，正在走向贸易强国之路。要真正成为一个贸易强国，自立世界民族之林，一定要努力发展科技创新、创建新型的贸易渠道和方式，并努力扩大国内市场和流通，构建国内与国际双循环的经济贸易体系。

关键词：杨瑞六；贸易统计分析；中国特色社会主义；贸易强国战略

刚刚过去的 2020 年注定是中国当代史上最值得关注的一年。回顾这一年的奋斗和成就，我们更加增强了对中国特色社会主义的信念，增进了达成“两个百年”目标、实现中国梦的信心。

中国对外经济战线传来喜讯：2020 年全年货物贸易进出口 32.2 万亿元，增长 1.9%，成为全世界实现贸易正增长的主要经济体。外贸规模和国际市场份额均创历史新高，使我国在全球贸易中大国的地位更加巩固[②]。闻听此讯，我想到了杨瑞六先生 90 年前著作《六十五年来中国国际贸易统计》一书中的感叹：“以我们这样大的国家，贸易额乃不能列于前 10 名内，连面积小于我们一省的荷兰、比利时都赶不上，是何等可耻的事。再就人口比例看来，我们比无论何国都不如；每人平均贸易额还不到美金 3 元！如果政治修明，交通发达，将来的中国贸易必有莫大的发展，可以无疑。”得益于改革开放，杨先生 90 年前对我国国际贸易未来的憧憬，已经实现了，中国已经跃居世界贸易大国，并且巩固了这

① 本文为“国际贸易统计研究传承与发展”学术报告会中的一篇征文。

② 商务部长王文涛，国新办新闻发布会，2020 年 2 月 24 日。https://www.doc88.com/p-11973347119317.html https://www.doc88.com/p-11973347119317.html。

一地位，正为进一步建设世界贸易强国而奋斗。

一、从贸易弱国发展到贸易强国的艰辛历程

（一）旧中国的对外贸易

杨瑞六先生所提到的65年，是指从清末的同治、光绪和宣统期间到辛亥革命后北伐基本结束这一段特定的历史阶段（1864—1928）。这一时期旧中国长期的闭关锁国状况被帝国主义的坚船利炮打破了，迫使中国进入半封建半殖民地阶段，国内在辛亥革命后又处于军阀混战时期，国民经济极度贫瘠与落后，中国的对外贸易基本是由西方列强控制，而国内则是官僚买办资产阶级垄断和控制着中国的对外贸易。这一阶段中国在对外贸易上既是一个弱国，也是一个小国和穷国。对外贸易的弱小，首先体现在贸易规模上，无论是贸易总额还是人均贸易额都在世界上处于落后位置；也体现在贸易的商品结构上，中国以初级产品和简单加工工业品出口对应于西方国家制成品的大量进口和倾销，受制于国际资本的价格“剪刀差”。这些杨先生在书中都有详尽的统计数据和深入的统计分析。旧中国对外贸易之弱小，更体现在西方列强对国家政治和经济的干涉和控制上，甚至连海关大权都被西方大国掠取。

旧中国对外贸易的弱小状况，在杨先生所谓的“六十五年”之后继续延续着，在一定意义上陷入了更大的悲剧。就在杨书面世的那一年，日本发动“九一八事变”，逐步走上全面侵华的罪恶道路，迫使中国人民奋起进行14年的抗日战争。中国沦陷区的政权连同对外贸易权和海关管理权都落入日本侵略者手中，甚至到了1941年出现了伪“海关总税务司署”与正统的民国政府的总税务司署公然分庭抗礼的局面。战争使得中国国民经济遭到重创，对外贸易发展举步维艰。由于大量西方国家的工业制成品涌入中国市场，造成严重的贸易不平衡和不等价交换，1872年到1949年连续72年的贸易逆差，总额达到64亿美元，使中国的财政陷入困境，这一时期政府不得不举借外债，对西方大国更加屈从和依赖。

（二）新中国前30年的对外贸易

抗战胜利后爆发国内战争，虽然中国共产党领导人民革命胜利，建立了新中国，但却遭到西方帝国主义的经济封锁；而国民党残余势力退居台湾，事实上形成了与大陆分立的两个经济体和两个海关管理当局，台湾当局继而以所谓“中央政府”的名义宣布退出关贸总协定。这些都给新中国的对外贸易造成了巨大的困难。新中国成立之初，党中央就确立了“对内节制资本，对外统制对外贸易”的基本国策，人民政府废除了西方列强在中国的特权，没收了官僚资本

的外贸企业，并改造私营进出口企业，逐步形成了国家垄断和计划经济体制下的对外贸易制度。

新中国政府虽然掌控对外贸易自主权，但西方大国不断干涉和阻挠中国对外贸易的发展，西方 16 国成立的“巴黎统筹委员会”对中国长期进行封锁禁运。1953 年我国在国民经济恢复后的出口贸易额是 10.22 亿美元，占世界总额之比是 1.33%，排列全球第 17 位；文革结束以后，我国的出口贸易额为 97.45 亿美元，虽然在纵向相比有所发展，但横向对比远落后于发达国家和一些发展中经济体，甚至低于“亚洲四小龙”（中国香港、韩国、新加坡和中国台湾）的水平，在世界排位列到第 32 位，占世界总额之比则下降到 0.75%。而人均贸易额不过 12 美元，这个数字在全世界要排列到第 100 位以后。

（三）中国对外贸易在改革开放中长足发展

从 1979 年到 1992 年，中国实行改革开放政策，使对外贸易进入快速发展阶段，进出口贸易从 200 亿美元增加到 1 357 亿美元，在世界的位次从第 32 位提升高第 13 位，在世界的比重提高到 2%。1992 年邓小平同志第一次视察深圳等地，发表了著名的“南巡谈话”和提出了“三个有利于”的重要论断，并提出建设有中国特色的社会主义市场经济的目标，并在 2001 年正式加入世界贸易组织（WTO），成为其多边贸易体制的一成员方，使中国进入对外贸易的高速发展阶段。中国的进出口总额从 2001 年的 5 097 亿美元，居世界第 6 位，在 13 年间连续突破 1 万亿、2 万亿、3 万亿美元大关。于 2004 年达到 11.546 万亿美元，超过日本，跃升到世界第三位。于 2008 年达到 25.616 万亿美元，超过德国，跃居世界第二位。到 2013 年达到 41.603 万亿美元，超过美国，跃升到世界第一位。以后一直保持世界第一的贸易大国地位。

1978 年底召开的十一届三中全会上明确提出改革开放，以经济建设为中心的发展方略，从 1979 年起中国的对外贸易逐步进入快速发展的轨道，并制定“贸易强国”的发展战略。

自新中国成立以来，在国民经济恢复与发展中制定的战略目标和战略措施中，我国在制定发展目标上往往一开始追求的是“量”的改变，即努力把中国在生产和经营中从一个量的小国尽快转变成一个量的大国。如我国在一五计划完成以后制定的发展目标是“超英赶美”，即在钢铁、煤炭、粮食、棉花等主要物资的生产数量上要超过英美等大国。当时我们误认为生产大国就一定是经济强国，就会实现国富民强的目标。但是大国和强国是完全不同的两个概念，大国追求是数量，而强国所追求的是质量及其国际竞争力。一个以强国为目标的国家在生产领域不仅追求产品的数量，还应包括产品结构、质量标准、科技含量、生产水平、生产成本、自主知识产权、国际市场竞争力等。在国际贸易统计领域，贸易大国在统计上强调的主要是进出口贸易总额（包括出口总额和进口总额）、在世界排列名次、占世界贸易总额的比重、外汇储备的高低、贸易差额的大小、国内外贸部门的出口收购额和对外贸易依存度高低等，但贸易强国则强调工业制成品的出口应逐步超过初级产品的比重、高新科技产品在贸易中的比重、出口产品的国际竞争力水平、自主知识产权在出口中的比重、货物贸易与服务贸易的比重、一国宏观统计中贸易条件的变化等。

但是这种数量型进出口大国，并不是真正意义的进出口强国，其代价也是很大的：货物贸易中长期以初级产品和原材料为主，大量国内短缺的资源盲目输出；服务贸易发展远落后于货物贸易发展；某些产业盲目高速发展，国家不得不消减部分产品的产能（如钢铁、煤炭等）；由于出口数量激增，以价格竞争方式冲击国外市场造成国内企业经济效益下滑，外贸部门亏损严重；盲目发展某些产业导致国内环境与生态状况危机的加剧、国家宏观贸易条件持续恶化。这种数量型增长还容易引发和激化我国与西方国家的贸易摩擦和贸易争端，西方国家大规模对中国产品实施“两反一保”（即反倾销、反补贴和保障措施），甚至还可能由此引发贸易战。由此可以看出，以“量”为主的数量型增长模式调整为以质取胜的发展模式是势在必行的。

二、从贸易弱国发展到贸易强国的发展方略

我国在制定自己的经济发展的道路中，是通过循序渐进、摸着石头过河的办法，逐步找到促使中国从贸易大国发展成为贸易强国的道路。在 1994 年党的十四届三中全会上，党中央确立了外贸体制改革的方针，即要逐步建立一个既适应社会主义市场经济又适应国际经济通行规则的运行机制。在这个改革基本路径的指导下，我国从贸易小国、贸易弱国逐步发展成了贸易大国，并最终将成为贸易强国。

（一）贸易主体从国家垄断逐步发展到多元化与自由化

在“文革”前我国的对外贸易非常落后，长期实行的是“国家垄断、一家独营、统收统支、统负盈亏”的政策，在全国各经济部门里，只有对外贸易部可以从事对外贸易工作，其他任何机构都无权经营进出口业务。在对外贸易系统，只有中央国营对外贸易企业可以从事进出口业务，地方外贸里除五大口岸公司（大连、青岛、天津、上海、广州）可以经营部分对外贸易业务外，其他内地的外贸企业虽然挂着进出口公司的牌子，却不能从事真正的进出口业务，只能从事组织货源和向口岸调拨运输供货的业务，实际就是今天的货源收购和物流工作。

20 世纪 80 年代初，我国的经济体制改革提出“全国改革，外贸先行”的

方针。首先进行贸易主体多元的改革，是指由改革开放前的国家垄断和国家专营逐步放开，实行简政放权，让更多的经济实体自由进入国际大市场。如果说改革开放前我国的外贸体制是国家垄断进出口业务的话，改革开放后则实行的是国家审批制度，即符合条件的企业可以向国家行政管理部门提出申请，经政府批准后企业可以获得进出口经营权，但是这种审批制其实是不符合世界贸易组织自由贸易原则的。所以进入 20 世纪 90 年代后，中国要建设社会主义市场经济，在进出口经营权方面必然要逐步向登记核准制度转化，并且在中国正式入世三年后，已经完全实施这一制度。目前我国采取的是“放开经营、依法登记、加强监管、促进发展”的企业登记核准制度，贸易主体已经由过去的单一经济成分的一元结构，演变和发展成为今天的多元化主体、多种经济成分、多层次、多渠道的对外贸易经营格局。目前我国的对外贸易主体基本包括国营对外贸易企业、民营对外贸易企业和外资对外贸易企业三部分，而当前占比重最大的则是民营对外贸易企业。

（二）商品结构多元化，由单一货物进出口发展为货物、服务、投资、技术创新等相互渗透、融合发展的大经贸战略

我国在改革开放以前，对外贸易实际就是今天的货物进出口贸易，那时没有服务贸易的概念，在国际资本流动上也没有利用外资的实践，因此更不会有对外直接投资，20 世纪 50 年代时只有借用国外间接投资的举措（借用苏联的政府贷款实施“156”项工程）。由于我国长期以来在经济上处于落后状态，所以在货物贸易中我国出口的基本是初级产品和原材料产品，如农产品、畜产品、水产品、矿产品等初级产品和原材料类产品，工业制成品所占比重很低。在出口商品结构里，初级产品所占比重过高，说明在这个国家的产业结构落后、科技水平落后、对外贸易竞争力很差，这体现当时中国经济水平非常落后的现实状况。但是在改革开放已 40 多年的今天，我国的货物贸易中工业制成品已经达到和超过 90%以上，应该说这一指标已经达到或超过发达国家的水平了。在工业制成品的出口中，机电产品和高新技术产品所占的比重逐步提高，2016 年中国的机电产品和高新技术产品分别达到总出口的 57.55%和 28.07%（部分机电产品和高新技术产品统计有重叠部分）。这也是“十八大”党中央提出的工业创新和科技创新的结果。

当今世界上考察一个国家或地区的产业结构优化程度和参与经济全球化的水平，不仅仅观察货物贸易的进出口水平，还要观察服务贸易的进出口水平。在 1995 年 WTO 成立以后，服务贸易已成为一国对外贸易的重要组成部分。中国的服务贸易起步很低，与发达国家相比较处于非常落后的水平。1997 年中国的服务贸易出口和进口分别排列世界第 15 位和 11 位。但是在加入世界贸易组

织以后，由于中国的服务贸易自由化和市场准入度不断提高，以及服务产业的结构不断调整，中国在服务贸易方面的投资和引进外资的快速增长，推动了中国服务贸易的迅速增长。到2016年，中国的服务贸易进出口总额、服务贸易出口额和服务贸易进口额的世界排名都分别达到世界第2位、第3位和第2位的较高水平。过去我国的对外贸易实际就是指货物进出口贸易，但是今天我们说的对外贸易包括货物贸易和服务贸易之和。1985年我国对外贸易里货物与服务的比例是93:7，2017年这一比例已经是85:15，服务贸易的发展速度已经超过货物贸易的发展速度。

2018年是贯彻党的十九大精神的开局之年，也是改革开放40周年。商务部最新公布的《中国服务贸易发展报告》反映，2017年中国政府通过加快服务贸易创新发展试点和服务外包示范城市建设，完善服务贸易促进体系，积极改善营商环境，有力推动服务贸易的发展。这一年中国服务贸易进出口总额达到6 956.8亿美元，同比增长5.1%，贸易规模连续四年保持全球第二位。这样中国的对外贸易实现了“两翼齐飞”，即货物贸易和服务贸易同时成为世界贸易大国。从1978年改革开放开始到今天，中国已经成为全球的货物贸易、服务贸易和跨国投资的大国。当然大国还不是强国，大国是量的概念，而强国是质的概念，是国际竞争力的概念。我们相信，在习近平新时代建设有中国特色社会主义思想的指导下，我国也一定会成为真正的货物、服务、技术和投资的贸易强国。

（三）对外贸易的地区结构多元化和向欧亚等“一带一路”沿线国家扩展，是促使中国走向贸易强国的外部因素

我国从17世纪末期被西方列强打开国门之后，对外贸易一直被列强各国控制，中国的贸易市场构成也一直为这些强国为主。鸦片战争以后中国的市场一直被老牌殖民宗主国英国等欧美国家控制；抗日战争爆发后则以日本为主，在杨瑞六的《六十五年来中国国际贸易统计》一书中，杨先生在对当时中国落后状态的分析中列举了那时中国的市场构成（主要根据各列强国家在中国的控制的势力范围和比例），主要以英国、日本、美国、俄国、法国、荷兰、比利时等西方国家为主。新中国成立初期，中国的市场构成则以苏东国家为主，大部分西方国家基本退出中国市场。中苏关系破裂之后，中国的市场构成则转为欧洲国家、港澳地区和日本为主，文革结束后美国又进入这个团队。总之从旧中国的半殖民地半封建时期到新中国成立初期，中国的对外贸易地区构成始终为世界强国所控制，贸易地区构成总处于狭窄和集中的状态。改革开放以后，这种市场构成过于集中和狭窄状态并没有真正解决，依然是以美国、欧洲、日本三大经济体和港澳台地区及东盟地区为主。出口市场过于集中与狭窄对我国经济发展不利，也对我国的对外开放不利，主要包括：不利于减少市场风险，保证

对外经济贸易的正常发展；容易引发和激化与西方经济大国的贸易摩擦与贸易争端；不利于优化我国的出口商品结构，促进国内产业结构的调整；不利于改善贸易条件，提高国家的整体经济效益；不利于我国与发展中国家的经济贸易往来。

在党的十八大以后，为了扩大我国的海外市场，推动市场多元化，我国采取了许多积极的开放政策，如国内设立更多的自由贸易试验区，与更多的国家和地区签署自由贸易协定，积极推动与我国合作的多边经济组织发展国际经济贸易合作（如亚太经合组织（APC）、东南亚国家联盟（AFTA）、金砖五国（BRICS）、上海合作组织（SCO）等），特别值得关注是我国政府在 2013 年提出的“一带一路”倡议和与“一带一路”沿线国家的经济贸易与投资的发展。

“一带一路”是指“丝绸之路经济带”和“21 世纪海上丝绸之路”。这一倡议和构想是党中央和国务院根据全球经济形势的深刻变化，统筹国内国际两个大局做出的重要战略决策，对开创中国全方位开放新格局，促进地区及世界和平发展具有重大意义。从市场多元化角度看，世界性金融危机爆发后，发达国家市场需求明显减弱，美国等国家贸易保护主义盛行，中国的外向型经济受到一定制约，我们倡议建设“一带一路”开放带可以为经济发展打造新的引擎，以形成新的欧亚商贸通道和经济发展带。另外，从签署自由贸易协定的角度看，我国目前已签署自由贸易协定的国家有 12 个，但欧亚大陆腹地基本上还是空白，目前中国在欧美等发达国家市场份额难以大幅度上升，而“一带一路”域内国家有 60 余个，资源丰富，人口众多，经济增长潜力巨大，但同时区域内多数国家经济发展相对滞后，具有与中国合作的迫切愿望，可将其作为拓展贸易与投资市场的重点方向。

关于在向贸易强国发展的道路上如何提高我们的贸易地区自由化与便利化程度，我们认为，进入 21 世纪后，我国根据国际贸易的通行规则，学习和参照国外建设自由贸易区的实践，建立更多的自由度更高的自由贸易区和多边的自由贸易协定，也是我国在世界强国之林中实现贸易强国的路径之一。我国自 21 世纪初开始积极推动我国和周边大多数国家和地区建立自由贸易区，使我国与自由贸易伙伴的贸易额占我国对外贸易总额的比重越来越高，形成包括邻近国家和地区、涵盖“一带一路”及辐射五大洲重要国家的全球自由贸易网络。

三、进入贸易强国行列的基本条件

一个国家从贸易弱国和贸易小国逐步发展成为贸易大国后，就应该积极向贸易强国发展，这时要想进入贸易强国队伍就必须具备以下几个基本条件：努力发展科技创新，形成强大的生产力；构筑畅通的贸易渠道和新兴的贸易方式；具有广阔的国内和国际大市场，形成国内和国际两个大循环体系。

（一）发展科技创新，让“科技兴贸”成为构筑贸易强国的经济基础

新中国成立初期，我国对外贸易的出口商品结构主要以初级产品和附加价值低、科技含量低的普通工业制成品为主，主要原因就是我国科技水平落后，和西方国家有明显的差距。改革开放后，为促进我国经济发展，促进对外贸易发展，我国努力引进西方发达国家的先进技术和设备，起到了促进经济和对外贸易发展的目的，到 21 世纪初加入世界贸易组织后，中国逐步成为国际贸易的大国，其出口和进口总额超过大多数发达经济体，成为出口世界第一、进口世界前三的主要世界经济体。但是仅仅依靠技术引进，没有自己的尖端技术，没有自主知识产权，还只能停留在贸易大国的阶段而不能成为真正的贸易强国。

20 世纪末，国家提出加速科学进步的决定，把“科教兴国”当成新形势下的基本国策，据此外经贸部（商务部前身）提出“科技兴贸”的发展纲要，将贸易政策与科研开发、技术改造等产业政策有机结合起来，发挥政策的集成效应。在科技创新的重要性上，美国的贸易保护给我们上了重要的一课。2018 年，美国大兴保护贸易的总统特朗普入主白宫后，实行单边主义和保护主义到了极至，以中美贸易逆差和两国贸易不平衡为由，对中国挥舞贸易战的大棒，限制中国的重要商品的进出口。我们本来认为他会限制中国传统有竞争优势的产品的进出口，但我们看到美国对中国制裁的清单，才发现美国限制的主要是中国输美的高新技术和设备，如信息技术、自动化机床和机器人技术、航空航天技术和设备、新能源汽车、现代化拓路运输设备、生物制药和高级医疗设备等。所以美国对中国发动贸易战的真实目的，实际是企图迟滞中国的经济发展，以保护自己的相关产业。美国害怕的不是逆差与贸易不平衡，而是害怕中国成为一个经济强国和贸易强国，中国的技术引进不会构成对美国的威胁，因为引进只是在美国的后面随行，而技术创新会超过美国等西方强国，这才是美国政客最担心和害怕的。

我国在 20 世纪 50 年代初期、60 年代中期和 70 年代后期，分别发生了两三次较大的技术和设备引进的高潮：50 年代初期主要从苏东社会主义国家的引进，60、70 年代主要从日本、欧美国家引进先进技术和设备，但这几次大规模的技术引进都不是真正意义的技术创新，主要目的是为了增加主要工业品和农业生产资料的生产数量，而且多是初级产品，解决的还是贸易大国的问题。进入 21 世纪以后，我国逐步开始在科技、机电产品和设备制造等领域积极发展自己的技术创新，逐步实行以自主知识产权为主体的国民经济体系。根据世界知识产权组织统计，我国在专利权申请方面已经连续多年列居世界第一位，

我国目前已经是一个自主知识产权的大国。我国在20世纪末发布的“科技兴贸行动计划”中就提出，以国际市场为导向，加快出口商品结构调整，推动高新技术产品国际化，推动具有自主知识产权的高新技术产品出口，提高我国出口产品中技术密集型产品的出口比例，尽快实现由贸易大国向贸易强国的跨越。

（二）建立新型的畅通的销售渠道和销售网络，是实现贸易强国的流通条件

长期以来，我国在发展对外贸易的方式上多是在计划经济体制上采用传统的货物贸易交易方式，如20世纪50年代初期，我们主要发展与苏联和东欧的部分友好国家的贸易，那时多采用政府之间的易货与记账的交易方式。每年双方政府签订易货贸易协议书，再安排下属的外贸部门和生产部门履行交易。但是改革开放以后，我们的主要贸易对象多是西方市场经济国家及港澳台地区，计划经济体制下的贸易方式早已被废弃了，于是易货贸易逐步被现汇交易及其他新型交易方式所替代，如补偿贸易、加工贸易和出口信贷等在20世纪80年代十分盛行。进入21世纪后，中国加入了世界贸易组织，成为多边贸易体制的一员，并实行新的开放型的自由贸易政策，在重点地区建立若干自由贸易实验区和在国际上签署更多的自由贸易协定，极大地推动了中国向贸易强国进军。

改革开放后，我国首先探索建设特殊经济区域的办法来促进我们对外贸易的发展。在20世纪90年代初在东南沿海一些城市成立一些保税区、保税港区、综合保税区等，实行境内关外、自由免税的特殊政策。但与国际上的自由港在市场准入方面还有较大的差距。

2013年以来，我国为了加快对外开放的步伐，缩小与贸易强国的差距，决定在我国部分区域建设自由贸易试验区，之所以叫试验区，就是要达到可复制、可推广的目的。与20年前的一般保税区相比，试验区在开发程度、功能设计以及监督管理等方面都有很大的改变，使物畅其流为基本条件，让运作手续更简化，交易成本更低、自由贸易程度更高。目前我国已经建设了上海、广东、福建、天津、海南等12个自由贸易试验区，这些自贸试验区除自身起到中转存放的功能外，对周边地区具有强大的辐射作用，能带动区域经济的发展。

进入21世纪后，我国与有关国家和地区签订了若干自由贸易协定，在货物贸易和服务贸易中取消大部分关税壁垒和非关税壁垒，取消绝大部分服务部门的市场准入限制，开放投资，从而促进商品、服务、资本、技术和人员等生产要素的自由流动。目前我国已经签署了16个自由贸易协定，包括在2020年全世界疫情最严峻时刻中国与15个亚洲、大洋洲国家签署的《区域全面经济伙伴关系协定》（RCEP）。这一协定包括亚洲的东盟10国、中日韩三国以及大洋洲

的澳大利亚和新西兰两国。在此协定里决定实施贸易和投资的自由化与便利化，在货物贸易与服务贸易中更加促进贸易的平衡。该协定是目前世界上最大的多边自由贸易协定，签署此协定的国家覆盖全世界 35 亿人口，接近世界人口的一半，所以称“半球共享”。

我国在向贸易强国发展的进程中，在建设自由贸易试验区方面主要任务不是继续扩大这种试验区的队伍，而是要努力扩展其发展对外贸易质量的潜在功能，扩展其向周边地区辐射的力度；在建设与有关国家的多边自由贸易协定上，则要努力扩大此类协定的队伍，与更多的国家和地区签署自由度更高、覆盖面更广的多边协定，这里的关键是组建高水平的双边及多边的自由贸易区，使我国与自由贸易伙伴的贸易总额的比重达到或超过多数发达国家和新兴经济体的水平。所以，我国今后要力争和所有毗邻国家和地区建立自由贸易区，积极推动“一带一路”沿线国家自由贸易区的建设，形成“一带一路”大市场。我们还要争取和更多的欧美发达国家商建自由贸易区，使在自由贸易伙伴中发达国家的比重逐步提升到更高的水平。

（三）在市场建设中，要努力扩大国内和国际两个大市场的建设，形成国内和国际两个大循环体系

改革开放初期，我国是以外向型经济为主导的发展模式，发展目标是努力发展对外贸易、引进外资和引进国外先进的技术和管理，构建国际经济大循环体系。因为那时我国国内消费水平还不高，要想成为贸易大国，就要从开发国际大市场入手。目前我国人均 GDP 已经达到 1 万美元，从美国、日本、德国等这些大国经济发展的规律来看，一旦发展到了一定阶段，必须要逐步从外向型的发展模式转变为以内循环为主导的发展模式。十多年前这一规律开始显现，我国的外贸依存度已经从 2006 年的超过 60%下降到 2019 年的 31.8%，这与全面建成小康社会的经济配置要求大体一致。在“十三五”规划进程中，为了努力提高国内消费水平，我国首先应把国内贫困问题解决。中央提出到 2020 年在脱贫上要实现的两个确保目标，即确保农村贫困人口实现脱贫、确保贫困县全部脱贫摘帽。到 2020 年底我国已基本完成国内脱贫的目标，对这样一个有 14 亿人口的大国来说，就等于开发出一个相当规模的国内大市场。最近几年中国的国内消费市场也在不断提高，并逐步缩小与美国等发达国家的差距。根据国家统计局数据显示，2018 年中国社会消费品零售总额同比增长 9.0%，达 38.10 万亿元人民币，按 2018 年平均汇率 1 美元兑换 6.62 元人民币计算，约合 5.76 万亿美元。同期美国全国社会消费品零售总额 6.04 万亿美元，同比增长 5%。中美消费规模差距从 2017 年的 3 400 亿美元缩小到 2 800 亿美元，比上年缩小 1.35 个百分点，中国消费规模相当于美国的 95.36%。当然希望中国国内消费市

场短期内达到甚至超过美国的消费水平并非易事，主要差距是美国的人均收入远高于我国，而我国居民的人均银行存款却高于美国，这种消费观的差距使我国的国内消费市场必定落后于美国。

如果从世界角度分析市场构成的话，全世界多数发达国家和新兴经济体的国内市场一般都远高于国际市场。我国开发国内市场，构建国内经济大循环还是有有利条件的：（1）我国有 14 亿人口的消费个体，这样就会形成一个巨大的国内消费群体；（2）我国国内人均收入近年有明显提高，特别是农村人均收入的提高和贫困人口的大规模减少，会加快国内大市场的形成；（3）国内城乡之间货物和服务市场的流通渠道与物流体系已基本形成，就是边远地区的农副产品也可以很畅通地进入城市市场；（4）现代化的网络体系的形成和大数据的广泛使用，会加快国内大市场的建立。反之，正因为我国的国内市场落后于发达国家及新兴经济体，也使我国今后开发国内大市场有更多的发展空间。

当一个国家是以国内市场为主体，以国际市场为辅的时候，市场对该国的经济发展影响和制约就相对稳定的多，市场供求对经济影响的风险也就小得多。所有我国现在是制定贸易强国战略、努力调整中国的贸易结构、争取实现贸易强国是最好的时机。我们相信，只要我们把国内消费作为发展的出发点和落脚点，加快构建完整的内需体系，就能逐步形成以国内大循环为主体、国内国际双循环相互促进的新发展格局，培育新形势下我国参与国际合作和竞争新优势。这样即使再发生类似 20 世纪末的东亚金融危机或 21 世纪初的世界性金融危机，对我国经济发展的冲击也会小得多。

当前我国制定贸易强国战略时，一定要构建以国内大循环为主体、国内国际双循环相互促进的新发展格局，就是要为我国经济可持续、高质量发展找到相匹配的内源型动力和外向型动力，并有序提高两种动力之间自主可控、安全高效的灵活转换机制。当然强调以国内经济循环为主体，并不意味着不再重视国际经济大循环和忽视国际大市场，而是强调通过供给侧结构性改革，进一步畅通国内经济循环，使得国外产业更加依赖中国的供应链和产业链，更加依赖中国巨大的消费市场，从而在提高经济循环能力的同时，实现我国经济高质量发展。我们相信，在习近平新时代社会主义市场经济政策的调整下，我国的经济发展一定能够按照预定的步伐，逐步接近与达到贸易强国的目的。

2021 年 3 月 21 日于南开大学

作者系南开大学经济学院国际经济贸易系教授（已退休），1968 年毕业于北京对外贸易学院（对外经济贸易大学前身）对外贸易经济专业。

关于数字贸易及其测度的思考

贾怀勤

摘　要：本文将数字贸易的业务推进与规制和测度的关系比喻为一体两翼，提出中国应该对全球数字贸易贡献自己的测度方案。文章阐述数字贸易测度融合比法从概念与方法创新，到使用工信安研数据进行试测度的研究历程。

关键词：数字贸易；概念；测度；中国参与；融合比法

一、数字贸易的中国机遇和中国方案

商务部副部长王炳南在2020年服贸会期间几次提到要为世界贡献数字贸易的中国方案。我想对此进行阐发。

“二战”后的国际贸易，先是货物贸易大发展，接着是服务贸易兴起与货物贸易并驾齐驱，再就是数字贸易登上国际贸易舞台。这三者尽管是相继而兴，有其继承一脉，但是从业务内涵、规则制度和统计测度方面是不同的。

表1　　货物贸易、服务贸易与数字贸易的区别

	业务内涵	规则制度	统计测度
货物贸易	有形产品的交易	关税贸易总协定为基本框架的系统规则制度	《国际货物贸易统计：概念与定义》提供的全球统计规范
服务贸易	无形产品的交易	服务贸易总协定为基本框架的系统规则制度	《国际服务贸易统计手册》提供的全球统计规范
数字贸易	数字内容的交易，对货贸和服贸的数字化赋能	没有全球性、系统性规章制度，各国力推双边、多边和区域数贸规则	尚不存在全球统计规范，《数字贸易测度手册》只是推介各经济体经验做法

从业务内涵上说，数字贸易不是与原有交易品类的区隔，它通过数字化赋能推动传统的货贸和服贸的交易效率、品类扩充和贸易额增长，这正是商贸界开始对其瞩目并着力推进的理由。

从规则制度看，没有全球性、系统性规章制度，各国力推双边、多边和区域数贸规则；就统计测度而言，尚不存在全球统计规范，《数字贸易测度手册》只是推介各经济体经验做法。这两方面的现状正是中国的机遇，中国有机会参与国际数贸规则的制订和国际数贸测度方法的开发。而货贸和服贸的规则和统计规范都是西方发达经济体已经制订好了，中国只能遵从。

数字贸易的中国方案，应该在业务推进、规则制度和统计测度三个方面取得建树，将它们贡献给国际社会。

二、数字贸易概念的认窄识宽

（一）国际社会的两种概念

数字贸易这个词是美国提出的。美国国际贸易委员会关于数字贸易涵盖范畴的“窄——宽——窄”变化，反映出美国从数字贸易的一般研究转向重点关注数字内容和数字服务的跨境流动，在国际谈判中相应地力推自己关于数字内容和数字服务贸易的规则。美国商务部对数字贸易的试测度也是遵循窄概念。

2017 年经合组织 – 世贸组织设计了一个基于交易手段（特质）、交易品类和交易者身份的三维架构，这相当于数字贸易的宽概念。国际组织的出发点是全面地观察和测度国际市场上数字内容贸易和数字手段赋能贸易。

（二）中国有关部门的窄概念

在 2020 年中国国家服务贸易交易会期间，特别是在 9 月 8 日“国家数字服务出口基地动员部署会暨数字贸易专家座谈会”上，商务部副部长王炳南明确指出数字贸易指数字内容贸易和数字赋能服务贸易。上述会议是由商务部、中央网信办和工信部共同召开的，这意味着国家官方层面确定以窄概念作为开展数字贸易工作的基准口径。

在商务部内部，由服务贸易和商贸服务业司主管数字贸易。该司编印的《中国数字服务贸易发展报告 2018》写明“数字服务贸易是剔除了货物贸易数字化的数字贸易，也可以认为是狭义的数字贸易”。

货物贸易数字化，现在直接称为“贸易数字化”，是企业的国际贸易由线下交易转向线上交易的进程。这一进程有助于进出口双方信息匹配和交易撮合，提高贸易效率，扩大贸易规模，也有助于中小企业走向国际市场。这个领域的工作，由商务部配额许可证事务局负责抓，该司为此设立了贸易数字化处和产业数字化处。

商务部电子商务和信息化司主抓电子商务，包括跨境电商的推进，指导电商企业由境内交易走向跨境经营。

（三）数字贸易概念的认窄识宽

作为国家数字贸易专家组的成员，须认同窄概念的数字贸易，围绕这个概念开展资政研究。这里也须指出，我们要知晓和熟悉国际组织基于宽概念提出的数字贸易研究对象和方法，以便中国能够参与到数字贸易规则多边谈判和国际组织的数字贸易测度方法开发进程当中。“认窄识宽”四个字虽是今天提出，但此理念乃我一贯主张，2019 年 5 月曾撰文言及此念。

专家组成员在专家组之外，或者非专家组成员学者，可以按宽概念或者其他概念开展研究，例如有学者将数字贸易视定义为跨境电子商务的高级形态。

三、三策并举，破解对中国数贸的抹黑和遏制

数贸业务与规则制度、统计测度，我称之为数字贸易一体两翼。这三者又相互联系。就数贸测度而言，分为水平测度和规模测度，前者是营商条件和营商环境的评价，后者是贸易规模的评价；前者将数字技术的硬件、软件、人力资源和营商规则、政策量化，编制一套指数，后者是对数字贸易额的测度。由此可见，营商条件与环境测度就是对贸易规则的综合计量。

（一）数字贸易限制指数的非科学和政治不正确

说到营商条件与环境测度，有一个数字贸易限制指数（Digital Trade Restrictiveness Index—DTRI，下简称“限制指数”）引起了我们的关注。2018 年 4 月发表的这个指数，从 0 到 100，100 代表限制性最强，0 代表限制性最弱即开放性最强。根据这套指数测度结果，中国、俄罗斯、印度、印尼和越南属于限制性最强的经济体，而在这五国当中，中国尤为突出，限制性指数高达 0.7，远高于得分在 0.4—0.5 之间的其余四个经济体。在测度尺的另一端，是限制性最低的五个经济体：新西兰、冰岛、挪威、爱尔兰和香港，其指数值在 0.1 左右。其他发达经济体和部分发展中经济体则居两者之间。

中国是不怕批评的，还欢迎批评以便改进我们的工作。但是限制指数可不是一般地、客观的评价，内中有对中国抹黑之嫌，起到了为美国遏制中国数字贸易发展推波助澜的作用。根据主要有两条：

第一是编制方法。采用的数据大多来自机构合作方的问卷调研数据和内部渠道获取的指标数据，并未公开其数据采集方式和原始数据，部分数据的来源和透明度存在疑问。有一些数据直接来自美国贸易代表办公室对各经济体的评估。

第二是编制者立场。该指数由“欧洲国际政治经济中心”这样一个名头很大实体微小的机构编制。正如这个名头所写，它是很讲政治的。限制指数编制

组的 3 位成员之一，据称曾在世贸等国际组织工作过。既然如此，他应该懂得国际组织对各个经济体的表述方法。然而这个指数公然把中国的台湾地区和香港特别行政区与其他经济体统称为“国家”，这是对中国主权和领土完整的侵犯！此人的名字含有日本姓氏和韩国姓氏，他这种亚裔更有仇华之嫌。

（二）美国对中国等“砖碍异”经济体的特别关注

2017 年 8 月，美国国际贸易委员会应美国贸易代表（USTR）的要求撰写的《全球数字贸易 1：市场机会与外国贸易限制》发布。

该报告发明了一个字母词 BRICIE，指巴西、中国、印度、印度尼西亚、俄罗斯和欧盟这几个它在国际市场上需要认真对待的“关键国家”，几乎每章最后对它们阻碍数字贸易的规章和政策措施的“不良表现”都有记述，还专门辟有第八章集中“揭露”它们“影响数字贸易的规章和政策措施”，其篇幅占到附录以外的 327 页的 18%。报告说，美国企业的代表，应美国贸易代表办公室的要求，观察和搜集贸易伙伴国和投资东道国的“不良表现”材料，向其报告。由此可见限制指数数据来源与 USTR 的幕后联系。

我用意译加音译的方法，把 BRICIE 译为“砖碍异”，以美国人的口吻指责这些经济体用砖建壁垒为异邦数据“自由”流通设置障碍。

（三）破解对中国数贸的抹黑和遏制

第一是以科学的、公正的指数回应限制指数。以上海社科院世经所沈玉良研究员为首的团队开展全球数字贸易发展指数研究，相继出版了两部报告。该指数从促进全球数字贸易发展的目标出发，在研究的侧重点上强调发展的正面导向，在结论中为发展中经济体发展数字贸易提供务实可行的建议；在研究的设计和执行上严格遵循科学的研究方法。报告着眼和立足于数字贸易的发展，对各经济体的内外环境、基础和发展潜力进行刻画和比较，并提出建设性意见。

第二是全面检视限制指数对中国数字贸易营商环境的批评，既对不实之词给予批驳，又吸取有根据的批评意见改善我们的营商环境。国内已有团队正筹划这项研究，尽管他们是针对 OECD 的数字服务贸易限制指数而策划，我希望能够把其研究扩延到对“数字贸易限制指数”的审视。

第三，是最重要的，主动扩大中国市场开放，促进中国数字服务业和服务贸易高质量发展。这方面工作，国家层面在做，北京市着手建设国家服务业扩大开放综合示范区，其他省（自治区、直辖市）也各有措施出台或即将出台。

此外，既然美国把“砖碍异”并列，在多边和区域谈判中，中国可寻求与其中某一家或几家协调主张的可能性。

四、研发中的数贸测度手册与中国参与

世贸组织与经合组织、基金组织《数字贸易测度手册》（下简称 Handbook）于 2020 年 3 月发布。既已发布，我为什么称其在“研发中”呢？如果研发毕，中国就只有遵从的份了。而它处于研发中，中国则有机会参与其中。

（一）《数字贸易测度手册》的开放性和成长性

目前对手册的解读和中国跟进的论文尚不多见，方元欣的《对我国数字贸易发展情况的探索性分析——基于 OECD－WTO 概念框架与指标体系》和岳云松的《国际数字贸易统计及其启示》具有代表性意义。但是这些成果都是侧重于数字贸易测度的方法和中国的相应数据获取，而我这里要谈的是 Handbook 的特点——开放性和成长性。

所谓开放性和成长性，拿 Handbook 与 2002 年世贸等 6 个国际组织发布的《国际服务贸易统计手册》（下简称 Manual）相比就清楚了。Manual 给出的是统计规范，各成员得遵循；Handbook 列举出一些成员的数据获取方法和结果，供各成员参考，也允许各成员探寻和实验其他的数据获取方法，这就是它的开放性。Manual 由机构间专题工作组开发出来后，仅在联合国的几个区域片会上征求意见，就定稿发布。当然它也与时俱进，在 2010 年发布了第二版。但是它的开发研制是封闭的。而 Handbook 研发者承认这个手册仍然处于“婴幼儿”发育期，未来得吸取各方面、各成员的专家意见，进一步补充、修订和完善。这就是它的成长性。

以上这些意思在 Handbook 的“编纂者前言”和“序言”中都有明确表述。

（二）《数字贸易测度手册》提倡既有数据的二次开发

数贸数据的获取，不鼓励“另起炉灶”，提出使用既有调查渠道多方互鉴。第 3—5 章的陈述有明显的这方面导向。

（三）集中精力开发数字交付贸易的测度方法

出于世贸组织－经合组织的数贸宽概念，Handbook 把测度对象分为三块：数字订购贸易、数字交付贸易和数字中介平台赋能贸易。

对第一块，中国海关已经建有较为完善的跨境电商监管体系，在 B2C 和 C2C 基础上，今年又加上了 B2B。且中国官方采用窄概念，这一块不属于数贸专家组关心的范畴。第三块在整个国际社会是有认识、缺手段，且贸易额不大，短期内无须花费精力去研究。因此，当前我们只需要做好第二块，即测度使用

数字手段交付的服务贸易进出口额。

（四）中国应该为数字交付贸易测度拿出自家方案

改革开放以来，我国的贸易统计工作逐渐形成了以下分工格局：海关总署负责货贸数据的采集、编制和发布，商务部负责服贸数据的采集、编制和发布。

Handbook 由机构间国际贸易专班之数字贸易测度专家组编纂。专家组主要成员来自几大国际组织，还包括来自多个世贸成员的专家。Handbook 总编致辞中提到了中国（海关广东分署的）李开益和（海关总署的）李芊、翟小元。这3位海关官员参与编纂，是从货贸统计角度介入的。在服贸统计方面，则没有中国专家参与，至少在正式文字中没有任何记载。

国际组织说明，Handbook 有待进一步完善，以后还将有新版本编纂。这为世贸各成员进一步参与该项工作留有余地。我希望有中国专家参与进去，以期实现货贸和服贸领域全覆盖。当然其前提是中国能够拿出数字交付贸易测度方法和实测数据，这是目前我们要突破的瓶颈，尽管3年前我就发出了开展数字贸易尝试性测度的建议。

一个世贸成员的专家，来自一个以上的部门，也符合 Handbook 的先例：比如德意志联邦银行和德国统计局、意大利国家统计局和意大利中央银行、英国国家统计局和英国贸易部。

五、数字贸易测度：由贾怀勤建议到工信安研首发

2020年10月15日，国家工业信息安全发展研究中心（安研中心）发布《2020我国数字贸易测度报告》，公布了中国数字贸易额，填补了这个领域的测度空白。这个事件可谓厚积薄发，积的是3年来数字贸易测度专家对测度方法的探索和安研中心在相关领域的国际参与和数据连续采集成果。

（一）笔者吁请主管部委设立数字贸易测度专题组

2017年9月，笔者写信给有关部门，说“世贸组织提出国际社会面临‘数字贸易测度新挑战’。如何应对这个挑战，作为贸易大国和正在迈向贸易强国的中国，应该做出应有的贡献。为此特提出如下建议。”这就是《关于国际数字贸易测度中国应对策略的建议》。

建议指出：世贸组织在《世界贸易统计回顾·2017》书中指出国际贸易圈面临“数字贸易测度新挑战”。这个新挑战在于：如何测度数字贸易的总量规模和特征。中国作为数字经济和数字贸易大国，必须早做准备，至少不能落在国际社会后面。我们不会满足于仅仅履行组织成员的数据提供义务，我们应当为

国际组织的数字贸易测度制度建设贡献中国智慧。

建议提出：主管部委做出安排，成立“数字贸易概念与测度方法部门间专题组”，由一位部领导主抓，由一个司牵头、协调，吸收部内有关司参加，邀请其他有关部委参加，聘请高校、研究机构及可能的企业的专家参加。

2018 年 2 月 26 日，《第一财经日报》刊文《贾怀勤建议开展数字贸易尝试性测度》。

（二）笔者首倡数字贸易测度“融合比法”，并建议开展试测度

进入 2019 年，笔者信给有关部门，提出了可行的数字贸易测度思路，并建议开展试测度。

笔者建议基于两点考虑：第一，按窄概念开发数字贸易测度方法，因为跨境电商的统计可以由海关实施。第二，现行统计制度虽然包含了我们要测度的成分，但是不支持从中分离出所需数据，这就需要使用现行统计制度之外的方法来获得数据。

笔者的思路是参考并超越艾莱克西斯・N・格立姆（Alexis N Grimm）的研究。2016 年 6 月，美国商务部《当代商业概览》发表格立姆论文《美国的信通技术服务和信通赋能服务贸易趋势》。格立姆把服务分为传统服务（大约相当于运输、旅行和建筑服务三类）与信通服务和潜在信通赋能服务（ICT potencially enable services）两种。他把信通服务和潜在信通赋能服务的贸易额——可以从国际收支统计表中“扒下来”——作为数字贸易规模来测度。

笔者把潜在信通赋能服务改称为数字技术可融合服务（英文译为 DT－integratable services），再进一步测度它当中的数字技术已融合服务（英文译为 DT－integrated services）。根据这个理念，笔者首倡数字贸易测度“融合比法”（Method of Integration Ratio）。此法具体分为下述步骤：

第一步，选定服务贸易各分类经营企业样本；

第二步，测算样本的数字技术融合比；

第三步，测算各分类数字贸易额。

显然，测算“融合比”是实现数字贸易测度的关键。笔者曾提出 3 种方法供单独使用或结合使用：

（1）在重点企业服务贸易统计监测调查问卷中加入关于各项数字技术可融合服务中已融合的贸易额占比的问题（当然问题的设计要便于企业理解和填报），以重点调查所获占比去测算全部数字技术可融合服务中已融合的贸易额。

（2）借用中国信通研究院发布的 2016 年服务业各行业数字经济对全行业增加值占比去测算全部数字技术可融合服务中已融合的贸易额。

（3）构建数学模型测算各项数字技术可融合服务中已融合的贸易额。

笔者先后在中央财经大学国际经济与贸易学院（2019 年 1 月）、中国世界经济学会国际贸易论坛（2019 年 3 月）、商务部国际贸易研究院（2019 年 8 月）和“数字贸易测度学习会”（2020 年 5 月）做“数字贸易及测度”讲座，其中均包含以“融合比法”为核心的数字贸易测度方法研究。

（三）安研中心使用“融合比法”完成试测度，首次发布中国数字贸易额数据

国家工信安全信息研究中心（下简称“工信安研”）对国际数字经济战略前沿的长期跟踪研究，支撑工信部、中央网信办等中央部委开展二十国集团、亚太经济合作组织、世贸组织等多双边机制下数字经济领域合作、数字贸易国际规则与测度等方面的谈判。

《2020 我国数字贸易测度报告》采用“融合比法”，基于中国两化融合服务平台数据库，计算出各服务细类的数字化融合比，从而将笔者的试测度建议落到实处。表 2 是根据工信安研测度结果整理的 2019 年中国数字贸易出口、进口和进出口额。详细数据可参阅该中心的研究报告。

表 2　　2019 年中国数字贸易额　　单位：人民币亿元

分　类	出口	进口	进出口
总计	8 064.2	6 254.6	14 318.8
信息通信类	3 603.6	1 698.7	5 302.3
内容娱乐类	79.7	199.9	279.6
商业金融类	3 417	2 776.8	6 193.8
专业知识类	963.9	1 579.2	2 543.1

资料来源：工信安研。

数字贸易统计测度研究

岳云嵩[①]

摘　要：当前，全球数字贸易蓬勃发展，对国际贸易格局产生深远影响。准确衡量数字贸易发展对制定数字贸易政策和规则具有重要意义。首先本文分析了 OECD、WTO 和 IMF 联合发布的《数字贸易测度手册》中提出的数字贸易基本概念、统计框架和数据填报模板；然后梳理了国际上数字订购贸易和数字交付贸易的统计方法及面临的挑战，以及结合中国统计实践进行比较分析和指出可能存在的问题；最后提出了下一阶段我国数字贸易统计测度工作的可能重点和对策建议。

关键词：数字贸易；数字订购贸易；数字交付贸易；统计测度

一、引言

伴随着信息通信技术的发展，国家间经贸关系发生巨大变化，以数字贸易（digital trade）为核心的新一轮全球化正在到来。信息通信技术对国际贸易的影响主要体现在两个方面，一方面是贸易开展方式的数字化转型，出现了针对国际贸易的跨境电商、在线广告、数字海关、智慧物流等新业态和新模式，极大地降低了信息传输成本和提高了贸易开展效率，增加了中小企业参与国际贸易的机会；另一方面是通过网络传输交付的数字化服务贸易的兴起，如金融、保险、教育、医疗等传统服务的可贸易程度大幅提升，以及出现了数据、数字中介、云计算、大数据等新兴数字服务，推动全球贸易向服务化方向发展。

国际社会将数字贸易统计测度作为重点研究工作之一，因为一致、可比的数字贸易数据对于数字贸易研究和政策设计具有重要意义。2017 年，德国 G20 峰会发布的《G20 数字贸易优先事项》中指出，可靠的数据对于科学制定数字贸易发展政策至关重要，然而目前数字贸易面临定义、范围、收集基础、可靠

① 岳云嵩（1988—），男，湖南邵阳人，经济学博士，中国信息通信研究院政策与经济研究所副研究员/高级工程师，研究方向：数字贸易，数字经济。联系方式为，北京市海淀区花园北路 52 号（100191），18500063002，yysttn@126.com。

数据源、计量框架和贸易分类等方面挑战。因此，G20 成员国支持各国统计机构和国际组织进一步推动数字贸易统计与监测工作，以及鼓励国际贸易统计机构间工作组（TFITS、经合组织（OECD）和世界贸易组织（WTO）共同主持）更积极地与所有国家统计机构和产业界接触（G20, 2017）。

国际组织在构建数字贸易统计测度方案中扮演着重要角色。在数字贸易的概念内涵和统计框架方面，OECD（2017a, 2017b, 2018）开展了一系列工作；在针对与数字贸易相关的跨境电子商务方面，万国邮联（UPU）、联合国贸发会议（UNCTAD）、OECD 和 WTO 建立了一个衡量跨境电子商务的合作项目；在针对通过网络传输交付的数字化服务方面，UNCTAD 的衡量 ICT 服务贸易（ICT services）和 ICT 赋能服务贸易（ICT－enabled services）特别工作组（TGServ）取得较大进展，提出方案被较广泛认可。除此之外，许多国家的商务部门和统计机构也基于本国统计基础和产业发展特征尝试收集数字贸易相关数据。

二、数字贸易概念框架

（一）概念内涵

对数字贸易进行定义是一个非常困难的问题，主要是因为信息通信技术和数字化转型给国际贸易带来了两个不同维度的影响，一是强调贸易开展方式的数字化转型，二是强调贸易商品中出现了许多可以通过网络传输交付的服务，导致研究人员无论从哪一个维度对数字贸易进行定义都难免为人所诟病。例如，美国国际贸易委员会（USITC）最早将数字贸易定义为通过有线/无线数字网络交付的产品和服务贸易，然而其向公众征求意见得到的反馈是“建议委员会使用更广泛的定义，将数字方式促进的货物贸易等也加入其中”。

目前，国际上对数字贸易定义已经形成初步共识，但在对具体范围的界定仍存在一定差异。美国是最早提出数字贸易的国家，USITC（2013、2014、2017）和美国贸易代表办公室（USTR）（2017）的多份报告中对数字贸易的概念进行了论述。其中，负责美国贸易政策和谈判的 USTR（2017）发布的《数字贸易主要障碍》中指出数字贸易是一个广泛的概念，它不仅涵盖了互联网上消费品的销售和在线服务的供应，而且还涵盖了使全球价值链得以实现的数据流、使智能制造得以实现的服务以及无数其他平台和应用。中国信息通信研究院（CAICT）（2019）发布的《数字贸易发展与影响白皮书（2019）》认为数字贸易是指信息通信技术发挥重要作用的贸易形式，其不仅包括基于信息通信技术开展的线上宣传、交易、结算等促成的实物商品贸易，还包括通过信息通信网络（语音和数据网络等）传输交付的数字服务贸易，如数据、数字产品、数字服务等贸易。OECD、IMF（2018）发布的《迈向数字贸易计量手册：更新版》认为数字贸易是指数字订购贸易（例如：跨境电子商务）、数字赋能贸易（通过平台）、数字交付贸易。OECD、WTO 和 IMF（2020）发布的《数字贸易统计手册（第一版）》（以下简称《手册》）将数字贸易定义为所有以数字方式订购和/或以数字方式交付的贸易，并指出该定义以当前电子商务（E-commerce）和 ICT 赋能服务贸易的定义为基础，旨在对数字贸易进行统计和善用现有统计基础，尽量减少不必要的新测算方法和实践。

（二）概念框架

数字贸易是一个新兴事物，混杂着数字化转型对国际贸易的多方面影响，对其统计可能包含多个不同维度信息，因此需要以概念为基础形成一套较为统一的框架体系，才能更好地收集国际可比的统计数据和最佳实践。OECD、WTO 和 IMF（2020）发布的《数字贸易统计手册（第一版）》（以下简称《手册》），基于统计测度的目的，将数字贸易定义为所有以数字方式订购和/或以数字方式交付的贸易，并提出了包含贸易范围、贸易方式、贸易商品、贸易主体四个维度的数字贸易概念框架。

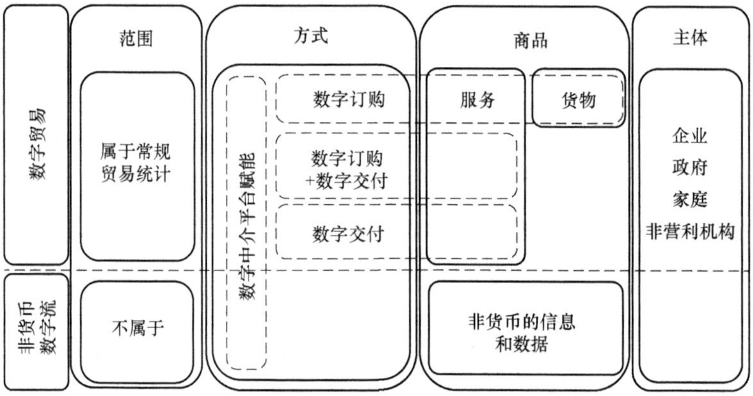

图 1　以统计为目的的数字贸易概念框架

资料来源：《手册》。

1. 数字贸易范围

“数字贸易范围”维度，主要是为了区分可以通过货币反映的有价数字贸易流和无法通过货币反映的跨境信息和数据流。前者是指上文中提到的数字贸易，即所有以数字方式订购和/或以数字方式交付的贸易，与传统贸易相似，出口方向进口方提供商品或服务并获得货币收益。后者是指无法通过货币反映的跨境信息和数据流，简单来说就是“进口方”无需支付任何费用即获得了某些信息和数据，由于缺少贸易中的付费环节，自然无法归为贸易或数字贸易，以及进行常规统计。这类无偿的信息和数据流动通常出现在数字服务提供者和消费者之间，一种常见模式是数字服务提供者向消费者提供数字服务的同时，无偿地获取了一部分消费者信息，并基于这些信息创造出新的价值。例如，美国谷歌为澳大利亚居民提供的免费搜索引擎服务属于非货币数字流，为澳大利亚商家提供的付费在线广告服务则属于数字贸易。

2. 数字贸易方式

"数字贸易方式"维度，基于数字技术对国际贸易的影响，将有价值跨境数据流动分为类三类：

一是数字订购贸易（digitally ordered trade）。《手册》沿用了以往对电子商务的定义，将数字订购贸易定义为"通过专门用于收发订单的计算机网络所完成的商品或服务的国际贸易活动"。基于此定义，数字订购贸易可以等同于跨境电子商务，文中可能交替使用两种名称。《手册》还对定义进行了补充，一是数字订购贸易并不要求支付和交付环节通过网络进行；二是包括通过互联网、外联网、电子数据交换（EDI）发出的订单；三是不包括电话、传真、手动录入邮件的订单。

二是数字交付贸易（digitally delivered trade）。OECD 在 UNCTAD 的衡量 ICT 服务贸易和 ICT 赋能服务贸易工作组对 ICT 赋能服务贸易定义的基础上，将数字交付贸易定义为"通过专门设计的计算机网络完成的远程交付的电子格式商品的国际贸易"，将原定义中信息通信网络（ICT networks）替换为了计算机网络（computer networks），排除了通过电话、邮件和传真提供的服务，进而与数字订购贸易保持一致。

三是数字中介平台赋能贸易（digital intermediation platform enabled trade）。数字经济发展催生出大量的平台企业，如阿里巴巴、亚马逊、苹果应用商店等。大部分数字中介平台具备订购功能，在促进商品和服务的国内和国际贸易中的作用越来越大，大多数通过平台促成的国际贸易可以归为数字订购贸易。同时，平台提供的中介服务属于数字服务，如果平台中介服务使用者为非本国居民时将导致数字服务贸易。《手册》将收费数字中介平台定义为"促成买卖双方交易的付费线上中介，平台不需要拥有交易货物或服务的所有权"；将收费数字中介平台服务定义为"促成买卖双方直接交易的付费线上中介服务，平台不需要拥有交易货物或服务的经济所有权"；将免费数字中介平台定义为"收入来自向终端用户销售商品和服务的企业的广告和/或数据支出，而不向获取数字服务的终端用户收取明确费用的平台"。

3. 数字贸易商品

"数字贸易商品"维度，包含了传统的货物贸易、服务贸易分类以及非货币的信息和数据流三类：

一是货物，由于货物商品无法通过网络传输交付，货物贸易只可能出现在数字订购贸易中，即通过数字订购方式开展的货物贸易。

二是服务，可以是数字订购服务贸易，通过数字订购方式开展的服务贸易，如酒店、景点门票、出租车服务；也可以是数字交付服务贸易，如线上 ICT 服务和因为 ICT 技术应用而线上传输交付的其他服务，如金融、保险服务；还可以是同时满足数字订购和数字交付的服务贸易，如许多数字内容服务、云计算服务等。

三是商品和服务外的非货币信息和数据流。当前，出现了许多有价值却无法通过货币反映的免费数据流，他们很难在国际统计中得到体现。具体例子有：（1）用户数据，数据作为一种“有价”生产要素，广泛参与许多新模式和业态的价值创造过程；（2）开源软件，同用户数据一样能用于价值创造；（3）免费服务，如搜索引擎、社交媒体、即时通信、新闻资讯等，很大一部分收入来源于广告，而非直接服务对象。

4. 数字贸易主体

“数字贸易主体”维度，参考了国民经济核算体系（SNA）将贸易主体分为家庭、企业（包括金融和非金融）、政府和服务于家庭的非营利性机构（NPISHs）。虽然分组标准与现有统计体系基本一致，但是数字贸易可能降低国际市场准入门槛，许多中小企业和个体消费者有机会参与国际贸易，也可能会给统计工作带来一定挑战。

（三）报告模板

基于概念框架，《手册》进一步提出了数字贸易的报告模板（见表 1），包含了框架中“贸易方式”“贸易商品”“贸易主体”三个维度，及区分进出口。表 1 中，数字贸易总额 = 数字订购贸易 + 数字交付贸易 – 同为数字订购和数字交付服务贸易。由于，数字订购贸易和数字交付贸易统计数据获取方式存在一定差异，获取准确的数字订购和交付服务贸易可能存在一定统计困难。

三、数字订购贸易统计

数字订购贸易的途径多样，并不一定限定在数字中介平台上完成订购的贸易，可以是通过自有网站、外部网站或 APP、EDI 等。全面统计核算可能需要多种统计调查和数据的相互配合。目前，数字订购贸易的统计监测主要依赖于企业统计调查和海关统计数据（针对数字订购货物贸易）。此外，家庭调查数据、信用卡和其他支付数据、平台交易数据也被用于从不同侧面反映数字订购贸易开展情况，并相互抽证和修正数据中可能存在的偏差。

表 1　　基于概念框架的数字贸易统计数据报告模板

	出口			进口		
	机构分类			机构分类		
	企业	政府	家庭/非营利机构	企业	政府	家庭/非营利机构
1. 数字订购 2. 商品 3. 服务，非数字交付	ES ES/ITSS	AR	HS/CC	ES/ITSS	AR	HS/CC
4. 数字交付 5. 数字订购 6. 非数字订购	ES/ITSS/ITRS	AR	HS/CC	ES/ITSS/ITRS/VAT	AR	HS/CC/MOSS
7. 数字贸易总计						
8. 通过 DIP 交易 9. 数字订购 10. 商品 11. 服务	ES + DIP		HS/CC + DIP	ES/ITSS + DIP		HS/CC + DIP
12. 数字交付 13. 非数字交付	ES/ITSS/ITR S + DIP		HS/CC + DIP	ES/ITSS/ITR S/VAT + DIP		HS/CC/MOSS + DIP

注：ES = 企业调查，HS = 家庭调查，CC = 信用卡数据，ITSS = 国际服务贸易统计调查，DIP = 直接从数字中介平台收集的数据，ITRS = 国际交易报告体系，MOSS = 迷你一站式服务商店数据，AR = 行政记录，VAT = 增值税征管记录。

资料来源：《手册》。

（一）统计方法

1. 企业调查

（1）统计说明

企业调查制度可能是获取一国数字订购贸易数据的最主要渠道。通过在统计调查中加入数字订购相关的问题，可以掌握企业通过数字订购开展的货物和服务贸易发展情况。目前，许多国家和国际组织已经开展或尝试开展企业信息化统计调查，其中发展较快的电子商务无疑是重点之一。

（2）主要问题

企业调查的挑战源于尽可能详尽的统计数据需求与尽可能简单的问题设计之间的冲突，本文对四种可能存在的问题及影响进行了分析。

一是调查表缺少对国内和国际的区分。现有企业电子商务统计调查，主要关注整个经济中的电子商务交易规模，收集数据包括“企业是否开展电子商务交易活动”“企业电子商务销售和采购金额”。然而，许多调查没有进一步拓展至国际层面，缺乏对国内电子商务和跨境电子商务的区分。

二是调查表缺少对货物和服务的区分。许多电子商务统计调查同样没有对货物和服务进行区分以及更细化的商品分类。需要强调的是，数字订购贸易和数字交付贸易中有重叠部分，如果能通过统计调查获取同为数字订购和数字交付贸易的部分，将有助于获取总体数字贸易规模数据。

三是中间商与数字订购贸易认定。中间商的出现，使得“出口商–进口商”模式转变为“出口商–中间商–进口商”模式，进而产生两个问题：第一个是中间商是属于出口国还是进口国，第二个是中间商是否取得商品所有权。从表 2 可以看出，根据答案不同可能导致 3 种不同情况，因此统计调查中需要特别注意中间商带来的重复计算风险。

表 2　中间商属性与数字订购贸易认定

取得所有权	中间商属地	说明
是	出口国	仅中间商向进口商出口部分为数字订购贸易
是	进口国	仅出口商向中间商出口部分为数字订购贸易
否	出口国	仅出口商向进口商出口部分为数字订购贸易
否	进口国	仅出口商向进口商出口部分为数字订购贸易

资料来源：作者分析。

四是中间商、企业认知和数据填报。中间商的出现，还使得企业很难区分交易是属于国内电子商务还是跨境电商。销售/采购企业可能难以分辨取得商品所有权的中间商归属地（如外国中间商建立了本地中介网站）以及没有取得商品所有权的中间商背后采购/销售企业的归属地，导致填报时将国内电子商务和跨境电子商务混淆。

2. 海关统计：

（1）统计说明

海关是各国货物贸易统计的数据来源之一，详细记录了进出口货物贸易中的企业信息、商品编码、进出口国等信息。通过改进海关统计机制获取的数字订购货物贸易，可能比企业调查数据更准确，以及更符合一些国家货物、服务贸易统计相分离的传统。以海关数字订购货物贸易数据为基础计算数字贸易总额时，可以使用“数字贸易=数字订购货物贸易+数字订购且非数字交付的服务贸易+数字交付服务服务”的公式。

通过海关和其他物流数据分析数字订购货物贸易的方法已引起国际研究机构重视，世界海关组织（WCO）（2017，2018）提出，要与WTO、OECD、UNCTAD、UPU等国际机构紧密合作，建立一套有利于准确测度和分析跨境电子商务的通用数据和可靠机制，强化数据分析（包括大数据分析）对政策和决策的支撑，建立数据收集等的法律机制。UPU 正与 WTO、UNCTAD、OECD 合作，通过实时国际邮政信息追踪系统收集的交易和业务数据对B2B和B2C跨境电子商务进行分析。

（2）主要问题

一是可能遗漏小额的B2C数字订购货物贸易。为了推动数字订购贸易的发展，许多国家采取了高低不等的海关豁免限额（de minimis），低于限额的商品可以免于征收关税，脱离海关统计监测范围。虽然联合国货物贸易统计中没有计入限额以下贸易，但随着海淘类业务的发展，出现了数量众多的小额数字订购贸易，其数据对B2C跨境电子商务乃至数字贸易的分析具有一定价值。

二是可能遗漏大额的B2B数字订购货物贸易。海关对数字订购货物贸易的认定，很大程度上依赖于其是否通过数字中介平台。在小额或者是B2C跨境电子商务中，数字中介平台参与程度非常高，海关识别出所需数据的难度较小。但在大额B2B跨境电子商务中，企业可能通过自有网站或采销系统进行贸易，海关识别出分散的个体企业数据的难度则较大。此时，可能需要配合企业调查数据才能比较准确地掌握数字订购货物贸易开展情况。

（二）中国实践

1. 企业调查

2017年，中国国家统计局建立了《互联网经济统计报表制度》[①]，其中的信息化和电子商务应用情况表（见表3）要求规上工业企业、规上服务业企业等填报详细的电子商务使用信息。报表设计考虑了大部分可能出现问题，区分了商品和服务、B2B和B2C、销售和采购以及境外部分的金额，此外还对企业是否拥有电子商务平台进行了调查。如果能保证企业填报数据的准确性和一致

① 详解互联网经济统计报表制度，http://www.quanzhou.gov.cn/zfb/xxgk/ztxxgk/zcjd/wzjd/201807/t20180730_721227.htm。

性，通过该报表制度可以获取非常准确的数字贸易订购数据。目前，国家统计局发布的最新版《中国统计年鉴（2019）》中，提供了分地区和分行业的电子商务销售额和采购额，不过并没有公布其中跨境部分占比以及服务部分占比。根据商务部发布《中国电子商务报告（2018）》显示，2018 年中国电子商务交易额达 31.63 万亿元，其中网上零售额达 9.01 万亿元①。

表 3　　企业电子商务使用交易情况统计表

指标名称	代码	商品（万元）		服务（万元）	
		本年	上年同期	本年	上年同期
甲	乙	1	2	3	4
电子商务销售金额	10				
其中：B2B	11				
B2C	12				
其中：面向境外的电子商务销售金额	13				
电子商务采购金额	14				
其中：面向境外的电子商务采购金额	15				

16	贵企业是否拥有电子商务交易平台？□ 1 是 2 否（如选“2 否”停止调查）电子商务交易平台数量：　　　个，电子商务交易平台情况：		
序号	平台详细名称	平台网址	平台交易额（万元）
1			
2			
…			

资料来源：国家统计局《互联网经济统计报表制度》②。

2. 海关统计

中国海关的跨境电子商务统计启动较早，并依托于跨境电子商务综合试验区（截至 2020 年 6 月全国累计设立 105 个）快速发展，处于世界领先水平。近年来，中国 B2C 跨境电子商务发展迅猛，低价值、高频次、分散化的 B2C 跨境

① 《中国电子商务报告（2018）》，http://www.dzsws.mofcom.gov.cn/article/ztxx/ndbg/201905/20190502868244.shtml。

② 《（2018—2019）互联网经济统计报表制度》，http://www.tj.nmg.gov.cn/tjzd/14537.html。

电子商务订单给海关监管带来巨大挑战。为了顺应外贸发展趋势和规范海关管理，中国海关建立了针对跨境电子商务的通关系统（CBEIS）和海关代码（9610、1210、1239、9710、9810）。其中，“9710”和“9810”为2020年增列的针对B2B跨境电子商务的代码，解决了B2B跨境电子商务直接出口、跨境电子商务出口海外仓的监管问题，实现跨境电子商务监管从B2C向B2B拓展。中国海关对外贸企业和跨境电子商务平台提供的订单、物流、支付等信息进行交叉验证，实现进出口快速通关，并对跨境电子商务进行统计监测。此外，中国海关还尽可能尝试收集不经过CBEIS的其他可能跨境电子商务数据。根据海关总署对外公布数据，2020年我国跨境电商进出口达1.69万亿元，其中出口1.12万亿元，进口0.57万亿元。

3. 评价分析

中国在数字订购交易/贸易的统计调查和研究方面做了大量工作，包括统计机构针对企业电子商务使用情况的调查、海关针对跨境电子商务的调查、商务部对平台上跨境电商交易的调查等，已经具备统计核算数字订购贸易规模的良好基础，但还需要关注由于概念界定不统一导致的数据冲突。统计局《互联网经济统计报表制度》中将电子商务销售/采购金额定义为“报告期内企业（单位）借助网络订单而销售/采购的商品和服务总额”，将“借助网络订单”定义为“通过网络接受订单，付款和配送可以不借助于网络”，跨境电子商务则可以推断为跨越国境的电子商务活动，与《手册》定义基本一致。海关和商务部对跨境电子商务的统计则更强调平台在其中的作用，主要统计对象为通过平台开展的跨境电子商务。例如，海关统计主要纳入了按照“三单比对”方式进出境邮包、快件，其中订单由跨境电子商务平台提供。从数值关系上看，通过平台开展的跨境电子商务规模＜跨境电子商务。

四、数字交付贸易统计

数字交付贸易属于服务贸易范畴，可将现有服务贸易统计体系作为数据获取的基础。目前，UNCTAD提出的“ICT赋能服务贸易”概念影响最广，其统计框架被许多国家的官方机构所采用。

（一）统计方法

1. 统计说明

2014年，在WTO举行联合国国际贸易统计机构间工作组（TF-ITS）会议上，UNCTAD的衡量信息通信技术服务和信息通信技术赋能服务工作组[①]提交

① 成员包括UNCTAD、UNSD、WTO、OECD、UNESCWA、ITU和World Bank。

了关于衡量 ICT 赋能服务贸易的报告。UNCTAD 将 ICT 赋能服务贸易定义为“通过信息通信网络（语音和数据网络）完成的远程交付服务贸易”，并限定为通过跨境交付方式提供（cross-border supply）。在 UNCTAD 工作基础上，《手册》将定义中的信息通信网络替换为了计算机网络，排除了通过电话、传真和手输邮件提供的服务。该调整是为了与数字订购贸易的定义保持一致，但是对 ICT 赋能服务贸易的筛选和核算没有产生影响，因为几乎无法区分线上开展的服务是通过电话、网络还是其他方式进行的。

在实际核算中，UNCTAD 进一步引入了潜在 ICT 赋能服务（potentially ICT–enabled services）的概念，也被称为可数字化服务贸易，即计算所有可以通过数字交付的服务贸易，以便最大化利用现有服务贸易统计体系和数据。具体的，UNCTAD 基于联合国主要产品分类（CPC）将服务贸易分为可以通过数字交付的和不可以通过数字交付的 2 类（见表 4），并提供了详细的 CPC 代码、扩大的国际收支服务分类（EBOPS）代码及国际标准产业分类（ISIC）代码对照关系。在此基础上，可以从现有服务贸易统计数据中计算出可数字化交付贸易部分的规模。目前，UNCTAD 已经在其网站上公布了各国 ICT 服务贸易和 ICT 赋能服务贸易的进出口额。

表 4　　ICT 赋能服务贸易和非 ICT 赋能服务贸易

ICT 赋能服务贸易	非 ICT 赋能服务贸易
1.1　ICT 服务–通信服务	2.1　运输业服务
1.2　ICT 服务–计算机服务（包括计算机软件）	2.2　货运服务
1.3　销售和营销服务（不包括贸易和租赁服务）	2.3　客运服务
1.4　信息服务	3.1　贸易和租赁服务
1.5　保险和金融服务	3.2　公用事业和基础设施相关服务
1.6　管理、行政和后台服务	3.3　农业、林业、渔业和采矿服务
1.7　许可服务	3.4　建筑服务
1.8　工程、相关技术服务和研发	3.5　健康和社会服务
1.9　教育和培训服务	3.6　面对面和娱乐服务
	3.7　维护和维修服务
	3.8　制造服务
	3.9　公共和会员组织服务

资料来源：UNCTAD。

2. 主要问题

一是没有办法核算ICT赋能服务贸易中真正通过数字化交付的部分。UNCTAD的ICT赋能服务贸易包括了实际正在通过数字交付的服务贸易和潜在可以通过数字交付的服务贸易。针对这一问题，UNCTAD对哥斯达黎加、印度和泰国的提供ICT赋能服务的企业进行了一项调查，结果显示大部分ICT赋能服务贸易实际上已经是通过数字交付完成的，哥斯达黎加97%的ICT赋能服务贸易是通过数字交付的，印度为81%，泰国电信部门几乎都是通过数字交付方式出口（UNCTAD，2018）。因此，UNCTAD的ICT赋能服务贸易数据虽然不完美，但还是很大程度反映了数字交付贸易发展水平。

二是将ICT赋能服务贸易限定在跨境提供可能不合理。《国际服务贸易统计手册》（MSITS）中，服务贸易总协定（GATS）确定了跨境提供、境外消费、商业存在和自然人移动四种供应模式。除了跨境提供外，其他模式也有可能出现通过计算机网络交付的服务贸易，例如，本国居民在其他国家境内获取的电信服务，国外数字服务企业在本国建立的分支机构为本国国民提供数字服务等。当然，如果充分考虑这些问题，可能导致统计和分析变得更复杂。

三是忽略了无法通过货币反映的跨境数字流。跨境非货币数字流和数字交付贸易之间仅一线之隔。例如，在消费者数据问题上，随着数据确权、估值、交易、使用规则的完善，数据将变得真正有价和可以贸易。这时非货币数字流将转变为货币数字流，即数字交付贸易的一部分。因此，非货币数字流的价值实现和有效衡量应作为数字交付贸易的重点进行考虑。

四是数字中介平台的非显性中介服务费。平台是数字经济发展中最重要、最具特点的业态之一，一方面其本身提供的服务可能属于数字交付贸易，另一方面其服务可能促成了许多数字订购贸易。出于不同目的，有的研究者可能关注平台促成的贸易规模，有的则关注平台中介服务费。在对平台本身数字贸易的统计中，《手册》认为唯一需要记录的就是平台的中介费，并对不同情形下平台中介费的处理进行了说明（见表5）。可以看出，平台中介费统计的难点在于中介服务费可能隐藏在商品价格之中，类似于关税，消费者可能在不知情的情况下承受了一部分费用，导致很难准确统计核算属于数字交付贸易的平台中介费。

表 5　　不同情形下的中介服务处理

卖方	中介	买方	交易产品的处理	中介服务的处理
如果卖方支付中介费，或者没有向最终消费者收取明确的中介费				
A 国	A 国	B 国	B 国从 A 国进口	无（国内交易）
A 国	B 国	B 国	B 国从 A 国进口	A 国从 B 国进口
A 国	B 国	A 国	无（国内交易）	A 国从 B 国进口
A 国	B 国	C 国	C 国从 A 国进口	A 国从 B 国进口
如果买方支付明确的中介费				
A 国	A 国	B 国	B 国从 A 国进口	B 国从 A 国进口
A 国	B 国	B 国	B 国从 A 国进口	无（国内交易）
A 国	B 国	A 国	无（国内交易）	A 国从 B 国进口
A 国	B 国	C 国	C 国从 A 国进口	C 国从 B 国进口
如果买卖双方都支付明确的中介费				
A 国	A 国	B 国	B 国从 A 国进口	B 国（部分中介服务的一部分）从 A 国（其余中介服务反映了国内交易）进口
A 国	B 国	B 国	B 国从 A 国进口	从国家 A 进口（部分中介服务） 国家 B（中介服务的其余部分反映国内交易）
A 国	B 国	A 国	无（国内交易）	A 国从 B 国进口
A 国	B 国	C 国	C 国从 A 国进口	C 国从 B 国（部分中介服务）进口 B 国，A 国（其余中介服务）从 B 国进口

资料来源：《手册》。

（二）中国实践

1. 数字交付贸易核算

2019 年，商务部服贸司发布《中国数字服务贸易发展报告 2018》，对中国数字服务贸易（即数字交付贸易）发展情况进行了说明。报告中，一是介绍了软件、卫星导航定位与位置服务、社交媒体和搜索引擎、云服务、数字内容、离岸服务外包等 6 类数字服务产业的产值、销售额和出口等情况；二是介绍了金融、保险、电信计算机和信息服务、知识产权使用费、个人文化和娱乐服务、其他商业服务等 ICT 赋能服务贸易（商务部将其称为“可数字化服务贸易”）的发展情况。根据其公布数据（见表 6），2018 年，中国可数字化服务出口为 1 321.4 亿美元，进口为 1 240.4 亿美元，与 UNCTAD 公布数据基本一致（出口为 1 314.46 亿美元，进口为 1 232.85 亿美元）。

表 6　2018 年我国可数字化服务进出口情况（金额单位：亿美元）

服务类别	出口金额	同比（%）	进口金额	同比（%）
可数字化服务	1 321.4	28.8	1 240.4	17.7
保险服务	49.2	21.7	118.8	14.1
金融服务	34.8	–5.8	21.2	31.2
电信、计算机和信息服务	470.6	69.5	237.7	24
其中：电信服务	21	17.8	15.8	–12.5
计算机和信息服务	449.6	73.0	221.9	27.7
知识产权使用费	55.6	16.8	355.9	24.6
其中：研发成果使用费	5.3	–18.5	161.8	13.3
视听及相关产品许可费	1.3	7.1	30.3	37.5
个人、文化和娱乐服务	12.1	59.8	33.9	23.2
其他商业服务	699	13.6	472.8	10.3
其中：技术	174.3	16.8	126.8	10.2
专业管理和咨询服务	338.3	8.7	180.8	11.7
研发成果转让费及委托研发	93.9	16.6	70.6	23.9

数据来源：商务部服贸司。

2. 平台企业调查

统计局建立的《互联网经济统计报表制度》同时也对数字中介平台进行了调查，包括电子商务平台、重点互联网出行平台、重点互联网医疗平台、重点互联网教育平台、合约类电子交易平台、全国粮食统一竞价交易平台、烟草电子商务交易平台等 7 类。根据平台所面向行业的不同，调查表设计了不同的问题。其中，最重要的电子商务交易平台情况表（见表 7）对自营销售额、自营采购额、非自营交易额、交易服务费、广告收入等信息进行了统计。

表 7　　　　　　　　　　　　平台交易情况统计表

指标名称	计量单位	代码	合计		对单位（B2B+B2G）				对个人（B2C+C2C）			
					商品		服务		商品		服务	
			1－本季	上年同期	1－本季	上年同期	1－本季	上年同期	1－本季	上年同期	1－本季	上年同期
甲	乙	丙	1	2	3	4	5	6	7	8	9	10
平台交易额												
1. 按平台性质分：	万元	05										
自营电子商务销售额	—	—	—	—	—	—	—	—	—	—	—	—
自营电子商务采购额	万元	06										
非自营电子商务交易额	万元	07							—	—	—	—
2. 按卖方所在地区分：	万元	08										
北　京	—	—	—	—	—	—	—	—	—	—	—	—
天　津	万元	09										
…	万元	10										
新　疆	…	…										
境　外	万元	39										
3. 对境外销售商品或提供服务的金额	万元	40										
	万元	41										
平台交易服务费	万元	42										
互联网广告收入	万元	43										

资料来源：国家统计局《互联网经济统计报表制度》。

3. 评价分析

中国官方已经明确了数字服务贸易的概念内涵，根据商务部、网信办、工信部发布的《关于组织申报国家数字服务出口基地的通知》，数字服务贸易是指“采用数字化技术进行研发、设计、生产，并通过互联网和现代信息技术手段为用户交付的产品和服务”，具体包括：软件、社交媒体、搜索引擎、通信、云计算、卫星定位等信息技术服务贸易，数字传媒、数字娱乐、数字学习、数字出版等数字内容服务贸易，以及其他通过互联网交付的离岸服务外包三大类。

基于该定义，中国商务部门对数字服务贸易的统计做了积极的尝试和创新，一是参考 UNCTAD 方法计算了可数字化服务贸易的进出口额，以及提供了更详细的分类数据；二是对社交媒体、搜索引擎、云计算等典型数字服务产业发展情况进行了分析。两方面统计核算工作均有进一步提升的空间，前者需要明确可数字化服务贸易中实际通过网络交付部分的占比，可参考 UNCTAD 的方法对分行业企业进行一次有针对性的抽样调查；后者除了软件业外大多数均没有提供对外贸易的数据，且忽略了许多重要的数字服务产业，如数字中介服务、大数据服务等，有待进一步完善。

五、启示建议

综上所述，国际上数字贸易的统计测度尚不成熟，我国虽然率先在相关领域开展了一系列探索和实践，但是仍待进一步强化和完善。建议如下：

（一）明确数字贸易定义与边界

清楚准确的数字贸易定义是各项统计测度工作开展的前提。《手册》提出的旨在统计的数字贸易概念框架，为统计测度提供了很好的参考，但也存在明显不足。第一，该概念框架最大化利用了现有国际贸易统计体系，但是对数字贸易中的一些新模式、新业态缺乏有效衡量办法；第二，将数字订购贸易和数字交付贸易简单相加的做法可能存在较大问题，例如，电子商务平台营收、电子商务交易额都能反映电子商务的发展水平，是同一事物的不同方面体现，不能简单用数值相比较；第三，该概念框架仅考虑了国际收支统计口径（BOP）的服务贸易统计，忽略了国外分支机构口径（FATS）的统计数据。我国应在国际经验基础上，进一步优化完善，提出我国的数字贸易定义和统计口径。

（二）加强典型数字贸易业态统计测度

现阶段方法得出的数字贸易规模数据可能将一些非常重要的信息掩盖。数字贸易中数字交付贸易部分的统计沿用了传统服务贸易统计方法和分类，无法单独对一些非常关键的数字贸易业态进行统计。这些数字贸易业态在整个数字贸易体系中发挥着基础设施的作用，为其他所有数字贸易的开展提供支持。例如，苹果推出 iOS 手机操作系统，为全球开发者创作和销售 APP 提供了良好的应用生态，并从销售额中抽取 15%—30%作为佣金收入。其中，苹果提供的应用生态服务就属于重要的数字贸易业态，使得基于其系统的 APP 贸易能更好开展。总结下来，重要的数字贸易业态可能还包括通信、云服务、各类数字中介服务、社交媒体、搜索引擎、数字金融等，需强化对它们发展情况的监测。

（三）加强非货币数字流的统计测度

非货币数字流是另一个在统计数据中无法反映却又非常重要的类别，特别是数字服务用户数据的流动。从全球看，发达国家偏向数字服务提供者，发展中国家偏向数字服务消费者。由于国际数据要素市场不健全，发达国家数字服务提供者提供数字服务的同时，可以无偿获取大量用户数据（个人数据、工厂生产数据等），并基于数据提升数字服务质量或创造新的数字服务。作为发展中国家，对外免费输出“石油”一般的数据要素，无疑是不合理的。因此，应加快对非货币数字流衡量的研究，确保发展中国家获得合理的数据收益，进而推动发展中国家更深层地开放数字服务市场。

（四）同步推动量化评价指标体系的构建

数字贸易政策制定需要多维度的数据支持，除了对数字贸易的总体规模进行统计核算，还应围绕我国关注的数字贸易重点、难点问题设计量化综合评价指标体系。本文建议从技术应用、新模式发展、经济影响、监管治理、国际规则等 5 个维度构建指标体系。技术维度，关注信息通信技术在货物贸易、服务贸易各领域、各环节中的应用和发展情况；新模式发展维度，与数字贸易统计基本一致，关注跨境电子商务、ICT 赋能服务贸易等的发展；经济影响维度，进一步量化数字贸易对收入、就业、产业结构等的影响；监管治理维度，关注各国在数据跨境流动规则、个人隐私保护、数字服务监管、知识产权保护等方面工作；国际规则维度，关注各国是否形成明确的数字贸易规则主张，是否将数字贸易加入双多边贸易谈判中。

参考文献

[1] 中国商务部. 中国电子商务报告 2018 [R]. 中国商务部，2019.

[2] 中国商务部. 中国数字服务贸易发展报告 2018 [R]. 中国商务部，2019.

[3] 中国信息通信研究院. 数字贸易发展与影响白皮书（2019）[R]. 中国信息通信研究院，2019.

[4] G20. G20 Priorities on Digital Trade [R]. http://www.g20.utoronto.ca/2017/170407-digitalization-annex3.html, 2017.

[5] OECD. Digital Trade: Developing a Framework for Analysis [R]. OECD, 2017.

[6] OECD. Measuring Digital Trade Towards A Conceptual Framework [R]. OECD, 2017.

[7] OECD. Towards a Handbook on Measuring Digital Trade: status update [R]. OECD, 2018.

[8] OECD, IMF. Measuring Digital Trade: Results of OECD/IMF Stocktaking Survey [R]. OECD and IMF, 2017.

[9] OECD, IMF. Towards a Handbook on Measuring Digital Trade: status update [R]. OECD and IMF, 2018.

［10］OECD, WTO and IMF. Handbook on Measuring Digital Trade, Version 1［R］. OECD, WTO and IMF, 2020.
［11］UNCTAD. Implementing a Survey on Exports of ICT–enabled Services［R］. UNCTAD Publication, 2018.
［12］UNCTAD. In Search Of Cross-Border E–Commerce Trade Data［R］. UNCTAD Publication, 2016.
［13］UNCTAD. International Trade in ICT Services and ICT–enabled Services［R］. UNCTAD Publication, 2015.
［14］USITC. Digital Trade in the US and Global Economies, Part 1［R］. USITC, 2013.
［15］USITC. Digital Trade in the US and Global Economies, Part 2［R］. USITC, 2014.
［16］USTR. Key Barriers to Digital Trade［J/OL］. https://www.ustr. gov/about-us/policy-offices/press-office/fact-sheets/2017/march/key-barriers-digital-trade, 2017.
［17］WCO. Framework of Standards on Cross-Border E–Commerce［R］. WCO, 2018.
［18］WCO. Resolution of the Policy Commission of the WCO on the Guiding Principles for Cross-Border E–Commerce［R］. WCO, 2017.

对我国数字贸易发展情况的探索性分析

——基于 OECD-WTO 概念框架与指标体系

方元欣[①]

摘　要： 随着数字技术逐渐渗透到各行各业，全球贸易形式和经济结构开始步入转型期。作为一种新型贸易趋势，数字贸易正在引发全球生产链、供应链、价值链的深刻变革。本文对数字贸易的概念模型演变趋势以及测度框架进行归纳总结，并运用 OECD、WTO 的概念框架对我国数字贸易发展情况进行分析，可以看出，我国数字订购贸易呈现高速增长态势，数字交付贸易未来发展潜力较大，数字中介平台赋能贸易在全球范围内具有领先优势。应尽快开展数字贸易测度工作，深入了解我国数字贸易的发展优势，制订适合本国国情的贸易政策，深度参与全球价值链数字化进程。

关键词： 数字经济；数字贸易；国际测度指标；国际贸易政策

作为数字技术迅猛发展催生的产物，数字贸易是大势所趋，是全球贸易形态的重要演变方向，是国际新兴贸易规则竞争的重要阵地。衡量数字贸易规模，对于把握总体宏观形势，制订相关政策法规，深度融入全球价值链具有重大意义。本文对数字贸易的概念及测度方法进行深入探讨，并运用 OECD、WTO 的数字贸易概念框架，对我国数字贸易发展现状进行了探索性分析，以弥补相关研究的不足，为后续研究提供参考。

一、数字贸易概念模型的演变趋势

（一）美国最早提出数字贸易概念并推行相关规则

作为最早提出数字贸易概念的机构，美国国际贸易委员会（USITC）于 2013

---

① 方元欣（1994 年 5 月—），女（汉族），广东省汕头市，国家工业信息安全发展研究中心，助理工程师，硕士研究生。

年、2014 年、2017 年分别发布三份研究报告。2013 年 7 月，美国国际贸易委员会（USITC）在《美国和全球经济中的数字贸易》报告中将数字贸易定义为“通过固定线路或无线数字网络交付的产品和服务”[①]。此定义属“狭义版”范畴，将所有与实体货物相关的商业活动排除在外，即不包括在线订购的货物和有数字对应物的实体货物。例如，以 CD 或 DVD 出售的书籍和软件、音乐和电影不在其列。2014 年 8 月，美国国际贸易委员会（USITC）提出了“广义版”的数字贸易概念，即“通过互联网和互联网技术进行订购、生产或交付的产品和服务”[②]，将电子商务的概念纳入其中。最终，美国国际贸易委员会的《全球数字贸易 1：市场机遇与主要外贸限制》（USITC，2017）[③]和美国国会研究服务中心的《数字贸易和美国贸易政策》（CRS，2019）[④]仍沿用了 2013 年的“狭义版”定义。

美国国际贸易委员会对数字贸易概念和范畴的反复更替体现了其先后出发点的不同。2013 年、2014 年的两份报告主要分析数字贸易在美国经济中的地位和作用，2017 年的报告为美国参与国际竞争提供了态势分析和应对建议[⑤]，2019 年美国国会研究服务中心的报告同理。

此外，美国在国际合作机制中多次推行数字贸易概念，并在双多边贸易协定中增加数字贸易相关规则。2013 年，在美国的建议下，WTO 部长级会议授权秘书处研究数字贸易问题，旨在更新和明确现有的协定，包括《服务贸易总协定》（GATS）、《与贸易有关的知识产权协议》（TRIPS）等。2015 年，美国在亚太经合组织（APEC）第二次高官会上提出通过数字经济促进包容性增长的提案，将“便利数字贸易促进包容性增长”作为下一代贸易与投资议题[⑥]。2019 年，美墨加协定（UMSCA）首次设置“数字贸易”章节[⑦]，随后与日本的数字贸易协定继续深化相关规则[⑧]。

---

① United States International Trade Commission (USITC, 2013). Digital Trade in the US and Global Economies, Part 1. https://www.usitc.gov/publications/332/pub4415.pdf.

② United States International Trade Commission (USITC, 2014). Digital Trade in the US and Global Economies, Part 2. https://www.usitc.gov/publications/332/pub4485.pdf.

③ United States International Trade Commission (USITC, 2017). Global Digital Trade 1: Market Opportunities and Key Foreign Trade Restrictions. https://www.usitc.gov/publications/332/pub4716.pdf.

④ Congressional Research Service (CRS, 2019). Digital Trade and US Trade Policy. https://fas.org/sgp/crs/misc/R44565.pdf.

⑤ 参见：贾怀勤. 数字贸易的概念、营商环境评估与规则[J]. 国际贸易，2019（9）：90－92.

⑥ 详见 Work Plan for Advancing “Facilitating Digital Trade for Inclusive Growth” As a Potential Next Generation Trade and Investment Issue. http://www.mddb.apec.org/Documents/2015/SOM/SOM3/15_som3_021anx03.pdf

⑦ 详见 United States-Mexico-Canada Agreement (UMSCA). Art.19

⑧ 详见 US – Japan Digital Trade Agreement。

（二）OECD–WTO 概念框架涵盖了电子商务概念

经合组织（OECD）、世界贸易组织（WTO）等国际组织的立场不同于美国国际贸易委员会，其研究数字贸易测度的出发点是维护其在全球贸易统计标准与规范上的权威，因此更多从学术角度出发，对数字贸易的界定也相对宽泛，目的在于捕捉当前电子商务指标未能覆盖的区域。2017 年，OECD、WTO 领导的国际贸易机构间工作团队[①]（Inter–Agency Task Force on International Trade Statistics，TFITS）成立专家组，专门研究数字贸易的概念框架和统计标准，该专家组由各国际组织、各国统计机构和中央银行组成。之后国际货币基金组织（IMF）加入 OECD 与 WTO 的研究团队。2020 年 3 月，OECD、WTO、IMF 发布《关于衡量数字贸易的手册》，提出数字贸易的定义为“所有通过数字订购和/或数字交付的贸易”[②]。按照交易性质划分，OECD–WTO 框架将数字贸易分割成三个组成部分（如图 1 所示）：（1）数字订购贸易，OECD 引用了对电子商务的定义，重点强调“通过专门用于接收或下达订单的方法在计算机网络上进行的买卖”，如在线上购买食物、预订酒店等。（2）数字交付贸易，主要引用联合国贸发会议（UNCTAD）工作组提出的“可数字化服务”概念，强调“通过 ICT 网络以电子可下载格式远程交付的所有跨境交易”，如电子书、视频类课程等。（3）数字中介平台赋能贸易，主要指的是为买卖双方提供交易平台和中

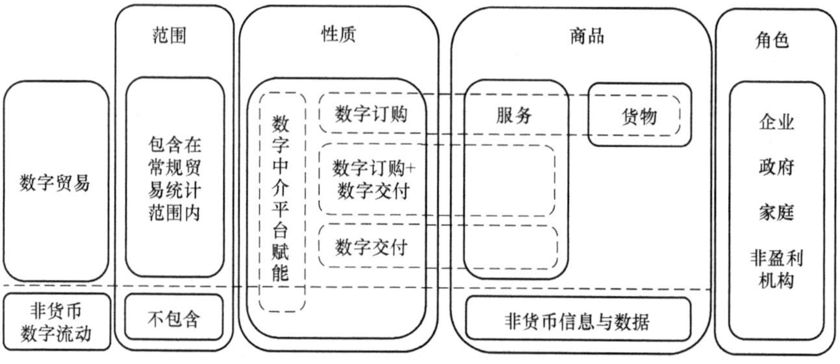

图 1　OECD–WTO 数字贸易概念框架

数据来源：《OECD、WTO、IMF 数字贸易手册》，2020 年 3 月。

① 成员包括欧盟统计局（Eurostat）、联合国粮食及农业组织（FAO）、国际货币基金组织（IMF）、经合组织（OECD）、联合国贸易和发展会议（UNCTAD）、联合国工业发展组织（UNIDO）、联合国统计司（UNSD）、联合国区域委员会（UN regional commissions）、世界海关组织（WCO）、世界贸易组织（WTO）。

② Organisation for Economic Co-operation and Development, World Trade Organization, International Monetary Fund (OECD, WTO, IMF, 2020). Handbook on Measuring Digital Trade, Version1. http://www.oecd.org/sdd/its/Handbook-on-Measuring-Digital-Trade-Version-1.pdf

介服务的行为，如在阿里巴巴、京东、滴滴等在线平台上进行的交易。这类平台有两个判定标准：第一，有多个买家和多个卖家直接互动。第二，平台对交易的货物或服务不具有经济所有权。

（三）国内外学者对数字贸易概念和测度的研究现状

目前，对数字贸易概念和测度的相关研究仍处于初步阶段，但国内外学者已从多个角度出发，对数字贸易的概念和范畴进行了探究。

国外学者主要基于数字贸易与传统贸易之间的关系，划定数字贸易的概念和表现形式。Meltzer（2015）①、López（2017）、Ciuriak（2018）②等学者认为数字贸易包含了传统贸易的数字化进程。López 等（2017）认为数字贸易属于国际贸易发展的第三个阶段，是继传统货物贸易、全球价值链贸易之后的贸易新形式。数字贸易不仅涵盖了数字交付贸易，更与实物贸易和传统贸易链相关③。Amy（2016）从数字贸易的介质出发，根据数据的跨境流动，将数字贸易分为三个部分：（1）通过信息数据、企业数据、个人数据的流动以支持生产、市场营销、销售、售后服务等行为；（2）通过数字订购形式进出口货物与服务；（3）通过远程导入与导出软件、音乐、视听内容等数字内容④。

国内学者主要从数字贸易与电子商务的关系出发进行研究，部分学者对两版定义持不同看法。贾怀勤（2019）总结，在广义版定义中，电子商务是数字贸易的重要组成部分；在狭义版定义中，数字贸易与电子商务处于交叉关系，前者仅涵盖后者在线提供的服务⑤。认同广义版定义的学者主要以马述忠（2018）、沈玉良（2018）⑥为代表，前者认为数字贸易是电子商务的更高级形态，具有虚拟化、平台化、集约化、普惠化等本质属性⑦。认同狭义版定义的学者主

---

① 参见：Meltzer, J. (2015), "A New Digital Trade Agenda", E15 INITIATIVE, World Economic Forum and ICTSD. http://www.e15initiative.org/wp-content/uploads/2015/07/E15-Digital-Economy-Meltzer-Overview-FINAL.pdf

② 参见：Ciuriak, Dan and Ptashkina, Maria (2018), The Digital Transformation and the Transformation of International Trade (January 23, 2018). RTA Exchange. Geneva: International Centre for Trade and Sustainable Development (ICTSD) and the Inter-American Development Bank (IDB. Available at SSRN: https:// ssrn.com/abstract = 3107811

③ 参见：López González, J. and M. Jouanjean (2017), "Digital Trade: Developing a Framework for Analysis", OECD Trade Policy Papers, No. 205, OECD Publishing, Paris. http://www.dx.doi.org/10.1787/524c8c83-en

④ Amy Porges and Alice Enders (2016). "Data Moving Across Borders: The Future of Digital Trade Policy", E15 INITIATIVE, World Economic Forum and ICTSD. https://www.ictsd.org/sites/default/files/research/E15-Digital%20Economy-Porges%20and%20Enders-Final.pdf

⑤ 参见：贾怀勤．电子商务多边规则开谈[J]．世界知识，2019（8）：56. 贾怀勤．数字贸易的概念、营商环境评估与规则[J]．国际贸易，2019（9）：91－92.

⑥ 参见：沈玉良，李海英等．数字贸易发展趋势与中国的策略选择[J]．全球化，2018（7）：28，31.

⑦ 参见：马述忠，房超，梁银锋．数字贸易及其时代价值与研究展望[J]．国际贸易问题，2018（10）：24－26.

要以李忠民（2014）和周念利（2017）[①]为代表。李忠民等（2014）指出，"数字贸易对象多为知识产权密集型的产品和服务，具有高知识、高技术、高互动、高创新的特征"[②]。目前国内对数字贸易测度的研究较少，贾怀勤等（2018）建议整合国内外商务统计资源，尽快开展符合我国国情的数字贸易统计方法和制度研究[③]。

二、OECD－WTO数字贸易指标框架的构建

当前，研究机构对数字贸易的测度一般分为两类：一类是直接法，即在现存概念框架的基础上，估算出经济体内部或之间的数字贸易额，如美国经济分析局（USBEA，2016）[④]、联合国贸发会议（UNCTAD，2018）[⑤]对可数字化服务贸易额的测算；另一类是对比法，即通过多维度横向比较，对不同经济体的数字贸易发展水平进行"打分"，如欧洲国际政治经济中心（ECIPE，2015）发布的全球数字贸易限制指数（DTRI）[⑥]、上海社会科学院2018年发布的《全球数字贸易促进指数报告》[⑦]。OECD－WTO的数字贸易概念框架是目前发展较为完善且相对权威的体系，主要分为三个部分：

（一）数字订购贸易的测度方法

随着信息和通信技术在全球范围内的应用和普及，中间环节的减少、交易成本的下降和效率的提高拓宽了市场边界，使得数字订购贸易的规模不断增长，并加速推动了全球价值链的横向扩展。根据OECD、WTO的定义，数字订购贸易涵盖了所有通过万维网、外部网或通过无纸交易进行的订单[⑧]，与电子商务概

① 参见：周念利，陈寰琦，黄建伟. 全球数字贸易规制体系构建的中美博弈分析[J]. 亚太经济，2017（4）：38－40.

② 参见：李忠民，周维颖，田仲他. 数字贸易：发展态势、影响及对策[J]. 国际经济评论，2014（6）：133.

③ 参见：贾怀勤，刘楠. 数字贸易及其测度研究的回顾与建议——基于国内外文献资料的综述[J]. 经济统计学，2018（1）：270－275.

④ 参见：US Bureau of Economic Analysis (USBEA, 2016). Trends in US Trade in Information and Communications. https://www.apps.bea.gov/scb/pdf/2016/05%20May/0516_trends_%20in_us_trade_in_ict_serivces2.pdf

⑤ 参见：United Nations Conference on Trade and Development (UNCTAD, 2018). UNCTAD Project on Measuring Exports of ICT-enabled Services (Digitally-delivered Services). https://www.wto.org/english/news_e/news18_e/2serv_01mar18_e.pdf

⑥ 参见：European Centre for International Political Economy (ECIPE，2018). Digital Trade Restrictiveness Index. https://www.ecipe.org/wp-content/uploads/2018/05/DTRI_FINAL.pdf

⑦ 参见：王多，《全球数字贸易促进指数报告（2018）发布：上海能否成为全球数字贸易节点城市》，https://www.web.shobserver.com/news/detail?id = 118696，2020年4月20日访问。

⑧ 通过电话、传真或手动键入的电子邮件进行的订单不包括在内。

念具有较强的可替代性，但具体而言，数字订购的商品或服务的付款和最终交付无需在线上进行。

OECD－WTO 手册中提出了测算数字订购贸易的七种统计方法，包括：（1）通过对企业发放问卷调查。具体例子包括欧共体、OECD 关于信息通信技术使用情况和电子商务的调查、OECD 对企业信息通信技术使用情况的调查、加拿大关于数字技术和互联网使用的调查。局限性在于此方法只能衡量经济体内部的电子商务交易规模，跨境维度的数据较难掌握。（2）通过对家庭发放问卷调查。具体例子包括欧洲关于家庭和个人信息通信技术使用情况的调查、加拿大统计局对居民互联网使用情况的调查。局限性在于多数家庭无法区分其线上购买行为是在本土或跨境进行。（3）调查信用卡数据。具体例子包括以色列对跨境线上购买的商品价值的统计、美国对国际旅行交易额的统计。主要局限性在于受限于国际信用卡商务行业代码表和处理交易的地点。（4）通过调查第三方支付企业的数据。具体例子是俄罗斯要求 PayPal、QIWI、Yandex 等第三方支付企业提供电子资金转移信息。局限性在于部分线上交易不通过第三方支付平台进行，此方法无法囊括全部的数字订购贸易规模。（5）调查最低限度的贸易数据作为补充，因传统商品贸易统计遗漏了低于关税阈值的交易。具体例子包括 OECD－IMF 的清点存货（stocktaking）调查问卷、俄罗斯通过邮政局的来往信件、包裹数量来估算廉价商品的交易额、美国调查对小包裹快递公司来估算廉价商品的交易额。局限性在于过度依赖邮政系统和快递公司的数据。（6）将跨境线上购买商品纳入海关贸易统计中。具体例子包括世界关税组织（WCO）协助开发的“跨境电商标准框架”、中国海关的跨境电子商务信息系统（CBEIS）、日本建立的低价货物清关系统、加拿大发起的邮政现代化计划。（7）利用大数据分析技术整合商品贸易统计数据与电子商务企业调查数据。目前德国、荷兰、卢森堡、斯洛文尼亚正在尝试开发相关的数据整合系统。

（二）数字交付贸易的测度方法

信息和通信技术为服务贸易实现更快发展提供了技术保障，其瞬时零成本传输的特征加强了服务的可数字化与可贸易化，促进了无形资源的优化配置，从而推动全球价值链的纵深发展。OECD、WTO 概念框架中，数字交付的对象一般为“可通过信息通信技术网络远程交付”的服务。

目前数字交付贸易的相关统计方法包括：（1）国际服务贸易调查（ITSS）。具体例子包括 UNCTAD 对可数字化服务贸易的测量以及美国经济分析局、英国国家统计局对数字服务贸易的测量。局限性在于难以捕捉到家庭和家庭之间通过中介平台进行的交易，且多数会计系统都不按服务贸易的四种模式来跟踪服务。（2）国际交易报告系统（ITRS）。具体例子包括巴西中央银行通过汇编外部部门统计数据和对外汇市场的评估和监督重组ITRS，追踪服务流的国际贸易。（3）利用行政管理税数据来汇编线上交付的交易额。具体例子包括阿根廷通过新的税收法规要求非本地数字服务提供商声明其收入，从而收集有关线上交付服务的数据；欧盟利用VAT MOSS税务机制收集线上交付服务的数据。局限性在于部分服务已经在现有的税收类别范围或ITSS统计范围内，该方法存在重复计算的风险。（4）家庭调查，具体例子是加拿大对居民线上交付的商品开展调查。（5）捕捉非银行实体提供的数字金融服务。具体例子是国际货币基金组织（IMF）通过金融准入调查（FAS）捕捉金融科技公司的资金转账（汇款）、付款、储蓄、信贷、保险、贸易融资等新型金融服务数据。局限性在于不同类型的金融服务可能以单一商品的形式呈现，具体的服务类型难以被捕捉。

（三）数字中介平台的识别手段

随着数字技术的创新与发展、移动终端的快速普及和广泛应用，全球性、区域性的数字中介平台快速成长，成为全球贸易的重要支撑力量，不仅为中小企业（B2B）进入全球价值链分工体系提供了更多机遇，而且为个人（B2C）分享全球数字红利创造了条件。OECD-WTO框架将“数字中介平台”视为“数据和广告驱动的数字平台”（Data and Advertising Driven Digital Platforms）的子集，这类平台本身提供有偿在线中介服务和其他“无偿”服务，后者的范围属于非货币交易，即无法通过现存统计工具捕捉到。例如，百度、携程、美团等平台向用户提供“免费”的信息检索服务以换取用户的数据和信息，并利用这些数据和信息生成有针对性的广告和数据服务，从而产生额外的收入进行“补偿”。目前仅有数字广告收入指标可间接分析其价值，在识别数字中介平台和测算这些平台产生的交易上，各国仍未有较具代表性和借鉴意义的统计案例。从跨境维度进行统计更具困难性，原因在于如果中介平台不在交易双方所在的经济体区域内，传统的企业调查、家庭调查、信用卡数据统计等方法可能收效甚微。

三、我国数字贸易的测算结果分析

目前国内仍没有文献对数字贸易的测度方法展开探讨。本文尝试基于OECD-WTO的概念框架和统计指标，借鉴UNCTAD等国际组织的统计经验，对我国数字贸易发展现状和发展趋势进行探索性分析。

（一）我国数字订购贸易的规模

基于OECD-WTO框架，数字订购贸易的交易主体包括线上跨境购买的货物和服务，与电子商务具有较高的重合部分。本文根据 OECD－WTO 提供的统计方法，结合我国现存的指标和数据，选择前述的第 4 种（调查第三方支付企业的数据）和第 6 种方法（将跨境线上购买的商品纳入海关贸易统计）对我国数字订购贸易发展情况进行分析。

第一，选取中国支付清算协会的“中国第三方支付机构[1]跨境互联网支付额（亿元）”指标，对我国跨境互联网交易情况进行初步评估。该指标通过调查第三方支付企业的网络交付业务来测算我国的跨境支付额，对象主要包括 B2B 和 B2C。如图 2 所示，2019 年我国第三方支付机构跨境互联网支付额约为 7 415 亿元，是 2015 年支付额（1 454 亿元）的 5 倍，5 年间处于逐年快速增长态势。随着我国第三方支付企业的长足发展，该指标更加从侧面反映出我国数字订购贸易的增速显著。

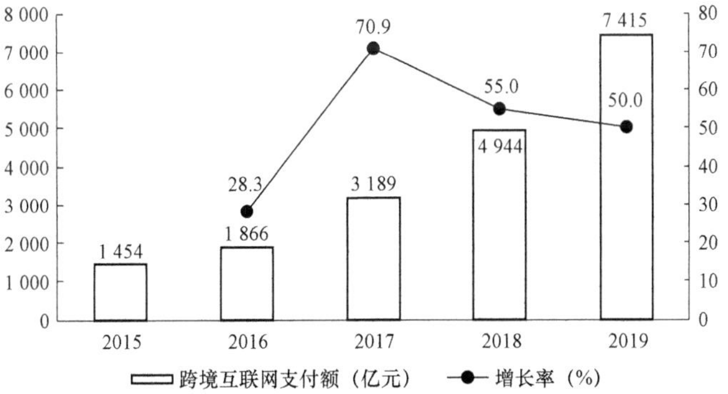

图 2　2015—2019 年我国第三方支付机构跨境互联网支付额

数据来源：中国清算支付协会。

第二，选取我国海关总署发布的“中国跨境电子商务管理平台零售（B2C）进出口额（亿元）”指标，对我国跨境零售贸易规模进行评估。该指标的主要对象为“通过境内登记注册的跨境电子商务交易平台实现交易，并根据海关要求传输相关交易电子数据的跨境电商零售进出口商品”[2]。如图 3 所示，自 2015 年来，我国海关跨境电子商务管理平台零售（B2C）进出口额从 360.2 亿元增长至 2019 年的 1 862.1 亿元，年平均增长率为 51.7%，我国跨境电商零售（B2C）贸易增长态势可观。本文分析，这主要得益于移动终端用户规模不断壮大、线上消费应用场景持续延伸、移动终端程序更新迭代速度显著，使得线下消费对线上消费的替代作用逐渐增强。

① 指拥有外部授权的开展支付业务的非银行组织。

② 参见《关于跨境电子商务零售进出口商品有关监管事宜的公告》（海关总署〔2018〕194 号）。

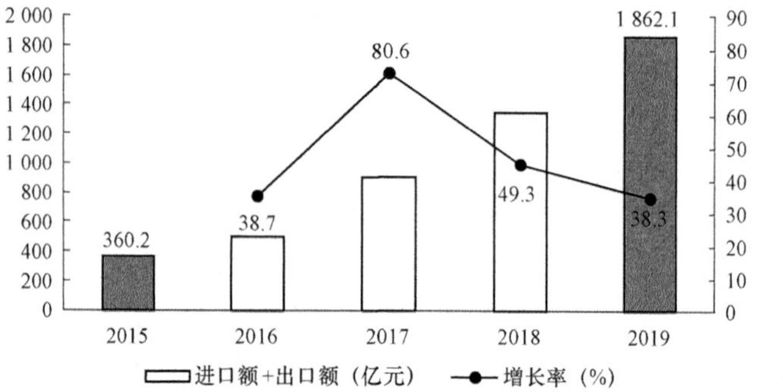

图 3　2015—2019 年我国海关跨境电商管理平台零售进出口规模趋势

数据来源：中国海关总署。

（二）我国数字交付贸易的规模

据 OECD－WTO 手册所述，UNCTAD 团队的指标体系发展比较成熟，即通过衡量可数字化服务贸易的指标来估算数字交付的服务价值。可数字化服务类别包括保险和养老金服务、金融服务、知识产权使用、信息和通信服务、研发服务、专业和管理咨询服务等所有可通过线上传输的服务。本文收集了我国 2008—2018 年商务统计年鉴的数据，利用 UNCTAD 的统计方法，测算出我国可数字化服务贸易额，并从三个角度切入分析：

第一，将 2008 年至 2018 年的可数字化服务贸易规模与整体服务贸易规模进行横向比较。如图 4 所示，2008 年我国可数字化服务贸易规模仅为 1 240.3 亿美元，2018 年规模整体翻一番，约为 2 561.6 亿美元。与服务贸易 13.83%的

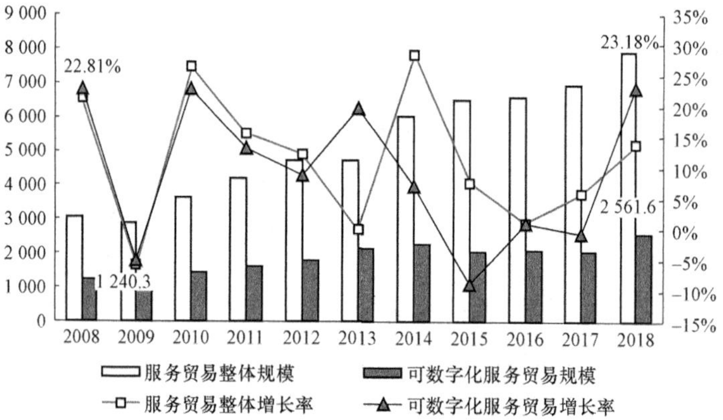

图 4　1998—2018 年我国可数字化服务贸易与整体服务贸易（亿美元）及增长率（%）

数据来源：中国商务统计年鉴。

增长率相比，可数字化服务规模同比增长 23.18%，增长趋势较为显著。可以看出，2008 年以来，我国数字交付贸易规模处于小幅波动，整体上升趋势，进出口的可数字化潜力逐渐增强。

第二，将我国的进出口规模与其他经济体进行横向对比。如图 5 所示，我国可数字化服务进口规模排名第六，出口规模排名第八，出口额仅为美国的约三分之一。但进出口同比增长均率位居第一，出口同比增长约 28.7%，进口同比增长约 17.7%，远高于其他经济体。分析可知，我国可数字化服务贸易增幅态势可观，但与美国、德国等欧美经济体相比，仍有较大增长空间。

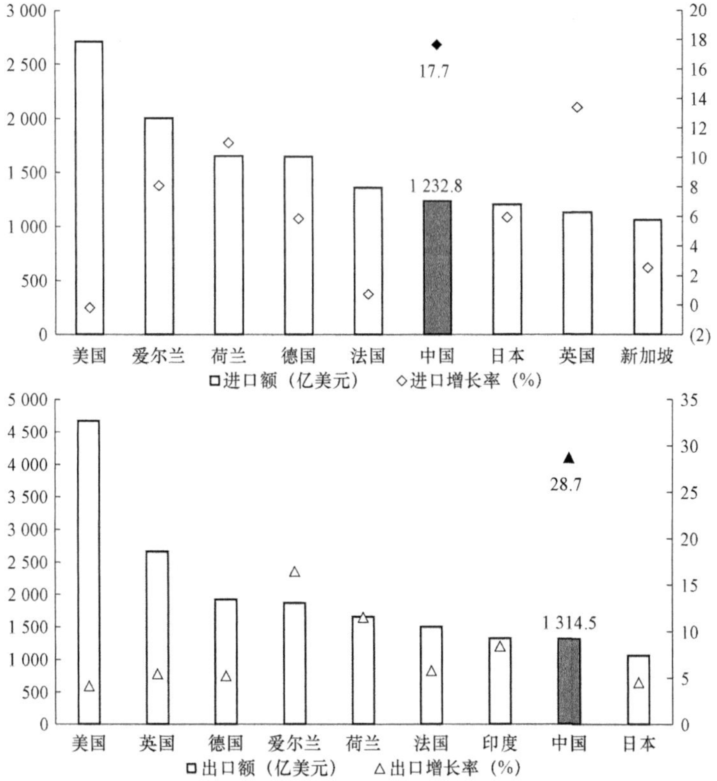

图 5　2018 年全球可数字化服务贸易排名前十的经济体

数据来源：联合国贸发会议（UNCTAD）。

第三，对各数字服务贸易类别进行横向比较。如图 6 所示，电信、计算机和信息服务出口为 470.6 亿美元，进口为 237.7 亿美元，贸易顺差约为 232.9 亿美元，是我国最具海外优势的数字服务产业。相反，知识产权相关服务出口为 55.6 亿美元，进口为 355.9 亿美元，贸易逆差约为 300.3 亿美元。可见我国对知识产权相关服务的需求量大，对外出口仍有较大增长潜力。

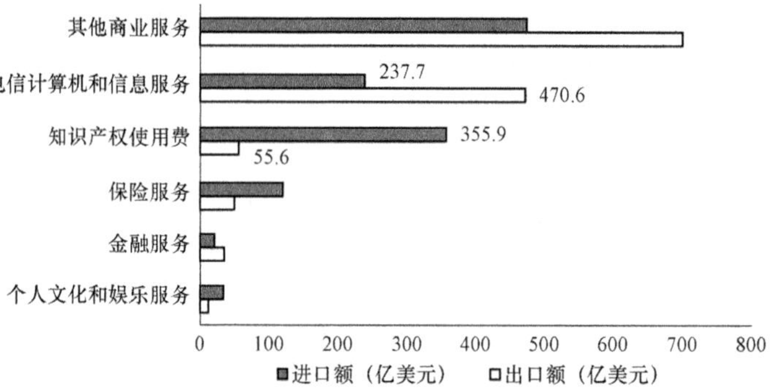

图 6　我国可数字化服务贸易各组成部分的进出口额（亿美元）

数据来源：中国商务统计年鉴。

（三）我国数字中介平台的发展概况

目前，由于数字中介平台交易的环节十分复杂，识别数字中介平台以及测量平台赋能贸易存在困难，OECD－WTO 手册中亦着墨较少。本文建议通过一些相关指标来侧面了解我国数字中介平台的发展情况。

第一，通过分析国内头部互联网企业来了解大致情况。OECD 的研究表明，数字中介平台的头部效应显著。目前互联网用户的活跃区域比较集中，在欧洲，超过 95%的数字中介平台日活跃用户量少于一万人。目前我国大型互联网企业的足迹正遍布经济各领域。随着商业模式的不断扩展，阿里巴巴、腾讯等互联网企业的业务范围快速扩大，涵盖了信息检索、社交媒体、数字内容、批发零售、数据存储和分析、电子商务等多项业务。

第二，通过互联网广告支出进行衡量。作为一种数据和广告驱动型媒介，数字中介平台对各种特定的价值链产生越来越重要的影响。联合国贸发会议（UNCTAD，2019）指出，互联网已取代电视、杂志、报纸等传统媒介，成为未来最具增长力的广告媒介。互联网广告在全球广告收入中所占份额不断上升，从 2010 年的 15%增至 2017 年的 38%，接近 2 000 亿美元。预计 2020 年全球数字广告支出达 3 350 亿美元。2023 年将互联网广告占所有媒体广告支出的 60%①。与全球趋势相同，我国数字广告支出呈高速增长态势。如图 7 所示，2019 年我国数字广告支出达 749.1 亿美元，占全球数字广告支出的 23.6%，仅次于美国，排名全球第二。

① 参见：联合国贸发会议（United Nations Conference on Trade and Development, 2019）. https://www.unctad.org/en/pages/PublicationWebflyer.aspx?publicationid = 2466。

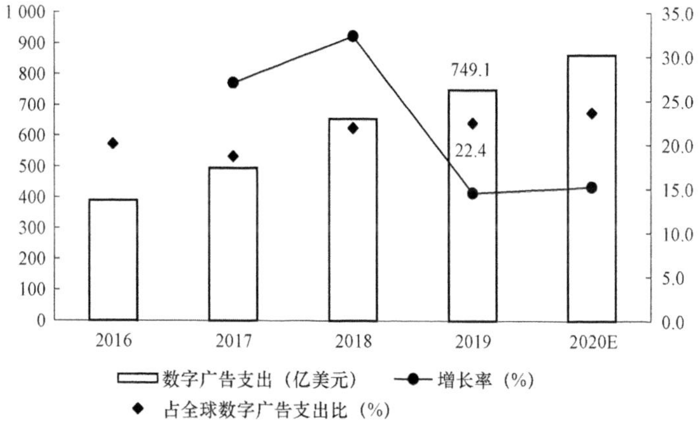

图 7　2016—2020 年我国数字广告支出情况

数据来源：Statista。

四、对我国发展数字贸易概念和指标体系的建议

随着数字技术渗透到经济社会各个领域，国际贸易形式更加复杂多变。与传统贸易模式相比，数字贸易具有碎片化、无形性、即时性特征，现存的测度模型和统计方法难以适应其快速发展，传统指标亦难以捕捉到其实际规模和对经济产生的影响。发展适合我国国情的概念框架和测度体系具有必要性和紧迫性。为此，本文提出以下几点建议。

（一）发展和完善本国概念框架

开展数字贸易测度工作，首先应先发展出一套适用性强的数字贸易概念架构，使之既符合我国自身发展需要，充分发挥统计的职能和作用，确保测度工作的准确性和科学性，又与通行的国际统计标准相接轨，适应经济全球化纵深发展的需要。现阶段国际上对数字贸易界定的差别主要在于与电子商务的交叉程度，而我国电子商务已具备一定发展基础和竞争优势，相关理论研究和政策制订已步入成熟期，摒弃电子商务概念而另起炉灶将导致重复性工作和资源浪费。因此建议数字贸易概念应与电子商务概念并行发展，形成相辅相成的作用。鉴于电子商务更加侧重在线购买，但需要实物交付的货物和服务，建议数字贸易概念框架更加关注实现线上交付的数字产品和服务贸易。

（二）尽快开展尝试性测度工作

目前 OECD、WTO、美国对数字贸易的测度研究处于初步摸索阶段，尚未能构建系统性、连贯性的指标体系，我国仍有很大的话语空间。一方面，我们应持续跟踪国际上对数字贸易相关测度研究，并与开展相关工作的国际组织和研究机构保持密切沟通与合作，提高我国在全球数字贸易测度开发行动中的参与度与话语权。另一方面，应拓宽我国统计工作的发展思路，通过改进现有统计工具、在特定区域开展统计试点、发放企业调查问卷等方法，发展和完善我国的数字贸易统计体系。

（三）实现跨部门测度统计合作

数字技术的强渗透性和高交叉性特征引发交易性质、交易方式和交易内容的改变，使得目前数字贸易测度面临众多挑战。例如，数字技术缩短了生产链、供应链的中间环节，使得产业间的联系日趋紧密，而传统单一的贸易统计口径和产业分类体系很难准确捕捉到数字贸易的影响。此外，数据资源的快速流动性使得非货币交易行为更加普遍，对这类交易行为的识别和估值存在难度。因此，建议开展跨部门、跨领域测度研究合作，同时吸收企业、高校、研究机构等专家团队，实现信息共享和资源整合，协助数字贸易测度的前沿探索。

参考文献

［1］贾怀勤．建议开展数字贸易尝试性测度［N］．第一财经日报，2018－02－26（A11）．

［2］沈玉良，李海英，李墨丝，弓永钦．数字贸易发展趋势与中国的策略选择［J］．全球化，2018（7）：28－40，134．

［3］张茉楠，周念利．中美数字贸易博弈及我国对策［J］．宏观经济管理．2019（7）．

［4］李忠民，周维颖．美国数字贸易发展态势及我国的对策思考［J］．全球化．2014（11）．

数字贸易测度的融合比法：从构念到实测[①]

高晓雨　贾怀勤　方元欣　王梦梓[②]

摘　要：衡量数字贸易规模，对于我国把握总体宏观形势，制订相关政策法规，参与全球规则和市场竞争具有重大意义。本文基于现有国际收支平衡表的经常服务子项数据项目，利用中国两化融合平台数据测算出各类数字贸易服务子项融合比，进而计算得出我国数字贸易总体规模，借以分析我国数字贸易发展现状和发展趋势，并在此基础上提出四条启示与建议：制定数字贸易发展战略规划，强化数字贸易管理机制；优化数字贸易产业结构，加快发展数字贸易核心产业；加快服务贸易数字化转型，促进服务外包与制造业融合发展；营造良好的数字治理环境，强化组织与制度创新。

关键词：数字贸易；融合比；规模测算

当前，信息通信技术推动国际贸易变革，形成以数字贸易为核心的第四次全球化浪潮。互联网为代表的信息通信技术极大降低了贸易成本，使得更多的主体尤其是中小微企业甚至个人有机会参与到国际贸易之中。数字贸易以其普惠性质的包容性贸易形态成为促进全球各区域协调发展、共同繁荣的重要途径。我国作为全球贸易大国，拥有超大规模的国内市场，内需潜力巨大，数据资源丰富，新型基础设施建设步伐不断加快，发展数字贸易的巨大潜力亟待释放。发展数字贸易，既是我国推进供给侧结构性改革和实现新旧动能转换的重要抓手，更是我国扩大对外开放、构建更高水平开放型经济和国内国际双循环相互促进的新发展格局的战略选择。2019 年 11 月 19 日，中共中央国务院发布《关于推进贸易高质量发展的指导意见》，提出加快数字贸易发展。积极参与全球数字经济和数字贸

---

① 本文发表在《今日科苑》2021 年第 10 期。

② 高晓雨：国家工业信息安全发展研究中心信息政策所副所长，高级工程师。贾怀勤：对外经济贸易大学教授，国家数字贸易专家组专家。方元欣：国家工业信息安全发展研究中心信息政策所工程师。王梦梓：国家工业信息安全发展研究中心信息政策所工程师。

易规则制定，推动建立各方普遍接受的国际规则。衡量数字贸易规模，对于我国把握总体宏观形势，制订相关政策法规，参与全球规则和市场竞争具有重大意义。

一、聚焦“窄口径”数字贸易

目前，国际和国内社会对数字贸易的内涵和定义仍未达成共识，主要争议在于交易形式、交易性质和交易标的上。国际上，对数字贸易概念的理解存在两种说法：一是“宽口径”定义，即“所有通过数字化形式订购和/或交付的贸易”都可称为数字贸易，主要包括数字订购贸易（电子商务）、数字交付服务（数字服务贸易）、数字中介平台赋能贸易等三个部分。目前，OECD、WTO、IMF 为首的国际组织暂时持这一观点①。此外，美国国际贸易委员会（USITC）在 2014 年的报告中也对此有所提及②。二是“窄口径”定义，即数字贸易指的是“通过数字化交付的服务贸易”，其交易标的以无形的服务和信息为主，不包括在线订购的货物和有数字对应物的实体货物。最终 USITC 和美国国会研究服务中心（CRS）都采用了“窄口径”定义③，为其参与全球数字贸易规则制订和市场竞争奠定了理论基础。“宽口径”和“窄口径”定义的区别在于前者涵盖了跨境电子商务，后者则认为数字贸易是服务贸易中的一部分，不涵盖跨境电商类的货物贸易。

在我国，商务部、中央网信办、工业和信息化部将数字服务定义为“采用数字化技术进行研发、设计、生产，并通过互联网和现代信息技术手段为用户交付的产品和服务”④，包括信息技术服务贸易、数字内容服务贸易和通过互联网交付的离岸服务外包三个类别。国内学者主要从数字贸易与跨境电子商务的关系出发进行研究。贾怀勤（2018）总结了四种关系：一是两者呈全同关系，数字贸易与跨境电商的范畴完全一致；二是跨境电商包含了只以货物为标的的数字贸易，即广电商、窄数贸；三是数字贸易包含了只以货物为标的的跨境电商；四是两者呈互补关系，数字贸易聚焦服务，跨境电商聚焦货物。马述忠（2018）、沈玉良（2018）等认为电子商务是数字贸易发展的阶段性呈现。数字贸易是电子商务的更高级形态，具有虚拟化、平台化、集约化等属性。李忠民（2014）和周念利（2017）指出“数字贸易对象多为知识产权密集型的产品和服务，具有高知识、高技术、高互动、高创新的特征”。目前国内对数字贸易概念

---

① 参见：Handbook on Measuring Digital Trade,Version1. http://www.oecd.org/sdd/its/Handbook-on-Measuring-Digital-Trade-Version-1.pdf.

② 参见：Digital Trade in the US and Global Economies, Part 2. https://www.usitc.gov/publications/332/pub4485.pdf.

③ 参见：Global Digital Trade 1: Market Opportunities and Key Foreign Trade Restrictions.https://www.usitc.gov/publications/332/pub4716.pdf. Digital Trade and US Trade Policy. https://www.fas.org/sgp/crs/misc/R44565.pdf.

④ 参见：《关于组织申报国家数字服务出口基地的通知》（商办服贸函（2019）245 号）。

的探讨较深入，但是对数字贸易规模测算和统计方法的研究不足，贾怀勤（2018）建议对国际组织和美国就数字贸易测度方法和制度的开发进行跟踪研究，并尽快对中国的数字贸易开展尝试性测度。

本文主张承认存在概念上的宽窄之分，本着“认窄识宽”思路，聚焦于“窄口径”的数字贸易测度，主要基于以下考虑：一方面，当前全球范围内的数字贸易大国，尤以美国为主，对“窄口径”定义已形成一套规则诉求和谈判体系。以“窄口径”来理解数字贸易，能更聚焦于数字跨境服务流动领域中国与美国等发达国家的发展差距和利益差异，帮助我国更准确地研判国际形势和本国发展优劣势，由此出发开展学术研究和商务对策研究。另一方面，我国电子商务相关的理论研究、测度体系和政策方针已步入成熟期。我国海关总署已建立“中国跨境电子商务管理平台”指标，对我国跨境电商货物贸易的规模进行测算。海关对跨境电商货物贸易的统计已相对定型的，重点仍是如何测度数字服务的跨境流动。将“窄口径”的数字贸易概念与电子商务概念并行独立发展，使前者侧重于服务贸易，后者聚焦于货物贸易，可形成相辅相成、相互补充的关系。

综上所述，本文认为，数字贸易是以数字技术为内在驱动力，以信息通信网络为主要交付形式，以服务和数据为主要标的的跨境交易活动。从交易性质来看，数字贸易包括通过数字化形式交付的服务贸易和数字中介平台赋能的贸易。其中，数字中介平台赋能贸易指的是为买卖双方提供交易平台和中介服务的贸易活动。从交易标的来看，数字贸易的主要标的是服务、信息和数据。部分信息和数据可通过非货币形式来呈现。从交易范畴来看，数字贸易是服务贸易的一个分支。只有通过数字化交付形式进行的服务贸易才属于数字贸易，通过光盘等磁盘介质交互客户的贸易行为不在数字贸易范畴内。

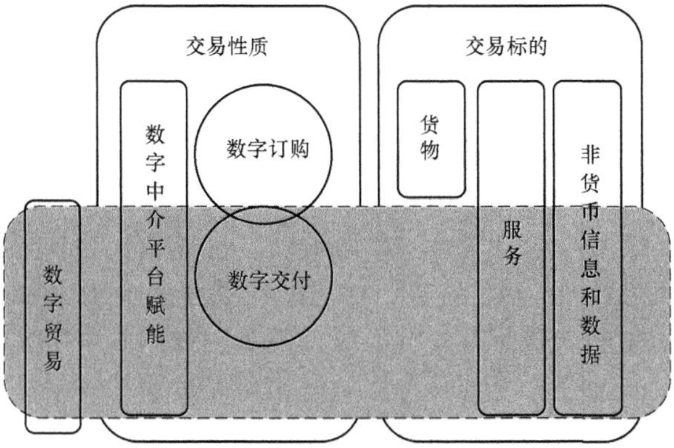

图 1　数字贸易概念模型

二、从联合国贸发会的信通技潜在赋能服务到中国的数字贸易融合比

（一）对数字贸易测度框架的构念

最初，Borga 和 Bruner（2012）提出了两个相同内涵的概念：数字赋能服务（Digitally-enabled services）和信通技术赋能服务（ICT-enabled services，ICT 是信息通讯技术，即 information and communication technology 的缩写），将之定义为“数字信息和通讯技术对其跨境贸易起到重要作用的服务”。Alexis N Grim（2016）尝试在现有国际收支表的服务子项中核算数字贸易的进出口额和贸易平衡，将数字贸易分为信通服务、潜在信通赋能服务和非潜在信通赋能服务。在“信通赋能服务”前面加“潜在”二字，是因为不能够在国际收支表的数据采集过程中直接采集到信通赋能服务的数据，而只能根据信通技术在该服务提供的应用可能来划分“潜在”和“非潜在”。联合国贸发会议（UNCTAD，2017）对“数字可交付服务贸易”（International trade in digitally-deliverable services）进行测算，即包括所有可以通过信息通信网络进行交付的服务进出口规模，包括已经实现数字化交付和未来可能实现的服务贸易，其所涵盖的统计分类和数据与《国际货币基金组织国际收支和国际投资头寸手册》（第六版，BPM6，2009 年）相对应，包括已经数字化和未来可能数字化的服务贸易部分。

贾怀勤（2017）提出数字已融合服务和数字可融合服务，分别对应 UNCTAD 的信通技实际赋能服务和信通技潜在赋能服务，并将两者比值称为“融合比”。其中，数字技术已融合服务（Digital technology-integrated services）指的是数字技术可融合服务（Digital technology-integratable services）中已实现融合的部分，排除了“尚未被数字技术融合的服务贸易”。数字贸易包括了信息通信服务全部贸易和数字技术已融合服务的贸易。

（二）获取融合比数据的方向

贾怀勤（2017）提出，测算数字技术已融合服务的贸易数据，可先通过重点企业服务贸易统计监测调查问卷测算数字技术已融合比。由于现行统计制度不支持获取数字技术可融合服务中已融合的贸易数据，需要采用现行统计制度之外的方式来获得数据，目前存在三种方式对数字融合比（Integration ratio）进行测算：第一，在重点企业服务贸易统计监测调查问卷中加入关于各项数字技术可融合服务中已融合的贸易额占比的问题，以重点调查所获占比去测算全部数字技术可融合服务中已融合的贸易额。第二，借用服务业各行业数字经济对全行业增加值占比去测算全部数字技术可融合服务中已融合的贸易额。第三，

构建数学模型测算各项数字技术可融合服务中已融合的贸易额。上述三种方式可以单独使用，也可以结合使用。

三、工信安全中心的实证分析

本文借鉴 Grim（2016）、UNCTAD（2017）、贾怀勤（2017）等文献的理论构念，通过对数字贸易领域的划分和“数字融合比”的测算，对我国数字贸易规模进行初步估算。其测算的步骤和方法如下：

（一）数字贸易领域的划分

基于 UNCTAD“数字可交付服务贸易”的统计范畴[①]和我国 2012 年修订的《国际服务贸易统计制度》[②]，按照服务贸易跨境交付、境外消费、商业存在、自然人流动等四种模式划分，本文剔除了服务贸易中与境外消费、自然人流动模式相关的完全无法实现数字交付的服务类别，包括运输服务、旅行服务、建筑服务、维护和维修服务、加工服务等，并选取了 6 项可与数字技术融合或可通过数字形式交付的服务进出口指标，类别包括电信、计算机和信息服务、个人、文化和娱乐服务、保险服务、金融服务、知识产权使用费、其他商业服务（指标分类与解释如表 1 所示）。

表 1　　数字贸易的 6 个细分领域对应指标

服务类别	指标解释
电信、计算机和信息服务	居民和非居民之间的通信服务以及与计算机数据和新闻有关的服务交易，但不包括以电话、计算机和互联网为媒介交付的商业服务
个人、文化和娱乐服务	居民和非居民之间与个人、文化和娱乐有关的服务交易，包括视听和相关服务（电影、收音机、电视节目和音乐录制品），其他个人、文化娱乐服务（健康、教育等）
保险服务	各种保险服务，以及同保险交易有关的代理商的佣金
金融服务	金融中介和辅助服务，但不包括保险和养老金服务项目所涉及的服务
知识产权使用费	居民和非居民之间经许可使用无形的、非生产/非金融资产和专有权以及经特许安排使用已问世的原作或原型的行为
其他商业服务	包括技术、专业和管理遵循服务、研发成果转让费及委托研发

资料来源：中国国际收支平衡表。

① 参见：UNCTAD Project on Measuring Exports of ICT-enabled Services (Digitally-delivered Services).https://www.wto.org/english/news_e/news18_e/2serv_01mar18_e.pdf.

② 参见：商务部统计局关于印发《国际服务贸易统计制度》的通知.http:// www.fms.mofcom.gov.cn/aarticle/jingjidongtai/201208/20120808303116.html.

（二）数字融合比的测度

借鉴贾怀勤（2017）对“数字技术已融合比”计算方法的研究，用服务类企业统计监测调查问卷，以调查所获占比去测算全部可数字融合服务中已融合的贸易额，分别测算出6个细分领域的进口贸易数字融合比和出口贸易数字融合比。测算模型如下：

$$\overline{F_a^{Im}} = \frac{\sum_{i=1}^{n} Im_i^o}{\sum_{i=1}^{n} Im_i^p} \tag{1}$$

$$\overline{F_a^{Ex}} = \frac{\sum_{i=1}^{n} Ex_i^o}{n\sum_{i=1}^{n} Ex_i^p} \tag{2}$$

其中，$\overline{F_a^{Im}}$ 为单项服务进口数字融合比，Im_i^o 表示样本企业线上跨境购买额，Im_i^p 表示样本企业全部跨境购买额；$\overline{F_a^{Ex}}$ 为单项服务出口数字融合比，Ex_i^o 表示样本企业线上跨境销售额，Ex_i^p 表示样本企业全部跨境销售额。以上指标数据来源于“中国两化融合平台”数据库，涵盖了32个省市的1 630家服务类企业数据。该模型将“数字融合比”定义为“通过数字形式跨境交付的服务贸易占比”，并基于主要数字贸易分类筛选出6类样本企业，最终计算出样本企业的进口数字融合比和出口数字融合比。基于电信、计算机和信息服务属于数字密集型产业，Grim（2016）、UNCTAD（2017）均将其归类于“已完全实现数字化融合”的服务类别，本文将其进出口数字融合比均设为100%。

（三）数字贸易整体规模的测度

本文以6个数字贸易细分类别中已经实现数字融合服务贸易额在可实现数字融合服务贸易额中所占份额（即式（1）、（2）测算得出的出口数字融合比与进口数字融合比）为权重，对各类别服务贸易进出口额进行加权汇总，估算出我国数字贸易规模总体规模：

$$DT = \sum_{a}^{11}(\overline{F_a^{Im}} S_a^{Im} + \overline{F_a^{Ex}} S_a^{Ex}) \tag{3}$$

其中，DT 为数字贸易（进出口额）整体规模，$\overline{F_a^{Im}}$ 为单项服务进口数字融合比，S_a^{Im} 为我国单项服务（如金融服务）服务进口总额。$\overline{F_a^{Ex}}$ 为单项服务出口数字融合比，S_a^{Ex}为我国单个类别服务出口总额，a表示数字贸易的6个细分类别，即电信、计算机和信息服务、个人、文化和娱乐服务、知识产权使用费、保险服务、金融服务、其他商业服务。本文所用6项细分类别的基础数据均来源于商务部历年发布的《中国商务年鉴》。

四、测算结果

（一）2018—2019年数字贸易规模的测算结果

根据上文确定的数字贸易规模测算模型进一步测算得：2019年，我国数字贸易整体规模为1 638.5亿美元，同比增长14.9%。其中，出口规模约为955.0亿美元，进口规模约为683.5亿美元，贸易顺差为271.5亿美元，同比增长17.3%，增长态势明显。整体来看，数字贸易增速高于服务贸易整体增速15.8个百分点，占服务贸易整体规模比重上升3.3个百分点至20.9%（参见图2）。可以看出，随着数字贸易在全球贸易格局的重要性不断提升，我国贸易焦点正加快沿着“货物贸易——服务贸易——数字贸易”路径演进。

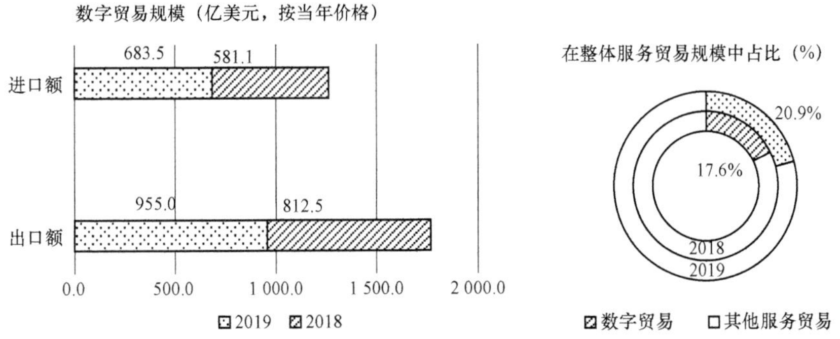

图2　我国数字贸易规模与占服务贸易比重

数据来源：测算结果。

1. 电信、计算机和信息服务贸易

从规模上看，2019年，我国电信、计算机和信息服务进出口总额约为807.6美元，在数字贸易规模中占比最高，为49.3%。其中，出口538.6亿美元，进口269.0亿美元，贸易顺差为269.6亿美元。从增速上看，随着服务业扩大开放、数字贸易高质量发展等政策红利进一步显现，电信、计算机和信息服务进出口总额实现较大增长，与2018年708.3亿美元相比，增长了14.0%。其中，贸易顺差呈不断扩大趋势，与2018年的232.9亿美元相比，增长了15.8%，反映出我国电信、计算机、信息技术在国际市场上的竞争力正在稳步提升。

2. 个人、文化和娱乐服务贸易

2019 年，我国已实现数字化融合的个人、文化和娱乐服务规模约为 26.0 亿美元，同比增长 22.1%，数字贸易规模占比仅为 1.6%。但数字融合程度相较于其他细分领域而言较高，同仅次于其中出口服务数字融合比约为 57.2%，在未完全实现数字融合的贸易类别中比例最高。未来，我国在数字内容娱乐领域的国际竞争优势将不断显现。以网络游戏为例，网络游戏进入快速发展期。2009 年至 2019 年期间，我国自主研发网络游戏海外市场销售收入从 7.5 亿元（1.1 亿美元）迅速增长至 763.4 亿元（111.9 亿美元），增长约 100 倍。国产移动游戏在美、日、韩、英、德等国家的流水同比增长率均高于该国家移动游戏市场的增速，出海前景明朗。

3. 保险与金融服务贸易

2019 年，我国已实现数字化融合的保险服务贸易规模为 76.1 亿美元，占数字贸易整体规模比重为 4.6%。金融服务贸易规模为 21.0 亿美元，占比 1.3%。相比其他类别，保险和金融服务规模和占比较小。从数字融合程度来看，保险服务的出口、进口数字融合比均将近 50%，但金融服务的出口、进口数字融合比分别为 30.3%和 36.%，提升空间较大。随着《推进财产保险业务线上化发展的指导意见》《关于进一步扩大金融业对外开放的有关举措》等政策文件的发布实施，保险业、金融业对外开放力度不断加码，将加速推动其跨境贸易的数字化转型。

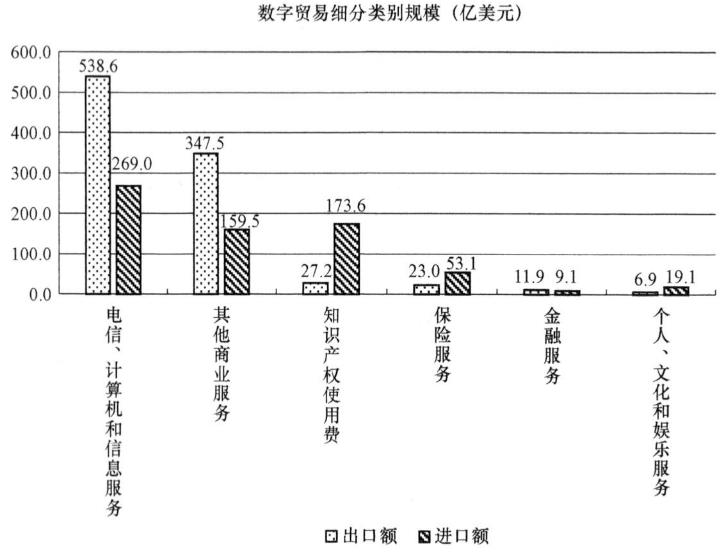

图 3　数字贸易细分类别进出口额

数据来源：测算结果。

4. 知识产权使用费和其他商业服务

2019 年，数字化的知识产权使用费进出口总额为 200.8 亿美元，占数字贸易进出口总额的 12.3%，同比增长 39.0%，在所有数字贸易类别中增速最高。其中，出口额与 2018 年相比增长了 40.0%以上，侧面体现了我国对知识产权能力和水平正在逐步提升。但同时应注意到，当前我国数字交付的知识产权出口额（27.2 亿美元）仍远远低于进口额（173.6 亿美元），反映我国技术创新能力在全球的竞争力相对较弱，“进口替代”产业发展有待进一步加强。近年来，全球贸易竞争形势更加激烈，以及我国对外贸易逐步由劳动密集型向高附加值产业转型的愿望不断增强，知识产权竞合成为我国企业“走出去”无法回避的议题。随着《2019 年深入实施国家知识产权战略加快建设知识产权强国推进计划》对“要做好经贸领域的知识产权工作”的工作目标进一步明确，未来我国知识产权贸易将有较大提升空间。

表 2　2018—2019 年我国数字贸易进出口情况（按当年价格）

类别	年份	出口		进口		总额（亿美元）
		融合比（%）	已数字化出口额（亿美元）	融合比（%）	已数字化进口额（亿美元）	
电信、计算机和信息服务	2018	100.0	470.6	100.0	237.7	708.3
	2019	100.0	538.6	100.0	269.0	807.6
个人、文化和娱乐服务	2018	53.5	6.5	43.7	14.8	21.3
	2019	57.2	6.9	46.9	19.1	26.0
保险服务	2018	41.2	20.3	45.4	53.9	74.2
	2019	48.1	23.0	49.3	53.1	76.1
金融服务	2018	27.1	9.4	33.9	7.2	16.6
	2019	30.3	11.9	36.8	9.1	21.0
知识产权使用费	2018	36.9	20.5	35.1	124.9	144.4
	2019	40.9	27.2	50.5	173.6	200.8
其他商业服务	2018	40.9	286.2	30.2	142.6	428.8
	2019	47.40	347.5	32.0	159.5	507.0

资料来源：基于两化融合平台数据库的测算结果。

五、发展数字贸易的启示与建议

（一）制定数字贸易发展战略规划，强化数字贸易管理机制

数字经济时代，政府主导的数字经济发展战略和竞争政策将成为发展常态。应尽快明确数字贸易在经济发展中的战略定位、战略目标、发展路径，制订相关政策法规，出台保障措施。一方面，聚焦数字贸易发展重点行业（领域）、数字市场对外开放、数字领域自主创新、数字贸易区域协调发展等重要目标，加快完善国家层面的战略规划和政策措施。另一方面，从健全数字贸易发展法律法规、强化数字贸易管理机制、优化贸易环境、鼓励扶持创新，完善指标和测算体系、保护知识产权、培育行业协会等方面出台和完善具体措施。

（二）优化数字贸易产业结构，加快发展数字贸易核心产业

推动数字贸易产业结构优化升级，提高我国数字贸易产业的国际竞争力。一是加快发展数字贸易核心产业，重点培育信息通信服务业为主要代表的战略性新兴产业，维护我国数字贸易产业在国际市场的竞争优势。二是要加强引导数字内容产业发展，积极布局全球数字内容产业市场，建立健全数字文化内容版权服务体系，提升数字内容出海原创力和竞争力。三是提高知识技术密集型服务等高附加值服务贸易的比重，培育数字贸易竞争新优势，推进数字贸易高质量发展。

（三）加快服务贸易数字化转型，促进服务外包与制造业融合发展

进一步完善促进数字技术与服务产业的融合渗透机制，充分发挥数字技术对传统贸易提质增效的作用。一是依托数字技术大力发展众包、云外包、平台分包等服务模式，在新业态新模式方面积极探索、寻求突破。二是积极扩大信息技术服务出口，增强数字教育、数字医疗、数字金融等数字内容服务的出口能力。三是促进服务外包与制造业融合发展，大力发展研发、工业设计、咨询、检验检测、维护维修、技术服务、供应链管理、品牌营销等生产性服务外包，增强对企业自出创新、品牌塑造、价值链升级和境外投资等支持。

（四）营造良好的数字治理环境，强化组织与制度创新

依托国内庞大市场和机制体制优势，构建健全的数字化生态，为数字产业发展营造良好发展环境。一是加快搭建数字治理体系，针对隐私保护、数据安

全、数据确权、数字税收、数据法治等强化组织与制度创新。二是积极参与数字贸易国际合作，推动双边、多边、区域等层面数字贸易规则协调，提出符合我国利益诉求的方案，积极参与或主导数字贸易规则的谈判和制订。三是加强数字人才培养，增强企业、科研院所、高校之间的交流合作，推动产学研协同发展，带动数字贸易向更高水平发展。四是弥合数字鸿沟，扩大数字基建覆盖范围，加强数字素养培育，优化数字资源公共品供给，使社会各群体能共建共享数字贸易成果。

六、本研究之不足和今后努力方向

测算关键融合比的数据库样本量不足是本文存在的一个缺憾。由于中国两化融合平台数据库以货物贸易企业为主，服务贸易相关企业样本较少，且多以信息通信类企业为主，本文从两化融合平台数据库里筛选出进出口服务贸易额较高的两百多家头部企业，实测出数字融合比具有一定的局限性。

针对当前数字贸易概念定义模糊、数据收集困难、跟踪监测不易等一系列挑战，本文提出未来三个研究着力点：一是持续跟踪国内外数字贸易核算测度相关研究，与开展相关工作的国际组织和研究机构保持密切沟通与合作，积极推进数字贸易概念定义、统计分类、测度方法、监测评估等方面的研究进程。二是加快数字贸易统计工作的发展思路，通过改进现有统计工具、在特定区域开展统计试点、发放企业调查问卷等方法，发展和完善我国的数字贸易统计体系。三是进行跨部门、跨机构、跨领域统计合作，推动数据共享和资源整合，进一步增强相关统计数据的有效性和可靠性，力求更加真实、准确、全面地反映我国数字贸易发展情况。

参考文献

[1] 贾怀勤，刘楠．数字贸易及其测度研究的回顾与建议——基于国内外文献资料的综述[J]．经济统计学（季刊），2018（1）：270－277.

[2] 贾怀勤．数字贸易的概念、营商环境评估与规则[J]．国际贸易，2019（9）：90－96.

[3] 贾怀勤．建议开展数字贸易尝试性测度[N]．第一财经日报，2018－02－26（A11）.

[4] 李忠民，周维颖，田仲他．数字贸易：发展态势、影响及对策[J]．国际经济评论，2014（6）：131－144，8.

[5] 马述忠，房超，梁银锋．数字贸易及其时代价值与研究展望[J]．国际贸易问题，2019（2）：176.

[6] 沈玉良，李海英，李墨丝，弓永钦．数字贸易发展趋势与中国的策略选择

[J]. 全球化，2018（7）：28－40，134.
[7] 周念利，陈寰琦，黄建伟. 全球数字贸易规制体系构建的中美博弈分析[J]. 亚太经济，2017（4）：37－45，173－174.
[8] Alexis N Grimm. Trends in US Trade in Information and Communications Technology (ICT) Services and in ICT-Enabled Services [R]. Bureau of Economic Analysis, Economics and Statistics Administration, 2016.
[9] Maria Borga, Jennifer Koncz-Bruner. Trends in Digitally EnabledTrade in Services, 1998-2010 [R]. Bureau of Economic Analysis, Economics and Statistics Administration, 2012.

数字贸易测度相关问题的思考
——基于 OECD－WTO－IMF 的《数字贸易测量手册》①

杨晓娟　李兴绪②

（2021 年 5 月 15 日）

摘　要：信通技术和数字技术的发展，扩展了贸易的方式，衍生出了数字贸易，也对传统的贸易统计提出了挑战。原有的统计核算体系虽然在某些方面已经体现了数字化的特征，但是却无法反映数字贸易的全貌。测度数字贸易，首先要清晰界定其概念内涵，其次是科学规范的测度方法以及可行适用的数据获取手段。OECD-WTO-IMF 的《数字贸易测度手册》提供了很好的国际可比的做法。本文通过文献归纳，比较了国际国内对数字贸易内涵理解的异同点，基于此提出对数字贸易交易情形的看法。然后重点总结了数字贸易测度的重难点以及针对性的建议，最后简单阐述了测度数据的来源问题。

关键词：数字贸易；概念框架；测度

一、引言

数字贸易是继传统贸易、全球价值链贸易之后出现的新的贸易形式，它是信息通讯技术和数字技术快速发展的产物。数字贸易改变了传统的贸易方式以及贸易规模，是现阶段推动国际贸易发展的主要动力。数字贸易也是数字经济的重要组成部分，通过对数字贸易的测度能够反映其对总体贸易的影响，并为数字经济规模的测算提供数据参考。虽然国际组织、各国政府以及各界学者都注意到数字贸易测度的重要性和必要性，但是目前国际上还没有通行的有关数

① 本文经作者修改，已被统计与决策杂志社录用。

② 杨晓娟，云南财经大学，统计与数学学院博士研究生，研究方向：贸易统计。李兴绪，云南财经大学博士生导师，研究方向：经济统计，海南经贸职业技术学院经济学副教授，高级统计师。

字贸易测度的规范性文件，使得数字贸易的统计工作已远远落后于其发展速度。2020 年 3 月，OECD-WTO-IMF 在其前期系统研究的基础上，联合发布了《数字贸易测度手册》（以下简称《手册》），这份文件综合了国际上数字贸易发展较快的一些国家的国家经验和优秀做法，提出了数字贸易的概念内涵、测度框架和基础数据的来源渠道。虽然其还在不断更新和完善中，但对数字贸易的阐述是目前最为完备的，值得各国重点关注和借鉴。2019 年、2020 年，中共中央国务院先后发布了《关于推进贸易高质量发展的指导意见》和《全面深化服务贸易创新发展试点总体方案》，两份政府文件都特别提到了数字贸易的发展问题，在数字贸易的概念内涵、指标体系、测度框架、贸易政策、监督管理以及促进制度等方面都给予了高度的关注和重视。本文将主要基于《手册》阐述数字贸易的概念内涵和测度难点，以及攻克难点的一些建议，以此为我国数字贸易测度框架的搭建提供参考。

二、数字贸易的概念框架

（一）数字贸易概念内涵的研究概述

目前国际上对于数字贸易的概念和内涵的界定主要分为“窄范围”和“宽范围”两类。窄范围的数字贸易概念以美国国际贸易委员会（USITC）[1][2]和美国国会研究服务中心（CRS）[3]为代表，将数字贸易定义为通过互联网及相关设备交付而实现的产品和服务，但不包括在线订购的实物商品的销售价值和具有数字内容的实物商品。并且，USITC 认为贸易包含了国际和国内两个维度。“宽范围”的数字贸易概念则以 OECD-WTO-IMF 为代表，将数字贸易界定为：以数字方式订购和/或以数字方式交付的贸易[4]。该定义建立在现有的电子商务和信息通信技术服务定义的基础上，数字订购贸易的定义遵循现有的 OECD 对电子商务的定义，数字交付的定义与联合国贸发会议对 ICT 驱动服务的定义密切相关，尽管在产品覆盖范围和交付机制方面存在一些差异（例如，不包括通过电话提供服务，这也是通过互联网交付和通过 ITC 交付的一个重要区别）。强调数字贸易关注的是被交易产品的类型和用于交易的机制，而且仅涉及跨境贸易，不包括国内贸易。其他的研究机构和学者对数字贸易的概念内涵的研究也基本可以归类为这两种类型。这两种类型的主要区别是就是交易形式上是否区分数字订购，交易标的是否涵盖传统贸易中以数字方式订购的货物，究其本源在于数字贸易的统计定义是基于交易的性质，还是基于交易产品的性质。

我国学者李忠民[5]、周念利[6]等认同“窄范围”的数字贸易概念内涵，依据的是 2013 年 USITC 对于数字贸易的定义阐述。对外经济贸易大学的贾怀勤[7]教授支持从“窄范围”定义为出发点研究数字贸易的测度方法，同时也支持

OECD 等国际组织方面的概念性架构研究路径。2020 年，中国国际服务贸易交易会期间（商办服贸函（2019）245 号），商务部、中央网信办和工信部明确以“窄范围”为开展数字贸易工作的基准口径，即界定数字贸易指数字内容贸易和数字赋能服务贸易。而马述忠[8]和沈玉良[9]等则认同“宽范围”数字贸易概念。他们都强调数字技术在数字贸易中的关键作用，认为在订购、生产和传输等环节都有体现。中国信通院分别在 2019 年和 2020 年发布了数字贸易发展白皮书[10]，强调数字贸易的本质特质是贸易方式数字化和贸易商品的数字化。2020 年的概念界定比 2019 年的更广泛，指出贸易方式数字化就是“数字技术与国际贸易开展过程深度融合，带来贸易中的数字对接、数字订购、数字交付、数字结算等变化”，贸易对象数字化就是“以数据形式存在的要素、产品和服务成为重要的贸易标的，导致国际分工从物理世界延伸至数字世界”。从具体业态来看，数字贸易主要包括以货物贸易为主的跨境电商、供应链数字化和以服务贸易为主的数字服务贸易。虽然概念上认同“宽范围”，但是在数字贸易规模的实际测度上，中国信通院基于我国实际，仅聚焦于数字服务贸易发布基础研究结果。笔者认同 OECD-WTO-IMF 和中国信通院的做法，仅考虑跨境贸易，不包含国内贸易，支持在概念内涵的界定上应该基于交易的性质，包含所有通过数字技术实现的交易，实际应用中可根据实际情况，调整测度范围。

（二）数字贸易的概念框架

数字贸易的首要特征是交易的性质，但是任何概念框架都必须明确交易的产品和参与交易的主体两个方面的信息，因此《手册》在明确了统计范围的基础上，从交易方式、交易标的和交易参与者三个方面给出了数字贸易的概念框架。本文结合中国信息通信研究院对数字贸易本质特征描述，将两者的内涵特点进行对比分析，如图 1 所示。

根据图 1 可以进一步明确的是：（1）数字贸易并不是独立于传统贸易的，而是在传统贸易中应用了数字技术而产生的一种新的贸易形式，故其统计范围应包含在传统的贸易统计里。（2）目前《手册》里对数字贸易的统计范围不包括非货币的数据流和企业内部的数据转移，以及免费的数字中介平台服务（DIPs）。（3）在框架中，服务作为一个组可以分解为两个不同但重叠的组件：数字订购的服务和数字交付的服务。重叠反映了数字订购并且数字交付的服务。而《手册》目前采用的公约是货物不能数字化交付（当然，这个公约是合理的）。因此，数字贸易中的货物类别仅包括以数字方式订购的货物，而服务类别包含数字订购非数字交付的服务、数字订购并且数字交付的服务以及非数字订购但数字交付的服务三种。（4）《手册》中的数字贸易按交易性质的不同分类与中国信通院贸易方式数字化相同。因为在数字订购和数字交付过程中，也会产生数

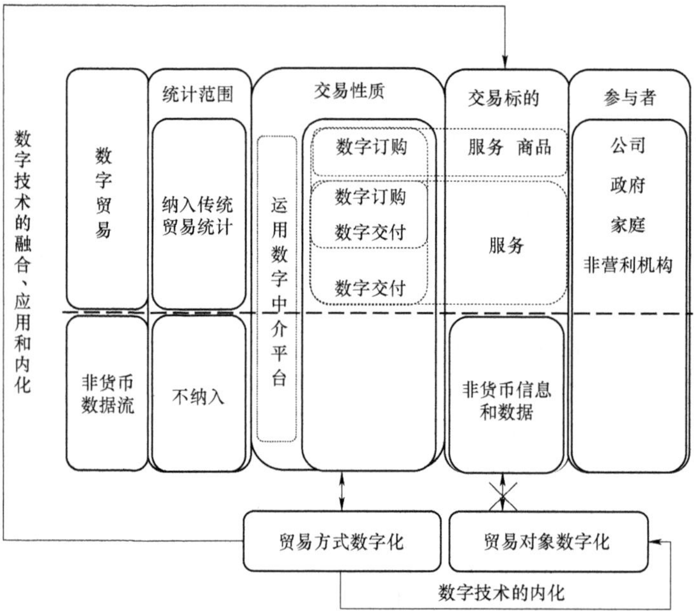

图 1 《手册》数字贸易的概念框架与中国信通院数字贸易本质特征的对比

字对接和数字结算。但是信通院的贸易对象数字化特征的内涵概述涵盖范围要小于《手册》中数字贸易的交易标的。《手册》中的交易标的是所有通过数字订购和数字交付的货物和服务，体现了数字技术与传统交易标的的融合（产业数字化）、在贸易过程中的应用（中介平台）以及内化为数字内容的产品（数字产业化）等多个方面；而信通院的交易标的是“以数据形式存在的要素、产品和服务”，仅仅体现了数字产业化方面。（5）无论是数字订购还是数字交付，数字贸易参与者均按国民经济账户体系（SNA）机构部门将参与者细分为公司（金融公司和非金融公司）、政府、家庭（个人）和非营利组织几个部分。表 1 中，笔者根据《手册》提到的交易实例整理了数字贸易不同交易性质下的交易主体。与《手册》不同的是，《手册》中例举了 20 种交易实例，而笔者的研究应该包括 23 种交易说明（表 1 中用加重字体合并“(*)”标出）。笔者认为数字贸易区别于传统贸易很明显的一个特征就是交易地点（不论是订购还是交付）虚拟化，因此所增加的三种交易情况在实际中亦存在。

另外，《手册》中有一些设定是基本符合实际的，比如：第一，所有数字中介交易都包含在数字订购项下，排除了非数字订购但数字交付的服务通过数字中介平台来完成的情况，一般这种情况下中介平台是不收费的，而免费的数字中介平台的服务目前不包含在数字贸易的概念框架中。比如 A 国的消费者在线下订购了 B 国供应商的软件升级服务，通过微信或者腾讯平台来交付，通常这项服务对于中介平台来说是免费的。第二，在所有的不借助 DIPs 的交易中，排除了参与双方为 C2C 的模式，也就是说所有的个人与个人之间的跨境交易，无论是数字订购还是数字交付都需要借助 DIPs 来实现，这样的设定是合理的，因为不通过 DIPs 实现的 C2C 交易不属于数字贸易统计范围，比如 A 国的消费者电话订购了 B 国消费者的二手婴儿车（货物非数字订购）；A 国的消费者电话订购了 B 国消费者的理财规划服务，以 E-mail 的形式交付（服务非“数字订购和数字交付”）等。第三，《手册》中没有考虑 C2B 的交易模式，无论是否借助 DIPs，在《手册》中均未体现。这是基于 OECD 关于企业信通技术使用情况的调查，该调查只试图查明“企业对企业”（B2B）（广义的公司对公司）、“企业对消费者”（广义的公司对家庭）（B2C）和“企业对政府（公司对政府）（B2G）之间的交易。但是集中可能存在 C2B 的交易模式，如 A 国的企业在线下（电话订购）/线上（平台）订购了 B 国消费者的木材（货物订购），线下订购（电话）不属于数字贸易的统计范围，而一般这种情况的线上订购（平台），平台也是不直接收费的，平台收益主要来源于广告收入，因此目前也不属于数字贸易的统计范围。C2B 之间的服务数字订购和/或数字交付情况与上述分析类同，首先，C2B 业务一定借助 DIPs 实现，不借助于此的 C2B 交易均不属于数字贸易统计范围；其次借助 DIPs 实现的 C2B 交易，无论是数字订购或/和数字交付，平台一般不会直接收取交易费用，而是通过广告费等其他形式实现收益，因此不包含在目前数字贸易的概念框架中。第四，对于数字贸易的另外一个参与者——政府，在交易实例中也没有体现。主要因为 B2G 交易需要进行特定的调查来明确相关概念和计量问题[11]。

表 1　　　　数字贸易交易说明

贸易类型	交易标的	交易性质	是否借助 DIPs	参与者	交易说明
数字贸易	货物	数字订购	不借助 DIPs	B2B	A 国的企业直接从 B 国的供应商处购买商品。
				B2C	A 国的消费者直接从 B 国的供应商处购买商品（供最终消费）。
			借助 DIPs	B2B	A 国的企业通过 A 国、B 国或 C 国的在线平台从 B 国的供应商处购买商品。
					A 国的企业通过 B 国的在线平台从 A 国的供应商处购买商品。
				B2C	A 国的消费者通过 A 国、B 国或 C 国的在线平台从 B 国的供应商处购买商品（供最终消费）。

续表

贸易类型	交易标的	交易性质	是否借助 DIPs	参与者	交易说明
数字贸易	货物	数字订购	借助 DIPs	C2C	A 国的消费者通过 A 国、B 国或 C 国的在线平台从 B 国的消费者那里购买商品（供最终消费）。
					A 国的消费者通过 B 国的在线平台从 A 国的另一个消费者那里购买商品（供最终消费）。
	服务	仅数字订购	不借助 DIPs	B2B	A 国的企业直接从 B 国的供应商处在线购买服务，且实际交付。
				B2C	A 国的消费者直接从 B 国的供应商处在线购买服务，且实际交付。
			借助 DIPs	B2B	A 国的企业通过 A 国、B 国或 C 国的在线平台从 B 国的供应商处购买服务，且实际交付。
					A 国的企业通过 B 国的在线平台从 A 国的供应商处购买服务，且实际交付。(*)
				B2C	A 国的消费者通过 A 国、B 国或 C 国的在线平台从 B 国的供应商处购买服务，且实际交付。
				C2C	A 国的消费者通过 A 国、B 国或 C 国的在线平台从 B 国的消费者处购买服务，且实际交付。
					A 国的消费者通过 B 国的在线平台从 A 国的另一个消费者处购买服务，且实际交付。
		数字订购+数字交付	不借助 DIPs	B2B	A 国的企业直接从 B 国的供应商处在线购买服务，且数字化交付。
				B2C	A 国的消费者直接从 B 国的供应商处在线购买服务，且数字化交付。
			借助 DIPs	B2B	A 国的企业通过 A 国、B 国或 C 国的在线平台从 B 国的供应商处购买服务，且数字化交付。
					A 国的企业通过 B 国的在线平台从 A 国的供应商处购买服务，且数字化交付。(*)
				B2C	A 国的消费者通过 A 国、B 国或 C 国的在线平台从 B 国的供应商处购买服务，且数字化交付。
				C2C	A 国的消费者通过 A 国、B 国或 C 国的在线平台从 B 国的消费者处购买服务，且数字化交付。

续表

贸易类型	交易标的	交易性质	是否借助 DIPs	参与者	交易说明
数字贸易	服务	数字订购+数字交付	借助 DIPs	C2C	**A 国的消费者通过 B 国的在线平台从 A 国的另一个消费者处购买服务，且数字化交付。(*)**
		仅数字交付		B2B	A 国的企业直接从 B 国的供应商处线下购买服务，且数字化交付。
				B2C	A 国的消费者直接从 B 国的供应商处线下购买服务，且数字化交付。

注明：此表根据《手册》第二章附件 2.A 数字贸易交易实例整理。

三、数字贸易的统计测度问题

（一）测度原则

《手册》中指出："在任何情况下数字贸易的核算原则都遵循 BPM6（国际货币基金组织《国际收支和国际投资头寸手册》，第 6 版）的核算原则"。即记录时间遵循权责发生制原则（货物：所有权转移，服务：服务完成），记录价格遵循市场价格原则（实际价格），记账单位采用统一的货币单位（我国是美元和人民币）。但是，对于通过数字中介平台（DIPs）进行的交易，《手册》则建议记录"净"流量（净额）。《手册》目前对 DIPs 的临时指导意见是，将其分类为中介活动（如其中介服务）和国际标准产业分类的编号为 4791（如其中介销售和购买货物）的产业类型。

（二）测度框架

根据概念框架，《手册》给出了数字贸易测度的基本框架，如表 2 所示，可看出目前核算的主体内容是数字订购货物和服务（非数字交付）以及数字交付的服务（数字订购和数字交付），和概念框架里的一致。表 2 的大部分内容在概念框架中已有描述，只有补充项目中的 ICT 商品、潜在的数字交付服务、潜在的 ICT 推动服务、非货币性信息/数据（估算）和 DIPs 中介费（估算）。之所以设置补充项目是因为这些内容也很重要，但是目前核算上存在难度（非货币信息/数据的估算）或者某些项目在数字贸易核算中占有很重要的地位，但核算范围稍有不同需要单列来清楚表述（如 ICT 商品、潜在的数字交付服务、潜在的 ICT 推动服务）。首先，非货币性信息/数据涉及免费的数字中介平台，许多 DIPs

提供的服务不收取费用（隐性或显性），而是通过广告和数据服务产生收入。通过广告和数据服务销售产生的这些平台的收入、增值、就业等应被记录在经济账户中，但这种数据在官方统计中实际上是不可见的，很难估量，因此目前版本的《手册》将其作为一个单独的附录，希望随着测度方法的发展在未来版本中对这部分内容能有明确补充。其次，《手册》中的“商品/货物”类别要区分数字商品的概念。《手册》中的“商品”是指所有能够数字订购的商品，广义上讲所有的商品都可以数字订购；而数字商品指信息和通信技术（ICT）内化的商品，官方定义为：通过电子手段（包括传输和显示）来实现信息处理和通信功能，或利用电子处理来检测、测量和/或记录物理现象，或控制物理过程，在 2018 年的联合国贸发会议上公布有 ICT 商品的最新分类。前述概念内涵中曾指出，数字交付贸易严格遵循联合国贸发会议的 ICT 支持的服务的定义，但两者之间也存在一些重要区别。如 ICT 支持的服务实际上包括通过不一定需要计算机网络的方法提供的服务，例如通过电话进行的人与人之间的交互，而数字交付服务仅指通过计算机网络交付的服务。目前还无法提供对 ICT 支持服务的估计，因此衍生出了“潜在的”ICT 支持的概念，因为许多国家能够在不修改现有调查方法的情况下提供这些估计。另外一个重要区别是涉及 DIPs 提供的服务，《手册》将其纳入数字交付服务的范围，不再考虑仅数字交付的服务是否通过中介平台（与概念框架的设定同理）。最后，将 DIPs 中介费（估算）作为附录项是因为可以通过专门的调查工具关注 DIPs，以便在数字订购和数字交付的贸易中提供早期的结果。

表 2　　　　数字贸易测度框架

<table>
<tr><th colspan="2" rowspan="5">交易性质</th><th colspan="5">按出口/进口</th></tr>
<tr><th rowspan="4">合计</th><th colspan="4">按机构部门</th></tr>
<tr><th colspan="2">企业</th><th rowspan="3">政府</th><th rowspan="3">家庭/非营利组织</th></tr>
<tr><th>非金融</th><th>金融</th></tr>
<tr><th>按行业
ISIC01 ISICXX
ISIC99</th><th>按行业
ISIC01 ISICXX
ISIC99</th></tr>
<tr><td>1　数字订购</td><td>2+3</td><td></td><td></td><td></td><td></td><td></td></tr>
<tr><td>2　商品</td><td></td><td></td><td></td><td></td><td></td><td></td></tr>
<tr><td>3　服务*：非数字交付</td><td></td><td></td><td></td><td></td><td></td><td></td></tr>
<tr><td>4　数字交付服务*</td><td>5+6</td><td></td><td></td><td></td><td></td><td></td></tr>
<tr><td>5　数字订购*</td><td></td><td></td><td></td><td></td><td></td><td></td></tr>
<tr><td>6　非数字订购*</td><td></td><td></td><td></td><td></td><td></td><td></td></tr>
</table>

续表

交易性质	按出口/进口				
	合计	按机构部门			
		企业		政府	家庭/非营利组织
		非金融	金融		
		按行业 ISIC01 ISICXX ISIC99	按行业 ISIC01 ISICXX ISIC99		
7 数字贸易总额 1+4					
8 通过 DIPs 进行的交易					
9 数字订购 10+11＜=1					
10 商品 ＜=2					
11 服务* 12+13＜=3+5					
12 数字交付* ＜=5					
13 非数字交付* ＜=3					
补充项目					
14 数字服务 3+4					
15 数字订购总计 1+5					
16 ICT 商品合计					
17 其中：数字订购 ＜=2					
18 其中：通过 DIPs ＜=10					
19 潜在的数字交付服务 ＞=4					
20 潜在的 ICT 推动服务 ＞=19					
21 非货币性信息/数据（估算）					
22 DIPs 中介费（估算）					

注：*服务应按 EBOPS 类别显示。

资料来源：OECD, WTO and IMF. Handbook on Measuring Digital Trade［M］. 2020，Page 42.

（三）测度难点及建议

1. 数字订购贸易

前述表明，数字订购贸易的定义与经合组织对电子商务的定义一致，许多国家已经开展了评估整个经济的电子商务（销售）的调查，《手册》建议可以在现有调查的基础上增设数字订购海外份额等简单问题，予以解决数字订购贸易的要求。但是实际操作中仍然存在一些难点，如在进口统计中，参与者往往很难确定订购的商品或服务是否来自非常住单位，特别是 DIPs 介入的订购贸易以及小额贸易，这在B2C和C2C两种模式中表现尤为突出。另外借助DIPs的数字订购，对于中介服务的评估本身就是一个特别复杂的问题，因为不论是订购方还是出售方，均会出现如图2所示的几种情况，还涉及中介费用的记录等问题，这对在原有调查基础上通过增设问题来获取国外销售信息提出了挑战。

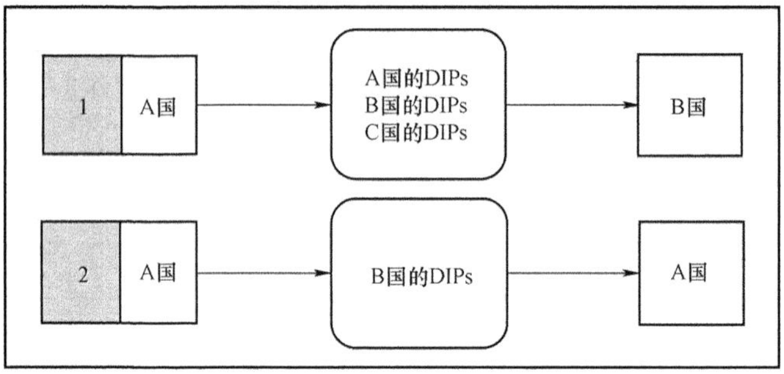

图2 借助DIPs的数字订购类型

针对上述难点，《手册》提供了企业、家庭、信用卡数据，其他支付处理公司数据、小额贸易、海关统计数据，以及数据链接和私有数据源六种调查方式和十条建议。归纳起来，在企业调查中主要涉及在现有调查中增设和细分问题、中介服务费的估计以及进口统计问题三个方面。有关增设和细分问题的，对于数字方式订购的出口产品，建议细分产品类型（商品/服务）和消费者类型；对于通过电子数据交换（EDI）的交易，建议单独估算并区分购买商品的类型（国产/进口）；对于通过数字中介平台进行的交易，建议细分中介平台的性质（本国/非本国）；此外，对于数字订购成交的进出口份额建议细分获取方式（己方网站/第三方平台/EDI）。关于中介服务费的估计问题，《手册》提出应仅反映中介服务相关的收入，不包括中间产品的价值；对于进口统计问题，则建议各国按伙伴国开放出口数据，从而形成其他国家进口统计的基础。在家庭调查方面，建议在传统的家庭支出调查或国际旅行调查中通过增设具体问题来明确居民在国外购买住宿和旅游服务方面的支出份额，以及订购是否通过数字中介平台。在海关统计数据中，可通过世界海关组织与大型电子商务企业合作，改进对原产地/目的地和包裹内容的电子识别，监测海关记录中的数字订购贸易。其他几种调查方式还在探索和整合阶段，建议各国积极开发其潜力。

2. 数字交付贸易

与数字订购贸易相比，数字交付的贸易更为复杂，因为能够数字交付的贸易标的只能是服务，而服务是无形的，且其生产、销售和消费是同时发生的，核算中容易确定有形产品的价值，但是对于无形产品的价值却较难估计。由于交易标的性质上的不同，国际上用《关税贸易总协定》（GATT）和《服务贸易总协定》（GATS）分别对两者进行了规范性的统计规定。随着世界经济的发展，服务贸易统计已成为近年来国际社会统计的热点。数字交付贸易属于服务贸易的范畴，《手册》也称其是统计贸易测度中“最可行”的组成部分，“因为有证据表明，大多数可以数字交付的产品确实是数字交付的”，“这意味着数字订购贸易的估计主要集中在非数字交付的货物上，而数字交付的服务同时被数字订购，则被记录为数字交付的‘其中’部分”。我国服务贸易统计，尤其是数字服务贸易①处于刚起步阶段，是目前急需提升的短板，因此官方以及一些学者（贾怀勤[7]、方元欣[12]等）和机构（中国信通院）也建议重点关注数字服务贸易的测度。按照数字贸易的测度原则，现阶段仅在国际收支（BOP）口径下测度数字服务贸易，这就不可避免会低估其规模，未来版本期待将国外分支机构（FATS）口径下的数字服务贸易纳入测度范围。

《手册》提出了可利用国际服务贸易（ITS）数据、国际交易报告系统（ITRS）数据、行政税收数据、家庭调查以及非银行实体提供的数字金融服务数据这五种调查方法衡量数字交付服务贸易，并且针对测度难点给出了十二条建议，其中九条建议都是针对 ITS 数据的。因为 ITS 数据是估算数字交付服务贸易最好也是最主要的一种，但是这个数据很难捕捉到 C2C 交易，尤其是借助数字中介平台的 C2C 交易。首先，《手册》明确，C2C、B2C 虽然涉及非法人企业，产生的交易份额不大，但在现有调查中应涵盖与数字交付服务相关的收入总额和分类数据。其次，从数字交付服务贸易的核算范围、产品分类以及具体测度一些方面给予了其他建议。如在核算范围建议中指出，需要进一步明确数字交付服务的范围，也可以参考潜在的 ICT 的服务范围；对于交付产品分类问题则建议提供基于居民出口数字中介平台的行业分类以及进口中间产品的信息、按类型细分的数字中介平台中介服务出口数据、按中间产品类型划分的交易来确定数字中介平台的进出口数据以及对以数字方式交付的服务分为通过数字中介平台订购和其他数字方式订购两种；对具体测度的建议则包括要求调查具体问题应提供支付给中介平台佣金的估计值、在所有远程交付的服务都是以数字方式交付的这个假设前提下，侧重于按供应方式衡量数字交付贸易数据。最后，对于无法估计数字交付服务贸易的国家，建议通过专家判断或类似国家的观察等方式来估计。对于 ITRS 数据调查则建议，这个系统虽可以提供一个范围来估计数字交付服务贸易量，但它没有产品细分信息，应尽量从家庭调查或企业调查中获取。在行政税收数据调查方面，则建议充分利用这个信息来源，获取家庭数字交付服务的进口数据和其他覆盖范围薄弱的领域。家庭调查建议包括按特定产品分类的以数字交付服务的支出份额信息。非银行实体提供的数字金融

① 这里的数字服务贸易包含数字交付贸易和数字订购服务贸易。

服务数据主要针对欠发达国家的数字交付服务，但由于条件所限仍处于初级阶段。

3. 数字中介平台促成的贸易

数字中介平台在数字贸易中占有很重要的地位，尤其是对数字订购贸易，几乎所有的数字订购贸易都有可能在中介平台的促成下完成（如表 1），而数字订购和数字交付贸易重叠的部分业务主要涉及数字中介平台促成的交易。因此《手册》将其作为单独的环节进行描述，并且区分为以中介费产生收入的收费数字中介平台和以广告和或数据流产生收入的免费数字中介平台两个部分。由于后者的研究处于酝酿阶段，不包括在目前的测度框架里，所以主要讨论了收费数字中介平台，中介平台促成的交易类型如图 2 所示。收费的数字中介平台所收取的中介费又分为显性收费（明确收费）和隐性收费（没有直接标出中介服务费，而是隐藏在某些收费里）两种。对于显性收费建议只将中介服务的价值记入国际贸易（流量值），而不是整个服务的价值；对于隐性收费则建议将中介服务费包含在生产者的支出里。这一部分的测度难点在数字中介平台的识别问题，不能确定中介平台是国外还是国内，就无法确定向国外数字中介平台的付款。针对这一问题《手册》建议，一方面探索大幅度调查全局数字中介平台的可能性，并尽可能实现跨境数据共享；另一方面在家庭调查的问题里采用最受欢迎的、最著名的国外数字平台销售、购买货物和服务的价值信息，以此来估计相关中介服务费。

四、数字贸易测度数据来源

数字贸易是基于当前数据源发展起来的，因此《手册》建议在现有调查和数据来源的基础上通过增设和补充问题来获取数字贸易的数据（前文已有描述，如表 3）。但是这些数据用于测度数字贸易是远远不够的，只能作为基础参考数据。原因表现为以下几个方面，第一，实际调查中，很难完全获取设定的全部指标数值。因为每个国家、每个行业甚至每个企业的指标项目、指标内容、指标范围等方面的设置标准不一致，会导致调查取得的数据内涵不同。第二，《手册》只提出了获取基础数据的调查方式，但是对于所获取数据的处理方式未做统一规定（当然也很难规定），会存在在整理基础数据时，由于客观标准和主观认知的差异，造成数据内涵不同。第三，数字贸易中的很多数据需要估计得出（比如隐性的中介费、某些订购和/或交付的服务价值等），估计比例确定标准、确定方式和确定过程等也会影响到最后的测度。因此各个国家只有在国际规范性文件的指导下（暂且认为《手册》是一个不断更新的粗略的规范性文件），结合各国实际，在实际操作过程中对数据来源、处理及估计问题进行细化、补充和完善。

表 3　　数字贸易数据来源

	出口			进口		
	按机构部门			按机构部门		
	按行业划分的公司	政府	家庭非营利机构	按行业划分的公司	政府	家庭非营利机构
1　数字订购						
2　商品	ES	AR	HS/CC	ES/ITSS	AR	HS/CC
3　服务*，非数字交付	ES/ITSS	AR	HS/CC	ES/ITSS	AR	HS/CC
4　数字交付服务*						
5　数字订购*	ES/ITSS/ITRS	AR	HS/CC	ES/ITSS/ITRS/VAT	AR	HS/CC/MOSS
6　非数字订购*	ES/ITSS/ITRS	AR	HS/CC	ES/ITSS/ITRS/VAT	AR	HS/CC/MOSS
7　总数字贸易						
8　通过 DIP 的交易						
9　数字订购						
10　商品	ES+DIP		HS/CC+DIP	ES/ITSS+DIP		HS/CC+DIP
11　服务*						
12　数字交付*	ES/ITSS/ITRS+DIP		HS/CC+DIP	ES/ITSS/ITRS/VAT+DIP		HS/CC/MOSS+DIP
13　非数字交付*	ES/ITSS/ITRS+DIP		HS/CC+DIP	ES/ITSS/ITRS/VAT+DIP		HS/CC/MOSS+DIP

*服务应按 EBOPS 类别显示。

ES=企业调查

ITRS=国际交易报告系统

HS=住户调查

MOSS=迷你一站式商店

CC=信用卡数据

AR=行政记录

ITSS=国际服务贸易统计调查

VAT=增值税征收管理记录（特别是数字活动）

DIP=直接从数字中介平台收集的数据（特别是调查、网页浏览等）

资料来源：OECD, WTO and IMF. Handbook on Measuring Digital Trade［M］. 2020, Page 16.

五、结语

数字贸易还没有国际公认的概念内涵和测度体系，《手册》仅仅对其进行了框架性的表述，有很大的充实空间。我国的跨境电商发展迅猛且具有较强竞争力，且其测度体系和政策设计都相对完善，为数字交付的货物贸易提供了较完备的参考数据，而数字服务贸易统计则相对落后，因此聚焦数字服务贸易的测度是当下亟需加强的方面。笔者认为，进一步确定中国数字贸易的统计范围和产业分类是该项工作的基础，探求适合于中国数字贸易的测度方式是关键，而尽快开展测度实践则是重心，因为只有在实践中才能清楚哪些是可行的哪些是行不通的，从而更好地改进和完善数字贸易的测度工作。

参考文献

[1] US INTERNATIONAL TRADE COMMISSION. Digital trade in the US and global e-conomies, Part I [R/OL]. July 2013.

[2] International Trade Commission of the United States. Digital Trade 1: Market Opportunities and Key Foreign Trade Restriction. August 2017.

[3] Congressional Research Service (2019). Digital Trade and US Trade Policy. CRS, United States.

[4] OECD, WTO and IMF. Handbook on Measuring Digital Trade [M]. 2020.

[5] 李忠民，周维颖，田仲他．数字贸易：发展态势、影响及对策[J]. 国际经济评论，2014（6）：131－144，8.

[6] 周念利，陈寰琦，黄建伟．全球数字贸易规制体系构建的中美博弈分析[J]. 亚太经济，2017（4）：37－45，173－174.

[7] 贾怀勤．建议开展数字贸易尝试性测度[N]. 第一财经日报，2018－02－26（A11）.

[8] 马述忠，房超，梁银锋．数字贸易及其时代价值与研究展望[J]. 国际贸易问题，2018（10）：16－30.

[9] 沈玉良，李海英，李墨丝，弓永钦．数字贸易发展趋势与中国的策略选择[J]. 全球化，2018（7）：28－40，134.

[10] 中国信息通信研究院．数字贸易发展与影响白皮书（2019）、数字贸易发展白皮书（2020）[R].

[11] OECD. Measuring Digital Trade: Towards A conceptual framework. OECD Headquarters, 2017.

[12] 方元欣．对我国数字贸易发展情况的探索性分析——基于 OECD-WTO 概念框架与指标体系[J]. 海关与经贸研究，2020，41（4）：95－109.

海关的跨境电商统计工作

——在“国际贸易统计研究继承与发展”学术报告会上的发言

李　芊

海关总署统计分析司调研员

（2021 年 5 月 15 日）

海关统计其实就是我们国家的货物贸易统计，已做了好多年。新中国成立以后到 20 世纪 80 年代中期，贾老师给我们很多指导。20 世纪 90 年代中美第一次做双边数据对比的时候，我们的工作也得到贾老师以及包括对外经济贸易大学在内的（机构）的很多理论支持。近年来，我们同国家统计局一起做非竞争性投入产出表。其中涉及进口货物使用去向调查，我们尝试抛开原有传统的工作模式（报关单数据直接汇总），慢慢用统计调查方法。报关单上很多指标数据大量地进入我们的统计库。所以，海关统计数据多年来是一个高频的、多维的、连续性很好的数据。这也得益于我们的很多前辈所做的努力。他们在坚持制度方法方面保持非常好的定力，一直注重国际可比。整个工作实际上有很好的传承，非常符合这次研讨会的题目“传承与发展”。但是，传承（之外），还要发展。

我们近年来遇到最大的挑战就是跨境电子商务统计。跨境电子商务是咱们国家自上而下的任务。最早是在 2012—2013 年，政策层面就讨论，需要有哪些行业上的支持。从货物贸易角度来讲，大家对跨境服务的体会远远不如对跨境货物交流的体会。我们的主要工作就是配合国家的政策性要求，及时提供数字，体现这个政策的实施效果。从 2014 年开始，海关就设定跨境电子商务的专门通关模式，我们从中收集到的数据印证了国家跨境电子商务零售政策，包括去年新增的一些 B2B 出口政策，以及现在正在和国家税务总局研究落地的跨境电子商务所得税征收等新型税务政策。这些数据确实体现了政策实施效果，达到了预期目的。但这是远远不够的。

跨境电子商务数据最早一次亮相是 2018 年 2 月，第一届世界电商大会在中国召开，我们署长在大会上通报，2017年中国跨境电子商务总额是902亿人民币。随后，在（海关）新闻发布会上，我们也陆续公布这方面数据。2020年前三季度，这个数据是1 874 亿人民币。这个数据同大家的感官认知是不同的，会不会有遗漏，会不会漏掉了小额（的跨境电子商务交易），大的B2B也漏掉了？我们回应道，这个数据来自海关跨境电商管理平台，同政策直接吻合，反映直接享受国家优惠措施的跨境电商。

从2016年起，我们同国家统计局、商务部外贸司一起研究探讨这个问题。2017年，世界海关组织（WCO）发布《跨境电商工作指南》，关注到这个蓬勃发展的业态。在实际工作中，我们也注意到，除了我们公布的货物贸易渠道数据以外，还有大量的邮包快件这些年井喷式的增长，这里边，是不是我们的海外游人（友人？）多了，统计口径里边超过自用合理数量的个人物品应该列入统计了？这些都是从实际中提出来的问题。在对定义的讨论中，我特别同意几位专家学者的说法：统计最重要的是口径和边界。UNCTAD，WCO，包括我们，关于这件工作有很多的讨论。首先，跨海关的进出口货物贸易统计是国际货物贸易统计的一部分，要服从于国际货物贸易统计的基本边界，这个已写入了WCO的标准框架里。其次，跨境电商统计有四个方面的界定。同传统交易一样，要有交易的双方，要有跨境的物流，最核心的就是要在线订单：这个理念已很好地贯彻到OECD手册里边，即它讲的数字订购。为进一步厘清我们跨境电商统计的边界，我们把跨境电商统计拆成“跨境”和“电商”，其中“跨境”就是传统的货物一定要有实际的流动。跨境流动电商的核心要件就是在线成交，这本身已经是数字贸易、数字经济的一部分了。如果以这个作为口径，我们就在之前跨境电商管理平台政策性数据的基础上，通过统计调查，扩展了它的外延。

这个数据第一次面世，是在2020年第10期《求是》杂志。5月份，署长在一个报告里面提到，2019年，我国跨境电商进出口总值是1.2万亿元，增长23.1%。这个大口径数据回应了刚才讲的两个遗漏。第一个遗漏就是在基于千亿规模扩展到个人跨境电商的邮包快件，我们利用抽样调查方法估算。这可能同其他国家不一样。我们所有的都列入海关统计了，应该是一个应统尽统的概念了，只要满足海关统计的基本概念，就都在里面。另外，第二个遗漏，就是刚才提到大的B2B的交易在不在这个1.29万亿里面？也是在里面的。在编制这个数据时，我们不仅仅调查境内大平台，也参考亚马逊、Ebay以及中资背景平台等大的境外电商平台的一些财报信息。这个工作不仅仅是工作方法的创新，也体现出“我们的统计工作要回应社会关切”，要能体现“大家对这个数据真正的要满足的需求”。今年1月份和4月份的新闻发布会上，2020年这个大口径的跨境电商进出口是1.69万亿，增长了31.1%。这个数据是可以理解的：去年的疫情对于这种消费模式的变化有很大的促进作用。今年一季度这个数字是4 195

亿元，同比增长 46.5%。

在这个数据的编制过程中，我们体会到，官方统计确实是很难的。我们这个数据和社会上很多其他电子商务数据有巨大的差别，比如艾媒咨询的数据可能几年前就已经过 10 万亿了，而我们大外贸的大盘子就三十几万亿。我们也有一个感觉：有的时候，需要官方发一些声音。很感谢贾老师给我们这个机会，把我们的工作向各位专家学者汇报。这个数据的生产方式同传统的海关统计数据不一样：它的颗粒都非常粗，我们现在没有办法精准到国别，或者是商品，或者是这些地区等传统的国际贸易统计常规指标。我们还要进一步的努力，希望各位专家学者如果有这方面的意见和建议，请不吝赐教，帮助我们把这个政府统计工作做得更好。

谢谢！

25年来我国服务贸易统计理论和方法研究

赵若锦[①]

摘　要：现有关于我国服务贸易统计的研究主要围绕我国服务贸易统计理论发展、服务贸易统计数据的应用、服务贸易统计实践与探索几个主题展开。通过对相关文献的梳理发现我国服务贸易统计关注度相对较低，因而服务贸易统计发展比较缓慢。现有服务贸易统计还存在统计体系不完善、FATS数据相对缺乏等问题，最后结合我国服务贸易统计现状提出相关对策建议：制定专门的服务贸易统计法律法规；完善服务贸易统计体系；建立相关业务主管部门的数据协调机制；抢占数字贸易统计新高地。

关键词：服务贸易统计；数字贸易统计；BOP统计；FATS统计

随着1978年以来对外开放的持续推进以及服务业的深化发展，我国服务贸易迅速发展，贸易规模已经从1982年的47亿美元增长为2019年的7 850亿美元，37年间贸易规模增长了166倍，年均增长率约为15.7%，成为世界上仅次于美国的服务贸易大国，也是全球服务贸易增长的重要贡献者。2005—2019年间，中国服务出口年均增长9.7%，高于同期全球服务出口年均增速3.3个百分点，对全球服务出口增长的贡献达5.8%；服务进口年均增长14.2%，高于全球服务进口年均增速8个百分点，对全球服务进口增长的贡献达12.9%。2020年9月举办的中国国际服务贸易交易会是新冠肺炎疫情发生以来我国举办的第一场重大国际经贸活动，更是全球服务贸易领域规模最大的综合性展会，吸引了148个国家和地区的2.2万家企业和机构线上线下参展参会。

但是一直以来，我国服务贸易统计体系相对不完善，客观上阻碍了服务贸易的发展。作为基础性、前瞻性工作，服务贸易统计不仅是我国服务贸易发展的“晴雨表”，还是政府对外谈判及制定政策的重要依据。完备的统计数据不仅能反映出服务贸易发展趋势和发展质量、结构及效益，还便于通过横纵向国际比较，了解我国服

① 赵若锦，商务部国际贸易经济合作研究院国际服务贸易研究所助理研究员，中国科协创新战略研究院博士后。

务贸易发展的国际地位、竞争优势及短板等。只有切实把握服务贸易发展状况，才能制定出符合服务贸易发展状况和远景目标的规划和计划，保证相关政策及发展规划有的放矢；才能明确国际合作及对外谈判的重点，并不断修正决策目标。

故本文通过对我国服务贸易相关统计研究进行回顾，以期了解我国服务贸易统计发展的现状，并提出相关的政策建议。自 1995 年以来，中国知网数据库共收录 14 670 篇服务贸易相关研究，其中涵盖了几十篇以服务贸易统计为主题的文献和数篇以服务贸易应用为主的文献。简单来看，现存对于服务贸易统计的研究大致分为三类：第一类关于我国服务贸易统计理论的研究；第二类关于我国服务贸易统计数据应用的研究；第三类关于服务贸易统计的具体实践和有益探索。

一、我国服务贸易统计理论发展

随着服务贸易在世界贸易中占比的提高，服务贸易统计的重要性也日益凸显。建立健全服务贸易统计体系不仅是发展服务贸易的必然要求，还有助于进行服务贸易的国际比较和交流[①]（高虎城，1997）。国际货币基金组织（IMF）编制的《国际收支手册》（BPM，后修订形成 BPM6）以及六大国际组织联合编制发布的《国际服务贸易统计手册》（MSITS2002，后修订形成 MSITS2010）构成了国际通用的服务贸易统计标准。我国服务贸易统计理论也在国际通用标准基础上日渐完善。

（一）统计对象和范围

根据国际标准，现存对于服务贸易的统计主要由 BOP 统计、FATS 统计两部分组成。BOP 统计反映了居民和非居民之间的跨境服务贸易状况，这种统计方式下服务贸易兼具跨境交易及跨境消费的双重特征。随着跨国公司的兴起，BOP 统计的弊端日渐显露。在 BOP 统计下，只有本国居民和非本国居民的服务交易行为才能算作服务贸易统计，但是当外国附属机构在本国领土上通过商业存在模式（模式三）为本国居民提供服务时所产生的贸易行为则不包括在国际收支平衡表中，这就产生了服务贸易统计中的遗漏项[②]（贾怀勤，1998）。随着跨国公司的飞速发展，这种遗漏项逐年增大。由此产生了基于附属机构服务贸易行为的 FATS 统计。FATS 统计反映了东道国境内所有外方绝对控股的附属机构所产生的全部交易情况，这种统计方式下服务贸易涵盖了非跨境服务贸易状况，这也是 FATS 统计和 BOP 统计的最大区别。总结来看，从统计对象和范围的角度，FATS 统计是对 BOP 统计的重要补充，只有两者结合才能较为全面地

① 高虎城．服务贸易发展的必备前提——关于建立健全我国国际服务贸易统计的思考[J]．国际贸易，1997（7）：17－19.

② 贾怀勤．论二元架构的服务贸易统计[J]．对外经济贸易大学学报（国际商务版块），1998（1）：32－39.

反映国与国之间的服务贸易关系[①]（姚坚、关院生，1997）。

针对 BOP 统计和 FATS 统计的差异性，贾怀勤（1998）首先提出服务贸易统计的二元架构。所谓二元架构是指：服务贸易统计是由 BOP 统计下的跨境服务贸易额和 FATS 统计下附属机构服务贸易额两个相互独立又互为补充的统计体系构成。事实上，FATS 统计很好地弥补了 BOP 统计中的遗漏项，尤其是 GATS 定义中服务贸易四种提供模式中的模式三：商业存在项。

各国在实施服务贸易统计的过程中，统计对象也存在差异性。发达国家的统计范围较宽泛，统计对象从狭义的居民与非居民之间的服务交易扩展至更广义的层面，即只要涉及不同国家的居民或不同国家的服务交易都涵盖在统计范围之内；发展中国家的统计范围则相对较狭义，统计对象为传统的居民与非居民之间的跨境服务交易[②]（陶明，2000）。李静萍（2002）进一步指出 BOP 统计和 GATS 定义下服务贸易统计的差异性主要是由于所涉及生产要素属地与属权差异所导致的。虽然两种统计下服务贸易都是不同经济体之间的贸易，但是 BOP 统计下经济体的分类遵循属地原则，而 GATS 统计下经济体的分类遵循属权原则。正是由于对经济体定义的差异，导致两种统计下服务贸易提供模式中的商业存在模式统计存在较大差异[③]。

随着《国际服务贸易统计手册》（下简称《手册》，2002）的制定及发布，我国学者也对《手册》进行了研究。贾怀勤（1997）首先关注到《手册》的起草，并对《手册》的主要内容、根本原则、统计范围、指标设计等都进行了具体的论述，还指出《手册》的实施应当采取渐进性[④]。

（二）统计理论的发展

许多国家都没有专门的 BOP 服务贸易统计体系，我国也是如此，因此一直以来我国服务贸易统计数据都来源于由外汇管理局负责的国际收支申报体系。国际收支申报体系对中国居民在境内金融机构和境外开设账户的非金融机构的国际收支状况进行统计，统计的方式主要为自主申报，申报的方式包括：直接申报和间接申报两种。外汇管理局再对申报数据进行收集、核对及汇总处理[⑤]（凌

---

① 姚坚，关院生．经济全球化与国际贸易统计[J]．国际贸易，1997（9）：31－33.

② 陶明．完善服务贸易数据统计：国外的实践与我国的对策[J]．统计研究，2000（10）：26－30.

③ 李静萍．国际服务贸易统计体系的比较研究[J]．统计研究，2002（8）：32－35.

④ 贾怀勤．综合涉外贸易统计体系初探[J]．对外经贸统计，2019（6）.

贾怀勤．我国入世与服务贸易统计——建立外国附属机构服务贸易统计的迫切性及建议[J]．国际贸易问题，2002（10）：1－4，17.

贾怀勤．从《服务贸易总协定》到《国际服务贸易统计手册》[J]．国际商务研究，2003（5）：25－29.

⑤ 凌国平．我国国际服务贸易统计现状研究[J]．国际商务研究，2001（6）：40－50.

国平，2001）。

虽然也是基于《国际收支手册》（后修改为《国际收支和国际投资头寸手册》），但是实际操作过程中，我国国际收支平衡表和IMF编制的国际收支平衡表还存在一定差异，这种差异主要体现在：国际服务贸易分领域、部分服务贸易和货物贸易的关系、居民概念的界定三方面（凌国平，2001）。针对服务贸易统计数据的缺失，贾怀勤（2002）建议要在深入研究服务业发展和服务贸易发展理论的基础上，紧密结合国际组织相关进展，立足中国经济发展的实际状况，采用规模性标准与行业性标准相结合，间断性调查与连续性调查相结合，重点调查与抽样调查相结合的方式，循序渐进地推进服务贸易的FATS统计[①]。

因此建立我国服务贸易统计制度要遵循“既尊重国际基本规则，又符合中国实际情况”的原则。具体而言即在《国际服务贸易统计手册》《服务贸易总协定》等国际性服务贸易规则体系的基础上，充分借鉴美国等服务贸易发达国家经验，构建符合中国发展实际情况的服务贸易统计制度。统计制度要涵盖：统计对象和范围、统计数据的发布与调整等[②]（胡景岩，2006）。2007年我国制定了《国际服务贸易统计制度》，规定了我国服务贸易统计的范围、统计对象等具体内容。

随着服务贸易的发展，已有的BOP统计和FATS统计的内在局限性逐渐显现，WTO构建了将BOP统计、FATS统计以及服务贸易四种提供模式相结合的TISMOS数据库，以更全面地反映服务贸易的发展。现有的TISMOS数据库通过官方数据和估计值对200个经济体2005—2017年的服务进出口进行测算。

（三）统计方法的修订

由于FATS统计暂不完善且具有滞后性，许多学者对统计方法进行了有益探索。王丹丹（2009）使用我国第一次经济普查数据中的“第三产业外商投资企业”项下数据估算了2004年我国内向附属机构服务贸易数据情况。估算结果显著小于国家发布的数据，可能的原因在于两种估算方式下统计口径、统计时间以及数据来源的差异。虽然两种估算方式具有差异性，但是考虑到使用这种估算方式下获得的外国直接投资数据与外管局记录的外商投资数据的一致性，本文认为王丹丹对我国服务贸易的FATS估计具有一定的可信性[③]。而且王丹丹的估算还证实了BOP统计下服务贸易数据的缺失，即以商业存在形式进口的服务贸易数据未包括在统计范围内；如果考虑到这部分服务贸易，我国服务进出

① 同上页脚注④。

② 胡景岩．中国发展服务贸易的战略思考[J]．国际贸易，2006（11）：32－41.

③ 王丹丹．中国国际服务贸易统计改进及其影响评估[J]．统计研究，2009，26（1）：45－49.

口领域的逆差状况将更加严峻。

随着全球化进程的加深，我国服务贸易统计数据的非对称问题越来越突出。杨丽琳使用非对称系数测算了中国与其主要服务贸易伙伴中国香港、美国、欧盟、日本及韩国之间的服务贸易额，测算结果显示：相比较货物贸易而言，服务贸易统计数据的非对称性更大；从进出口来看，服务出口数据的非对称情况远远超过进口；从领域来看，其他商业服务、运输服务领域的非对称情况最严重；从贸易伙伴来看，中国与中国香港服务贸易的非对称性远远大于其他贸易伙伴。至于统计数据的非对称原因主要有：统计体系存在差异、统计制度环境不完善、统计工作的复杂性、国与国之间的系统性差异等①。当然这也折射出服务贸易统计数据的不准确性问题。只有全面掌握服务贸易统计信息，才能对我国服务贸易进行有效管理，并制定相应的措施引导服务贸易健康有序发展。

考虑到服务贸易数据的非对称问题，部分学者从全球价值链分工模式下增加值贸易（TIVA）的角度展开对于服务贸易数据的统计估算。沿袭Timmer等人的计算方法，程大中、程卓（2015）采用OECD联合WTO发布的跨国投入产出表（IOT）对我国服务出口额进行测算，与BOP统计结果相比，增加值贸易测算下我国服务出口额显著提升，贸易规模大约是前者的两倍；但是增加值贸易测算与BOP统计两种测算方式下，我国服务贸易主要伙伴国保持一致，都集中于美国、德国等主要发达国家②。考虑到制造业和服务业的融合发展趋势，传统的服务贸易统计方式可能造成“统计假象”，不能反映服务贸易的真实发展状况。鉴于此，程大中等（2017）进一步使用贸易增加值算法中的前向分解法对国际投入产出表（WIOD）中的服务业数据进行测算，力图得到相对真实的中国服务出口额。对于测算结果的比较可知，与传统的BOP统计相比，前向分解法测算下我国服务出口额显著提高，而且服务出口在我国对外出口中的占比也明显提高，主要的原因在于这种测算方法充分考虑到服务作为中间要素投入所产生的贸易增加值，即由服务要素投入产生的间接出口价值增加③。当然，这两种统计口径都反映出我国服务贸易大而不强，服务贸易竞争力有待增强的现实状况。

二、我国服务贸易统计数据的应用

随着BOP统计口径下服务贸易数据的完善，越来越多的学者应用服务进出口数据对我国服务贸易竞争力做出分析。现存对于贸易竞争力的分析基本使用

① 杨丽琳．对我国服务贸易统计数据非对称问题的探讨[J]．国际贸易，2015（8）：54－59.

② 程大中，程卓．中国出口贸易中的服务含量分析[J]．统计研究，2015，32（3）：46－53.

③ 程大中，郑乐凯，魏如青．全球价值链视角下的中国服务贸易竞争力再评估[J]．世界经济研究，2017（05）：85－97，136－137.

已有 BOP 数据进行多维指数分析，常用的指标包括：贸易竞争力指数 TC、巴拉萨指数 RCA、迈克尔波动指数 MI 等。指数分析的结果显示：与美国、英国、法国等传统服务贸易大国相比较而言，我国服务贸易国际竞争力相对较低，而且由于结构偏向旅游、运输等传统服务领域，1999—2018 年这十年间我国服务贸易竞争力出现下降趋势。

由于偏传统的贸易结构，我国在建筑、旅游等领域具有一定的竞争优势，而在金融、保险等知识密集型领域表现出较弱的国际竞争力（陈虹，章国荣。2010）[①]。此外，由于进出口结构失衡等原因导致我国生产性服务贸易发展相对较慢，长期的逆差也导致其在竞争中处于相对劣势，并对服务贸易总体竞争力造成影响[②]。也有学者使用修正的服务贸易统计数据对我国服务贸易发展状况进行测算。戴翔（2015）考虑到全球价值链深入发展对服务业的影响，借鉴 KPWW 法对服务出口中的“贸易附加值”进行测算，并引入传统的服务贸易出口竞争力 RCA 指数对测算结果进行测度，测度结果与传统总值核算法表现出一定的差异性。总值核算法下，我国服务贸易出口竞争优势存在“高估”和“误判”。与总值核算法不同，附加值贸易算法下，我国在劳动密集型领域正逐渐形成自己的比较优势，而在资本密集型领域出口比较劣势明显且并未显现出“改善”趋势[③]。

除去对服务贸易竞争力的研究，服务贸易统计数据还可以用作对全要素生产率 TFP 的影响等方面的研究。服务贸易包括门类众多，由于劳动、资本的要素投入量大，同时技术含量低，旅行等劳动密集型服务进口和运输等资本密集型服务进口对我国全要素生产率增长的促进作用相对有限；而技术与知识密集型服务进口通过节约成本和技术、管理等的外溢显著提升了我国全要素生产率。但是这种提升和知识产权保护的强度有关，并不是知识产权保护力度越强，全要素生产率增长越快。通常状况下，技术与知识密集型服务进口与全要素生产率呈现倒“U”型关系，只有当知识产权保护强度处于最适强度区间的时候，前者对后者的促进作用才能达到最大[④]（唐保庆、仲崇高、王绮，2014）。

三、服务贸易统计实践与探索

随着服务贸易主管部门商务部服务贸易和商贸服务业司的成立，我国服务贸易统计体系日趋完善。2008 年 1 月 1 日起我国开始实施《国际服务贸易统计

① 陈虹，章国荣．中国服务贸易国际竞争力的实证研究[J]．管理世界，2010（10）：13－23.

② 余道先，刘海云．中国生产性服务贸易结构与贸易竞争力分析[J]．世界经济研究，2010（2）：49－55，88.

③ 戴翔．中国服务出口竞争力：增加值视角下的新认识[J]．经济学家，2015（3）：31－38.

④ 唐保庆，仲崇高，王绮．服务贸易进口下的知识产权保护最适强度研究[J]．统计研究，2014，31（10）：43－48.

制度》（下简称《制度》），并在2010年、2012年、2014年三次对《制度》进行修订；2016年发布《国际服务贸易统计监测制度》（下简称《监测制度》）来代替2014版《制度》。统计制度的修订使得我国服务贸易统计体系日益完善，也推动我国服务贸易统计工作逐渐步入正轨。

《制度》中规定服务贸易的统计范围包括中国居民与非居民间的服务贸易和外国附属机构服务贸易两部分；统计数据来源主要包括两个主要渠道：相关服务贸易部门依照部门职能分工提供的数据；各省（市、区）商务部门核转上报的数据。2010年《制度》修订版不仅明确了统计对象为从事服务贸易活动的企事业单位、其他组织、个体工商户和个人；还进一步扩大了统计范围，将自然人移动模式包括在内；统计数据来源也由部门数据改为综合利用企业调查数据、相关部门资料以及其他统计资料，并在基层统计报表中增加教育、医疗保健等重点单位的基层报表。2012年版《制度》、2014年版《制度》分别对基层统计报表、综合报表进行了调整。2016年《监测制度》则对综合报表进一步细化和调整，并新增了“服务贸易业务合同情况”“服务贸易创新发展试点统计情况”等基础报表[①]（参见表1）。

表1　《国际服务贸易统计制度》到《国际服务贸易统计监测制度》的修订

<table>
<tr><th>版本</th><th>2008版</th><th>2010版</th><th>2012版</th><th>2014版</th><th>2016《监测制度》</th></tr>
<tr><td>统计对象</td><td>未明确规定</td><td colspan="4">从事服务贸易活动的企事业单位、其他组织、个体工商户和个人</td></tr>
<tr><td>统计内容</td><td>中国居民与非居民间服务贸易和外国附属机构服务贸易两部分</td><td colspan="4">增加自然人移动统计</td></tr>
<tr><td>数据来源</td><td colspan="2">综合报表和基层报表</td><td>基层报表的调整</td><td>综合报表和基层报表的调整</td><td>报表的新增和调整</td></tr>
</table>

我国服务贸易统计制度的完善也激发了学界对服务贸易具体领域和地方服务贸易统计做出探索，如对服务贸易具体领域中的文化、旅游、运输、金融、数字贸易等的统计做出研究；对地方省份中的上海、浙江等地区服务贸易统计做出研究。

（一）服务贸易重点领域

运输服务。作为传统服务贸易的重要组成部分，我国运输服务贸易长期处于逆差状况。现行运输收支数据主要依据外汇管理局和海关总署所提供的数据进行处理而形成。其中运输收入数据根据外汇管理局国际收支间接申报系统中

① 根据《国际服务贸易统计制度》及其修订版、《国际服务贸易统计监测制度》整理而得。

的数据并根据前期研究确定的参数进行放大处理后得到；运输支出数据直接使用海关进口的货物价值进行估算得到[①]（李岩，2014）。针对运输服务统计的研究显示，服务贸易统计在由 BOP 统计向 FATS 统计延伸的过程中，间接申报系统覆盖面不全、估算参数单一、轧差等问题导致我国跨境运输服务的出口存在低估。王晓东，贾怀勤[②]（2012）使用“3*1”运输贸易模型分析的结果认为，全球运输服务贸易统计中出口和进口的绝对差异导致了运输服务统计的低估。针对这种低估现象，王晓东等认为可以设置“调整值”对现有数据进行修正从而得到全球运输服务出口额的真实数据。

旅游服务。作为我国服务贸易的重要组成部分，旅游服务领域进口增长迅速，但相关的数据相对缺乏。虽然《旅游抽样调查》提供旅游出口（入境旅游）的游客花费、停留天数、游客基本特征等具体信息，但是相关旅游进口（出境旅游）信息相对缺乏。针对这种情况，贾怀勤等（2012）提出采用直接调查数据和镜像数据相结合的方法对我国分国别分省份的旅游进口额进行计算，并经过校正再进行数据发布[③]。但是这种调查方法存在成本过高、可操作性不强等特点。针对外管局国际收支平衡表中的旅游数据，戴斌（2016）认为，考虑到统计范围、统计时间期限等统计口径的差异，应对外管局提供的数据进行合理扣减才能得到真正反映我国旅游服务进出口的数据，扣减项包括赴海外留学主体及家属在境外产生的“非旅游”消费、我国居民赴海外就医产生的花费（包括整形花费等）、我国居民赴海外务工人员在境外产生的非旅游花费[④]。

金融服务。金融服务对于服务贸易其他领域都具有重要的促进作用，随着金融产业的发展和崛起，金融服务贸易成为“后经济危机时代”全球贸易新的增长点，有利于一国/地区对外软实力的提升。具体到我国而言，金融领域的开放主要针对模式三商业存在，同时考虑到统计上的便宜性，罗春燕（2007）等对跨境交付和商业存在两种模式下我国金融服务贸易的现状进行了分析。其中跨境交付模式下金融服务进出口数据直接使用国家外汇管理局《中国国际收支平衡表》中的数据；而商业存在模式下金融服务进出口数据则通过《中国金融年鉴》中的中资银行国际资产额来表示金融领域内向 FATS，在华外资银行资产额来表示外向 FATS 统计额[⑤]。

---

① 李岩.《国际收支和国际投资头寸手册（第六版）》框架下的国际运输服务统计研究[J]. 华北金融，2014（11）：52－55.

② 王晓东，贾怀勤. 运输服务贸易统计数据的正向调整[J]. 统计研究. 2012；29（12）：8－13.

③ 贾怀勤，王晓东，李胜男. 中国旅游进口调查统计方法研究[J]. 国际贸易问题，2012（8）：80－90.

④ 戴斌. 旅游服务贸易统计规则厘清与算法修正[J]. 旅游学刊，2016，31（3）：13－15.

⑤ 罗春燕，贺晓波. 我国金融服务贸易现状及统计问题探析[C]. 国际服务贸易论坛暨国际贸易创刊 25 周年学术年会.

数字贸易。数字经济产品的跨境交易即为数字贸易，涵盖货物贸易、服务贸易及外国商业存在在东道国境内的数字服务提供和销售等三方面①。数字技术的发展与广泛应用推动了数字贸易的发展，对其的测度来自 2017 年 3 月 OECD 提交的阶段性研究成果《测度数字贸易：走向概念性架构》，该成果并没有给数字贸易测度下定义，只是定位于讨论国际数字贸易或跨境数字贸易。总体来看对于数字贸易的测度并未形成定论。

现存对于数字贸易的测度包括对于营商环境的测度和数字贸易额度的测度。对营商环境的测度中相对权威的两份指数报告为《数字贸易限制指数》（DTRI）和《全球数字贸易促进指数》。针对数字贸易额度的测度也包括基于现有数据的测度和编制卫星账户两种方式②。联合国贸发会议、美国等都提出了自己的数字贸易统计方案。借鉴联合国贸发会议的分类方式，并结合 2010 版国际收支平衡表进行匹配，岳云嵩得到细分的包括个人文娱服务、电信服务、计算机服务、信息服务、保险金融服务、知识产权使用费、保险金融服务、专业和管理咨询服务等 8 个领域在内的数字贸易统计数据③。选取代表性经济体进行横向比较的结果与传统服务贸易发展趋势一致，都表现为发展速度快于货物贸易，发达国家规模大、占比高、竞争力强等特点。与岳云嵩不同，方元欣（2020）测算数字贸易的依据是 OECD 联合 WTO 所提出的统计方法，将数字贸易分为数字订购、数字交付、数字中介平台赋能三种贸易组成，并对我国数字订购、数字交付等贸易发展情况进尝试性测算，通过横向国际比较的结果显示：我国在跨境电商领域具有较强的全球竞争力，在数字化服务贸易领域具有较大的增长潜力④。

（二）服务贸易发达省份

根据商务部发布的《中国服务统计》，从地域分布来看，我国服务贸易主要集中在北京、上海、广东、江苏、浙江等东部城市。数据显示，2018 年我国东部沿海 11 个省市服务进出口总额共 45 037.6 亿元，在全国服务贸易总额中的占比为 86.6%⑤。因此服务贸易较发达的地区服务贸易统计方式也成为学者们研究

① 引自贾怀勤学术交流文章（尚未发表）。

② 贾怀勤，刘楠．数字贸易及其测度研究的回顾与建议——基于国内外文献资料的综述[J]．经济统计学（季刊），2018（1）：270－277.

③ 岳云嵩，李柔．数字服务贸易国际竞争力比较及对我国启示[J]．中国流通经济，2020，34（4）：12－20.

④ 方元欣．对我国数字贸易发展情况的探索性分析——基于 OECD-WTO 概念框架与指标体系[J]．海关与经贸研究，2020，41（4）：95－109.

⑤ http://www.mofcom.gov.cn/article/i/jyjl/m/201902/20190202834731.shtml

的重点。其中上海市、浙江省等地方服务贸易统计都做得相对较好。

上海市早在1997年即开始探索进行服务进出口数据的统计，并建立了地区服务贸易统计体系对本地区服务贸易发展状况进行动态监测。沿用国际通用标准，上海市服务贸易统计体系包括：BOP统计和FATS统计两部分，其中BOP统计以国际收支间接申报制度为基础；FATS统计与国民经济核算体系SNA相衔接，并以服务贸易增加值为核心。自2004年以来，上海市每年度都会在内部发行《上海服务贸易发展报告》；并自2017年以来开始编制地区服务贸易重点领域发展运行指引报告。

浙江省商务厅联合省外管局、统计局以及相关服务业主管部门联合编辑出版了《浙江省国际服务贸易发展报告》，并自2007年开始连续发布。在报告中，浙江省每年发布本省服务贸易规模和结构数据，并进行下一年度服务贸易展望。随着数字经济的发展，2020年浙江省还发布了本省国际数字贸易分析报告，报告中沿用中国商务部的定义，将服务贸易中的保险、金融、电信计算机和信息服务、知识产权使用费、个人文娱服务及其他商业服务中专业管理咨询服务、技术服务、研发成果转让及委托研发等服务定义为可数字化的服务贸易（即数字服务贸易）。此外还有专家学者等对浙江服务贸易规模进行估算。基于GATS统计体系，使用《浙江统计年鉴》及《浙江商务年鉴》等统计数据，薛洁对浙江省服务贸易四种模式下的进出口规模进行了估算，并使用估算后的数值对2006—2011年浙江省服务贸易发展现状进行了分析。分析结果显示：四种贸易模式中，模式一跨境交付和模式四自然人流动都呈现出持续增长态势①。宁波市服务贸易统计遵循国际统计政策，使用BOP统计和FATS统计互为补充的收支指标体系，并辅之以银行的结售汇系统等统计指标来联合反映宁波市服务贸易发展状况②。

四、小结

本文对我国服务贸易统计理论和统计发展现状进行了总结，通过梳理发现：从理论层面来看，许多专家学者在国际理论框架内对我国服务贸易统计进行了有益探索；从实践层面来看，我国建立了专门负责服务贸易数据统计的直管部门，并不断修订完善相关服务贸易统计法规。但是我国并未形成统一的服务贸易统计理论，而且与美国等可以提供包括BOP和FATS统计在内的较为系统完善的服务贸易分行业数据的发达国家相比，我国服务贸易统计还存在一些问题，

① 薛洁，陈加肯. 浙江省国际服务贸易价值估算及其特点分析[J]. 杭州电子科技大学学报（社会科学版）. 2017，13（1）：15－20.

② 刘文霞. 进一步完善服务贸易统计体系研究——以浙江省宁波市为例[J]. 改革与战略，2012，28（4）：130－132.

主要表现为：一方面我国仅能提供以国际收支平衡表为基础的 BOP 统计数据，以及部分领域 2015—2018 年附属机构 FATS 统计数据，无法进行历史数据的对比与分析。另一方面由于 FATS 统计数据的不完善，我国也无法使用 BOP 数据和 FATS 数据来编制 TISMOS 数据库，以对服务贸易进行更全面系统的描述。

针对我国服务贸易统计存在的问题，并结合上文的梳理，我们提出以下对策建议来完善我国服务贸易统计体系。

第一，制定专门的服务贸易统计法。完备的服务贸易统计法律制度是统计工作开展的基础和保障。因此我国应在《中华人民共和国统计法》《中华人民共和国国际服务贸易统计制度》等的基础上制定专门的服务贸易统计法律法规，保障和规范服务贸易统计工作，明确规定服务贸易主体需要履行的申报义务，对于不履行申报义务的个人及服务贸易企业等主体可追究其刑事责任，确保服务贸易统计基层报表的回收率和准确率。此外，还可将服务贸易统计监测纳入国家及地方经济社会发展的年度重点工作计划，通过年度考核评价的方式督促服务贸易统计的持续推进。

第二，完善服务贸易统计体系。首先，借鉴发达国家经验与做法，修订完善《国际服务贸易统计制度》，拓宽跨境服务 BOP 统计来源；完善内外向 FATS 统计制度，逐步建立起符合国际规范并兼顾到我国国情国力的 FATS 统计。其次，充实统计人才队伍，完善统计部门人才体系建设，采用培养与引进相结合的方式充实统计队伍，以常态化的统计人才队伍夯实服务贸易统计基础。最后，健全数据测算与发布体系，在 BOP 统计和 FATS 统计基础上建立 TISMOS 数据库，以完整反映我国服务贸易发展状况。

第三，建立相关业务主管部门的数据协调机制。应当充分发挥国务院服务贸易发展部际联席会议制度的作用，建立以政府数据为主，其他数据为辅的数据采集机制，丰富服务贸易数据来源。一方面，在《制度》基础上通过直接调查或联合调查的方式获取最直接的一手数据；另一方面，加强和市场份额较高的服务业企业的沟通，通过购买、合作等方式获取到服务业企业调查数据作为官方数据的补充。建立由服务业主管部门（如文旅部）、行政部门（如移民局）、企业部门等数据负责人员组成的服务贸易联合统计部门，践行“联络员负责制”，督促建立部门之间的数据共享机制，丰富数据来源，提高数据质量。此外，还要探索建立“从上到下”和“从下到上”相结合的服务贸易统计模式，及时发布地方服务贸易统计数据。

第四，抢占数字贸易统计新高地。随着数字技术的广泛应用，数字贸易成为推动服务贸易发展的新引擎。由于发展时间较短以及发展模式的碎片化、多样化等原因，现存数字贸易统计多是围绕跨境电商、可数字化服务贸易等展开的，相关国际组织以及世界各国暂未形成对数字贸易统计的规范性和制度性方法，也未有系统性数据发布。我国应紧抓数字贸易统计的黄金发展期，积极参与全球数字贸易统计规则的制定，与 OECD、WTO、联合国贸发会议等数字贸易基础良好的国际组织进行沟通与合作，建立数字贸易概念体系与统计测算体系，提升我国在数字贸易领域中的话语权。

参考文献

［1］陈虹，章国荣．中国服务贸易国际竞争力的实证研究[J]．管理世界，2010（10）：13–23.

［2］程大中，程卓．中国出口贸易中的服务含量分析[J]．统计研究，2015，32（3）：46–53.

［3］程大中，郑乐凯，魏如青．全球价值链视角下的中国服务贸易竞争力再评估[J]．世界经济研究，2017（5）：85–97，136–137.

［4］戴翔．中国服务出口竞争力：增加值视角下的新认识[J]．经济学家，2015（3）：31－38.

［5］方元欣．对我国数字贸易发展情况的探索性分析——基于 OECD-WTO 概念框架与指标体系[J]．海关与经贸研究，2020，41（4）：95－109.

［6］胡景岩．中国发展服务贸易的战略思考[J]．国际贸易，2006（11）：32－41.

［7］贾怀勤，刘楠．数字贸易及其测度研究的回顾与建议——基于国内外文献资料的综述[J]．经济统计学（季刊），2018（1）：270－277.

［8］贾怀勤．综合涉外贸易统计体系初探[J]．对外经贸统计，2019（6）．

［9］贾怀勤．我国入世与服务贸易统计——建立外国附属机构服务贸易统计的迫切性及建议[J]．国际贸易问题，2002（10）：1－4，17.

［10］李静萍．国际服务贸易统计体系的比较研究[J]．统计研究，2002（8）：32－35.

［11］凌国平．我国国际服务贸易统计现状研究[J]．国际商务研究，2001（6）：40－50.

［12］唐保庆，仲崇高，王绮．服务贸易进口下的知识产权保护最适强度研究[J]．统计研究，2014，31（10）：43－48.

［13］陶明．完善服务贸易数据统计：国外的实践与我国的对策[J]．统计研究，2000（10）：26－30.

［14］杨丽琳．对我国服务贸易统计数据非对称问题的探讨[J]．国际贸易，2015（8）：54－59.

［15］余道先，刘海云．中国生产性服务贸易结构与贸易竞争力分析[J]．世界经济研究，2010（2）：49－55，88.

［16］岳云嵩，李柔．数字服务贸易国际竞争力比较及对我国启示[J]．中国流

通经济，2020，34（4）：12－20.
[17] 戴斌．旅游服务贸易统计规则厘清与算法修正[J]．旅游学刊，2016，31（3）：13－15.
[18] 高虎城．服务贸易发展的必备前提——关于建立健全我国国际服务贸易统计的思考[J]．国际贸易，1997（7）：17－19.
[19] 贾怀勤，王晓东，李胜男．中国旅游进口调查统计方法研究[J]．国际贸易问题，2012（8）：80－90.
[20] 贾怀勤．从《服务贸易总协定》到《国际服务贸易统计手册》[J]．国际商务研究，2003（5）：25－29.
[21] 贾怀勤．论二元架构的服务贸易统计[J]．对外经济贸易大学学报（国际商务版块），1998（1）：32－39.
[22] 李岩．《国际收支和国际投资头寸手册（第六版）》框架下的国际运输服务统计研究[J]．华北金融，2014（11）：52－55.
[23] 刘文霞．进一步完善服务贸易统计体系研究——以浙江省宁波市为例[J]．改革与战略，2012，28（4）：130－132.
[24] 罗春燕，贺晓波．我国金融服务贸易现状及统计问题探析[C]．国际服务贸易论坛暨国际贸易创刊 25 周年学术年会.
[25] 王丹丹．中国国际服务贸易统计改进及其影响评估[J]．统计研究，2009，26（1）：45－49.
[26] 王晓东，贾怀勤．运输服务贸易统计数据的正向调整[J]．统计研究．2012；29（12）：8－13.
[27] 薛洁，陈加肯．浙江省国际服务贸易价值估算及其特点分析[J]．杭州电子科技大学学报（社会科学版），2017，13（1）：15－20.
[28] 姚坚，关院生．经济全球化与国际贸易统计[J]．国际贸易，1997（9）：31－33.

对我国服务贸易统计制度设计质量的评价[①]

杨丽琳

摘　要：我国服务贸易统计制度自2008年正式实施以来，共经历了5次修订。“历经数次修订的服务贸易统计制度有无进一步改进的空间？”是一个值得探讨的问题。本文从服务贸易统计制度设计质量视角出发，以DQAF作为评价框架，采用ROSC-DM方法，将我国服务贸易统计制度内容与《服务贸易统计手册2010》《MSITS2010编制者指南》中的一般原则和要求进行比较。比较结果显示，我国服务贸易统计制度设计较简单，内容不能涵盖DQAF框架中的所有质量维度和大多数评估要素。尤其在质量的前提条件、准确性和可靠性、适用性和可获得性等维度上，我国服务贸易统计制度设计与《服务贸易统计手册2010》及其编制者指南的基本要求存在较大差距。本文认为我国服务贸易统计制度设计质量水平总体不高，仍有较大的改进空间。

关键词：服务贸易统计制度；质量评价；DQAF框架

统计制度是对统计调查项目开展统计资料搜集、整理、汇总和进行综合分析工作的行动准则，它构建了统计工作的基本框架。高水平的统计制度设计是保障统计数据质量的前提条件。而统计制度设计水平的高低主要取决于其对统计国际标准、准则或手册的遵守和执行程度。一方面，在全球化时代背景下，使用国际标准、准则或手册能够提高统计数据的国际可比性。另一方面，统计国际标准、准则或手册是当前较为成熟的统计规范，在世界范围内得到了较为广泛的应用，代表了现阶段最高水平的统计制度方法设计。本文采用ROSC-DM方法[②]以DQAF作为评价框架，将我国服务贸易统计制度与《服务贸易统计手册

① 本文是国家社会科学基金一般项目（15BJY121）的阶段性研究成果。作者：杨丽琳，副教授，江西财经大学国际经贸学院。电子邮箱：jxcdyll@163.com。本篇论文已在《国际贸易》2021年第1期中发表。

② ROSC-DM是Report on the observance of Standards and Codes-Data Module的首字母缩写。ROSC-DM法是IMF基于DQAF提出的一种统计数据质量多维评估方法。

2010》（简称 MSITS2010）、《MSITS2010 编制者指南》进行比较。这有助于我们较好地了解我国服务贸易统计制度设计与国际准则间的差距，并能对我国服务贸易统计制度设计质量进行较为系统和全面的评价。

一、我国服务贸易统计制度的内容

长期以来，我国服务贸易统计仅限于国际收支平衡账户中的服务进出口统计，无法提供与 GATS 对接的国际服务贸易统计数据。随着我国服务贸易迅速发展以及服务业国际投资规模的扩大，进行全面系统的服务贸易统计显得尤为必要。为建立符合国际规范的服务贸易统计体系，科学、有效地开展服务贸易统计监测工作，2007 年商务部与国家统计局联合发布了《国际服务贸易统计制度》，开始着手建立包含服务进出口统计（BOP 统计）以及附属机构服务贸易统计（FATS 统计）在内的服务贸易统计制度。自 2008 年 1 月 1 日《国际服务贸易统计制度》开始正式实施起，服务贸易统计制度每两年修订一次，共经历了 5 次修订。最近一次修订是在 2018 年，商务部联合国家统计局对《国际服务贸易统计制度》进行再次修订，并更名为《国际服务贸易统计监测制度》（以下简称《监测制度》）①。

《监测制度》对服务贸易统计的法律基础、统计对象、统计内容、统计机构及职责、统计方法以及数据发布渠道等进行了规定，具体如表 1 所示。根据 IMF 的统计数据质量评价框架（简称 DQAF），本文将《监测制度》的内容从质量维度和质量要素两个层面进行归纳。由于受服务贸易统计制度内容的限制，归纳无法做到与 DQAF 中质量维度和质量要素的一一对应。

（一）法律环境

“法律环境”要素隶属于 DQAF 框架中的“质量的前提条件”维度。我国服务贸易统计制度明确指出该制度是依据《中华人民共和国对外贸易法》和《中华人民共和国统计法》及相关规定制定的。国家机关、企业事业单位和其他组织及个体工商户和个人等统计调查对象，必须依照我国统计法和国家有关规定，真实、准确、完整、及时地提供统计调查所需的资料，不得提供不真实或者不完整的统计资料，不得迟报、拒报统计资料。统计机构和统计人员对在统计工作中知悉的国家秘密、商业秘密和个人信息，应当予以保密。

（二）制度环境

“制度环境”要素隶属于 DQAF 框架中的“质量的前提条件”维度。我国服

① 参见：http://www.fms.mofcom.gov.cn/article/tongjiziliao/201901/20190102825302.shtml

务贸易统计制度对统计机构间的制度安排进行了规定。该制度规定“国际服务贸易统计实行统一领导，分级管理，逐级报送”。具体内容为商务部会同国家统计局负责全国服务贸易统计工作，综合编制、汇总全国服务进出口、外国附属机构和自然人移动等统计资料。其中，商务部负责具体统计工作，国家统计局会同商务部完善服务贸易统计制度。各省级商务主管部门会同当地统计部门负责本行政区域内服务贸易统计工作，管理本行政区域内服务贸易主体申报数据的核准工作，综合编制、汇总并向商务部和国家统计局报送本行政区域的服务贸易统计资料。服务贸易主体负责管理本单位的服务贸易统计工作，按照本制度规定的表式搜集其服务贸易业务的统计资料，向省（市）级商务主管部门、商务部报送基本情况、服务贸易业务合同情况等有关信息。

（三）透明度

“透明度”要素隶属于 DQAF 框架中的“保证诚信”维度。我国服务贸易统计制度在透明度上没有作过多规定，只是对服务贸易统计数据的发布渠道进行了简单说明。

（四）范围

“范围”要素隶属于 DQAF 框架中的“方法健全性”维度。我国服务贸易统计制度指出服务贸易统计范围包括服务进出口统计、外国附属机构服务贸易统计、自然人移动统计以及服务贸易业务情况、人力资源情况、服务贸易创新发展试点情况等。

（五）源数据

“源数据”要素隶属于 DQAF 框架中的“准确性和可靠性”维度。我国服务贸易制度规定服务贸易统计采用月度和年度填报统计报表方式，收集、整理统计资料。调查表分为综合报表和基层报表。综合报表由商务部利用企业调查数据、相关部门资料、测算数据，以及其他统计资料综合整理填报。基层报表由服务贸易重点监测企业通过“服务贸易统计监测管理信息系统”填报，其中文化贸易、技术贸易、服务外包企业等服务贸易业务企业分别在“服务贸易统计监测管理信息系统”的文化贸易、技术贸易、服务外包等应用板块下填报；其他服务贸易业务领域企业在服务贸易统计直报板块下填报。

（六）数据的获得性

“数据的获得性”要素隶属于 DQAF 框架中的“可获得性”维度。我国服务贸易统计制度规定商务部和国家统计局以《中国服务贸易统计》报告、政府网站或新闻发布会等方式共同公布，并通过“服务贸易统计监测管理信息系统”向服务贸易主体提供相关公共服务。

表1　　我国《国际服务贸易统计监测制度》的基本内容

项目	内容
法律环境	《中华人民共和国对外贸易法》《中华人民共和国统计法》及相关规定
统计对象	从事国际服务贸易活动的企事业单位、其他组织、个体工商和个人
统计内容	服务进出口情况
统计内容	外国附属机构服务贸易情况
	自然人移动情况
	服务贸易业务情况、人力资源情况、服务贸易创新发展试点情况等
统计机构及职责	商务部会同国家统计局负责全国服务贸易统计工作。其中，商务部负责具体统计工作，国家统计局会同商务部完善服务贸易统计制度。
	商务部负责综合编制、汇总全国服务进出口、外国附属机构和自然人移动等统计资料。
	各省级商务主管部门会同当地统计部门负责本行政区域内服务贸易统计工作，管理本行政区域内服务贸易主体申报数据的核准工作，综合编制、汇总并向商务部和国家统计局报送本行政区域的服务贸易统计资料。
统计方法	综合报表：商务部利用企业调查数据、相关部门资料、测算数据，以及其他统计资料综合整理填报。 基层报表：服务贸易重点监测企业通过“服务贸易统计监测管理信息系统”填报，其中文化贸易、技术贸易、服务外包等应用板块下填报。其他服务贸易业务领域企业在服务贸易统计直报板块下填报。
数据发布渠道及相关服务	以《中国服务贸易统计》报告、政府网站或新闻发布会等方式共同公布，并通过“服务贸易统计监测管理信息系统”向服务贸易主体提供相关公共服务。

资料来源：作者根据《国际服务贸易统计监测制度》整理归纳而得。

二、相关国际准则中的基本统计要求

目前，与国际服务贸易统计相关的国际准则主要有MSITS2010、《MSITS2010编制者指南》（2015）以及统计数据质量评估框架（DQAF）等。其中，MSITIS2010和《MSITS2010编制者指南》属于统计数据生产国际准则，DQAF属于统计数据质量评估国际准则。本文依据DQAF框架，将MSITS2010和《MSITS2010编制者指南》中的相关标准或建议从质量维度、评估要素和具体指标三个层面进行归纳总结。

（一）质量的前提条件

尽管“质量的前提条件”在DQAF框架中不是衡量数据质量的一个维度，但这组要素和指标却担当着保证统计数据质量先决条件的角色。该部分的评估要素主要包括法律环境和制度安排、资源、相关性以及其他质量管理四方面。在法律环境和制度安排上，《MSITS2010编制者指南》要求各国需要通过法律形式确定服务贸易统计机构的权力和责任，并通过立法建立提醒和惩罚制度并对个人或企业数据隐私性给予法律保护。在参与编制服务贸易统计数据的机构间需要建立适当的沟通和协调机制。在资源方面，考虑服务贸易统计数据复杂性以及出于提高统计数据准确性和及时性的考虑，建议统计机构采用电子数据系统收集相关数据，并建议有专门负责国际服务贸易统计的专职人员，从事统计数据的收集、核查和编制等工作。在相关性方面，建议服务贸易统计机构应很好地与数据用户就统计内容、标准、分类、准确性、及时性、输出格式和交付平台等进行沟通。在数据公布之前，需要很好了解用户的公布需求。在其他质量管理方面，建议统计机构依据国际通行的质量评估框架构建本国的统计数据质量评估体系并发布统计数据质量报告。

（二）保证诚信

“保证诚信”维度要求统计机构在收集、处理和公布数据方面严格遵守客观性原则。它主要包括专业化、透明度和职业道德标准三个评估要素。在专业化方面，建议各国根据MSITS2010中的建议编制服务贸易统计数据。在透明度方面，统计机构应让公众充分了解相关数据收集、编制和公布的相关文件或法规，并公开统计数据发布的形式和渠道。统计机构应对公布数据做必要及时的说明，特别要说明其与MSITS2010间的差异。有关统计方法、数据源等重大变化需向公众及时发布。在职业道德方面，统计机构应颁布服务贸易统计工作人员行为指南，对于违规行为进行警告甚至采取法律行动。

（三）方法健全性

“方法健全性”维度强调统计方法应遵循国际公认的标准、指南或良好的做法。它主要包括概念和定义、范围、分类/部门划分、记录基础四个评估要素。在概念和定义方面，各国国际服务贸易统计的概念和定义应遵循MSITS2010中的界定。在范围方面，服务贸易统计应主要包括编制居民/非居民服务贸易统计数据、FATS统计数据以及分析国际服务供应的其他指标。其中，其他指标不要开发新的统计框架，而是参考现有的进行统计。在分类/部门划分方面，对于居民与非居民间服务贸易统计，各国应按照 EBOPS2010 分类标准对服务进行分类，同时还可以按照贸易伙伴、供应方式以及各方间是否有附属关系进行细分。建议针对本国特点分阶段执行 EBOPS 标准。对于 FATS 统计，建议各国在《所有经济活动的国际标准行业分类》（修订 4）的基础上，按具体活动类别进行分类。建议按照合计情况以及《ISIC 国外服务收支机构类别》（修订 1）的主要行业类别，报告伙伴国家细目。在记录基础方面，在编制居民与非居民服务贸易统计数据时，建议编制者应遵循 BPM6 关于记录居住地、估价、记录时间、账户单位和货币转化原则的建议。建议分步骤实施 MSITS 中的相关建议，并对统计数据按照贸易模式进行简化分配。在编制 FATS 统计数据时，建议各国首先集中精力编制内向 FATS 数据，优先统计指标是销售/营业额或产出，其次是就业和企业数量。

（四）准确性和可靠性

“准确性和可靠性”维度强调源数据和统计技术是健全的，而且产出的数据能够充分反映实际情况。它主要包括源数据、评估源数据、统计技术、评估和确认中间数据和统计产出以及修正研究五个评估要素。在源数据方面，服务贸易统计数据来源渠道可以是企业注册登记、人口普查、部分覆盖率调查（达到阈值）、随机抽样调查、国际交易报告系统、行政记录以及其他数据来源。建议统计机构以企业注册登记作为调查方案的基础，并将服务贸易统计与其他经济统计统一调查，减少负担，防止重复统计。在评估源数据方面，统计机构应该探索和比较使用现有数据来源提供信息的可能性，并使用相对具有优势的数据源。在统计技术方面，统计机构应将来自不同来源的数据进行整合，在确保生成更详细和更全面的统计数据的同时减轻受访者的负担。建议统计机构建立一个共同的标准化统计框架，以便为整个经济提供更加统一的统计数据。建议将国际交易报告系统（包括商品贸易统计数据）和企业注册登记册联系起来。在评估和确认中间数据和统计产出方面，为了正确执行添补数据空白和数据编辑所需的估算，编制机构首先要检查主要和次要来源的数据，然后对数据进行集成、处理和分析。在修正研究法方面，统计机构应定期对修正进行研究和分析，寻找其中可能包含的信息，并用来在内部对统计程序调整提供信息。

（五）适用性

“适用性”维度强调统计数据的公布应具有恰当的频率和及时性，并遵循一个可预测的修正政策。它由频率和及时性、一致性以及修公正政策和做法三个评估要素构成。在频率和及时性方面，统计机构应监测数据收集和发布之间的时间延迟。编制者应在每年年初之前发布数据的预发布时间，其中包括将发布和修订数据的具体日期。为了保证发布国际服务贸易数据的及时性，建议定期公布贸易总额以及主要服务类别和主要伙伴的服务贸统计数据初数，并进行及时修正。在一致性方面，统计机构应保证数据与其所在的数据组相一致，数据在适当的一段时期内，数据具有一惯性或可核性，以及数据与来自其他数据源或统计框架的数据相一致或可核对。在修正政策和做法方面，编制者应制定修订政策并提供修订政策的详细说明。

（六）可获得性

“可获得性”维度强调数据和数据诠释容易获得，并对用户提供适当的帮助。它包括数据的可获得性、数据诠释的可获得性和对用户的帮助三个评估要素。在数据可获得性方面，统计机构可选择通过公众最易获取的手段或技术发布国际服务贸易统计数据，以满足大多数用户的需求。如有必要，统计机构还可以通过不同的公布方式向要求更为严格苛刻的用户提供更复杂的数据集。在数据诠释的可获得性方面，统计机构应提供关于统计数据概念、范围、分类、记录基础、数据来源和统计技术的说明文件，并说明其与国际公认标准、指南的不同之处。统计机构应根据用户对象的需要调整数据诠释的详细程度。在对用户的帮助方面，统计机构应定期开展公关活动，旨在帮助用户更好地了解数据并使其得到最有效的利用，包括努力提高用户的统计素养，防止统计数据被公众误解。

三、我国服务贸易统计制度设计质量的评价——基于 ROSC-DM 方法

ROSC-DM 法是 IMF 基于 DQAF 提出的一种统计数据质量多维评估方法。ROSC-DM 方法的评估思路是依据 DQAF 给出的评价框架，以质量要素作为评估单元，将一国（或地区）某个具体领域的统计实践与评估单元对应的具体指标要求进行比较和评估。评估等级通常包括“遵守”“在很大程度上遵守”“在很大程度上不遵守”以及“不遵守”等四个等级。评估者在比较的基础上，从给定的四个质量评估等级中选出一个最合适的作为评估结果。最后，将 DQAF 各个评估单元上的等级评估结果罗列在一起，以一张表格展示出来作为概要的评估结论。ROSC-DM 方法是一种较为有效的评估方法，通过与国际标准进行对比而展开定性评估的思想为评估统计数据质量尤其是评估统计制度设计等方面的质量提供了一种新思路。

本文采用 ROSC-DM 方法，依据 DQAF 评价框架以及服务贸易统计专业国际准则，对我国服务贸易统计制度设计质量进行评价，具体内容如表 2 所示。

表2　　我国服务贸易统计制度与国际标准的比较

质量维度	要素	具体指标	
		专业国际准则（MSITS2010及其编制指南）	我国服务贸易统计制度
0 质量的前提条件	0.1 法律和制度环境 0.2 资源 0.3 相关性 0.4 其他的质量管理	通过立法确定统计机构的权力和责任。建立提醒和惩罚制度。统计机构间应明确划分责任和分工，建立沟通协调机制。 鼓励采用电子数据收集方法，提高准确性和及时性，降低调查成本和报告负担。 应就服务贸易统计内容、标准、分类、准确性、及时性等方面与数据用户进行沟通。密切关注不断变化的用户需求。 应制定数据质量评估框架并发布数据质量报告，定期审查质量，并持续改进。	依据《对外贸易法》和《统计法》及相关规定制定的。商务部会同统计局负责全国服务贸易统计工作。其中，商务部负责具体统计工作，国家统计局会同商务部完善服务贸易统计制度。各省级商务部门负责本地区服务贸易统计。 ——要素0.1
1 保证诚信	1.1 专业化 1.2 透明度 1.3 职业道德标准	根据MSITS2010的建议编制统计数据。从统计的角度确定数据源、统计技术。 让公众充分了解数据收集、编制和公布的相关文件和法规。公开统计数据发布的形式和渠道。对公布数据提供必要解释说明。统计方法、数据源等重大变化需在数据公布前或同时进行发布。 颁布指导统计工作人员行为的指南。	在制度对服务贸易统计数据的发布渠道进行说明。 ——要素1.2
2 方法健全性	2.1 概念和定义 2.2 范围 2.3 分类/部门划分 2.4 记录基础	遵循MSITS2010的界定。 包括居民与非居民服务贸易统计、FATS统计以及分析国际服务供应的其他指标。 BOP统计按EBOPS2010标准分阶段执行；FATS统计按《对外直接投资基准定义》（第四版）及《全球化指标手册》为分类基础。同时编制伙伴国数据。 遵循BPM6的记录原则；优先编制内向FATS统计数据中销售/营业额或产出数据。	服务进出口统计、外国附属机构服务贸易统计、自然人移动统计、服务贸易业务情况。 ——要素2.2 在“服务进出口统计”中对服务的分类以BPM6标准为主。 ——要素2.3

续表

质量维度	要素	具体指标	
		专业国际准则（MSITS2010 及其编制指南）	我国服务贸易统计制度
3 准确性和可靠性	3.1 源数据 3.2 评估源数据 3.3 统计技术 3.4 评估和确认中间数据和统计产出 3.5 修正研究	建议将企业注册登记作为基础，结合其他经济统计，减少费用和统计负担。可进行一般企业调查，也可对特定服务类别进行重点调查。 探索和比较现有数据源并使用具有优势的数据来源。 将不同来源的数据整合，在保证生成更全面详细数据的同时减轻受访者负担。建议建立一个共同的标准化的统计框架。建议将国际交易报告系统和企业注册登记册（SBR）联系起来。 确定合理的缺失数据处理方法。 应定期对修正进行研究和分析。	服务贸易统计采用月度和年度填报统计报表方式，收集、整理统计资料。调查表分为综合报表和基层报表。基础报表通过“服务贸易统计监测管理信息系统”填报，其中文化贸易、技术贸易、服务外包等单独填报。 ——要素 3.1
4 适用性	4.1 频率和及时性 4.2 一致性 4.3 修正政策和做法	检测数据收集和发布之间的时间延迟以及数据发布与相关数据发布间的适应性。 在一段时期内，数据具有一贯性或可核性。与其他数据源的数据具有一致性或可核对性。 应制定修正政策并公布。解释修订的原因并提供可能对数据产生的影响的信息。	
5 可获得性	5.1 数据的可获得性 5.2 数据诠释的可获得性 5.3 对用户的帮助	通过最易于获取的手段或技术发布统计数据，满足大多数用户的需求。如有必要，还可以通过不同的公布方式满足要求更为严格苛刻的用户的数据需求。 应提供关于统计数据概念、范围、分类、记录基础、数据来源和统计技术的说明文件，并说明与国际标准的差异。 定其开展公关活动，帮助用户更好了解数据并使用数据。	以《中国服务贸易统计》报告、政府网站或新闻发布会等方式公布。 ——要素 5.1

资料来源：本表由作者总结归纳而得。

由于表2已经对DQAF框架下服务贸易统计制度评估质量要素的具体指标进行了详细介绍，表3只展示质量维度和反映维度的要素，不再对质量要素的具体指标进行赘述。本文将我国服务贸易统计制度设计内容与国际标准之间的相符程度进行“遵守（O）”“很大程度遵守（LO）”“很大程度上不遵守（LNO）”以及“不遵守（NO）”四个层级间的划分。表3反映了我国服务贸易统计制度方法设计质量状况。

表3　　我国服务贸易统计制度方法设计质量评价

质量方面/要素	评估对象与准则不相符的地方	评估结果			
		O	LO	LNO	NO
0　质量的前提条件					
0.1　法律和制度环境	在确定统计机构的权利和义务上缺少专门的立法。仅建立了商务部内部各统计机构间的分工和职责，未充分构建各服务贸易统计机构间的沟通协调机制。			√	
0.2　资源	缺失相关制度设计。				√
0.3　相关性	缺失相关制度设计。				√
0.4　其他的质量管理	缺失相关制度设计。				√
1　保证诚信					
1.1　专业化	缺失相关制度设计。				√
1.2　透明度	仅公开统计数据发布的形式和渠道。未对公布统计相关文件和法规、提供必要的数据解释说明以及在统计重大变化应在数据公布前或同时进行发布等方面进行规定。			√	
1.3　职业道德标准	只规定统计机构和统计人员对在统计工作中知悉的国家秘密、商业秘密和个人信息，应当予以保密。未设立关于指导统计工作人员行为的指南的制度。		√		
2　方法健全性					
2.1　概念和定义	虽然制度中没有明确给出服务贸易统计概念和定义，但根据其统计内容可以看出制度中的服务贸易统计基本符合MSITS2010的界定。		√		
2.2　范围	范围基本与MSITS2010相符，还包括对服务贸易业务情况、人力资源情况、服务贸易创新发展试点情况等的统计。		√		
2.3　分类/部门划分	缺乏对贸易伙伴国分类上的规定。		√		
2.4　记录基础	对记录基础没有作明确规定。			√	

续表

质量方面/要素	评估对象与准则不相符的地方	评估结果			
		O	LO	LNO	NO
3 准确性和可靠性					
3.1 源数据	缺失相关制度设计。				√
3.2 评估源数据	缺失相关制度设计。				√
3.3 统计技术	主要采用联网直报统计技术，数据来源较单一，统计技术较单一。			√	
3.4 评估和确认中间数据和统计产出	缺失相关制度设计。				√
3.5 修正研究	缺失相关制度设计。				√
4 适用性					
4.1 频率和及时性	缺失相关制度设计。				√
4.2 一致性	缺失相关制度设计。				√
4.3 修正政策和做法	缺失相关制度设计。				√
5 可获得性					
5.1 数据的可获得性	没有采用公众最易于获取的手段或技术发布统计数据，满足大多数用户的需求。			√	
5.2 数据诠释	缺失相关制度设计。				√
5.3 对用户的帮助	缺失相关制度设计。				√

注：表中符号“O”表示遵守，“LO”表示在很大程度上遵守，“LNO”表示在很大程度上不遵守。“NO”表示不遵守。表中的“√”表示评估结果。

资料来源：作者总结归纳而得。

通过比较，可以看出我国服务贸易统计制度方法设计质量总体水平不高，表现在制度设计内容过于简单，不能涵盖DQAF框架中的所有质量维度和大多数质量要素。尤其在“质量的前提条件”“准确性和可靠性”“适用性”和“可获得性”等维度上，我国服务贸易统计制度设计与国际建议存在较大差距。具体体现在，在“质量的前提条件”维度中，我国服务贸易统计制度以《统计法》的相关规定作为法律基础，对统计各方的相关法律责任和义务进行简单说明，并没有就法律环境和制度安排提出明确、全面的要求；并且对于该维度下的“资源”“相关性”和“其他的质量管理”评估要素均没有做规定。在“准确性和可靠性”以及“可获得”性维度，我国服务贸易统计制度也表现出内容上的缺失。除了少数评估要素在服务贸易统计制度中有少量规定外，大多数评估要素的内容并未涉及。在各质量维度中，“适用性”这一维度质量最差。我国的服务贸易统计制度中没有涉及该维度下各评估要素的相关要求。相比之下，我国的服务贸易统计制度在“方法健全性”维度方面质量稍好。我国服务贸易贸易制度的内容涉及该维度下大部分评估要素，但是从具体设计内容来看，我国服务贸易统计制度在方法健全性上的要求，与国际标准仍有差距。

四、建议

（一）实现服务贸易统计制度与国际统计准则相协调

尽可能提高服务贸易统计制度设计与MSITIS2010等相关准则间的协调性是进一步提高我国服务贸易统计制度设计质量的保障。尽管我国在服务贸易统计制度设计上可以针对中国服务贸易的特点设置一些特殊的统计门类和采用一些特殊的统计方式或方法，但是在基本服务门类和统计方法上应尽可能保持与国际准则的协调，从而保证服务贸易统计制度的科学性以及统计数据的国际可比性。

（二）强化立法保障和制度安排

在服务贸易统计领域，由于缺乏相对应的法律实施细则使得相关部门在执行《监测制度》时面临的困难和阻力较大。我国需进一步加大对服务贸易统计的立法力度。具体体现为进一步建立和完善与服务贸易统计有关的各种形式的登记制度，并以法令的形式加以强制执行。对服务贸易统计编制机构获取数据信息的权力、获取数据信息所采取的合理手段、申报者申报统计数据的真实性、对申报者相关经营信息的保密、数据申报者统计负担以及各相关行政部门间的协调与合作等方面都应建立起相应法律法规给予保障和约束。

（三）制度设计中应充分重视数据用户的需求

数据用户是统计数据的消费者。制度设计中应该充分考虑数据用户的需求，完善服务贸易统计数据信息发布和数据诠释制度。明确规定服务贸易统计数据指标的发布时间，例如通过向社会公众公布各项服务贸易统计数据的发布日历表的方式开展。同时，还要以公众易获取的发布渠道和发布形式对外发布，例如以互联网作为数据发布的主渠道可以极大地改善数据可获取性。在制度设计中加强对数据诠释制度的设定，包括统计数据调查与估算方法、统计概念与范围、统计修正规则等方面的信息。同时制定数据的修订政策。在制度设计中还应考虑建立定期的数据用户满意度调查来监测服务统计工作的质量。

参考文献

［1］Data Quality Assessment Framework. https://www.dsbb.imf.org/content/pdfs/dqrs_Genframework.pdf.

［2］UN Economic and Social Council. Manual on statistics of international trade in services 2010 (MSITS2010). https://www.unstats.un.org/unsd/tradeserv/TFSITS/MSITS/MSITS2010%20%20for%20the%20SC%202010%20at%202.22.2010.pdf.

［3］The Task Force on Statistics of International Trade in Services（TFSITS）of UN Statistical Commission, the MSITS 2010 Compilers Guide. https://unstats.un.org/wiki/display/M2CG/MSITS+2010+Compilers+Guide+Home.2015.

［4］王华，金勇进．统计数据质量与用户满意度：测评量表设计与实证研究［J］．统计研究，2010（7）：9－17.

［5］郭红丽，王华．宏观统计数据质量评估的研究范畴与基本范式［J］．统计研究，2011（6）：73－79.

［6］程开明．国际上统计数据质量管理体系架构及进展［J］．调研世界，2010（11）：3－6.

［7］汤琰，金勇进．数据质量评估框架及其信息量分析［J］．商业经济与管理，2011（9）：81－89.

［8］杨丽琳．对《国际服务贸易统计制度》中服务贸易统计框架的分析与评价［J］，统计研究，2012（3）：3－9.

［9］杨丽琳．对我国服务贸易统计数据非对称问题的探讨［J］．国际贸易，2015（8）：54－59.

［10］余芳东．国外政府统计数据质量管理及最新发展［J］．调研世界，2019（11）：60－64.

［11］白永昕，闫懋博等．基于 Bootstrap 方法的多维统计数据质量评估［J］．统计与决策，2020（11）：32－38.

［12］陈高．政府统计数据质量评估研究［M］．中国社会科学出版社，2014.

［13］程开明．三种国际统计质量管理框架的比较及启示［J］．统计研究，2011（4）：74－79.

［14］王华，金勇进．统计数据质量评估——误差效应分析与用户满意度测评［M］．中国统计出版社，2010.

［15］中国商务部：国际服务贸易统计监测制度（2018 版）［S/OL］．http://www.fms.mofcom.gov.cn/article/tongjiziliao/201901/20190102825302.shtml.

服贸数据集 TiSMoS 全球 FATS 数据的编算方法研究

贾怀勤

一、世界贸易组织的服贸数据集 TiSMoS 横空出世

世贸《国际贸易报告 2019：未来的服务贸易》（下简称“19 报告”）发布了，这是世界贸易组织的年度报告第一次专题聚焦于服务贸易。报告共分 5 章。A 章是引言。B 章为“从数字看服贸”。C 章为“服贸何以重要”。D 章为“未来的服贸”。E 章为“服贸政策国际合作的作用”。

与“19 报告”出版的同时，世贸还发布了一个全球服贸按 4 种供应模式（简称“供式”）和分 13 个服务行业的数据集，这在“19 报告”中也有简单介绍。关于这个数据集的特点，可以用两句话来概括：它是 1994 年《服务贸易总协定》（GATS）达成 25 年来第一份全球按供式分行业表列的服贸数据集，它的编算是国际贸易统计有史以来最大的数据补缺行动。

1. GATS 达成以来第一份全球按供式分行业表列的服贸数据集

众所周知，GATS 首次将服务贸易概念按跨境供应、境外消费、外国商业存在和自然人存在 4 种供式进行表述。世贸成立后，旋即与联合国统计司等 5 个国际组织协同，着手开发能够反映 4 种供式服贸数据的国际服贸统计方法。2002 年，六组织联合发布的《国际服贸统计手册》（MSITS），向世贸各成员推荐该手册的国际收支（BOP）统计和外国附属机构统计（FATS）二元构架的统计制度和数据采集方法。2010 年，六组织完成对 MSITS 的第一次修订。

事实上世贸各成员对 MSITS 的实施参差不齐。经过数年过渡，发达经济体成员能够较为系统地编制并向世贸申报 BOP 口径的服贸数据和 FATS 数据；一些新兴经济体成员，在较好地编制和提供 BOP 口径的服贸数据的同时，也能提供不成系统的 FATS 数据——或者是限于某些行业的数据，或者是只有少数年份的数据；而更多的发展中经济体成员则仍然为编制较为规范和完整的 BOP 统计而努力。

正因为上述原因，世贸一直未能编制一份涵盖其所有成员 4 种供式的服贸数据表。此次由专家组编制的数据集 TiSMoS，涵盖全球近 200 个经济体对其“世

界其余部分”（该数据集称作 partner world，代码为 WL）分 4 种供式/13 个行业的服贸数据，乃是全球第一份这样的数据集。

编制数据集的研究成果体现在题为 *A Global Trade in Services Data Set By Sectors and By Modes of Supply (TISMOS)* 的论文中，作者是 Steen Wettstein、Antonella Liberatore、Joscelyn Magdeleine 以及 Andreas Maurier。该文在摘要写道：

“本文详细描述编算 2005—2017 年全球服贸分供式分析用数据集（TiSMoS）的方法。国家的国际收支数据使用‘扩延的简化法’按供式予以分解，产业分类基于《国际服务贸易统计手册》（MSITS 2010）的‘扩大的收支服务分类’（EBOPS 2010），编算出世界范围的外国附属机构统计（FATS）数据，估计外国附属机构服务供应的规模，以实现对数据集的完善。数据集编算使用透明性方法建构的系统块，以期开发一个国际基准框架，便于以后逐步纳入新具备的信息。”

由以上可知，*TISMOS* 指这篇论文，而 TiSMoS 指这个数据集。这篇文章可以登录网址 https://www.wto.org/english/res_e/statis_e/trade_datasets_e.htm# TISMOS 进行阅读和下载。

表 1　　2017 年全球 4 种供式服贸额

	贸易额（亿美元）	占比（%）
总　计	133	100
其中：供式一	37	27.7
供式二	14	10.4
供式三	78	58.9
供式四	4	2.9

数据来源：“19 报告”B 章第 2 节。

据 *TISMOS*，供式三（外国商业存在）是 4 种供式中贸易额最大一种，仅其一种供式就占到全球服贸额的 58.9%。

2. 国际贸易统计有史以来最大的数据补缺行动

国际组织负责汇总本组织业务范畴内的统计数据，具体到全球贸易统计数据就是由世贸负责汇总和编制。作为一般的程序，国际组织对成员报来的数据首先要进行核查，核查主要查看：（1）成员所使用的统计指标是否与国际组织规定的统计概念和口径是否一致；（2）成员所报告的数据是否有个别的或局部的缺失。对于第（1）种情况，国际组织得按照规定的概念和统计口径对成员数据进行调整；对于第（2）种情况，国际组织得按一定的方法对缺失的数据给予补齐。这些都是常规性统计汇总工作，是编制每部汇总数据表都经历的。但是这次世贸组织编制 2005—2017 年 4 种供式的全球服贸数据集，面对的问题绝非通常所说的个别或局部数据缺失，其严重程度由下表可见。

表 2　　不同行业三个数据来源的申报成员数目

行业	内向			外向		
	欧统	OECD	国家	欧统	OECD	国家
建筑	30	4	10	25	4	2
批零和汽摩修理	30	4	11	24	4	3
储运	30	4	11	26	4	3
食宿	30	4	9	26	4	—
信息通讯	30	2	7	23	3	2
金融保险	17	3	9	25	3	3
房地产	29	4	9	25	4	1
专业、科学和技术	30	2	7	25	3	3
行管和支持服务	30	2	7	26	3	1
教育	—	3	4	24	3	—
健康和社会服务	—	2	3	24	3	—
艺术、娱乐和休闲	—	2	2	22	2	1
其他服务	—	2	6	26	2	2

数据来源：*TISMOS* 表 9。

内向数据中，按报告者计，提供数据最多的行业是批零和汽摩修理，欧统、OECD 和国家三者合在一起，有 45 个成员报告了数据；最少的行业是艺术、娱乐和休闲，仅有 4 个成员报告了数据。外向数据较内向乐观，最多的行业是储运，有 33 个成员报告了数据；最少的是艺术、娱乐和休闲，有 25 个成员报告了数据。192 个成员中大多数给行业数据留下的空白，就只能由世贸使用各种估算方法加以填补了。

二、TiSMoS 对缺失数据的填补方法

本文抛开 TiSMoS 国际收支数据补缺的方法不论，只研究它估算 FATS 缺失

数据的方法。

TiSMoS 的出发点是既有的 3 套数据：欧统数据（外国控股欧盟企业——内向 FATS，欧盟企业的境外附属机构——外向 FATS）、OECD（跨国公司活动数据集）、一些国家数据。尽管这项研究的目标是建立一个与伙伴世界贸易的全球数据集，但是使用的是上述 3 个来源的双边贸易信息。

1. 归 0 法

如果销售额总和报告数为 0，则其子项均视作 0。

若某国在报告国商业存在数为 0（即未设立控股企业），则其销售额视作 0。这个方法在 TiSMoS 代码表中为 Z0.3。

如果两国间外国直接投资（FDI）存量为 0，它们的双边 FATS 视作 0。这个方法在 TiSMoS 代码表中为 Z0.1、Z0.2 和 Z0.4（分别对应 FDI 信息来自国际基金组织数据库、欧盟数据库和 OECD 少数成员与伙伴国的 FDI 数据）。

2. 镜像数据法

由于直接投资链条的复杂性，B 国内向 FATS 所统计的 A 国在 B 国商业存在销售额，往往与 A 国外向 FATS 所统计的其在 B 国商业存在销售额对不上。但是对于非 OECD 成员的内向数据缺失，用镜像数据——投资国外向数据来作为其估计值也是一种可取的办法。

3. 时序推插法——对部分数据有报告的成员的数据补齐方法

$$\ln(FATS_{rst}) = \alpha_0 + \beta_0 poly_t + \beta_1 \ln(gdps_{rit}) + \beta_2 \ln(BoP_{rit}) + \gamma_i \ln(gdps_{rit})$$
$$+\gamma_i \ln(Bop_{sit}) + \delta_f \ln(gdps_{rit}) + \delta_f \ln(BoP_{sit}) + \gamma_i + \delta_f + \varepsilon_{rit}$$

式中下标：f 代表贸易流向；

i 代表行业；

r 代表报告国；

t 代表时间（年份）。

式中变量名：$poly$ 代表时间序列趋势，取一次函数；

$Gdps_{rit}$ 代表报告国特定时间特定行业增加值；

BoP_{rit} 代表报告国特定时间特定行业国际收支口径贸易额；

待定系数：截距 α；

β_0 为 $poly$ 项的系数；

β_1 为 $Gdps_{rit}$ 项的系数；

γ_i 为国家固定影响项，也是待定系数；

δ_f 为贸易流向固定影响项，也是待定系数；

γ_i 和 δ_f 又分别与 $gdps_{rit}$ 和 BoP_{rit} 发生交互影响；

这个回归模型通过最小二次法确定系数。时间序列中的缺失值通过回归模型得到估算。这个方法在 TiSMoS 的编码表中代码为 E8。

4. 引力模型法——对无数据报告成员的 FATS 数据集估算方法

TiSMoS 估算无报告经济体 FATS 数据的“引力模型”

$$FATS_{rst}=\alpha_0+\beta_1 year_t+\beta_2\ln(BoP_{rt})+\beta_3\ln(gdp_{rt})+\beta_4\ln(gdp_{st})$$
$$+\beta_5\ln(GDPpc_{rt})+\beta_6\ln(GDPpc_{st})+\beta_7\ln(dist_{rs})+\beta_8 colony_{rs}$$
$$+\beta_9 contig_{rs}+\beta_{10} comlang_{rs}+\varepsilon_{rst}$$

式中下标：*r* 代表投资来源国；

s 代表投资目的国（东道国）；

t 代表时间（年份）。

式中变量名：*BoP* 代表国际收支表内一国与世界其余地方的贸易出/进口，出口分别用于测算外/内向 FATS；

gdp 代表一国国内生产总值；

GDPpc 代表一国人均国内生产总值；

dist 代表投资来源国和目的国两国首都间距离，使用城市人口对全国人口的比率进行加权；

colony 是二值定名变量，1 代表两国间有殖民关系，0 代表没有这种关系。

contig 是二值定名变量，1 代表两国间有共同边界，0 代表没有这种关系。

comlang 是二值定名变量，1 代表两国各自至少有 9%的居民与对方使用同一语言；0 代表不满足这个条件。

使用普哇松伪最大似然法（Poisson Pseudo Maximum Likelihood—PPML）拟合模型的系数。TISMOS 在附件中列出这个系数集。

这个方法在 TiSMoS 的编码表中代码为 E9 和 E9.1（当估算值需要进行再调整，使其与所报告的上一级项目相配时）。

三、经过补缺的最终数据集

经过上述多种方法对各成员报告数据的确实部分进行估算，得到最终数据集。表 3 以所补点位和贸易额占比对补缺工作进行总结。

表 3　　报告与非报告的 FATS 数据总览

数据状况	数据集编码	方法描述	点位占比（%）		贸易额占比（%）	
			内向	外向	内向	外向
报告	RURO	源自欧统数据	6.6	6.0	28.7	17.6
	OECD	源自经合数据	0.9	0.6	16.1	16.9
	NAT	源自国家数据	1.2	0.3	5.4	2.4
估算	Z0	归 0 法	4.0	13.4	0.0	0.0
	E8	时序推插法	7.4	8.2	20.6	21.0
	E9	引力模型法	80.0	71.4	29.3	42.1
报告数合计			8.7	6.9	50.2	36.9
估算数合计			91.3	93.1	49.8	63.1

数据来源：TISMOS 表 10。

从表 3 可以看出以下几点：

（1）按点位占比，内向和外向的估算量相差不多。而按贸易值占比，外向估算量明显大于内向。

（2）三种估算方法应用的场合，就点位而言，回归法远大于归 0 法和推插法；但是就贸易额而言，则不存在这种强烈对比。这反映出完全无报告的成员整体尽管其数目较多，但其市场占有度并不强。

（3）内向与外向回归法点位占比相对照，表现为无报告成员内向数据缺失程度大于外向数据缺失程度，这与一国统计当局对内向外国直接投资统计严于外向直接头统计的惯常情况有悖。

（4）从报告数据看，欧盟的数据详尽状况明显好于（非欧盟成员的）经合组织和少数国家。

依据世贸组织关于商业性服务贸易统计（即 BOP 口径的服贸统计），2017 年排名前 10 的国家（括弧内是 TiSMoS 的国家代码）依次是：美国（US）、中国（CN）、英国（GB）、德国（DE）、法国（FR）、荷兰（NL）、日本（JP）、新加坡（SG）、爱尔兰（IE）和印度（IN）。这 10 国在 TiSMoS 中 FATS 数据的来源和补缺情况大致分为 4 个层次：

第一层次：美国、英国和法国，它们大部分是国际组织报告的原报数据，少量数据点位使用 E8 和 E9 补缺。具体又分为美国数据经 OECD 报告，使用 E8 补缺；德国和法国原数据由欧统报告，主要点位使用 E8 补缺，个别点位使用 E9 补缺。

第二层次：日本和爱尔兰，它们的部分数据由国际组织报告，其他缺失点位用各种方法补缺。具体又分为爱尔兰原报数据由欧统报告，缺失点位主要使用 Z0 和 E8 补缺，个别使用 E9 补缺；日本通过 OECD 提供部分少量数据，大部分数据缺失点位使用 E9 和 E8 补缺。

第三层次：荷兰、中国和印度，它们有少量原数据由 OECD（荷兰）和各自国家（中国和印度）提供少量数据，其余则主要和完全使用 E9 补缺。具体到爱尔兰，大部分数据缺失点位使用 E9 补缺，其他缺失点位分别使用 Z0 和 E8 补缺。中国和印度的小部分数据来自国家，其余则依靠 E9 补缺。

第四层次：新加坡，无报告原数据，完全依靠 E9 补缺。

表 4　　2017 年主要国家供式三服贸贸易额　　（万美元）

国家	进口	出口	平衡	进出口
美国	19 977.6	13 647.5	−6 330.1	33 625.1
中国	13 647.5	6 607.4	−7 040.1	20 254.9
英国	6 991.2	3 740.5	−3 250.8	10 731.7
德国	5 595.8	8 737.9	3 142.1	14 333.6
法国	3 762.8	5 635.0	1 872.2	9 397.8
荷兰	2 536.1	5 617.6	3 081.5	8 153.8
日本	2 138.6	5 468.7	3 330.0	7 607.3
新加坡	1 446.1	1 468.8	22.7	2 914.9
爱尔兰	2 007.3	2 588.8	581.6	4 596.1
印度	404.1	462.0	57.9	866.0

数据来源：TiSMoS。

从外国附属机构服务贸易额看，美国处于第一层次，进出口总额在 3 亿美元之上。中国处于第二层次，进出口总额在 2 亿美元之上。英国和德国处于第三层次，进出口总额在 1 亿美元之上。法国、荷兰、日本新加坡和爱尔兰 5 国处于第四层次，进出口总额是数以千万美元计。印度处于第五层次，进出口总额是数以百万美元计。

中国作为国际收支口径的世界第二服贸大国，在 FATS 贸易额上仅次于美国，但是在数据报告上，落在第三层次，两者位次不相称，应该尽快提升 FATS 数据生产水平，以便向国际组织报告较为全面的 FATS 数据。

新冠疫情以来中美货物贸易的变与不变[①]

周 密

新冠疫情对全球经济构成巨大冲击，中美货物贸易自然也承受较大影响。然而，随着疫情的发展，尽管特朗普时期贸易战引发的关税冲突、出口管制等影响仍在，中美双边货物贸易下降的趋势却发生逆转，商品结构在保持长期基本规律的同时呈现新的特点。

受商品在途时间和原产地认证等因素影响，各国海关统计存在差异，但在本文选取的研究节点 2019 年 3 月至 2021 年 3 月期间，中美两国海关统计数据间的差别总体较小，平均值仅为 3.2%，且中国外贸数据比美方提前一个月发布。本文中除特别说明的，中国对美出口额参照中国海关数据，美国自华进口额以美国海关数据为准。

疫情冲击下呈现韧性

中美货物贸易因双方较强的经济互补性和强大的供需能力而保持庞大规模。比较 2020 年 3 月疫情暴发前后各一年的月度数据可以看出，无论按照美国海关统计的自华进口额，还是按照中国海关统计的对美出口额，多数月份都保持在 300 亿美元以上的规模。

新冠疫情使得中国对美货物贸易出口呈现 V 型变化。从中国海关数据看，新冠疫情的暴发一度导致我国对美出口骤降。2020 年 2 月，中国对美出口 104.9 亿美元，比 1 月下降 67.7%，较 2019 年 2 月下降 53.9%。按照美国海关统计，美自华进口额在 2020 年 2 月出现明显下跌后，很快在 2020 年 3 月就到达谷底，2 月和 3 月的进口额分别较上年同期下降 31.2%。数据显示，尽管疫情冲击巨大，但伴随中国疫情的有效防控和复工复产的加快，中国制造的全球优势更加凸显，加之美国推出史无前例的强财政刺激和极度宽松的货币政策，美国居民可支配

① 本文原载《世界知识》2021 年第 12 期。作者为商务部国际贸易经济合作研究院美洲与大洋洲研究所副所长、研究员。

收入保持增长，中国对美出口迅速实现反弹，甚至超过了疫情暴发前的水平。

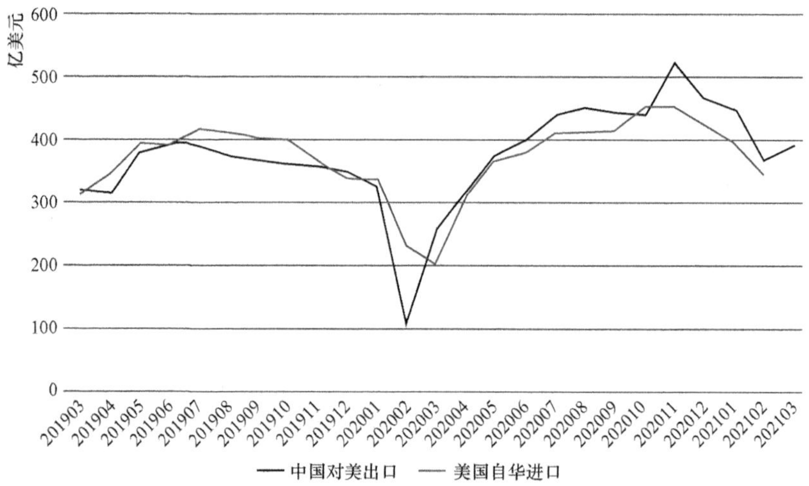

2019 年 3 月至 2021 年 3 月中国对美货物贸易出口额和美国自华进口额

数据来源：中国海关、美国海关。

2020 年 4 月，中国对美出口额 320.3 亿美元，重新达到 300 亿以上美元规模。此后的 5—8 月，中国对美出口额持续增长，分别为 373.1 亿美元、397.7 亿美元、436.6 亿美元和 446.9 亿美元。相比而言，在疫情暴发前的一年中，出口额最高是在 201 9 年 6 月，为 392.5 亿美元。然而，中国对美出口额仍未达到此轮复苏的最高点。受美国感恩节和圣诞、新年市场需求的刺激，以及疫苗接种和逐步解除居家限制的影响，中国对美出口在 2020 年 11 月突破了 500 亿美元大关，达到了前所未有的 519.2 亿美元。不过，按照美国海关统计，美国此轮自华进口复苏的顶点发生在 2020 年 10 月和 11 月，分别为 448.3 亿美元和 448.6 亿美元，都未超过 2018 年 10 月因担心中美贸易摩擦持续升级而出现囤货情况下的 521.7 亿美元高点。无论按照哪方统计口径，中国流向美国的商品贸易额在疫情冲击下都实现了更为强劲的反弹，V 字的右侧明显高于左边。

中国自美进口基本保持与出口同步复苏的态势。2020 年 1—5 月，中国自美月度进口额均在 100 亿美元以下。2 月降至疫情期间最低的 85.9 亿美元，但也比 2019 年 2 月高出 7.5%。2020 年 2 月，中国海关统计的中美双边贸易达到了罕见的平衡度，中国对美顺差占双边贸易总额的比重仅为 9.9%。此后，尽管中国对美出口快速增长，但月度顺差占双边贸易总额的比重基本稳定在 46%—62% 之间，与疫情暴发之前的一年相比变化不大，说明疫情并未根本性地改变中美货物贸易关系。

对美出口在中国出口总额中的比重同样受到疫情影响，但也显示出强劲韧性。2020 年 2 月，中国对美出口占比降至 13.1%，较上年同期下降 3.7 个百分点，达到 2017 年 1 月以来的最低值。此后，对美出口额的占比开始快速回升，3—5 月分别为 13.7%、16.1%和 18.1%，恢复并超过疫情前水平。2020 年 11 月，中国对美出口的占比达到 19.5%，接近 2017 年以来 20.7%的高点。2021 年 1—3 月，对美出口占比分别为 16.8%、17.7%和 16%，均高出 2020 年同期约 3 个百分点，经济加快复苏使得美国作为中国商品出口目的地国的重要性显著增强。

新的亮点开始呈现

与自美进口货物相比，中国对美货物出口涉及的类别略显广泛。以 2021 年 3 月为例，中国当月对美货物出口涉及 97 个代码，而当月自美进口商品涉及 96 种商品。除明确禁止自美进口的烟草及烟草代用品制品等产品（海关编码第 24 章）外，其余商品都实现了中美双向贸易。但相比之下，受美国官方限制和强制引导影响，美自华进口的货物集中度较高，2019 年 3 月至 2021 年 3 月期间，货物清单上前三大类出口商品合计占当月出口额的比重分布在 48.1%至 57.4%之间。其中占比最高值发生在 2019 年 11 月，最低值则发生在 201 9 年 7 月，都是在疫情暴发之前。疫情暴发后，中国对美货物出口前三类商品合计占比与此前保持不变，2020 年 3 月至 2021 年 2 月的平均值为 52.9%，与 2019 年 3 月至 2020 年 2 月的平均值一致。由于疫情前一年的月出口额合计的最大值和最小值均高于疫情暴发后，说明疫情导致中国对美主要货物贸易类别的合计占比更为稳定。

中国对美的货物出口主要来自中国完善的工业体系和中美产业链的紧密配合，制造产业链上下游的密切配合为中美双方提供了重要的合作基础。疫情暴发前的 12 个月中，海关编码属于 84 章（核反应堆、锅炉、机器、机械器具及零件）的货物 11 次位居第一大商品，85 章（电机、电气设备及其零件；录音机及放声机、电视图像、声音的录制和重放设备及其零件、附件）货物只有 1 次位居第一（2019 年 6 月），位列第三的分别为 94 章（家具；寝具、褥垫、弹簧床垫、软坐垫及类似的填充制品；未列名灯具及照明装置；发光标志、发光铭牌及类似品；活动房屋）9 次和 95 章（玩具、游戏品、运动用品及其零件、附件）3 次。2020 年 3 月开始的 12 个月中，伴随远程办公和数字经济的蓬勃发展，包括集成电路在内的 85 章商品实现逆袭，10 次位居第一，84 章商品则除 2 次位居第一外均排名第二。位居第三的商品则有着不小的变化：2020 年 4—7 月间，由于美国对口罩等防护用品需求量急剧增长，63 章（其他纺织制成品；成套物品；旧衣着及旧纺织品；碎织物）商品连续四个月位居第三。2020 年 4 月，口罩所在的 63079000 类商品的对美出口额出现井喷式增长，达 17.5 亿美元，是此前一年月平均出口额的 9.89 倍。5 月又在 4 月的出口额基础上增加了 107.7%。2020 年 8—10 月间，95 章商品再次在中国对美出口商品排名中升至第三。

将观察的范围进一步扩大，可以看出中国对美货物贸易出口呈现更多新的特点。61 章（针织或钩编的服装及衣着附件）和 87 章（车辆及其零件、附件，但铁道及电车道车辆除外）两大类商品出口排名波动比较明显。其中，61 章商品尽管排名有所下滑，但疫情后的出口额比疫情前高，且保持基本稳定。87 章商品在疫情前最高曾排到第四位，疫情后虽然在 2020 年 5 月一度掉到第十，但出口额和占比均稳步上升，从 2020 年 11 月开始稳居中国对美货物出口第六位。

减少政府干预对市场的扭曲作用

疫情一年中美双边货物贸易的坚韧表现再次证明了两国经济相互依存的深厚和在全球产业链上的相互需要。2021 年已过去四五个月，中美两国均保持了较快的经济复苏，市场供给和需求的能力复苏，企业开展合作的需求强烈，消费者被疫情压抑的购买力也需要释放。中美两国数字经济在疫情下出现快速发展态势，新技术的广泛应用、商业模式的不断创新，以及对市场预期和消费习惯的影响将会长期化，即便疫情得以控制也难以恢复原状。这些变化不仅催生传统消费品升级和物联网发展，也为创新提供了更大的发展空间。同时，各国为抗击疫情向市场投放的天量货币导致通胀压力上升，从国际大宗商品市场向终端消费品传导，也在一定程度上对贸易额的增长起到推动作用。

拜登政府一方面延续特朗普政府向市场撒钱的做法，1.9 万亿美元的新冠纾困法案在国会得到通过后，继续推动超过 2 万亿美元的大规模基建和经济复苏计划，同时还在加快疫苗接种，以期为经济活动的恢复创造条件。2021 年第一季度，美国经济在经历急剧收缩后出现反弹，经调整的国内生产总值（GDP）年化增长 6.4%，经济扩张明显提速。3 月的美国居民个人收入环比增长 21.1%，为消费支出的增长创造了条件。同时，反映市场零售价格水平的 PCE（个人消费支出）指数明显上升，3 月升至 0.5%，比 2 月增加了 150%；不包括食品和能源的 PCE 指数升至 0.4%，较 2 月增加了 300%。与 2020 年 3 月相比，上述两个 PCE 指数分别增加 2.3 和 1.8 个百分点，接近美货币政策管理机构设定的通胀目标。

值得注意的是，拜登政府目前仍未取消特朗普对自华进口商品加征的关税，导致中国对美出口商品的关税水平居高不下，大幅增加了中美企业合作和消费者购买对方商品的成本。根据美国彼得森研究所的数据，美国目前对自中国进口商品的平均关税率达到 19.3%，远高于 2018 年 4 月之前的 3.1%水平，也比当前美国对除中国以外的其他国家的平均关税率（3.0%）高得多。畸高的关税率及拜登政府仍不明朗的态度导致了市场预期的混乱和投资者决策的短期化，反过来降低了全球供应链的效率，推高了保证安全和可持续供应关系的成本，对于包括中美在内的各国经贸关系造成新的冲击。已延烧一段时间的全球芯片供应短缺就是因美国政府干预等因素导致预期紊乱、市场供需平衡被打破的典型实例。

后疫情时期的公共卫生安全和经济复苏需要各方采取共同行动。中美两国在全球经济中的位置和发展态势决定了竞合而非对抗更符合双方利益。两国理应继续探索建立更有效的对话和协调机制，稳定市场预期，减少企业决策不确定性，建立规则，推动创新发展。美国贸易代表戴琦、财长耶伦分别于 5 月 27 日、6 月 2 日与刘鹤副总理通话，释放了一定积极信号。

中美贸易摩擦对上海产业发展的影响研究①

李　文　周　杰　刘　芳　杜守国②

摘　要：本文根据加征关税清单整理出了上海受贸易摩擦影响的行业，通过分析受影响行业出口额的变化探究中美贸易摩擦对上海产业发展的影响。首先梳理了加征关税清单中涉及的出口商品及其对应的国民经济行业分类，并以这些出口商品出口额作为细分行业的出口额。其次分析了上海市出口总额和出口地是美国的出口额发展变化的规律。最后以关税清单涉及的制造业细分行业的视角，采用上海市主要出口商品数据分析了相关细分行业的出口额变化情况。研究发现中美贸易摩擦背景下汽车制造业，有色金属冶炼和压延加工业，铁路、船舶、航空航天和其他运输设备制造业，计算机、通信和其他电子设备制造业的出口额变动较为明显。

关键词：中美贸易摩擦；关税清单；制造业出口额。

一、前言

中国和美国作为世界上最大的发展中国家和最发达的国家，两国无论是在政治、经济、军事、文化等方面的关系都具有深刻的影响力。尤其是在双边贸易领域，自两国建交以来迅速发展，规模也日益扩大。虽然双边贸易取得了举世瞩目的成绩，但是这个过程中所引发的贸易失衡和摩擦也在所难免。据中国海关统计，2018 年中国对美国货物贸易顺差达到 3 233.3 亿美元，同比上升 17.2%。美国对中国的贸易长期以来存在逆差，为扭转这种局面，美国一方面要求中国提高人民币对美元的汇率，另一方面提高中国入美商品的关税。根据尹

① 基金项目：本研究得到海关总署决策咨询研究课题（HG－YB009）、国家社会科学基金项目（17BTJ025）、上海市科学技术委员会软科学研究项目（18692116100）、上海市领军人才项目的资助。

② 李文，副教授/博士，主研领域：时间序列分析、经济统计学，身份证号 370302197010251124，手机号 18918388191，单位：上海对外经贸大学统计与信息学院，通信地址：上海市闵行区漕宝路 2999 弄 59 号 302，、邮政编码：201101、E－mail 地址：liwen@suibe.edu.cn。周杰、刘芳，均来自上海对外经贸大学统计与信息学院。杜守国任职于上海市人力资源和社会保障局信息中心。

秀（2018）的结论，存在如此巨大的逆差是由于美国出口限制造成的，美国为了保护技术安全对向中国出口的新技术产品进行了出口管制，从而大幅减少了美国向中国出口的贸易数额，从而造成了大幅的贸易逆差。

2018 年 6 月，美国贸易代表办公室公布修订版的“301”对华加征 25%关税的产品清单，并在 2018 年 7 月和 8 月分两批对从中国进口的 500 亿美元商品加征 25%关税，涉及的行业主要有通用设备、电气机械、专用设备、通信电子设备、仪器仪表等 5 个设备制造业，其余为橡胶和塑料制品业、金属制品业等行业。2018 年 9 月又对 2 000 亿中国输美产品征收 10%的关税（参见《关于中美经贸摩擦的事实与中方立场》白皮书 2018）。2019 年 12 月，中美第一阶段经贸协议文本达成一致，同时美方将履行分阶段取消对华产品加征关税的相关承诺，实现加征关税由升到降的转变。中美贸易摩擦阶段性缓和而非结束，中美摩擦的长期性和复杂性仍然存在。

美国单方面针对中国挑起的大规模贸易关税，不可避免对中国的经济运行造成了负面影响。本文聚焦中美贸易摩擦对上海的影响，首先分析上海市出口额总量的变化情况，对上海市的出口总额以及出口市场为美国的出口额进行模型拟合，然后将美国公布加征关税的产品清单匹配到我国国民经济行业，在此基础上利用实证分析方法，分析中美贸易摩擦对上海产业发展的影响。

二、理论基础与中美贸易摩擦涉及的行业

（一）理论基础

根据 Gomory & Baumol（1995）提出的战略性贸易政策，在低生产率和高生产率的国家之间进行贸易，则会存在高生产率的国家将会从低生产率的国家的分工中获益，但低生产率国家利益将会随着生产率的提高而提高，达到某一值后，高生产率的国家的利益会随着低生产率国家生产率的提高而下降，从而为了保护自身利益，高生产率的国家政府将会采取一些贸易关税、出口补贴等措施来打压贸易伙伴，这即为战略性贸易保护理论。具体来说，中国和美国发生贸易往来，美国作为高生产率的国家，认为中国随着生产率的提高侵占了其利益，因此对中国开展贸易摩擦。但需要说明，低生产率国家生产率的提高是市场竞争自发的结果，并不是人为控制的。另外高生产率国家为了利益最大化，而想一直占尽贸易分工中的利益，控制低生产率国家的分工和贸易中的格局，这自然会存在贸易冲突。

国际贸易中的大国是指该国对外贸易在国际贸易中占有很大的比重，其进出口数量的变化能够影响国际市场的价格，小国则是“价格接受者”，其向外国卖方支付的价格与其进口的商品数量多少无关。进出口关税是一个国家的海关

对进出口货物和物品征收的关税，作为限制外国货物进出口、保护本国工农业生产的一种手段。关税制裁是一种相对温和的制裁手段，它并不会直接切断贸易摩擦双方的进出口行为，但会增加贸易双方的经济负担。若大国采取征收关税措施，它甚至有可能把征收关税的成本全部转移给出口国生产商，同时增加本国财政收入。无论大国或小国，征收关税都会导致国内价格上升，生产增加，进口减少，消费缩减，但影响程度则会由于在国际市场上的地位不同而不同。

赵建（2004）认为，贸易摩擦的深层次原因是国际分工的不均衡和产业结构的不匹配，而各国的政府、利益集团的政治行为则是为了使国内外产业矛盾外化为贸易摩擦的关键。因此从长远来看，应对贸易摩擦的主要办法除了加强国际贸易政策协调沟通外，还需要加强产业结构的调整。蒲华林和张捷（2007）通过对中美贸易差额数据进行计量实证分析，结果显示东亚很多国家对中国的产品内贸易与中美贸易顺差之间存在长期的协整关系；美国的产业升级和对华产业转移导致越来越多的劳动密集型产业转移到中国，而最终销售到美国市场。因此中美贸易顺差并不是中国一家的出口导致，而包括日本等东亚国家和地区转移过来的机遇产品内分工的结构性贸易逆差，是各个国家和地区发挥各自比较优势的结果。杨校美（2009）通过 Granger 因果检验，验证了中国产业结构升级是造成中美贸易巨大顺差的直接原因；而且在美国对中国采取反压制措施时，我国产业结构调整的压力就会随之增加。美国通过战略性贸易摩擦政策，通过政府干预来转移外国企业的利润，支持本国企业的发展，从而提升本国企业的产业竞争力。

（二）中美贸易摩擦涉及的行业分析

在中美贸易摩擦中，中美两国都把提升关税强度作为重要谈判工具（中方被迫采取反制措施）。关税的加征给众多企业，特别是业务涉及对美进出口比较多的企业造成较大影响。

为了考察中美贸易摩擦对上海相关行业的影响，本文以美国商务部公布的关税清单的 HTS 六位编码和国民经济行业四位数分类标准（GB/T 4754—2017）为基础，确定加征关税的商品所对应的国民经济行业，并绘制“关税清单 HTS 编码 – 国民经济行业分类”对照表。首先将加征关税清单中包含的商品归集到 HS 2 位类目，通过分析初步筛选出受贸易摩擦影响较大的出口商品，然后针对这些章目中商品的 HS 编码，根据 HS 编码和 SITC 转换表、SITC 和 ISIC 转换表以及 ISIC 和 GB/T 4754—2017 转换表，得到每种商品对应的国民经济行业，从而进一步得到 HS2 位编码与国民经济行业之间的对应关系。

针对当前美国贸易代表办公室公布的关税清单，首先将加征关税的商品归集到 HS2 位类目，并列出相应类目包含的 HS 6 位商品种类数量，根据包含的

HS 6位商品种类数量筛选出受影响较大的HS 2位类目，以初步确定受贸易摩擦影响较大的行业。结果如表1所示，分析发现500亿加征关税的商品主要集中在HS 39、84、85以及90章，而随着中美贸易摩擦的进一步加剧，2 000亿加征关税的产品主要集中在了HS 03、07、20、28、29、32、38、40、48、52、55、70、73、84和85章。

表1　加征关税清单中HS 6位征税商品种类统计表（美国对中国）

序号	340亿美元清单中HS 6位种类	160亿美元清单中HS 6位种类	2 000亿美元清单中HS 6位种类			
1	28章（1种）	27章（3种）	02章（7种）	25章（80种）	45章（19种）	70章（112种）
2	40章（2种）	34章（3种）	03章（272种）	26章（47种）	46章（48种）	71章（48种）
3	84章（417种）	38章（2种）	04章（20种）	27章（63种）	47章（21种）	72章（43种）
4	85章（186种）	39章（146种）	05章（19种）	28章（231种）	48章（223种）	73章（134种）
5	86章（17种）	70章（1种）	07章（143种）	29章（693种）	50章（13种）	74章（88种）
6	87章（41种）	73章（6种）	08章（94种）	31章（24种）	51章（101种）	75章（28种）
7	88章（15种）	76章（2种）	10章（22种）	32章（107种）	52章（230种）	76章（21种）
8	89章（10种）	84章（31种）	11章（38种）	33章（25种）	53章（31种）	78章（11种）
9	90章（129种）	85章（36种）	12章（48种）	34章（34种）	54章（131种）	79章（13种）
10		86章（13种）	14章（10种）	35章（10种）	55章（132种）	80章（10种）
11		87章（19种）	15章（8种）	36章（1种）	56章（55种）	81章（66种）
12		89章（1种）	16章（90种）	37章（37种）	57章（48种）	82章（94种）
13		90章（16种）	17章（5种）	38章（147种）	58章（72种）	83章（36种）
14			19章（6种）	39章（55种）	59章（59种）	84章（200种）

续表

序号	340 亿美元清单中 HS 6 位种类	160 亿美元清单中 HS 6 位种类	2 000 亿美元清单中 HS 6 位种类			
15			20 章（139 种）	40 章（125 种）	60 章（60 种）	85 章（218 种）
16			21 章（3 种）	41 章（85 种）	65 章（29 种）	86 章（1 种）
17			22 章（20 种）	42 章（86 种）	67 章（2 种）	87 章（125 种）
18			23 章（21 种）	43 章（15 种）	68 章（65 种）	88 章（1 种）
19			24 章（46 种）	44 章（180 种）	69 章（50 种）	89 章（8 种）
20						90 章（73 种）
21						91 章（17 种）
22						94 章（77 种）
23						96 章（24 种）
24						97 章（7 种）

资料来源：USITC（2018）HSA Rev.14；USTR 340 亿美元、160 亿美元、2 000 亿美元关税清单。

在确定了关税清单涉及的主要产品的 HS 2 位编码后，可通过中国海关统计协调编码货号与中国工业行业的对应关系得到关税清单涉及的国民经济行业。HS 编码转换到国民经济行业的具体步骤：首先，提取美国对中国加征关税的清单中所有产品的 HS－8 位编码的前 6 位并与我国 HS－6 位编码一一对应。因为所有采用 HS 制度的国家或地区的海关编码的前 6 位是相同的，所代表的商品也一致。其次，根据 UN Comtrade 提供的 HS 编码和 SITC 转换表将关税清单中商品的 HS 六位数编码与其国际贸易标准分类（SITC Rev.3）的四位数编码对应起来。再次，根据 EuroStat 提供的国际贸易标准分类编码（SITC Rev.3）与国际产业标准分类（ISIC Rev.4）的转换表得到 HS 和 ISIC 的对应关系。最后，再将其与 GB/T 4754—2017 和 ISIC（Rev.4）转换表进行整合就可以得到 HS 编码与 GB/T 4754—2017 之间的转换关系。具体的转换路径如图 1 所示。

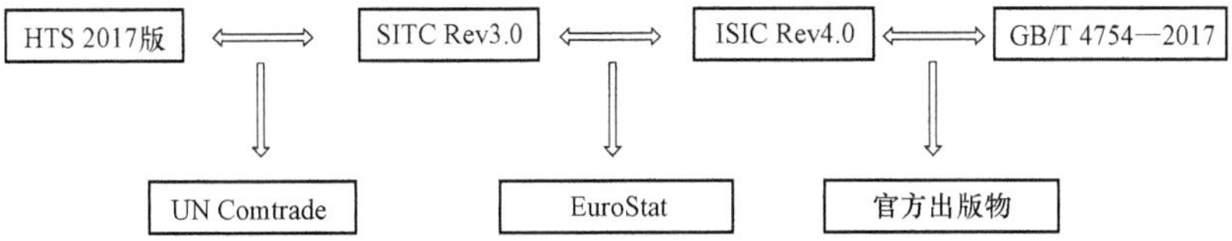

图 1　贸易商品代码和行业代码的匹配过程

注释：HS2017 源于 VANUAT（https://www.customsinlandrevenue.gov.vu/index.php/en/customs-tariff-hs-2010）；SITC 3.0 源于 UN Comtrade（https://www.comtrade.un.org/data/）。

结合表 1 的内容，本文以美国对中国 500 亿关税清单中的所有商品和 2 000 亿关税清单中的部分商品为起点，根据图 1 的步骤筛选出受中美贸易摩擦影响的制造行业，其中 2 000 亿关税清单中仅分析包含 HS 6 位商品种类数量超过 100 的章目中的商品，结果如表 2 所示。

通过分析 500 亿和一部分 2 000 亿加征关税清单中的商品所对应的国民经济行业，发现此次中美贸易摩擦所涉及的行业主要集中于 GB/T 17、20、22、25—26、28—31、33—40 制造业范围内。即纺织业；木材加工和木、竹、藤、棕、草制品业；造纸和纸制品业；石油加工、炼焦和核燃料加工业；化学原料和化学制品制造业；化学纤维制造业；橡胶和塑料制品业；非金属矿物制品业；黑色金属冶炼和压延加工业；金属制品业；通用设备制造业；专用设备制造业；汽车制造业；铁路、船舶、航空航天和其他运输设备制造业；电气机械和器材制造业；计算机、通信和其他电子设备制造业；仪器仪表制造业等。从上述内容我们可以看出，此次加征关税的产品瞄准的是“中国制造 2025”领域的相关产业。

表 2　HSA 相关章目下 HS 6 位征税商品种类及对应的制造业行业（美国对中国）

序号	340 亿美元清单中 HS 6 位种类	GB/T 2 位行业	160 亿美元清单中 HS 6 位种类	GB/T 2 位行业	2 000 亿美元清单中 HS 6 位种类	GB/T 2 位行业
1	84 章（417 种）	34 & 35	39 章（146 种）	26 & 29	29 章（693 种）	25、26、28
2	85 章（186 种）	34、38、39	85 章（36 种）	34、38、39	28 章（231 种）	25、26、28
3	90 章（129 种）	34、35、40	84 章（31 种）	34、35	52 章（230 种）	17
4	87 章（41 种）	34、35、37	87 章（19 种）	35、36、37	48 章（223 种）	22
5	86 章（17 种）	37	90 章（16 种）	34 & 40	85 章（218 种）	34、38、39
6	88 章（15 种）	37	86 章（13 种）	37	84 章（200 种）	34、35

续表

序号	340 亿美元清单中 HS 6 位种类	GB/T 2 位行业	160 亿美元清单中 HS 6 位种类	GB/T 2 位行业	2 000 亿美元清单中 HS 6 位种类	GB/T 2 位行业
7	89 章（10 种）	37	73 章（6 种）	33	44 章（180 种）	20
8	40 章（2 种）	29	34 章（3 种）	26	38 章（147 种）	25、26
9	28 章（1 种）	26	27 章（3 种）	25	73 章（134 种）	31
10			38 章（2 种））	26	40 章（125 种）	29
11			76 章（2 种）	33	70 章（112 种）	30
12			89 章（1 种）	37		
13			70 章（1 种）	30		

资料来源：USITC（2018）HTSA Rev.14；USTR 340 亿美元、160 亿美元、2 000 亿美元关税清单；UN Trade Statistics Correspondence Tables；EUROSTAT INDEX OF CORRESPONDENCE TABLES。

三、上海市出口额总量分析

（一）数据描述与分析

本文使用的数据来自“上海海关数据库”（http://www.shanghai.customs.gov.cn），数据集是上海市总出口额和上海市对美国市场的出口额数据，该数据集一共有 72 个时间点的数据，涵盖了从 2014 年 1 月份开始到 2019 年 12 月结束的每个月上海市总出口额和上海市对美国市场的出口贸易额。每个时间点以月为单位，出口额的单位是亿元人民币。

从图 2 可以看出上海市的总出口额、出口市场为美国的出口额以及出口市场为其他国家的出口额有着十分相像的趋势，波动走势几乎一致。其中 2019 年上海市的总出口额和出口到其他国家的出口额总体上有上升的趋势，而出口市场为美国的出口额较前几年来说平均水平有所降低，可以初步看出中美贸易摩擦对上海市到美国的出口产生了一定的影响。

（二）上海市总出口额分析

为了进一步说明上海市总出口额序列是否具有平稳性，对该序列进行单位根检验，检验结果显示 P 值为 0.868 3，大于显著性水平 $\alpha = 0.05$ 或 $\alpha = 0.1$，表明序列存在单位根，可以确定此序列为非平稳序列。

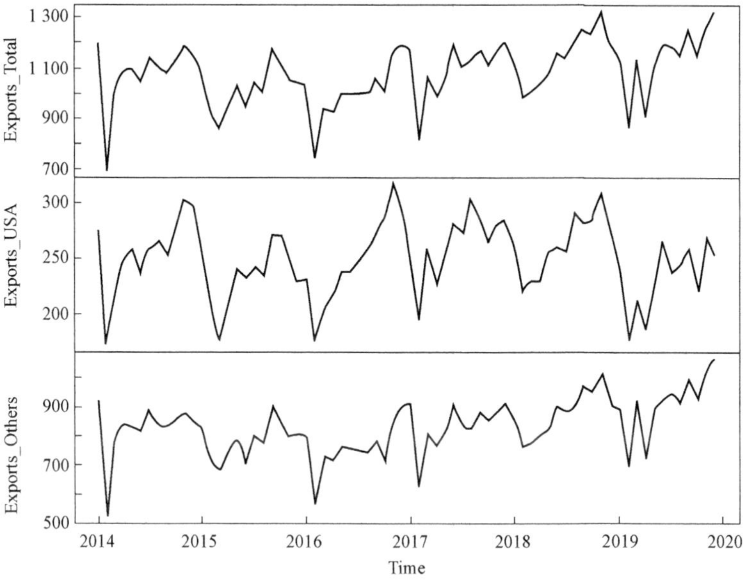

图 2　上海市出口情况的时序图

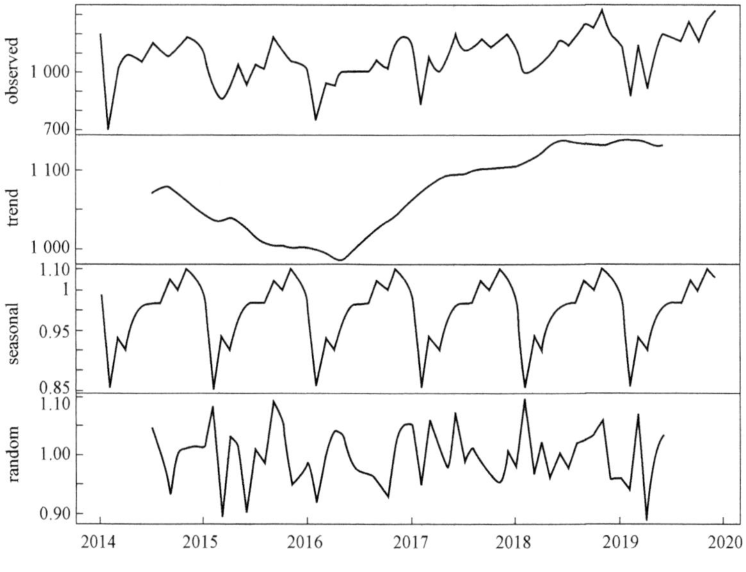

图 3　上海市总出口额的时间序列分解图

由确定性因素导致的非平稳通常显示出非常明显的规律性，这种规律性信息通常比较容易提取。尽管不同的序列波动特征千差万别，但是序列的各种变化都可以归纳成长期趋势、循环波动、季节性变化和随机波动四大类因素的综合影响，本文利用这四种因素的乘法模型对原始数据序列进行确定性因素分解，即：

$$x_t = T_t C_t S_t I_t \tag{1}$$

如图 3 所示，我们得知该序列中存在明显的趋势效应和季节效应，根据图 3 的第二个区域可以看出上海市的总出口额有先减后增的趋势，在 2016—2018 年间增速较快，2018 年中美贸易摩擦发生后增速明显减缓，曲线趋于平稳。

对此序列进行差分处理，差分后进行 ADF 检验的 P 值为 0.01，说明一阶差分已经将原始非平稳序列转化为平稳序列。经过上述转化，数据序列满足了使用 ARIMA 模型进行拟合的要求。本文根据差分后序列的 ACF 图和 PACF 图以及 auto.arima 提供的最佳模型，尝试构建 ARIMA（0，1，1）（0，1，1）[12] 模型，基于精确似然法得出拟合模型如下：

$$\Delta\Delta_{12} X_t = (1-0.769\,5\mathrm{B})(1-0.734\,0\mathrm{B}^{12})\varepsilon_t \tag{2}$$

对模型的残差序列进行延迟 6 阶和延迟 12 阶的白噪声检验，结果显示 P 值均大于 0.05，表明 ARIMA（0，1，1）（0，1，1）[12] 模型的残差序列是白噪声序列，该拟合模型是合理的。

利用该模型，根据 2014 年 1 月到 2019 年 6 月的上海市总出口额数据预测后 6 个月的数据，结果如表 3 所示。

表 3　　2019 年 7 月至 12 月的总出口额的预测值

	实际值	预测值	绝对误差	相对预测误差	80%置信区间
2019.07	1 185.80	1 147.85	37.25	0.031 4	（1 047.49，1 248.21）
2019.08	1 150.83	1 160.05	−9.22	−0.008 0	（1 056.95，1 263.16）
2019.09	1 250.92	1 222.81	28.11	0.022 5	（1 117.03，1 328.59）
2019.10	1 153.08	1 193.09	−40.01	−0.034 7	（1 084.66，1 301.43）
2019.11	1 272.92	1 258.03	14.89	0.011 7	（1 147.10，1 368.96）
2019.12	1 319.38	1 217.99	101.39	0.076 8	（1 104.57，1 331.41）

从表 3 中可以看出相对预测误差的绝对值不超过 0.1 且实际值均在 80%的置信区间内，说明 ARIMA（0，1，1）（0，1，1）[12] 模型对上海市总出口额数据的拟合效果较好，可用该模型对未来的出口额进行预测。

（三）上海市出口市场为美国的出口额分析

对上海市出口市场为美国的出口额数据进行单位根检验，结果显示 P 值为 0.430 2，大于显著性水平 $\alpha=0.05$ 或 $\alpha=0.1$，表明上海出口市场为美国的出口额数据存在单位根，可以确定此序列为非平稳序列。对此序列进行确定性因素分解，结果如图 4 所示。

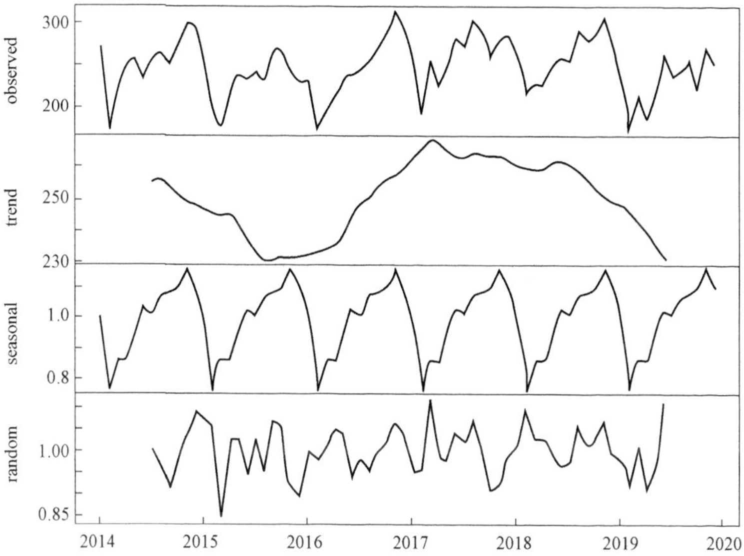

图 4　上海市出口市场为美国的出口额的时间序列分解图

从图 4 可以看出，上海市出口市场为美国的出口额序列中也存在明显的趋势效应和季节效应，其中趋势为先减后增又减，2016—2017 年间以较快的速度增长，2017 年后呈下降趋势，尤其在 2018 年 3 月贸易摩擦发生后，下降速度变快，由此可见中美贸易摩擦背景下上海对美国的出口变化较大。

对原数据做差分处理，一阶差分后 ADF 检验的 P 值为 0.01，拒绝原假设，时间序列平稳。该序列的 ACF 图和 PACF 图在 lag=12 和 lag=24 处有明显的尖峰，说明该序列需要再做一次 diff=12 的差分，且 PACF 图比 ACF 图呈现更明显的指数平滑趋势。尝试构建 ARIMA（1，0，1）（0，1，2）［12］模型，得出拟合模型如下：

$$(1-0.921\,5B)\Delta\Delta_{12}X_t=(1-0.587\,3B)(1-0.783\,1B^{12})(1+0.358\,6B^{12})\varepsilon_t \quad (3)$$

赤池信息为 544.68。对模型的残差序列进行延迟 6 阶和延迟 12 阶的白噪声检验，结果显示 P 值均大于 0.05，说明该模型充分拟合了上海出口市场为美国的出口额数据。

四、上海市分行业出口额数据分析

（一）数据描述

上海市主要出口商品数据源于上海市海关官网（http://www.shanghai.customs.gov.cn）。先基于上海市主要出口商品累计表查找到主要出口商品对应的 HS 编码，随后将 HS 编码与美国对中国加征关税的 500 亿、2 000 亿产品清单中的 HS 编码进行比对从而确定该商品是否属于加征关税清单中的商品。若属于关税清单中的商品则保留该出口产品，若不属于关税清单则将其剔除。最后，通过筛选出的主要出口商品的 HS 编码按照 HS 编码到国民经济行业的转换步骤将主要出口商品对应到行业之中，并用这些出口商品的出口额汇总作为受影响行业的出口数据。最后得到 54 种商品对应的 17 个制造业行业，并以各行业所包含的主要出口商品出口额的累计值作为行业的出口额。

表 4　　主要出口商品与国民经济行业对应表

出口商品名称	行业名称
棉纱线	纺织业
棉机织物	
锯材	木材加工和木、竹、藤、棕、草制品业
胶合板及类似多层板	
家用或装饰用木制品	
新闻纸	造纸和纸制品业
牛皮纸	
钨品	石油加工、炼焦和核燃料加工业
氧化锌及过氧化锌	化学原料和化学制品制造业
碳酸钠（纯碱）	
柠檬酸	
松香及树脂酸	
杀虫剂、除草剂及类似品	
初级形状的聚氯乙烯	
新的充气橡胶轮胎	橡胶和塑料制品业
平板玻璃	非金属矿物制品业
玻璃制品	
钢铁管配件	黑色金属冶炼和压延加工业
氧化铝	有色金属冶炼和压延加工业
钢铁或铜制标准紧固件	金属制品业

续表

出口商品名称	行业名称
照相机	通用设备制造业
金属加工机床	
电子计算器	
轴承	
医疗仪器及器械	专用设备制造业
纺织机械及零件	
汽车	汽车制造业
汽车零配件	
摩托车	铁路、船舶、航空航天和其他运输设备制造业
摩托车及自行车的零配件	
船舶	
电动机及发电机	电气机械和器材制造业
风力发电机组	
变压器	
静止式变流器	
原电池	
蓄电池	
太阳能电池	
电线和电缆	
中央处理部件	计算机、通信和其他电子设备制造业
存储部件	
键盘、鼠标器	
自动数据处理设备的零件	
声音录制或重放设备	
收音设备	
彩色电视机	
录放音、录像机及唱机的零附件	
电视、收音机及无线电讯设备的零附件	

续表

出口商品名称	行业名称
印刷电路	计算机、通信和其他电子设备制造业
通断保护电路装置及零件	
二极管及类似半导体器件	
集成电路	
电容器	
液晶显示板	仪器仪表制造业

注释：上海市主要出口商品数据源于上海市海关官网（http://www.shanghai.customs.gov.cn），经过作者整理。

（二）数据分析

1. 上海市受影响行业的出口总额

中美贸易摩擦之前受影响制造业行业的总出口额总体呈上升趋势，尤其是 2017 年较 2016 年的增长最大。而在 2018—2019 年度，受中美贸易摩擦的影响相关行业的总出口额略微下降。2014 年上海市相关制造业行业的出口总额为 3 507.86 亿元，2015 年出口总额为 3 629.74 亿元，比上一年增长 3.47%；2016 年出口总额为 3 756.97 亿元，比上一年增长 3.51%；2017 年出口总额为 4 093.56 亿元，比上一年增长 8.96%；2018 年出口总额为 4 089.07 亿元，比上一年减少 0.11%；2019 年出口总额为 4 047.49 亿元，比上一年减少 1.02%。

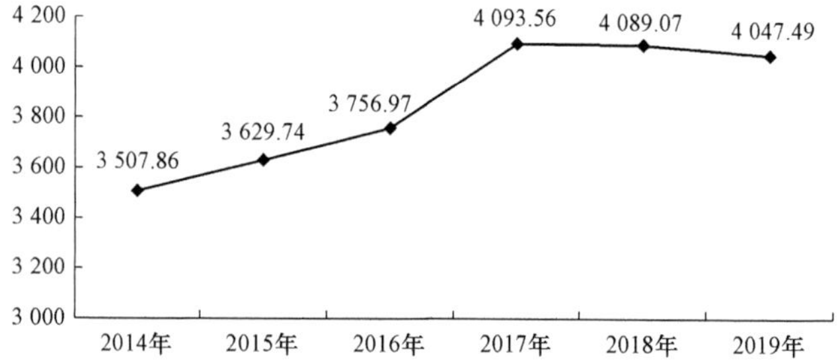

图 5　2014—2019 年受影响行业的出口总额（亿元）

为更清楚地展示出口额在贸易摩擦前后各月份的变化规律，绘制 2014—2019 年各月份出口额数据图。对贸易摩擦还未开始的 2014—2017 年，将其与发生贸易摩擦的 2018、2019 年各月份出口总额数据进行对比可知：在中美贸易摩擦之前，每一年单月份受影响行业的总出口额稳中有升、增长趋势明显，这与前文分析相一致。而自美国在 2018 年 3 月单方面宣称对中国 500 亿产品加征关税至 2018 年 7 月加征关税措施正式实施这一段时间，相关受影响行业的总出口额急剧增加。关税的征收会导致企业成本的增加，为了减少未来成本的增加，美国进口企业会在关税征收前的这段时间内增加相关行业产品的进口额，抢进口效应（对美国进口商而言）十分显著。在加征关税措施正式实施之后，除了 9 月份出口额有明显的增长，7 月、8 月、10 月、11 月以及 12 月相较于 2017 年同期均有明显的下降趋势。此外，2019 年除 5 月、7 月、8 月、11 月以及 12 月相较于 2018 年同期有小幅度增长外，其余月份较 2018 年同期均有下滑。

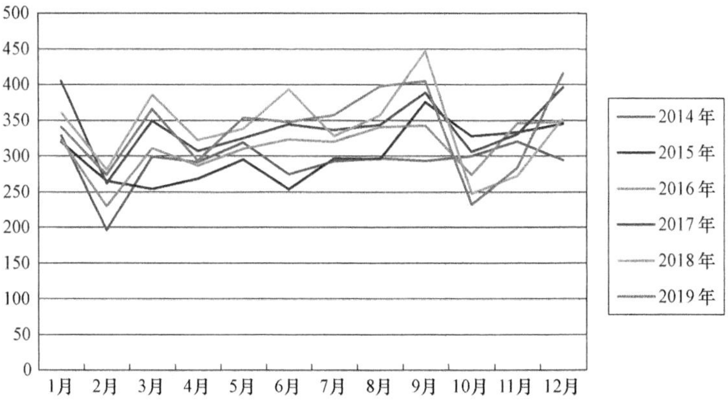

图 6　2014—2019 年受影响行业各月份出口额（亿元）

2. 上海市各受影响行业的出口额

进一步研究制造业主要出口行业中不同行业出口总额的变动规律。为方便讨论，将受到贸易摩擦影响的主要出口行业分为 17 类。

表 5　行业类别代码

代码	行业名称
C17	纺织业
C20	木材加工和木、竹、藤、棕、草制品业
C22	造纸和纸制品业
C25	石油加工、炼焦和核燃料加工业
C26	化学原料和化学制品制造业
C29	橡胶和塑料制品业

续表

代码	行业名称
C30	非金属矿物制品业
C31	黑色金属冶炼和压延加工业
C32	有色金属冶炼和压延加工业
C33	金属制品业
C34	通用设备制造业
C35	专用设备制造业
C36	汽车制造业
C37	铁路、船舶、航空航天和其他运输设备制造业
C38	电气机械和器材制造业
C39	计算机、通信和其他电子设备制造业
C40	仪器仪表制造业

对制造业各行业的出口总额汇总整理可以得到，计算机、通信和其他电子设备制造业每年的出口总额最大，6 年间每年均超过 2 000 亿元。其次是汽车制造业，每年均超过 300 亿元，电气机械和器材制造业居于第三位，每年均超过 270 亿元。再次是铁路、船舶、航空航天和其他运输设备制造业、通用设备制造业、仪器仪表制造业、专用设备制造业。而造纸和纸制品业、石油加工、有色金属冶炼和压延加工业出口总额最少。

表 6　　　　受影响行业（分行业）的出口总额（亿元）

行业/出口总额（亿元）	2014 年	2015 年	2016 年	2017 年	2018 年	2019 年
C17	44.68	43.39	44.87	44.75	46.85	49.18
C20	31.24	27.62	25.02	22.11	22.66	20.73
C22	0.77	1.73	0.86	0.23	0.3	0.14
C25	0.32	0.36	0.41	0.57	0.74	0.62
C26	26.17	25.41	29.66	39.82	46.71	45.42
C29	29.01	20.69	15.4	18.02	14.32	11.52
C30	15.03	14.29	14.45	15.99	16.37	16.68

续表

行业/出口总额（亿元）	2014 年	2015 年	2016 年	2017 年	2018 年	2019 年
C31	21.86	20.26	18.09	21.66	25.83	24.37
C32	0.33	0.3	0.29	0.28	33.08	3.90
C33	46.32	40.77	39.16	44.48	52.18	49.96
C34	107.83	113.21	119.98	120.73	126.53	139.82
C35	61.06	56.76	59.38	63.54	69.81	68.49
C36	312.58	318.07	346.87	389.31	429.47	476.08
C37	340.11	344.29	310.54	287.38	243.70	212.24
C38	298.17	270.92	270.43	307.88	313.28	294.19
C39	2 009.86	2 214.27	2 347.87	2 603.24	2 541.60	2 541.36
C40	162.51	117.41	113.68	113.59	105.63	113.04

由于中美贸易摩擦于 2018 年开始，为研究贸易摩擦影响，选取 2017—2019 年各行业出口总额数据，计算各行业出口总额增加绝对值及增长率，将数据汇总如表 7。

由表 7 可知，相较 2017 年，2018 年多数行业出口总额都存在一定程度的增长。其中增长最多的是汽车制造业，增长了 40.16 亿元。其次是有色金属冶炼和压延加工业，增长了 32.80 亿元。而下降最多的是计算机、通信和其他电子设备制造业及铁路、船舶、航空航天和其他运输设备制造业，减少量均超过 40 亿元。2018 年较 2017 年增长率最大的行业是有色金属冶炼和压延加工业，增长了 11 714.29%，与其他行业相比有较大差距。每年出口总额最小的几个行业增长率位居前列，增长率最小的是橡胶和塑料制品业，减少了 20.53%。

2019 年较 2017 年而言，出口总额增长的行业数仍然占大部分。其中增长最多的是汽车制造业，增长了 86.77 亿元。其次是通用设备制造业，增长了 19.09 亿元。而下降最多的是铁路、船舶、航空航天和其他运输设备制造业及计算机、通信和其他电子设备制造业，减少量均超过 60 亿元。2019 年较 2017 年增长率最大的行业是有色金属冶炼和压延加工业，增长了 1 292.86%，与其他行业相比仍有较大差距。增长率最小的是造纸和纸制品业，减少了 39.13%。

表 7　　2017—2019 年受影响行业（分行业）出口总额变动

行业	2017 年出口总额行业排名	2018 年较 2017 年增长绝对值（亿元）	2018 年较 2017 年增长率（%）	2018 年出口总额行业排名	2019 年较 2017 年增长绝对值（亿元）	2019 年较 2017 年增长率（%）	2019 年出口总额行业排名
C17	8	2.1	4.69	9	4.43	9.90	9
C20	11	0.55	2.49	13	−1.38	−6.24	12
C22	17	0.07	30.43	17	−0.09	−39.13	17
C25	15	0.17	29.82	16	0.05	8.77	16
C26	10	6.89	17.3	10	5.6	14.06	10
C29	13	−3.7	−20.53	15	−6.5	−36.07	14
C30	14	0.38	2.38	14	0.69	4.32	13
C31	12	4.17	19.25	12	2.71	12.51	11
C32	16	32.8	11 714.29	11	3.62	1 292.86	15
C33	9	7.7	17.31	8	5.48	12.32	8
C34	5	5.8	4.80	5	19.09	15.81	5
C35	7	6.27	9.87	7	4.95	7.79	7
C36	2	40.16	10.32	2	86.77	22.29	2
C37	4	−43.68	−15.20	4	−75.14	−26.15	4
C38	3	5.4	1.75	3	−13.69	−4.45	3
C39	1	−61.64	−2.37	1	−61.88	−2.38	1
C40	6	−7.96	−7.01	6	−0.55	−0.48	6

3. 上海市受影响的主要细分行业分析

根据上述分析可以看出汽车制造业；有色金属冶炼和压延加工业；铁路、船舶、航空航天和其他运输设备制造业；计算机、通信和其他电子设备制造业，在中美贸易摩擦背景下变化较为明显，故着重分析这几个行业。

3.1　汽车制造业

由图 7 可以看出，汽车制造业的出口额虽有明显波动，但整体呈增长趋势，在 2019 年 12 月达到最大值。根据变化率曲线可知，在 2018 年 12 月到 2019 年 12 月之间出口额波动较大，2019 年 2 月和 4 月出口额均不足 30 亿元。由于从商业谈判到订单签订，再到执行订单完成进出口业务交易，有一个过程，加上中美贸易摩擦从 2018 年 4 月的 500 亿美元到 2019 年的 2 000 亿美元是一个由小到大的过程，因此，中美贸易摩擦以来，出口行业出口数据的体现也有一个过程，有一定的滞后性。上述汽车制造业出口额的增长趋势可能源于中美贸易摩擦之前趋于成熟的汽车制造业为相关企业带来的大量超前订单。

3.2　有色金属冶炼和压延加工业

由图 8 可以看出，在 2018 年 6 月份之前有色金属冶炼和压延加工业的出口额较小，且没有明显波动。2018 年 6 月出现大幅度增长，9 月较前一个月的变化率最大，10 月的出口额达到最大值，超过 12 亿元。但在 2019 年 2 月出现断崖式下降。通过分析美对中加征关税清单发现该行业所涉及的产品集中在 2 000 亿关税清单之中。因此，在对该类产品实施加征关税措施之前美国进口商的抢进口效应十分显著。

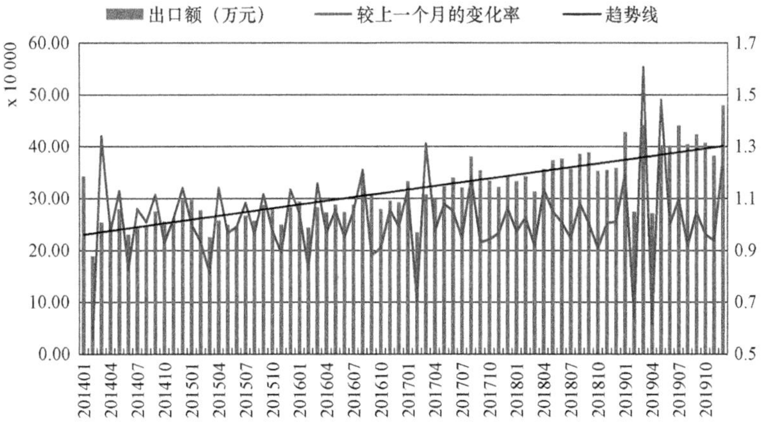

图 7　汽车制造业出口额变化图

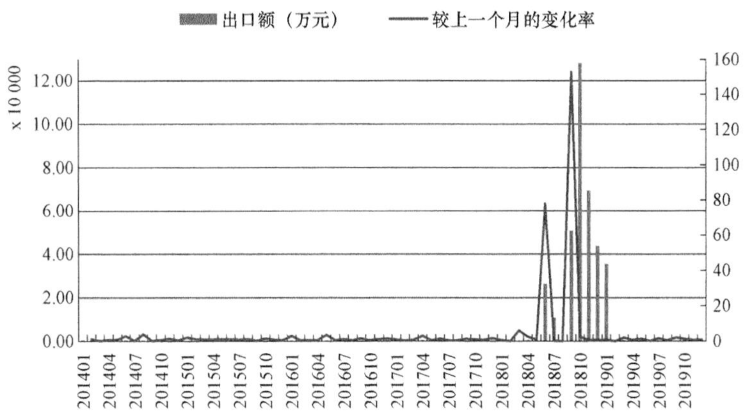

图 8　有色金属冶炼和压延加工业出口额变化图

3.3　铁路、船舶、航空航天和其他运输设备制造业

由前文分析可知，在 340 亿商品中交通运输设备的主要出口产品为航天器零部件、铁道及电车道机车或车辆的零件，这些产品属于铁路、船舶、航空航天和其他运输设备制造业。由图 9 可以看出，在 2014 年到 2017 年间，除了 2017 年 1 月和 2 月外，该行业的出口额大部分在 10 亿至 40 亿元之间，波动较为平稳，2017 年 1 月出口额异常大，接近 100 亿元，而 2 月份骤减至不足 3 亿元。此外，自中美贸易摩擦以来，铁路、船舶、航空航天和其他运输设备制造业的出口额总体而言有所减少，波动幅度也较为明显。

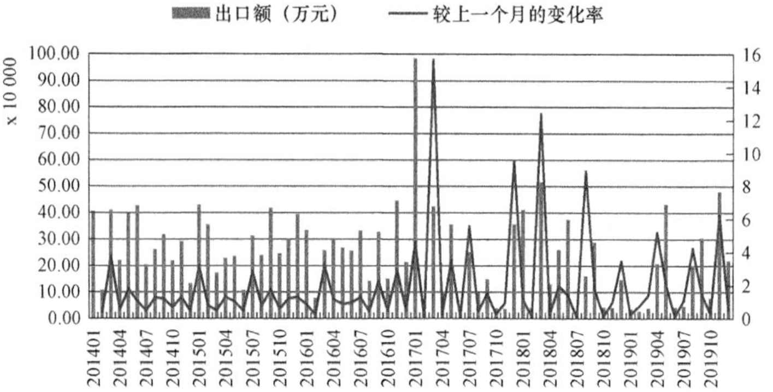

图 9　铁路、船舶、航空航天和其他运输设备制造业出口额变化图

3.4　计算机、通信和其他电子设备制造业

根据图 10，计算机、通信和其他电子设备制造业的出口额整体上变化不明显，有缓慢增加的趋势，但在 2018 年末和 2019 年末波动幅度较大，尤其是 2018 年 10 月和 2019 年 10 月、11 月，出口额降低很多，不足 130 亿元。细分行业看，计算机、通信和其他电子设备制造业在这几个月波动很大，主要受其出口产品特性影响，这类产品或者是生产环节中重要的仪器设备、中间品和零部件，或者是居民生活所必需的家电等，该行业主要出口商品专用性强，单价大且差异明显。

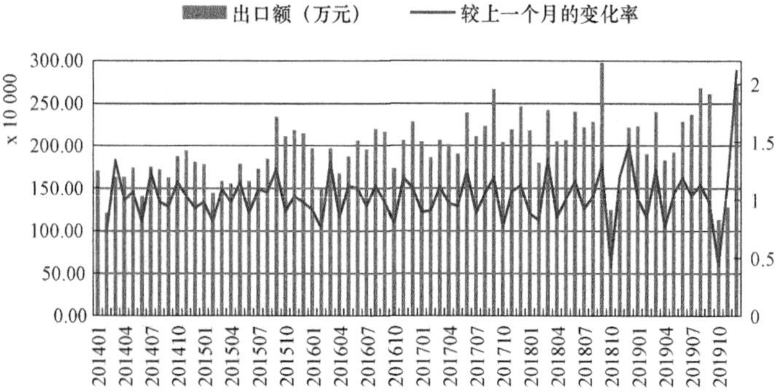

图 10　计算机、通信和其他电子设备制造业出口额变化图

五、结论

本文根据加征关税清单整理出了上海受影响的行业，通过分析受影响行业出口额的变化探究中美贸易摩擦对上海产业发展的影响。本文首先梳理了加征关税清单中涉及的出口商品及其对应的国民经济行业分类，并以这些出口商品出口额作为细分行业的出口额。然后分析了上海市出口总额和出口地是美国的出口额发展变化的规律。最后从关税清单涉及的制造业细分行业的视角，利用上海市主要出口商品数据分析了相关细分行业的出口额变化情况。

本文收集了 2014—2019 年中国上海海关的出口数据，包括上海市单月总出口额、美国市场出口额以及上海市主要出口商品累计表。为了研究中美贸易摩擦对上海的影响，首先对上海市出口总量进行了模型拟合与预测，通过对上海市总出口额和上海市出口市场为美国的出口额序列进行确定性因素分解，发现两个序列中均存在趋势效应和季节效应，并拟合了 ARIMA 模型。根据美国公布的加征关税产品清单利用 HS 编码与 GB/T 4754—2017 之间的转换关系找到受影响的 17 个制造业行业，并整理了主要出口商品与国民经济行业对应关系表，研究发现中美贸易摩擦背景下汽车制造业；有色金属冶炼和压延加工业；铁路、船舶、航空航天和其他运输设备制造业；计算机、通信和其他电子设备制造业的变化较为明显。

参考文献

[1] Qian, Xingwang, Chinn, et al. China－US trade flow behavior: the implications of alternative exchange rate measures and trade classifications[J]. Review of world economics: Weltwirtschaftliches Archiv, 2016.

[2] Zeng K. High Stakes: US－China Trade Disputes under the World Trade Organization (WTO)[J]. Asian Journal of Social Science, 2013, 41(3－4): 352－380.

[3] 洪俊杰，杨志浩．中美贸易摩擦对中国制造业的影响及中国策略[J]．国际贸易，2019（8）：21－27．

[4] 库天一．中美贸易摩擦对上海的影响研究[J]．统计科学与实践，2018（6）：23－27．

[5] 李文，邓升，段妍，杜守国．时间序列预测与深度学习：文献综述与应用实例[J]．计算机应用与软件，2020（10）．

[6] 梁明．中美贸易摩擦的缘起、影响和未来走向[J]．国际贸易，2019（7）：25－36．

[7] 刘顺．马克思恩格斯对资本主义“保护关税制度”的本质批判及当代价

值——剖析美国保护主义再次泛起的理论利器［J］．上海经济研究，2020（1）：37－46．

［8］卢进勇，张航，李小永．中美贸易摩擦对我国利用外资的影响及对策分析［J］．国际贸易，2019（1）：28－38．

［9］吕越，马嘉林，田琳．中美贸易摩擦对全球价值链重构的影响及中国方案［J］．国际贸易，2019（8）：28－35．

［10］那振芳．中国制造业竞争力与中美贸易摩擦研究［D］．辽宁大学，2019．

［11］蒲华林，张捷．产品内国际分工与中国获取的价值——基于零部件进出口的分析［J］．财贸研究，2012，23（1）：70－76．

［12］王红霞，林兰，彭辉等．上海 2035：全球城市因何卓越［J］．检察风云，2018，559（11）：36－38．

［13］王跃生，林雪芬．中美经贸摩擦的五个层次［J/OL］．中国流通经济，2020（1）：42－51［2020－02－20］．https://www.doi.org/10.14089/j.cnki.cn11－3664/f.2020.01.005．

［14］肖光恩．当前中美贸易摩擦的现实难题和解决路径［J］．安徽师范大学学报（人文社会科学版），2019，47（6）：142－150．

［15］新华社．国务院新闻办公室发表《关于中美经贸摩擦的事实与中方立场》白皮书．2018（9）．

［16］尹秀．贸易逆差对美国就业影响的实证研究［D］．山东大学，2018．

［17］赵建．国际贸易摩擦背后的产业结构和政治因素［J］．世界经济与政治论坛，2004（3）：48－51．

［18］朱福林．中美货物贸易全球格局演变与中美贸易摩擦的内在逻辑［J］．上海经济研究，2019（7）：102－114．

［19］朱刚，李文，杜守国，崔久强．基于深度学习模型 DeepAR 的时间序列预测及应用实例［J］．电子商务，2020（7）：83－86．

服务贸易开放视角下国际贸易中心城市地位研究

——基于上海国际贸易中心指标体系构建及评价

张 娟 廖 璇 解丽文①

摘 要： 国际贸易中心城市形成和发展是一国贸易开放效果的体现，全球贸易服务化以及服务异质性特征，决定了服务贸易开放是国家和城市获取全球服务资源要素的发展路径。本文借鉴熵值法，基于服务贸易开放视角，首次建立国际贸易中心城市地位评价指标体系，为评估城市地位提供了一个新视角。根据评价结果，服务贸易开放程度已经替代货物贸易成为决定国际贸易中心城市地位的因素，服务贸易开放程度越高，城市地位排名越高。服务贸易开放水平的持续提升，有助于激发国际贸易中心城市竞争潜力。上海在货物贸易方面具有比较优势，在服务贸易方面具有潜力，但是服务贸易现有开放程度不足，限制潜力发挥和竞争力地位提升。

关键词： 服务贸易开放；国际贸易中心城市；指标评价；熵值法

一、引言

20 世纪 90 年代初，邓小平最早提出发展国际贸易中心城市战略构想②，提出了上海建设国际贸易中心的任务。1992 年党的十四大提出把上海建成“国际经济、金融、贸易中心”。2001 年国务院进一步明确把上海建成“国际经济、金融、贸易、航运中心”。2007 年，习近平在中共上海市第九次代表大会上提出“今后五年上海‘四个中心’建设必须取得突破性进展”，强调“国际贸易中心建设取得显著成效”。2011 年，上海市政府印发《关于加快推进上海国际贸易

---

① 本文作者均来自上海市商务发展研究中心。

② http://www.chinaup.info/2011/09/227

中心建设的意见》，2013年1月1日起，《上海市推进国际贸易中心建设条例》正式实施，从地方立法规章层面确立了上海国际贸易中心的地位，并通过“十二五”“十三五”规划分阶段推进建设。

2020年上海基本建成国际贸易中心，这是我国对外开放战略和上海社会主义现代化国际大都市建设成效的体现。一方面，城市贸易竞争力地位的评估一般都是通过指标来体现，但是多从位置、产业、人口、环境等城市的维度出发，关注城市作为独立个体的全球竞争力。本文基于开放经济条件下对外贸易带来的空间集聚理论，将贸易开放指标纳入国际贸易中心城市地位评估指标中，根据国际贸易中心地位评估结果体现一国对外贸易战略实施效果。另一方面，在全球产业结构和贸易模式演变背景下，贸易的内涵发生变化。无论在全球经济增长中，还是全球贸易中，服务的重要性日益增强，国际贸易中心地位评估也需要反映出这种动态变化。本文将从服务贸易开放的视角，评价国际贸易中心城市地位变化，比较上海发展优势、劣势和潜力。

本文内容安排如下：第二部分梳理了国际贸易中心城市、贸易开放战略效应的相关理论和文献，并在此基础上归纳命题的理论逻辑；第三部分建立指标框架，设置具体的指标和权重，得出评价结果；第四部分重点评析中国服务贸易开放对上海国际贸易中心地位影响，根据全球服务贸易开放趋势，提出中国服务贸易开放路径。

二、理论和文献回顾

（一）国际贸易中心城市地位是国家贸易开放战略的体现

国际贸易中心城市在相关研究中也被称为“贸易城市”(trading cities)或“贸易中心城市”(cities as trading centers)[①]。一万多年前，土耳其的加泰土丘、巴勒斯坦的杰里科是新时器时代的贸易城市。近三千多年来城市一直扮演着货物流、资本流、信息流和劳动力交汇枢纽的作用，随着贸易体系的成熟，商人通常建立一系列的贸易据点，据点之间相互连接形成贸易网络（克拉克，2018）。1367年，在城邦经济主导的欧洲，汉萨同盟的成立释放了区域贸易发展潜力，汉堡、贝吕克和里加成为波罗的海区域贸易中心城市（刘程，2020），同期还有热那亚、威尼斯和巴塞罗那成为地中海的贸易中心城市。新兴民族国家发展后，诸如伦敦、安特卫普、奥姆斯特丹等贸易中心城市出现，此后贸易中心城市网

---

① Behrens, K. and F. Robert-Nicoud. Survival of the fittest in cities: Agglomeration, selection, and polarisation. Centre for Economic Performance, London School of Economics and Political Science[J] 2008:4; Jacobs, J.. The economy of cities[M], 1970; Harris, C.D.. A functional classification of cities in the United States. Geographical Review[J], 1943: p. 86.

络从欧洲、北美向亚洲拓展。经济全球化推动了全球贸易自由化，贸易城市网络从内海向海洋间延伸，贸易中心城市逐渐突破区域限制，具有国际贸易中心城市的功能属性。

无论是在城邦经济主导时代，还是民族主权国家主导时代，根据贸易中心城市的演变历史可以推演，自由贸易使得世界经济活动的地理集中（Krugman和Venables，1995），典型如汉萨同盟倡导的自由贸易下，汉堡作为贸易中心地位的确认，英格兰发展对外贸易推动伦敦作为贸易中心地位的形成。一国发展对外贸易使得城市之间形成专业化的分工发展（Masahisa等，2005；Krugman，1996），并在一国内部形成区域经济活动的集聚，并且集聚地区会在一定时期保持稳定均衡状态（Haaparanta，1998）。贸易自由化对贸易地理空间的重构并不是随机的，具有优良港口优势的城市更加容易获得贸易自由化带来的集聚效应。

经济全球化中，城市作为全球经济单元的重要性日益提升，甚至成为全球经济的控制和指挥中心，全球城市出现（周振华，2008）。全球城市功能包括各种形态的国际贸易中心、商业中心、金融中心（科特金，2006），由于是贸易触发了城市和大都市区多元的国际化道路，因此国际贸易中心是全球城市的最基本形态（克拉克，2018）。但是，经济全球背景下的国际贸易中心城市的发展，与汉萨同盟时期形成的贸易城市性质不同，它是民族主权国家内部的城市，其与所在主权国家之间是相辅相成的关系。一方面，国际贸易中心城市发展是国家开展对外贸易活动、推动贸易区域规模集聚的结果。然而，并不是所有的港口都能获得贸易集聚结果，只有“本地市场效应”才能推动产业的前后向效应，这解释了主权国家所拥有的腹地市场优势资源对国际贸易中心城市的支撑作用（陈韬，贺灿飞，2020）。另一方面，国际贸易中心城市是国家经济发展的区域引擎。国际贸易中心城市彼此之间存在网络联系，从而加强主权国家对外贸易的联络，贸易网络的增强有助于吸收贸易伙伴的吸引力。通过获取更多的贸易网络连接而获取更多的国际资源，一国在全球贸易中的地位因此而提升。魏浩（2010）使用莫兰指数法对中国对外贸易的区域集聚和辐射效应进行研究得出，1978年上海还没有形成贸易集聚效应，1983年后随着改革开放深入推进，上海的贸易集聚辐射效应开始显现，但是不显著。1992年浦东开发区开放后，上海贸易集聚和辐射效应开始显现且显著。这也为当时提出上海建设国际贸易中心的国家战略构想的必要性提供了实证基础，即上海国际贸易中心城市作为贸易城市网络节点，通过加强与其他贸易城市网络节点的联系，发挥国际国内资源优势，也有助于加强中国对贸易伙伴的吸引力，提高在全球贸易中的地位。

基于以上理论和文献阐述，可以得出，国际贸易中心城市地位是国家开展对外贸易的结果，上海国际贸易中心地位评价也是中国贸易开放战略效果的指标体现。

（二）服务贸易开放和国际贸易中心城市地位

1. 服务在全球价值链中的连接和贸易促进作用

全球价值链的研究日趋深入，Gereffi（1994）、Gereffi 等（2005）、Gereffi 和 Fernandez-Stark（2011）、Gereffi 和 Lee（2012），以及 Morris（2002）等系统提出了包括全球价值链的产生、治理的模式和各国收益等理论。根据上述研究，经济全球化是一个国家适应国内市场发展、获得外部增值能力的重要途径。出口产业结构是原先评价国际竞争力的重要指标，但是随着全球价值链分工和贸易理论和实践的发展，高增加值环节分工地位越来越成为国际竞争力的衡量标准。根据全球价值链理论，高增加值环节的特征是边际利润高，同时准入门槛也高，主要体现为上游的创造、研发和关键零部件的生产，以及下游的营销、品牌塑造和顾客服务，这些活动多以服务为主。

全球价值链的研发、制造、分拨、销售、售后等阶段可细化出26类服务，在整个价值链活动中服务发挥重要作用（WTO，2014）。一，现代通信和运输技术使得服务可贸易性增强，跨国公司为了管理全球分散的生产活动，加强运输、通讯、物流、金融等服务配套，或是通过外包等形式获取专业服务供给。在此过程中，服务成为全球价值链的连接器。价值链前端的研发和设计，后端的市场营销和物流分拨等人力和知识为主的服务要素的投入，使得制造业全球价值链生产效率不断提升。二，计算、通信和数字化是数字技术的基础，并进一步演绎为物联网、3D 打印、人工智能、区块链、大数据等数字驱动的创新，数字技术在服务领域扩大应用，提高了研发、广告、批发零售等服务连接全球价值链的效率（OECD，2004）。同时大数据、人工智能等数字创新技术加速推动了服务的“模块化”（OECD，2015），服务不仅可以作为全球价值链的连接器，而且还成为各环节的投入要素，衍生新的服务类别，例如在线语言服务、融资服务、支付服务等配套，以及定制服务的发展。

全球价值链活动的服务化，推动了全球贸易服务化。一方面，服务以货物贸易的附属或替代物进入出口环节，提高了贸易出口增加值中服务价值的比重。大量的货物出口到海外市场，需要附加一定的安装、调试、维护、维修等服务，因此货物贸易价值中的服务比重提高。另一方面，数字技术发展为货物交易提供了新的平台，使得供应商能够更加有效获得消费偏好，开展柔性和专业生产，并推动了原先必须面对面消费的教育、医疗，以及图书、报纸、唱片等娱乐成为可跨境贸易的服务，促进服务贸易规模增加。WTO

（2018）在联合国关于人口数量预测和国际货币基金组织和世界银行关于世界经济增长的预测基础上，模拟得出数字技术推动服务贸易比重从21%上升至25%。

2. 全球服务贸易发展推动国际贸易中心服务化

国际贸易能够推动内部经济地理的集聚，也可以推动区域经济结构调整，促进较早开放地区的制造分散，同时又促使新的产业集聚（Masahisa等，2005）。全球化使得城市传统功能逐步丧失，而以新功能来予以替代失去的功能，失去的功能主要是货物制造和处理方面，而新的功能是指与大量分散化的制造业活动有关的服务（周振华，2008），因此国际贸易中心已经不再是传统的货物贸易中心，而更加具有现代化的特征（陶昌盛、沈雅琴，2003）。而这个现代化特征主要是由贸易主体特征决定，大量的跨国采购主体、渠道主体、品牌主体、促进主体等共同参与，使得国际贸易中心产业结构体现服务特征（沈玉良，2008；王子先，2012）。

伦敦、纽约等从港口发展起来的国际贸易中心城市，早期以货物贸易功能为主，随着城市产业基础从制造业转向服务业，贸易结构从货物贸易转向了服务贸易。贸易内容上体现为货物贸易和服务贸易，贸易主体包括贸易企业和为贸易提供服务的各类企业，贸易功能体现在为全球贸易提供贸易有关服务的能力（陶昌盛、沈雅琴，2003）。生产过程中需要大量服务业的支撑，尤其是信息技术的发展，而互联网技术和制造的结合更加使得制造和服务的结合越来越紧密，制造业服务化的趋势越来越突出。有些服务可以是由当地服务商提供，但是很多服务存在一定的粘性，制造业跨国公司仍需要原来的服务商为其提供服务，因此使得服务在不同城市之间流动。除了要对制造业活动提供服务之外，服务业主体之间自身也存在服务交易的需求，因此产生了各类服务品交易市场，如金融中心、期货交易中心、文化交易中心、艺术品交易中心（张娟，2019）。

服务业跨国公司不仅为制造领域提供服务支撑，而且推动了服务交易的扩大，使得国际贸易中心城市不仅是全球货物贸易的节点，现在更成为服务贸易的节点城市。按照城市的服务贸易和货物贸易在世界贸易中的比值进行排名，根据表1可见，新加坡和上海这两个城市不仅体现了服务贸易中心的地位，而且也仍然保持货物贸易中心地位。根据WTO公开数据，2019年新加坡服务贸易额为5 509亿美元，占全球比重达3.4%，伦敦为2 903亿美元，占比2.4%，上海为1 844.0亿美元，占比为1.53%，香港为1 803.0亿美元，占比1.51%，东京为1 267.0亿美元，占比1.1%，纽约为1 171.3亿美元，占比1.0%（见表1）。

表 1　　2006 年、2019 年部分城市在全球贸易中的排名

	2006 年		2019 年		2006 年		2019 年	
排名	国家/城市	服务贸易占比	国家/城市	服务贸易占比	国家/城市	货物贸易占比	国家/城市	货物贸易占比
	世界	100.00%	世界	100.00%	世界	100.00%	世界	100.00%
1	美国	13.39%	美国	12.23%	美国	12.23%	中国	12.00%
2	德国	7.28%	中国	6.55%	德国	8.67%	美国	11.05%
3	英国	7.26%	德国	5.89%	中国	7.22%	德国	7.14%
4	日本	4.46%	英国	5.85%	日本	4.82%	日本	3.74%
5	法国	4.27%	爱尔兰	4.68%	英国	4.34%	荷兰	3.53%
6	意大利	3.51%	法国	4.60%	法国	4.22%	上海	3.20%
7	中国	3.40%	荷兰	4.26%	意大利	3.55%	法国	3.20%
8	西班牙	3.26%	日本	3.41%	加拿大	3.17%	英国	3.04%
9	荷兰	3.24%	新加坡	3.37%	荷兰	3.09%	中国香港	2.92%
10	爱尔兰	2.68%	印度	3.29%	中国香港	2.72%	韩国	2.74%
11	加拿大	2.35%	伦敦	2.40%	韩国	2.69%	意大利	2.64%
12	新加坡	2.32%	意大利	2.06%	西班牙	2.29%	墨西哥	2.44%
13	印度	2.27%	西班牙	2.04%	比利时	2.17%	加拿大	2.39%
14	韩国	2.24%	比利时	2.02%	墨西哥	2.13%	比利时	2.28%
15	比利时	1.99%	韩国	1.91%	新加坡	2.12%	印度	2.12%
16	中国香港	1.94%	瑞士	1.89%	俄罗斯	1.96%	新加坡	1.97%
17	丹麦	1.72%	加拿大	1.80%	中国台湾	1.77%	西班牙	1.85%
18	瑞典	1.54%	卢森堡	1.67%	瑞士	1.22%	俄罗斯	1.76%
19	卢森堡	1.42%	上海	1.53%	印度	1.22%	中国台湾	1.62%
20	奥地利	1.40%	中国香港	1.51%	马来西亚	1.19%	瑞士	1.55%

资料来源：根据 WTO 数据库、香港统计局网站、新加坡统计局网站数据整理。

注：上海为口岸货物贸易规模。

从国际贸易中心城市的贸易内容来看，除了服务贸易外，目前在国际贸易中心城市集聚的主要是提供货物和服务跨境贸易的数字平台类企业，例如亚马逊、易贝、wish、谷歌、脸谱等。以货物跨境传输为主的企业主要布点在传统货物贸易中心城市，例如中国香港、新加坡和上海等。这些城市联通全球的生产基地和市场腹地，为其发展提供了货源、通道和市场的重要支撑。而以提供服务跨境贸易的平台类企业，集聚在服务创新能力较强的伦敦、纽约等贸易中心城市。根据 MGI（2016）的报告，2005 年到 2014 年全球数据流增长了 45 倍，大大超过贸易流和资金流。从国际贸易中心的实践来看，数字贸易的发展使得国际贸易中心的内容和边界得以拓展，尤其是伦敦、新加坡等城市积极打造数字贸易发展环境、提高跨境数据传输效率，吸引全球数字企业此处设立母国以外的总部机构，以获得数字贸易发展的潜力（张娟，2019）。

3. 服务贸易开放是国际贸易中心获得全球服务资源的途径

服务具有异质性，即服务供给者和需求者难分离性，使得跨境服务多以商业存在形式嵌入到东道国服务供给中。服务与货物生产的一个重要区别是，货物中间品可以通过进口，但是服务中间品大多数需要本地化生产，因此服务业 FDI 成为全球价值链服务跨境流动的重要形式。大多数服务业 FDI 有效促进了东道国贸易投资领域的开放，带动国内要素参与全球价值链，实现了价值链上制造业和服务业的规模增长。即使不能实现经济规模增长，技术的溢出效应也是必然的（Hoekman 和 Mattoo，2008）。

根据 Andrenelli 等（2018）对 OECD 一国服务业增加值的分解，外资服务业在东道国 67%的产出被国内吸收。这说明在服务贸易开放条件下，外资企业创造的服务增加值主要被东道国国内吸收，或作为中间品进入价值链环节投入到商品或服务中，或直接作为服务品被消费。虽然数字化使得服务可跨境贸易程度提高，但是并没有从根本上改变跨境服务生产本地吸收的模式，进一步说明东道国为了吸引全球服务资源，最有效的途径是推动服务业开放，降低服务跨境流动和人员跨境流动的壁垒，总体推动服务贸易开放。跨国公司作为经济全球化的推动者，也是国际贸易中心城市的主体，日益超越各国政府决定了全球产业和贸易网络的布局，为了推动其在全球的利益，它具有不断推动东道国扩大市场准入的内生动力，以及建立更加透明、公平和规范的商业环境（张幼文，2020）。随着服务业跨国公司的数量增长和控制能力上升，它成为推动服务贸易开放的主动力。

基于以上理论和事实，由于国际贸易中心内容日趋从货物转向服务，因此国际贸易中心城市的贸易地位，与一国服务贸易开放相关。中国服务贸易开放度越高，上海国际贸易中心将获得更多的全球服务资源，在国际贸易中心城市中获得更高的竞争地位。

三、构建指标体系和开展评价

由于计量方法侧重于用实证方法检验指标之间的内在逻辑，而城市地位、竞争力实证侧重于建立方法和开展评价，目前相关实证主要以指标体系的方法呈现，典型如瑞士洛桑管理学院（IMD）《世界竞争力年报》、世界经济论坛（WEF）《全球竞争力指数》、普华永道《机遇之都》、世界银行《营商环境报告》、英国 Z/Yen 集团《全球金融中心指数》、科尔尼（A. T. Kearney）《全球化城市》、伦敦金融时报 fDi Intelligence《全球未来城市报告》、世界知识产权组织（WIPO）《全球创新指数》、日本森纪念财团（MMF）《全球城市实力指数》，借鉴上述研究方法，本文关于服务贸易开放视角下国际贸易中心城市地位实证方法基于指标体系构建及评价。

（一）指标体系选取的原则

一方面，根据 IMD、WEF、Z/Yen、A.T.Kearney、fDi Intelligence、WIPO、MMF 城市地位指标体系方法，本文按照科学性和客观性、可获得性和可操作性、定量和定性相结合、普遍性与特殊性相结合、开放性和动态性的原则构建国际贸易中心指标体系。二是根据相关理论和文献综述，以及《上海市推进国际贸易中心建设条例》《上海建设国际贸易中心规划》确立国际贸易中心的内涵：包括货物贸易与服务贸易共同发展的内容、跨国公司总部和地区总部聚集、拥有贸易要素配置和定价功能、市场开放度和贸易便利化程度高、贸易发展环境优越。本文提出国际贸易中心评价指标包括贸易规模、贸易主体、贸易开放、贸易功能、贸易环境共 5 个一级指标，以及货物贸易规模、服务贸易规模、总部营运功能、国际企业集聚、主体竞争力、货物贸易开放、服务贸易开放、数字服务贸易开放、港口货物集散能力、空港游客集散能力、数字设施、获得信贷、合同执行和跨境贸易便利化等 14 个二级指标。其中，定量指标 8 个，定性指标 6 个，与国际通用的 3:2 的软硬指标的比例基本接近。

1. 贸易规模指标突出国际贸易中心货物和服务贸易的集散能力

贸易规模是衡量国际贸易中心地位的基础指标，贸易规模越大，意味着国际贸易中心城市贸易复杂度、网络度也随着提高（马述忠等，2016）。国际贸易中心城市的贸易内容已经从货物转型货物和服务（沈玉良，2010；张娟，2019），因此贸易规模指标中包含了货物和服务两个层面，以货物贸易与服务贸易的金额规模在全球占比指标，反映贸易中心的优势地位和对外辐射实力，突出口岸的贸易枢纽和服务辐射功能。这里没有加上数字贸易规模指标，一方面现行的统计体系中，还没有数字贸易这一项，另一方面根据美国经济分析局发布的数字贸易统计数据以及上海发布的《上海数字贸易发展研究报告》，数字贸易的测算仍然是从货物和服务中切出的一部分，跟上述两个指标有重叠。

2. 贸易主体指标突出国际贸易中心的全球资源配置能力

20 世纪 60 年代以后，跨国公司日益成为全球化的载体，在带动资金、技术、劳动、商品在各国之间流动中发挥着重要作用，从而引起学者对跨国公司在城市功能形成中的作用。Hymer（1972）将跨国公司引入全球城市的研究，提出用跨国公司总部数量作为全球城市衡量指标。Sassen（1991）关注到了制造业从大城市离散、服务业不断集中的趋势，体现了资本主义世界经济逐渐进入后工业化时代特征，提出大量集聚的服务业跨国公司通过全球生产体系为企业和政府提供跨国的金融和专业服务，使得全球城市对全球经济事务产生控制能力。魏浩（2010）在分析城市贸易集聚度时提出，FDI 是形成区域贸易集聚差异的因素，尤其是在中国东部地区 FDI 对区域对外贸易发展具有明显的促进作用。因此，国际贸易中心城市的贸易主体应该是反映对全球资源控制的跨国公司。贸易主体指标中包括本土企业和外资企业，用 500 强总部企业衡量本土企业集聚度，用 FDI 金额反映贸易中心对全球资本的集聚能力，也通过贸易竞争力指数反映贸易主体的国际分工地位和国际竞争力。

3. 贸易开放指标突出推动贸易创新发展的制度性改进

开放是贸易要素能够进行跨境流动的先决条件，国际贸易中心产业和贸易内容的服务化，不仅包括货物贸易开放，而且还有服务贸易开放的要求，尤其是服务业开放能够通过全球价值链传导，形成对制造业的正向外溢效应（夏杰长等，2020），以及贸易主体和规模的提升。测算开放水平的指标主要有两种：一种是规模型指标，主要用货物贸易、服务贸易、对外投资、利用外资等的总额或占比来衡量开放结果；另一类是制度型指标，主要用来测度经济制度和经济政策的开放水平，如货物贸易关税和非关税壁垒水平（李计广、李秋静，2020）、OECD 服务贸易限制指数（夏杰长等，2020）。本文采取制度型指标，通过加权平均关税税率及服务贸易限制指数的反向指标来反映新型贸易方式的开放创新发展潜力。由于本文主要基于服务贸易开放视角衡量国际贸易中心城市的地位，因此将贸易开放指标作为核心指标，并对它进一步分解为存量指标和改进指标，其中存量指标是指最新的贸易开放数据，改进指标是指相对于基期指标的改进数据，用来比较贸易开放水平的提升程度，并相应建立模型（0）（存量指标）和模型（1）（改进指标）进行分类测算评估，符合开放性和动态性相结合的原则。

4. 贸易功能指标突出国际贸易中心的基础设施支撑能力

贸易城市一般从港口发展起来（O'Connor，1989），港口功能是国际贸易中心基础功能。随着为贸易配套的服务类别的增多，从直接的通关服务、货运服务，衍生出与贸易有关的研发、物流、分拨、分销、售后等服务（张娟，2017）。由于大量的服务，尤其是专业服务以人员流动为载体，因此本文以空港旅客集散指标衡量服务贸易集散能力。同时，要顺应数字技术促进经济全球化的趋势（沈玉良、彭羽，2020），发挥数字对服务贸易推动作用。数字基础设施是贸易数字化的基本要求，包括 5G 布局、带宽、数据中心等硬设施，以及跨境数据可流动的软设施，本文以全球联结指数来判断城市的数字贸易基础设施能力。

5. 贸易环境指标突出国际贸易中心城市的营商环境

环境指标是各类有关城市地位和竞争力指标体系的通用指标，包括 IMD、WEF、Z/Yen、A.T.Kearney、fDi Intelligence、WIPO、MMF 等。根据确立的普遍性与特殊性相结合原则，本文引入环境指标，并聚焦到贸易相关的环境指标，一是通过获得信贷指标反映贸易中心的法律框架对借贷双方的保护程度，用世界银行营商环境报告中的获得信贷得分表示，体现城市提供贷款便利度和征信服务提供商的覆盖范围和开放程度。二是通过合同执行水平指标反映评估交易环境，用世界银行营商环境报告中的执行合同得分表示，体现了城市为营造稳定公平透明、可预期的营商环境提供有力的司法服务和保障。三是通过跨境贸易便利化指标反映贸易中心通关效率，用世界银行营商环境报告中的跨境贸易得分表示，体现跨境贸易的便利化程度。

（二）指标评估

1. 样本选取

根据克拉克（2018）的研究，阿姆斯特丹、里斯本、伦敦和安特卫普是钻石贸易的中心，而中国香港、伦敦和上海是全球贸易中心城市。因此，可以将贸易中心城市归纳两类：一类是按照作用区域范围，分为全球贸易中心城市和区域贸易中心城市。一类是按照作用领域范围，分为综合贸易中心城市和专业贸易中心城市。本文选取上海、纽约、伦敦、东京、新加坡、中国香港 6 个城市作为样本，进行国际贸易中心评价指标体系的对比研究。根据这 6 个城市在区域中的地位和领域，这 6 个城市更加符合综合型、全球贸易中心城市的地位。上海国际贸易中心建设的目标是综合型、全球贸易中心城市，与这些城市进行对比，可以找出上海的优势和差距（王子先，2012）。此外，根据可获得性和可操作性原则，这 6 个城市数据较容易获得，便于进行各领域比较，具体指标数据见表 2。

表 2　　2019 年全球主要国际贸易中心评价指标体系原始数据表

一级指标	二级指标	具体指标	上海	纽约	伦敦	东京	新加坡	中国香港
A 贸易规模	A1 货物贸易规模指标	口岸货物进出口额占全球比重/%	3.2	*1.0	0.4	*1.0	2.7	2.9
	A2 服务贸易规模指标	服务进出口额占全球比重/%	1.5	*1.0	*2.4	*1.1	3.4	1.5
B 贸易主体	B1 总部营运功能指标	财富 500 强企业数占全球比重/%	1.8	3.8	3.0	7.8	0.4	1.4
	B2 国际企业集聚指标	FDI 金额占全球比重/%	1.2	0.6	*1.6	*0.3	6.0	4.4
	B3 主体竞争力指标	（贸易总出口－总进口）/（贸易总出口＋总进口）	0.1	－0.2	0.0	－0.1	0.0	－0.0
C 贸易开放	C1 货物贸易开放指标	1－加权平均关税税率	0.961	0.983	0.982	0.974	0.993	1.000
	C2 服务贸易开放指标	1－服务贸易限制指数	0.6	0.8	0.8	0.8	0.8	0.8
	C3 数字贸易开放指标	1－数字服务贸易限制指数	0.5	0.9	0.9	0.9	1.0	1.0
D 贸易功能	D1 港口货物集散能力指标	港口集装箱吞吐量/百万 ETU	43.3	7.5	1.7	8.0	37.2	18.4
	D2 空港游客集散能力指标	机场旅客吞吐量/万人次	7 615.4	6 255.1	8 088.8	8 550.5	6 255.1	7 141.5
	D3 数字设施指标	华为全球联结指数	57.0	85.0	74.0	75.0	81.0	57.0
E 贸易环境	E1 获得信贷指标	世行营商环境报告信贷指标得分	60.0	95.0	75.0	55.0	75.0	75.0
	E2 合同执行指标	世行营商环境报告执行合同得分	81.6	79.1	68.7	65.3	84.5	69.1

续表

一级指标	二级指标	具体指标	上海	纽约	伦敦	东京	新加坡	中国香港
E 贸易环境	E3 跨境贸易便利化指标	世行营商环境报告跨境贸易得分	87.2	92.0	93.8	86.3	89.6	95.0

备注：1. 本定量指标皆可以通过统计年鉴、公开发布的报告等渠道直接获得或者经由计算得出，定性指标采取国际上已经确定的名称和结果，也方便在未来评估的时候可以直接进行国际比较。数据主要来源于 WTO、OECD、财富 500、世界银行等国际组织。其中，纽约及东京的贸易投资数据使用的是大都市统计区“New York，NY”及东京都区域的数据，上海、伦敦、新加坡及中国香港均采用城市数据。*数据由各国际贸易中心城市占全国比重测算得出。

2. 贸易开放、贸易环境中共计 6 个指标，由国家数据代替城市数据。

3. 由于各城市加权平均关税税率差别较小，故货物贸易开放指标保留 3 位小数。

4. 加权平均关税税率最新数据年份是 2017 年，服务贸易和数字服务贸易限制指数最新年份 2019 年的数据。

2. 确定权重

指标体系中指标权重的赋权方法主要有 2 种：一种是主观加权法，如德尔菲法和层次分析法，容易受所属专业领域专家主观因素影响；第二种方法是客观加权法，主要包括因子分析、熵权法和变异系数法，因子分析要求选择的样本量必须大于评估指标的数量才能获得巴特利特检验 Bartlett 结果和 KMO 值。本文以 2019 年 6 个国际贸易中心城市发展水平为研究对象，样本量与评价指标的数量相似，故本文选定熵权法来确定各指标的权重。

（1）数据标准化

将各个指标的数据进行标准化处理：

$$y_{ij}=\frac{x_{ij}-x_{j\min}}{x_{j\max}-x_{j\min}} \tag{1}$$

其中 y_i 为经过无量纲化处理的第 i 个单位的第 j 个指标值：x_i 为第 i 个单位第 j 个指标数据原始值。

（2）定义标准化

$$Y_{ij}=\frac{y_{ij}}{\sum_{i=1}^{m}y_{ij}} \tag{2}$$

（3）求各指标的信息熵

指标信息熵值 e 和信息效用值 d，第 j 项指标的信息熵值为

$$e_j=\frac{1}{\ln m}\sum_{i=1}^{m}Y_{ij}\ln Y_i \tag{3}$$

信息效用值为

$$d_j = 1 - e_j \tag{4}$$

（4）评价指标的权重

信息效用值越大，表明指标越重要，对评价的重要性就越大。最大可以得到第 j 项指标的权重为

$$W_j = \frac{d_j}{\sum_{j=1}^{n} d_j} \tag{5}$$

（5）求解综合评价值

$$F = \Sigma W_j y_{ij} \tag{6}$$

本文运用 MATLAB 程序使用熵权法，对 14 个二级指标进行赋权。但是根据实际赋权结果发现，货物贸易规模、港口货物集散、总部营运功能、国际企业集聚等指标变化程度较大，会获得较高的赋权，与实际经济意义背离。这也说明了熵权法作为客观法，数据决定权重，随着数据变化，权重会跟着变化，这样就很难说清指数的变化是权重导致的还是分指标导致。

本文将熵权法融合专家打分法，根据一级指标总数，确定了各个一级指标的权重为 20%，二级指标根据个数均分 20%的权重，得出指标权重如下：贸易规模下各二级指标权重为 10%、贸易主体下各二级指标权重为 6.67%、贸易规模下各二级指标权重为 6.67%、贸易开放下各二级指标权重为 6.67%、贸易环境下各二级指标权重为 6.67%。

3. 实证结果

根据表 3 的显示结果，在模型（0）中，D1 货物贸易开放指标、D2 服务贸易开放指标和 D3 数字服务贸易开放指标为 2019 年存量数值，根据综合评价值，上海在 6 个国际贸易中心城市中排名居第 5。将模型（0）改进为模型（0－1），即 D2、D3 保持不变，去除 D1，上海在 6 个国际贸易中心城市中排名居第 6。对应上海的情况，由于中国香港、新加坡、伦敦在货物、服务和数字服务等方面的开放度较高，D1 去除后，对这三者排名不产生影响，因上海进一步排后，纽约和伦敦因服务和数字服务贸易开放优势，赋值进一步提高，排位上升。模型（0）结论说明，一国开放程度越高，国际贸易中心城市地位越高，开放指标的变化对其排名的影响越小。上海因服务贸易和数字贸易开放程度较低，地位较低。由于货物贸易开放程度较高，各国差距较小，该指标变动对排名带来的变化也相对较小，但是因中国货物贸易开放程度要远远高于服务贸易，因此该指标的剔除对上海的地位造成一定的下拉作用。

在模型（1）中，当 D1 货物贸易开放指标、D2 服务贸易开放指标和 D3 数

字服务贸易开放指标为相对基期的改进数时，上海在 6 个国际贸易中心城市中排名居第 2，这是对模型（0）地位的较大提升，说明近年中国服务贸易开放水平的逐步提升，是推动上海城市地位上升的重要动力。纽约、伦敦、东京因开放改进程度不高，相应的居于后位。模型（1－1）为对模型（1）的微调，即去掉 D1 货物贸易开放指标，D2、D3 与模型（1）保持一致，上海在 6 个国际贸易中心城市中排名仍居第 2（见表 4），这是对模型（0）结论的进一步说明。

根据模型（0）和（1）的评价结果：一是国家贸易开放度水平决定了国际贸易中心城市地位，新加坡将贸易作为立国之本，发挥地理位置优势建立了货物码头，以后持续打造世界一流的贸易基础设施、推出“环球贸易商计划”、创建人才居留便利环境，不仅保持了中商品贸易的全球地位，而且在服务贸易、数字贸易方面获得先发优势，新加坡始终保持着 6 个城市首位地位。二是经济全球化的发展，推动了货物贸易的高度开放，6 个城市所代表的国家，在货物贸易领域开放程度的程度较高，货物贸易开放指标已经不是国际贸易中心城市地位的决定性指标。三是全球价值链服务化带来国际贸易中心内容变化，一国服务贸易开放水平是国际贸易中心城市地位的决定因素，开放水平越低，排名越低。四是一国服务贸易水平的持续提升，有助于激发国际贸易中心城市竞争潜力。

表 3　　2019 年全球主要国际贸易中心评价结果

城市	模型（0）		模型（0－1）		模型（1）		模型（1－1）	
	得分	排名	得分	排名	得分	排名	得分	排名
上海	0.39	5	0.32	6	0.55	2	0.462	2
纽约	0.44	4	0.42	5	0.37	5	0.350	5
伦敦	0.45	3	0.50	3	0.39	4	0.442	3
东京	0.37	6	0.44	4	0.24	6	0.283	6
新加坡	0.74	1	0.65	1	0.62	1	0.554	1
中国香港	0.57	2	0.51	2	0.45	3	0.411	4

四、上海国际贸易中心地位评价和相关建议

（一）上海国际贸易中心竞争地位的比较

1. 上海在货物贸易发展方面具有比较优势

货物贸易规模指标、主体竞争力指标和港口货物集散能力指标三个指标，上海得分居首位。2016 年起，上海口岸贸易额已超越中国香港、新加坡等国际

贸易中心城市，居世界城市首位，2019 年占全球货物贸易总额的 3.2%。由于上海口岸贸易和服务贸易总额具有领先优势，且出口额大于进口额，上海贸易主体竞争力居首位，上海口岸集装箱吞吐能力高达 4 330.3 万标准箱，连续 10 年世界第一，体现了上海以及长三角地区腹地制造和消费能力。这说明区域价值链的贸易内容决定了国际贸易中心城市的贸易内容和产业基础，与其他城市不同，货物贸易仍然是上海国际贸易中心的主要内容和优势基础。

2. 上海在服务贸易发展方面具有潜力

在服务贸易指标方面，上海居于规模指标中位，居于开放指标首位。2019 年，上海服务进出口总额占全球比重为 1.5%，远低于新加坡的 3.3%、伦敦的 2.4%。但是，根据 OECD 发布的服务贸易限制指数，近 5 年上海服务贸易开放指数改进程度较高。在空港游客集散能力指标方面，上海得分居第三位。根据国际机场协会，上海与全球的通达性逐渐提高，2019 年浦东国际机场旅客吞吐量 7 615.4 万人次，在全球机场中排名第 8 位，同比上升一位，但是低于东京羽田国际机场、伦敦希罗斯机场，说明上海作为商务、旅行等目的地地位还有待进一步提高。在合同执行指标方面，上海与首位城市新加坡相比，差距主要在于法院执行合同耗时更长。基于货物贸易基础、服务贸易开放环境和城市吸引力，上海服务贸易发展具有较大的潜力。

3. 服务贸易开放不足限制了上海国际贸易中心地位提升

在贸易主体一级指标中，上海在总部营运功能国际企业集聚两个指标中位居第四。2019 年上海 500 强总部企业数量为 9 家，与东京、纽约和伦敦差距较大。2019 年上海利用外资规模达到 190.0 亿美元，但远低于新加坡的 920.8 亿美元，主要原因在于受到服务贸易开放市场准入限制，以及服务引资竞争力不足带来国际贸易主体的多元化程度不够。在贸易环境一级指标中，上海在获得信贷和跨境贸易便利化二级指标中位居第五。2019 年获得信贷指标全球排名中，上海居第八十，而纽约为第四，新加坡、中国香港并列第三十七位，体现了中国服务贸易开放中竞争壁垒存在且较大。虽然近年来上海跨境贸易便利化水平有了大幅提升，但是比较中国香港、伦敦、纽约等城市，主要差距在于上海跨境贸易耗时较长、成本较高。受资金、人员等要素跨境流动约束以及服务贸易开放不足，上海作为国际企业进入国内市场、本土企业开拓国际市场的枢纽功能和双循环战略链接作用未能充分发挥。

4. 数字开放限制成为服务贸易开放程度提升的阻力

在数字服务贸易开放创新指标方面上海居第五位，并且 2019 年上海数字贸易开放创新指数相较基期下降 0.02，同期东京下降 0.04，而新加坡、纽约、伦敦、中国香港这 4 个城市这一指数均有所改善或保持不变，可见中国数字服务贸易发展不仅总体开放程度低，而且限制程度在提高。在数字设施指标方面，上海得分居第六位。根据 MGI（2016），中国跨境数据规模在全球排名从 2014 年的第 38 上升到 2017 年的第 9，但还仅为美国的 20%，与电子商务、数字经济体量形成对比。数据连通性不强限制了数字贸易潜力的发挥，进一步成为服务贸易发展的掣肘。

（二）全球服务贸易开放的趋势

一是从行业整体情况来看。根据 OECD 全球贸易服务限制指数评分，全球空运、海运、铁路货运、邮政快递、批发零售、物流货物装卸、物流货代和物流报关 8 个行业的限制指数的平均水平均有不同程度的下降。这与全球货物贸易的发展有关，为了促进全球贸易的有效流转，运输、物流、快递、分销等与贸易有关的服务开放水平不断提升，反映了全球化分工合作背景下各国货物贸易网络连通性提高。数字服务贸易限制指数降幅也较为明显。数字对提高服务业发展效率、推动产业转型升级具有重要作用，因此其开放受到越来越多国家的重视，开放程度显著提升，2019 年，录音影视、电信等行业的限制指数平均水平相较于 2014 年也有明显下降。计算机服务、物流仓储、商业银行、法律、会计、建筑设计行业的限制指数平均水平基本保持稳定，变化率均在 1%以内。另外，少数行业的限制指数平均水平呈现上升趋势，包括广播、公路货运、建筑以及工程咨询（王微、刘涛，2020）。

二是从外资准入和准入后限制来看。一方面，外资准入限制仍然是服务贸易开放的最大壁垒。所有行业中，有 11 个行业的外资准入限制数据占比位列所有限制指数的首位，主要是广播、空运、海运、保险、公路、商业银行、批发零售、电信、影视、邮政快递和铁路货运。广播、空运、海运这三个行业外资准入限制措施在该行业服务业开放外资的限制措施占比 50%以上，主要集中在外资股比限制、企业法律形态限制、董事会成员、审查要求、跨境资本活动限制、当地存在要求、跨境数据限制等。另一方面，外资准入后限制主要是监管透明度和人员流动限制。物流、货代及录音等行业，监管透明度较低，具体而言是通关便利度低、注册公司便利度低、法律生效前未公开协商、许可证要求、破产审批等方面，以及人员流动限制。其中在通关便利化方面，目前全球的货物贸易通关效率已经显著提升，而附属在货物中的服务贸易通关便利化是难点，典型如研发、维修等服务贸易。建筑工程、工程咨询、法律、会计等行业主要是人员流动限制高，具体而言包括数量限制、滞留时间、执业身份等。而电信、空运、铁路等的竞争壁垒比较高，比如国有企业的竞争地位，其他歧视性限制措施，主要体现在政府采购、税收补贴等。

（三）中国服务贸易开放路径建议

服务贸易开放的制约，不仅会影响上海国际贸易中心建设成效和地位，并进一步影响到中国在全球服务发展中的竞争地位。基于以上的判断，建议有效推进中国服务贸易开放。根据对《外商投资准入特别管理措施（负面清单）》《自由贸易试验区外商投资准入特别管理措施（负面清单）》梳理，中国负面清单外共涉及20个服务业存在准入后经营限制。不同服务业外资准入后受到的法律约束各不相同，包括宪法、法律、行政法规、地方性法规、规章。根据法律效力，宪法＞法律＞行政法规＞地方性法规、规章，但是部门规章之间、部门规章与地方政府规章之间具有同等效力，由于同等效率的存在，导致同一服务业外资准入后经营限制条款的法律解释不一致，使得外资行业经营规定模糊不清，造成服务业外资企业在准入后面临大量的经营限制，是目前中国服务贸易开放的主要问题。

基于以上情况，可以借鉴 USMCA、EPA，中国服务贸易开放采取负面清单+不符措施的路径，从提高规则透明度角度着手提升服务贸易开放程度。具体而言，负面清单围绕价值链发展要求，降低研发、维修、再制造、专业服务、金融领域准入限制。服务贸易不符措施根据三个原则进行调整：一是不同条款之前没有放松或者严格的服务业，按照现行规定确定外资准入后的经营限制。二是不同条款之前具有不同准入后限制要求的行业，采取负面清单外准入后经营规定的最低约束规定，具体而言即是在遵守宪法和法律准入后经营规定的原则下，部门规章之间、部门规章与地方政府规章之间具有同等效力的行业经营限制条款，取最低约束条款。三是不同自贸试验区的正面清单，应该有所差异，比如海南自由贸易港可以突出农业、种植领域的开放，上海自贸试验区突出航空运输业、金融、质检维修、检验检疫、教育研发、电信等开放，重点是在正面清单中明确相应的经营要求以及法律法规和规章制度。

参考文献

［1］Andrenelli, A., et al. (2018). Multinational production and trade in services. OECD Trade Policy Papers, No. 212, OECD Publishing, Paris.

［2］Francois J, Manchin M, Tomberger P. Services Linkages and the Value Added Content of Trade [J]. World Economy, 2016, 38 (11): 1631－1649.

［3］Ferencz, J. and F. Gonzales (2019－10－03). Barriers to trade in digitally enabled services in the G20. OECD Trade Policy Papers, No. 232, OECD Publishing, Paris.

［4］Gereffi G. The organization of buyer-driven global commodity chains: how US retailers shape overseas production networks [J]. Contributions in Economics and Economic History, 1994: 95.

[5] Gereffi G, Humphrey J, Sturgeon T. The governance of global value chains [J]. Review of international political economy, 2005, 12 (1): 78－104.
[6] Gereffi G, Fernandez-Stark K. Global value chain analysis: a primer [J]. Center on Globalization, Governance & Competitiveness (CGGC), Duke University, North Carolina, USA, 2011.
[7] Gereffi G, Lee J. Why the world suddenly cares about global supply chains [J]. Journal of supply chain management, 2012, 48 (3): 24－32.
[8] Haaparanta, Pert ti. Regional Concentration, Trade, and Welfare [J]. Regional Science and Urban Economics, 1998 (28), pp. 445 – 463.
[9] Hoekman, Mattoo. Services trade and growth [J]. World Bank Policy Research Working Paper Series, Vol, 2008. p20. 14
[10] Hymer S H. The multinational corporation and the law of uneven development [M]. Yale University, Economic Growth Center, 1972.
[11] Kaplinsky R, Morris M. A handbook for value chain research [M]. IDRC Canada, 2002.
[12] Krugman P, Elizondo R L. Trade policy and the third world metropolis [J]. Journal of Development Economics, 1996, 49 (1): 137－150.
[13] Krugman, P. and Venables, A. Globalizati on and the Inequality of Nations [J]. Quarterly Journal of Economics, 1995, November, MIT Press, 110 (4), pp. 857–880.
[14] O'Connor. Australian ports, metropolitan areas and trade-related services [J]. The Australian Geographer, 1989, 20 (2): 170.
[15] OECD (2004). Digital Delivery of Business Services. OECD Digital Economy Papers, No. 79, 04－22, OECD Publishing, Paris.
[16] OECD (2015). How data now drive innovation. in Data-Driven Innovation: Big Data for Growth and Well-Being, OECD Publishing, Paris.
[17] OECD (2019). Online advertising: trends benifits and risks for consumers. OECD Digital Economy Papers, No. 272, OECD Publishing, Paris.
[18] OECD (2019), Going Digital: Shaping Policies, Improving Lives, OECD Publishing, Paris, https: //www.doi. org/10. 1787/9789264312012－en.
[19] Sassen，S.. The global city. Princeton University Press Princeton，NJ, 1991, p. 121.
[20] Masahisa Fujita 等．空间经济学：城市、区域与国际贸易［M］．北京：中国人民大学出版社，2005．
[21] 程大中．国际贸易中心的历史演变及其对上海的启示[J]．世界经济情，2009（7）：17－19．
[22] 陈韬，贺灿飞．国际贸易地理研究进展[J]．地理科学进展，2020，39（10）：

1732－1746.
［23］黄丙志，石良平.世界城市视角下国际贸易中心的当代“节点”特征［J］.上海经济研究，2010（11）：59－65.
［24］李计广，李秋静.中国推进高水平开放：内涵、标准与评估［J］.国际贸易，2020（4）：4－13.
［25］刘程.北欧区域贸易变迁与经济体兴衰探究——以汉萨同盟为例［J］.贵州社会科学，2020（1）：83－89.
［26］马述忠，任婉婉，吴国杰.一国农产品贸易网络特征及其对全球价值链分工的影响——基于社会网络分析视角［J］.管理世界，2016（3）：60－72.
［27］麦肯锡全球研究院（MGI）.数字全球化全球流动的新时代.2016.3.
［28］格雷格·克拉克.全球城市简史［M］.北京：中国人民大学出版社，2018.
［29］乔尔·科特金.全球城市史［M］.北京：社会科学文献出版社，2006.
［30］沈玉良，高耀松.上海现代国际贸易中心建设：内涵、利益和思路［J］.国际贸易，2008（5）：30－34.
［31］沈玉良.国际贸易中间商、贸易交易方式与贸易监管制度改革［J］.科学发展，2010（10）：86－90.
［32］沈玉良，彭羽.海南自由贸易港建设思路［J］.中国口岸科学技术，2020（4）：4－11.
［33］陶昌盛，沈雅琴.上海未来的选择：构建现代国际贸易中心［J］.经济纵横，2003（5）：52.
［34］魏浩.中国30个省市对外贸易的集聚效应和辐射效应研究［J］.世界经济，2010，33（4）：68－84.
［35］夏杰长，肖宇，孙盼盼.以服务业扩大开放促进中国产业升级：理论逻辑与政策思路［J］.国际贸易，2020（6）：4－13，79.
［36］王子先.上海国际贸易中心建设在全国外贸转型升级中的先导作用［J］.国际贸易，2011（10）：34－38.
［37］王微，刘涛.服务业：制度型开放促改革深化［M］.北京：中国发展出版社，2020.
［38］张娟.服务业跨国公司的贸易效应［M］.北京：经济科学出版社，2017.
［39］张娟.进口博览会视角下上海国际贸易中心建设的内涵和路径［J］.国际贸易，2019（5）：38－46.
［40］张幼文.世界经济学的基础理论与学科体系［J］.世界经济研究，2020（7）：3－16，135.
［41］周振华.崛起中的全球城市：理论框架及中国模式研究［M］.上海：上海人民出版社，2008.

对外贸易质量综合评价研究

吴珍倩　贾怀勤[①]

摘　要：2018 年以来，持续的中美贸易摩擦促使各界倍加关注贸易质量问题。中央于 2019 年提出要推进贸易的高质量发展，并要求建立贸易高质量发展的指标、政策、统计、绩效评价体系。本文在界定贸易质量内涵基础上，构建了贸易质量综合评价指标体系，采用专家赋权法和线性加权求和法，计算了 2001—2016 年各年的贸易质量综合评分，并尝试对国内地区间的贸易质量做对比。结果显示，加入世界贸易组织以来，我国贸易质量总体上是提高的，尤其是 2001—2010 年这 9 年间，呈现快速提高状态，但在 2010 年之后，贸易质量的改善趋势不明显。从地区间的对比来看，当弱化了贸易总量增长的重要性以后，地区间的贸易质量差距变小。

关键词：贸易质量；综合评价；专家赋权法；指数

一、问题的提出

（一）中美贸易摩擦促使各界倍加关注贸易质量

2013 年，中国货物贸易总额达到 4.16 万亿美元，首次超过美国，成为世界第一货物贸易大国。2016 年，美国货物贸易额以 210.48 亿美元的微弱差量反超中国，重回世界第一的地位。但是当时有关各界对贸易的主要关注已经由规模转向了质量。2018 年，美国挑起贸易摩擦。在不断升级的中美摩擦之下，外贸行业受到很大影响。彭雪平等学者在基于全球价值链视角对中美贸易摩擦的影响研究显示，“中美双边的贸易中，美国的获利能力要高于中国；美国处于价值链中‘产品研发’和‘产品销售’的高附加值两端，而中国在双边贸易中属于不利的一方；由于中国本身缺乏技术密集型产品，对中间品加工所获的利润因

① 吴珍倩，对外经济贸易大学国际商学院毕业博士，安邦智库合作研究员。

关税政策会有一定的降低。”[①]可以说，中美贸易摩擦进一步促使各界倍加关注贸易质量问题。2019 年，中央提出推进贸易的高质量发展。同时，中共中央、国务院发布的《关于推进贸易高质量发展的指导意见》明确指出，“建立贸易高质量发展的指标、政策、统计、绩效评价体系。”

（二）贸易质量的研究现状

国外文献中关于贸易质量的研究仅限于商品质量，并非本文所主张的贸易质量内涵。国内业界对贸易质量通常是宽泛的强调，定量研究并不多。迄今为止，对中国的贸易质量进行了定量综合评价的研究主要有：何莉（2011）构建了对外贸易质量评价指标体系，对 1990 年至 2009 年中国的贸易质量进行了综合分析并给出了综合评价值。朱启荣、言英杰（2012）建立了一套贸易增长质量评价指标体系，计算了贸易增长质量综合指数，构建了实证分析模型，并进行了影响因素分析。贾怀勤、吴珍倩（2017）以定性研究与定量研究相结合的方式，对 2003 年至 2014 年的我国贸易质量综合评价进行了系统性研究。高金田、孙剑锋（2019）建立了我国贸易宏观质量评价体系，并运用基于 TOPSIS 的灰色关联法进行综合评价。还有一些学者对贸易竞争力综合评价、贸易可持续发展综合评价、贸易强国综合评价，以及贸易业绩综合评价等相关问题也开展了一些研究。

本文尝试从贸易质量的内涵出发，基于搭建的贸易质量综合评价指标体系，采用专家赋权法和线性加权求和法，对加入世界贸易组织的十几年来，中国贸易质量的发展状况和趋势特点进行分析，并对地区间的贸易质量进行对比。

二、对贸易质量的测度

（一）贸易质量内涵和指标体系架构

贸易质量是人们在深入认识贸易过程中发展出来的抽象概念，其内涵取决于不同理论与思想下的利益追求和贸易主张[②]。本文的贸易质量的定义是：“一个国家或地区的贸易发展状态符合其自身发展需求的程度”。贸易质量的内涵取决于一个国家或地区在特定历史时期和价值观下所确定的利益追求和贸易主张。一个国家或地区贸易质量的优劣，直接体现为其贸易战略的实现程度[③]。基于以上的贸易质量内涵，从政策导向出发，结合国内外学者对我国贸易战略发

① 彭雪平，焦晓松，李菊．全球价值链视角下中美贸易摩擦及其影响[J]．合作经济与科技，2021.

② 贾怀勤，吴珍倩．我国贸易质量综合评价初探[J]．国际贸易，2017（4）.

③ 吴珍倩．我国对外贸易质量综合评价研究[D]．对外经济贸易大学博士毕业论文，2017.

展方向的观点，本文的综合评价指标体系由四个主要部分构成：总量增长、贸易结构、贸易可持续性和国际地位（如图1所示）。

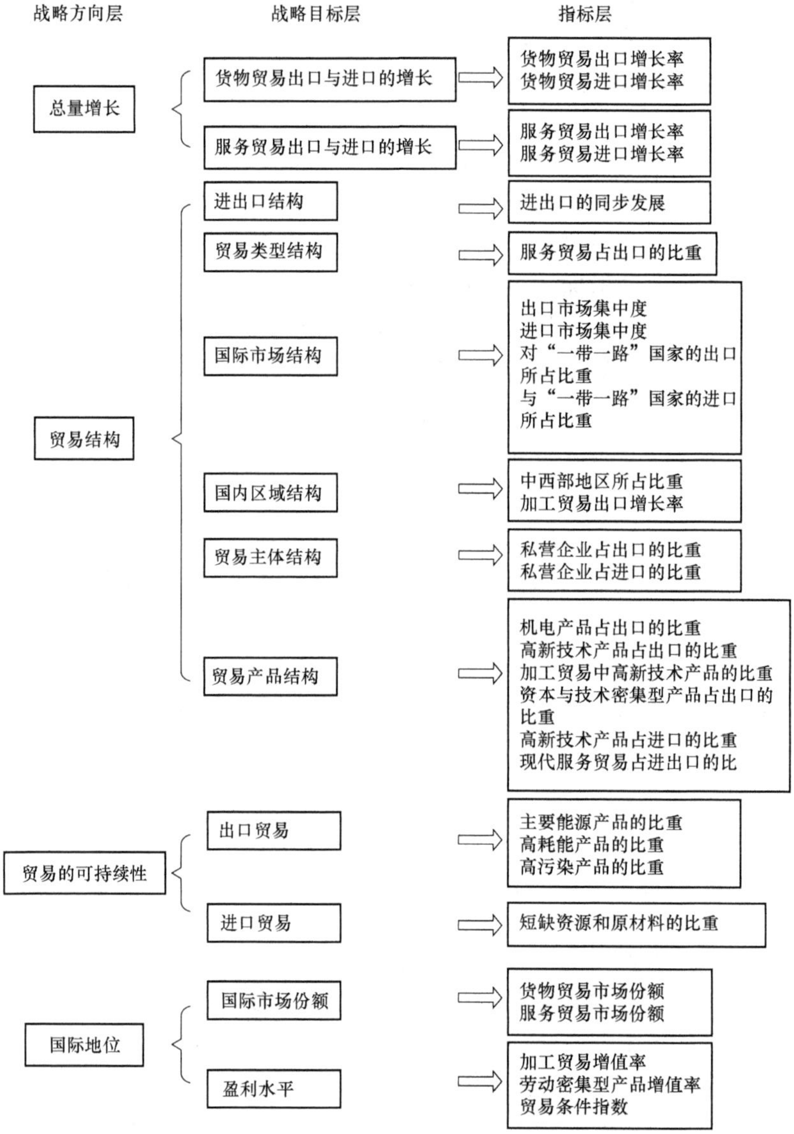

图1　中国对外贸易质量综合评价指标体系结构图

（二）综合评价方法和思路

本文采用专家赋权法和线性加权求和法来作为贸易质量综合评价方法，所基于的三方面考虑是：第一，根据本文对贸易质量内涵的界定，贸易质量内涵取决于一个国家（或地区）在特定历史时期和价值观下的利益追求和贸易主张，因此，贸易质量的高低具有很强的时代特殊性，专家赋权法能够将这种特殊性很好地反映出来；第二，本文中综合评价指标体系的搭建思路是近年来我国推行的贸易战略，这意味着指标体系中的每一个指标都代表着一个贸易发展目标或方向，指标权重也应体现出这样的目标性和指向性，专家赋权法能够实现这一要求；第三，一般认为几何合成法对指标数值的变化较为敏感，对权重的差异较不敏感，而线性合成法对权数较为敏感，对数值的变化不敏感。权重是贸易战略的重要体现，当前中国的贸易战略在全球变局背景下正面临大的调整，选择线性合成法来评估贸易质量状况，能够更好地反映局部指标变化的效果。

本文数据来源于《中国海关统计年鉴》《中国贸易外经统计年鉴》《中国商务年鉴》、国家统计局网站数据、海关总署网站数据、世界贸易组织网站数据库、《广东省统计年鉴》(2017)、《江苏省统计年鉴》(2017)、《河南省统计年鉴》(2017)和《青海省统计年鉴》(2017)。其中，货物贸易数据来自各年的《中国海关统计年鉴》和国家统计局网站；服务贸易数据来自《中国商务年鉴》和世界贸易组织网站数据库；加工贸易数据来自《中国贸易外经统计年鉴》。

笔者向相关领域的专家发放并回收了 51 份问卷，请专家分别对一级指标和二级指标的权重分配进行了打分。本文将专家对各级指标的打分进行逐级整合，最终确定本文的指标权重。结果显示，专家打分最高的一级指标权重分配方式有两种。其中一种是均等权重（以下简称“权重一”），即总量增长、贸易结构、贸易可持续性和国际竞争力这四个方面各占 25%；另一种权重分配方式是总量增长占 10%，贸易结构、贸易可持续性和国际竞争力各占 30%（以下简称“权重二”）。为了对不同权重分配方式和综合得分进行比较分析，本文在分别采用以上这两种一级指标权重分配方式来分别计算贸易质量综合得分以外，还加入了第三种权重分配方式（以下简称“权重三”），总量增长占 10%，贸易结构占 40%，贸易可持续性和国际竞争力各占 25%，即进一步强调贸易结构的重要性。

表 1　　一级指标权重分配

	总量增长	贸易结构	贸易可持续性	国际竞争力
权重一	0.25	0.25	0.25	0.25
权重二	0.1	0.3	0.3	0.3
权重三	0.1	0.4	0.25	0.25

根据专家打分的情况，对于二级指标，在总量增长方面，货物贸易与服务贸易的权重分别占 40%和 60%；在贸易结构中，进出口平衡、服务贸易占比、

国际市场结构、国内区域平衡、贸易主体结构以及贸易产品结构的权重依次是 10%、20%、25%、10%、15%和 20%；在国际竞争力中，国际市场份额和盈利水平占 40%和 60%的权重。综合一级指标权重和二级指标权重得到三级指标权重。

（三）计算综合得分

基于上述三种权重分配方式，采用加权线性合成法计算出 2001—2016 年我国各年的贸易质量综合评分，得到我国贸易质量综合评分趋势如图 2 所示。

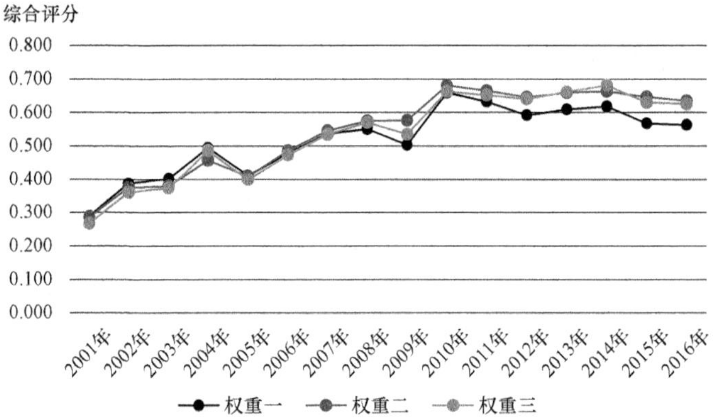

图 2 中国贸易质量综合评分趋势图

从图 2 可以看到，在三种不同的权重分配方式下，我国贸易质量综合评分都呈现了总体上升的趋势。不同之处是，在权重一的评价方式下，即总量增长、贸易结构、贸易可持续性和国际竞争力四个方面的权重均等的情况下，贸易质量综合评分的上下波动情况较明显。其中，2001—2010 年的综合评分上升明显，但 2010 年后呈现明显下降。权重二的分配方式降低了总量增长的权重，提高了贸易结构、贸易可持续性及国际竞争力的权重，虽然 2010 年后仍呈现回落，但回落幅度趋缓。在权重三的方式下，进一步突出了贸易结构的重要性，综合得分在 2010 年后呈现平稳状态，甚至在 2014 年达到了峰值。综上可见，当权重向贸易结构倾斜时，贸易质量有所改善的趋势更为明显，尤其是在 2010 年之后。

贸易质量综合得分可以反映出我国贸易质量的发展变化趋势，但单个综合得分的经济意义不易解释。为了让综合评价的结果直观且便于解释，本文采用基期法构造了贸易质量指数。以 2001 年作为基期，因为这一年我国正式加入世界贸易组织。构造这样一个指数的优点是，每一个指数值都可以反映出该年的贸易质量相对于基年变化发展情况。小于 1 代表相对于 2001 年，贸易质量下降，大于 1

代表相对于2001年，贸易质量提高，且数值越大，意味着提高的程度越大。

指数公式：$Yi = yi/y0$

式中，Yi 为第 i 年的贸易质量指数，yi 为第 i 年的贸易质量综合评分，y0 为基年的贸易质量综合评分。图3呈现了三种权重方式下的贸易质量指数走势图。

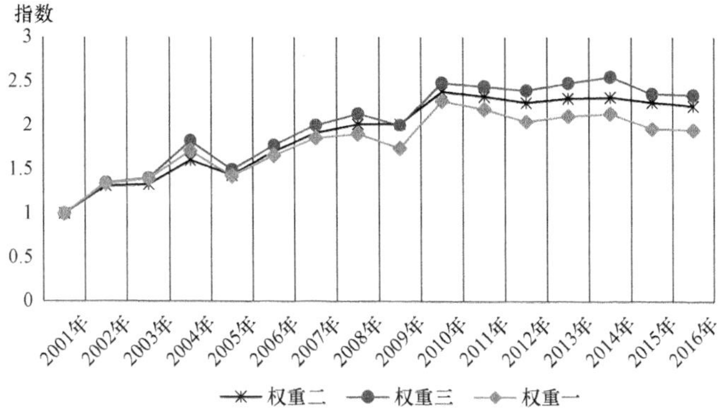

图3　贸易质量指数走势图

为了评估我国地区间贸易质量的差距，笔者同时也针对地区的贸易质量情况进行了问卷调查。结果显示，专家认为我国贸易质量最高的地区是北京、上海和广东；贸易质量最低的地区是西藏、青海和新疆。基于专家对地区贸易质量的评估，本文选取广东省作为贸易质量最高的省份代表，选取青海省为贸易质量最低的省份代表，同时增加江苏和河南两省，分别计算广东、青海、江苏、河南这四个省份在2016年的贸易质量综合得分，以对照于专家的评估结果。

把贸易质量综合评价指标体系应用于地区的贸易质量综合评价时，需要对指标进行一定的筛选，有的指标并不适用于对地区贸易质量的评估，比如，进出口平衡指标、国际市场结构等。需要说明的是，由于不同地区的经济发展水平、资源条件和区位特点不同，其贸易发展定位也有所不同，在国家发展战略的大局下，不同地区扮演着不同的角色。所以，不同地区的贸易质量综合评价指标体系都应具有区域特点。本文在国家层面的贸易质量综合评价指标体系的大框架下，构建了地区间可对比的指标体系，分别采用“权重一”和“权重二”两种权重分配方式，对三组地区2016年的贸易质量进行了对比。第一组是广东和江苏，第二组是广东和青海、第三组是广东和河南。按照“权重一”所计算的各组贸易质量综合得分如表2所列，按照“权重二”计算的各组贸易质量综合得分如表3所列。

表 2　　2016 年地区贸易质量对比（均等权重）

第一组		第二组		第三组	
省份	综合得分	省份	综合得分	省份	综合得分
广东	0.65	广东	0.57	广东	0.66
江苏	0.57	河南	0.64	青海	0.19

表 3　　2016 年地区贸易质量的对比

第一组		第二组		第三组	
省份	综合得分	省份	综合得分	省份	综合得分
广东	0.65	广东	0.60	广东	0.62
江苏	0.63	河南	0.60	青海	0.18

从以上贸易质量综合得分来看，同为东部发达地区省份，广东省的贸易质量略高于江苏省；作为东部与西部地区的对比，广东省的贸易质量显著高于青海省；作为东部与中部地区的对比，广东省与河南省的贸易质量在不同的权重分配指标体系下发生了变化。还可以看到，当弱化贸易增长的重要性以后，地区间的贸易质量差距都缩小了。如前所述，从国家整体发展战略的视角，各地区是一盘棋，各地区的战略定位是不同的。进行地区间横向对比的意义在于，一是可以对同一经济板块下各省份的贸易质量进行评估和对比，二是通过权重引起的贸易质量得分变化，发现各省份贸易质量差距是出于哪些方面。

（四）主要影响指标分析

2001—2016 年，我国贸易质量水平的变化趋势是在波动中有所提高的，其积极变化主要体现在贸易结构的某些方面得到优化，贸易朝着可持续的方向发展，国际地位得到一定程度的提高。其中，贸易结构的优化主要表现在国际市场集中度降低，并朝着多元化方向发展，贸易主体结构进一步优化，国内区域发展的不平衡性有一定程度的弱化，现代服务贸易在服务贸易中的比重提高。贸易朝着可持续的方向发展表现在主要能源产品、高耗能产品和高污染产品的出口比重在 2009 年以后呈下降趋势，短缺资源和原材进口比重不断上升。国际地位的提升主要体现在市场份额逐年增加、劳动密集型产品的增值率明显提高。

但是，一些方面也影响了贸易质量的稳定和提高，主要表现在贸易增长率易受国际经济形势的影响，波动幅度较大、贸易产品结构有待升级，尤其是高新技术产品的出口比重有待提高、贸易集中于东部地区的状态没有改变、加工贸易增值率不稳定等。

服务贸易在 2009 年的出口增长率和进口增长率都跌落至最低点，其中出口增长率是－12.3%，进口增长率为 0。服务贸易出口占出口总体的比重也持续下降，从 2001 年的 12.7%下降到了 2016 年的 9%。从总量来看，服务贸易对我国贸易质量的影响是消极的。

中西部地区进出口贸易占我国贸易总体的比重有一定程度的提高，但依然偏低，从 2001 年的 0.8%上升到 2016 年的 12.8%。另一方面，加工贸易出口增长率除了 2010 年因 2009 年的负增长而反弹外，整体呈下降趋势。这间接说明了集中在东部地区的加工贸易，在传统优势弱化的情况下，还没有实现有效地向中西部地区转移。因此，区域结构还需要进一步朝着均衡化的方向发展。

机电产品出口比重与高新技术产品出口比重没有明显提高，略有波动。2001 年至 2016 年期间，机电产品比重在 44.6%—59.2%之间；高新技术产品比重在 5.9%—31.4%之间。加工贸易的高新技术产品比重与资本密集型产品比重都表现为先上升后下降趋势，且都在 2010 年达到最高值后开始下降。

三、研究结论和建议

（一）2001—2016 年我国贸易质量发展趋势及特点

2001—2016 年，我国贸易质量的发展变化呈现出三个特点。第一，加入世贸组织以来，我国贸易质量总体上是提高的，尤其是 2001—2010 年这 9 年间，呈现快速提高的状态。第二，2010 年之后，贸易质量进入了一个新的阶段，但有下降迹象。特别是在权重一下的贸易质量指数，即总量增长、贸易结构、贸易可持续性和国际竞争力的权重均等，在这样的权重下，2010 年后的贸易质量是下降的。第三，如果不以旧有的发展观念来追求总量的增长，而是强调贸易结构、贸易的可持续性和国际地位这三个方面，则 2010 年之后的贸易质量是平稳向前的。如果更进一步强调贸易结构的重要性，如权重三的分配方式，则贸易质量在 2014 年达到高峰。这说明 2010 年后，如果以旧有的发展观来看待贸易质量，那么贸易质量是下降的；而如果重新调整我们的贸易发展观，把贸易结构放到更高的战略地位，那么贸易质量是平稳向前，甚至略有提升的状态。但是也要看到，即便如此，2010 年后的贸易质量改善趋势并不明显，这一方面是由于总量增长指标在 2010 年后显著下降，另一方面也说明了我们在改善贸易结构、贸易的可持续和国际地位方面仍然任重道远。从地区间的对比来看，东部地区的贸易质量显著高于西部地区。但是当弱化贸易增长的重要性以后，地区间的贸易质量差距都缩小了。

（二）贸易质量建设的相关建议

本文认为进一步提高我国贸易质量的方向主要在以下四个方面：

1. 进一步发展服务贸易

服务贸易发展水平是反映一国贸易竞争力的重要指标，也被一些学者视为绿色贸易。发展服务贸易符合我国走向贸易强国的战略方向，也符合贸易可持续发展观的要求。当前我国服务贸易与货物贸易相比发展滞后，且格局仍以传统服务贸易为主，需要进一步开放服务贸易领域，尤其是以国际金融、保险、国际信息处理、软件服务等为代表的现代服务贸易领域，推进服务贸易出口的发展。另外，大力发展国际服务外包，通过承接国际服务外包业务来促进服务贸易的发展。近年来国际服务外包在全球快速发展，一些发展中国家和地区正在抓住这一机遇抢占国际服务外包市场。国际服务外包也成为当前国际贸易的发展趋势之一。

2. 推进国际市场多元化

我国贸易的国际市场结构已经发生了积极的变化。我国同“一带一路”国家的进出口比重也从一个侧面反映了我国贸易市场多元化的发展进程。我国对“一带一路”国家的出口占出口总体的比重稳定上升，2001 年为 14%，2016 年上升到 27%；我国从“一带一路”国家的进口占进口总体的比重也在持续提高，2001 年为 18.6%，2016 年为 22.6%，2011 年和 2012 年达到一个峰值 25.1%。综合而言，我国国际市场结构是朝着优化的方向发展的。在当前全球经济与国际贸易低迷、发达国家和地区经济总体走低、新兴经济体增速总体放缓的背景下，我国贸易多元化的方向是“一带一路”国家、新兴经济体、发展中国家和地区、边境和周边地区中选择部分有潜力、经济表现较好的市场重点发展。在此基础上，还可以积极发展和非洲与拉美等地区的贸易。

3. 促进国内区域均衡发展

东部地区加工贸易的传统优势正在弱化，但其拥有技术和资金优势，且已经具备将加工贸易从劳动密集型向技术与资本密集型转变的基础。传统劳动密集型的加工贸易可以转移至中西部地区，充分发挥中西部地区在劳动力和资源方面的优势，通过加工贸易的转移来推动国内区域均衡发展。

4. 优化升级贸易产品结构

我国贸易的产品结构仍需要进一步优化。需要继续发展高技术产品、资本与技术密集型产品的出口，扩大高新技术产品、部分资源和原材料产品的进口。继续提高劳动密集型产品、加工贸易的附加值，提高我国在全球价值链中的位置。减小能源产品、高耗能产品和高污染产品的出口，协调处理贸易与生态环境的关系。

参考文献

[1] 贾怀勤，吴珍倩．我国贸易质量综合评价初探[J]．国际贸易，2017（4）．

[2] 吴珍倩．我国贸易质量综合评价研究[D]．对外经济贸易大学博士毕业论文，2017．

[3] 高金田，孙剑锋．我国贸易宏观质量综合评价探究[J]．中国经贸导刊，2019（6）．

[4] 何莉．基于 AHP 的中国对外贸易质量综合评价[J]．国际经贸探索，2011（9）．

[5] 何莉．中国对外贸易质量评价体系研究[J]．财经科学，2010（263）．

[6] 谷志红，牛东晓．对外贸易可持续发展的评价指标体系及模型[J]．理论新探，2005（5）．

[7] 朱启荣，言英杰．中国外贸增长质量的评价指标构建与实证研究[J]．财贸经济，2012（12）．

PCT国际申请与国际经济发展比较分析

许晓娟　党建伟　周平录[①]

摘　要：PCT国际申请量是十三五时期多项国家重点规划所列出的考核指标，该指标与国际经济有着密切的关联，但是不同国家在具体的申请路径及申请趋势上呈现出较大的差异，为了探索PCT国际申请量与国际经济发展之间的关系，本研究借助于国际收支统计的框架，分别从知识产权服务费、货物贸易以及直接投资三个方面进行了量化分析。通过与美国、德国、日本和韩国等国家的比较，本文展示了中国在PCT国际申请与国际经济发展关联性方面存在的共性与差异，并提炼出需要重点关注的现象和问题，为政策制定提出建议。

关键词：PCT国际申请；知识产权服务费；货物贸易；直接投资

一、引言

（一）研究背景与意义

《专利合作条约》（PCT）国际申请途径已逐渐成为创新者在海外市场开展专利布局的重要途径。近年来，我国PCT国际申请量加速增长。世界知识产权组织（WIPO）最新发布的数据报告显示，2016年我国PCT国际申请量达到4.3万件，占全球PCT国际申请量的18.5%，居世界第三位，仅次于美国和日本，比2015年增长44.7%[②]。对中国而言，PCT国际申请备受关注，被视为创新驱动发展战略和“走出去”战略实施的重要支撑，《“十三五”国家知识产权保护和运用规划》《“十三五”国家科技创新规划》等多项国家重点规划均将PCT国际申请量作为主要规划考核指标。

① 许晓娟、周平录均来自对外经济贸易大学国际商学院；党建伟来自同济大学上海国际知识产权学院。

② 数据来源：项目组据WIPO数据库数据计算。

从国际比较的角度，与单一国家或地区专利申请指标相比，PCT 国际申请指标能够有效降低“本国偏好”这一缺陷，因此，PCT 国际申请量已成为衡量全球技术竞争格局及其发展态势的重要指标。经济合作与发展组织（OECD）已将 PCT 国际申请量作为衡量世界技术前沿重要技术和经济价值的技术创新的重要指标，进行国际间的创新能力比较。然而，PCT 国际申请量单独作为评价一国经济发展的指标是存在局限性的。使用 PCT 数据只有结合各国的经济结构，才能更加有效地说明 PCT 数据的经济含义。

首先，WIPO 在 2016 年 *Patent Cooperation Treaty Yearly Review* 对国际专利（包括以 PCT 申请的和按照巴黎公约优先权申请的）来源的主要国家的国际专利申请趋势做了描述（参见图 1-1）。来自中国的申请在 2004 年左右开始快速增加，这一趋势与略早几年的韩国较为一致。而美日德几国的国际专利申请剧增期则要更早一点。这一数据总体上说明 PCT 与经济发展态势有明显关联。但是，在具体的申请路径及近期的申请趋势上，各国则呈现出较大的差异。例如，来自韩国的国际申请中增长最大的是以巴黎公约途径申请的，与中国近年以 PCT 为主要增长来源的特征构成较大反差。在同是出口经济的德国，PCT 和巴黎公约途径的国际申请都在 2010 年左右趋向稳定。这些数据提示我们，PCT 增长不仅与经济发展速度有关，还有明显的国家经济贸易特征，包括出口目的地、出口产品类别以及各国主要创新企业的专利战略。

第二，从宏观的角度，PCT 国际申请的增长与一国经济的发展有关。一般而言，随着 PCT 的增加，GDP 呈现出增加的态势，这一现象在美国、日本、德国等发达国家均有表现。我国 PCT 国际申请量的高速增长发生在近十余年对外经济蓬勃发展的大背景下，与我国跃居成为世界最大出口国、利用外资和对外直接投资的规模名列前茅相适应。但是，PCT 与经济发展之间存在错综复杂的关联，PCT 与 GDP 并非简单的线性关系。特别是日本，虽然近年来 GDP 持续下降，但是其 PCT 申请量仍然居高不下，构成了创新型经济的一种独特现象。不同国家 PCT 与 GDP 关系均呈现出各自不同的特点，忽略二者关联的内在机制，基于简单的线性关系无法支撑政府做出有说服力的政策。

第三，从专利获益的方式来看，专利可以通过许可等方式而获得收益。国际间的知识产权使用费记录在各国《国际收支平衡表》服务贸易项下。长期以来，我国对国外支付较高的知识产权使用费，而从国外收取的知识产权使用费较低，因此存在较高的贸易逆差，造成我国服务贸易竞争力不高。PCT 国际申请与知识产权使用费的匹配关系如何？回答这个问题可以帮助我们更好地理解中国 PCT 申请量增长的意义。

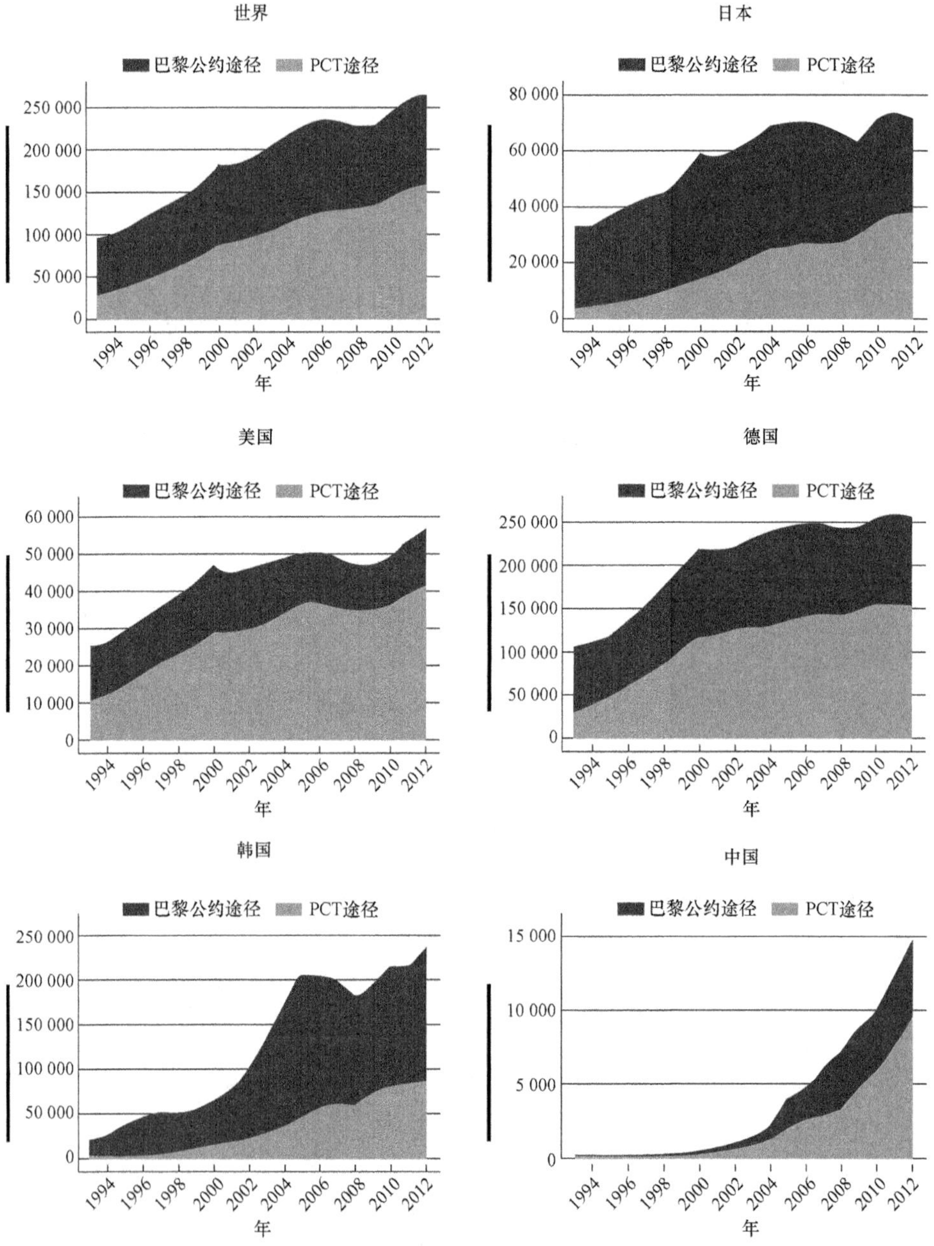

图 1-1 1993—2012 年典型国家按申报方式的国际专利申请量

注：图表来源于 Patent Cooperation Treaty Yearly Review, WIPO, 2016。

实践中，由于专利直接交易中存在信息不对称的问题，达成双方认可的价格往往不易，因此，知识产权使用费并不是专利变现的主要渠道。企业往往通过境内生产，在获得专利保护条件下，将产品或服务出售，从而获得专利的收益。在贸易全球化的背景下，为了出口，PCT作为国际认可的专利保护，就体现出其为出口保驾护航的重要作用。PCT的高速增长正是发生在我国近十几年出口的高速增长背景下，但是，随着我国出口下滑，PCT却高速增长，二者的关系开始产生背离，如何认识出口与PCT申请量的关系呢？理解中国PCT申请量增长的意义，需要将此问题放到全球国际贸易与创新的背景下才能获得更全面的理解。

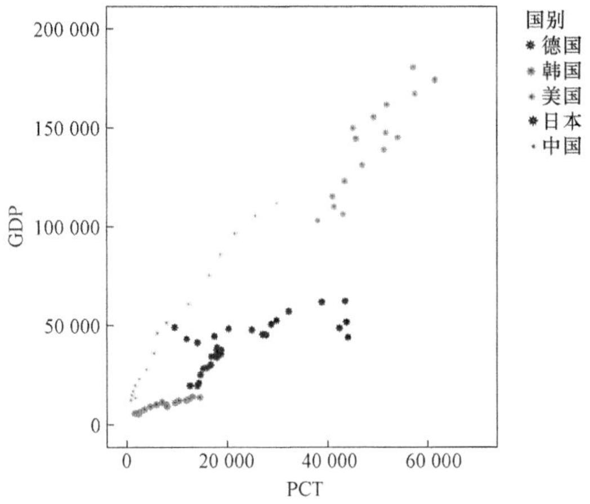

图1-2 典型国家2000—2015年PCT申请量与GDP的关系

注：数据来源于WIPO和联合国贸发会议网站数据库，项目组绘制。

20世纪80年代以来，随着全球化向生产和研发全球化方向发展，跨国公司越来越成为国际经济发展的主要推动力，全球绝大部分的技术创新都是由跨国公司完成，跨国公司将产品的研发、生产与销售等不同的环节安排在不同国家进行国际分工，在全球范围内协同发展，使全球化的发展从传统的跨境贸易向价值链的全球布局方向发展。在这种背景下，PCT国际申请不仅与出口相关，也与跨国公司的资产配置有关，而外国直接投资（FDI）正是这种资产配置的直接表现。

在学术研究方面，知识产权、贸易、投资相关领域的很多学者针对知识产权保护对经济增长的作用（如：Thompson、Rushing，1996，1999）、出口企业的创新活动（如：Dai and Yu，2013）等方面利用宏观经济统计数据和专利数据做了很多研究。这些研究对于理解专利的价值、专利与经济活动的联系等原理有很大意义。但是，这些研究中通常并不单独区分PCT申请，而是将专利数据作为创新活动的一个代理指标，其结论并不能直接作为PCT指标的意义。

基于此，本项目将从跨境知识产权使用费、出口和外国直接投资三个层面开展PCT与经济发展关系的研究。三种渠道代表了PCT变现的不同方式，对经济发展做出贡献的机理也各有不同。通过梳理各国PCT与经济发展指标的数量关系，阐释 PCT 在反映国家发展质量和国际竞争力方面的作用，从而为制定 PCT 相关的规划和政策提供参考资料。

（二）研究内容

在国际贸易中，以知识产权许可为主要形式的服务贸易体现在知识产权使用费的国际收支中，属于服务贸易中的一个类别。尽管知识产权使用费在反映专利价值存在局限性，但是长期以来，我国知识产权使用费方面存在较大的逆差，的确是我国知识产权使用权出口过低所致。随着我国 PCT 国际申请量的高速增长，知识产权使用费将发生怎样的变化？项目组试图梳理不同国家 PCT 与知识产权使用费的相关数据，展示不同发展阶段和模式下，二者之间关系的规律。

1. PCT 国际申请与知识产权使用费

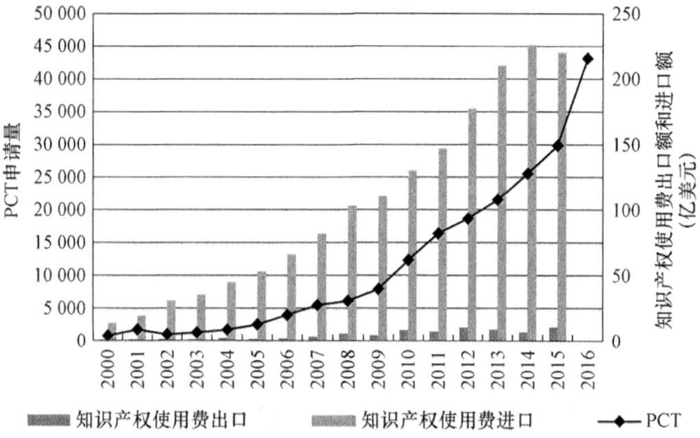

图 1-3 中国知识产权使用费与 PCT 申请量

注：PCT 数据来源于 WIPO 网站数据库，知识产权使用费出口和进口来源于国家外汇管理局网站《国际收支平衡表》，项目组绘制。

2. PCT 国际申请与国际贸易

专利的基本作用在于获取市场的垄断权或者利用交叉许可减少产品的知识产权风险。保护产品相关的技术性发明的 PCT 国际申请能否起到为企业出口“保驾护航”，促进货物出口的目的？通过考察出口增长与 PCT 国际申请的关联，有助于对这一问题给出初步回答。图 1-3 显示了中国货物出口总额与国际申请变化趋势。从图中直观来看，在快速增长的时间节点（2004 年）等方面，存在着较强的一致性。但是在部分特征上则存在较大区别。2008—2009 年的金融危机导致出口滑落，2015 年的出口下降，都未伴随 PCT 国际申请量的下跌。因而对于国际申请的年度变化的成因和代表的意义，及其对出口增长的作用机制需要更为精细的分析。项目组将对各国 PCT 申请量与其出口的关系进行理论梳理，将出口的国别、商品等结构的影响考虑进来，更加清晰地阐明 PCT 申请量与出口的关系。

3. PCT 国际申请与外国直接投资

随着全球化深入发展，企业的国际化会逐步从国际贸易向直接投资转变。通过直接投资，将形成一批能够在全球范围内进行资源配置的跨国公司。长期以来，跨国公司都是技术创新的主要力量，PCT 国际申请与外国直接投资之间会形成复杂的关联。首先，立足于投资者所在的投资国，一国对外直接投资是建立在足够的国际竞争力基础之上，PCT 国际申请作为国际竞争力的重要表现，是推动对外直接投资发展的重要力量。第二，立足于直接投资企业所在的东道国，一国外商直接投资是培育东道国国际竞争力的重要方式。一般而言，一国对外直接投资会经历从外商直接投资高于对外直接投资的资本净流入国向资本净输出国的转变，这个过程将伴随着该国所有权优势的逐步发展。图 1－4 表明，现阶段中国仍然处于外商直接投资存量高于对外直接投资存量的资本净输入国阶段。项目组将选取代表性国家进行国际比较，分析各国外国直接投资与 PCT 国际申请量之间的关系。

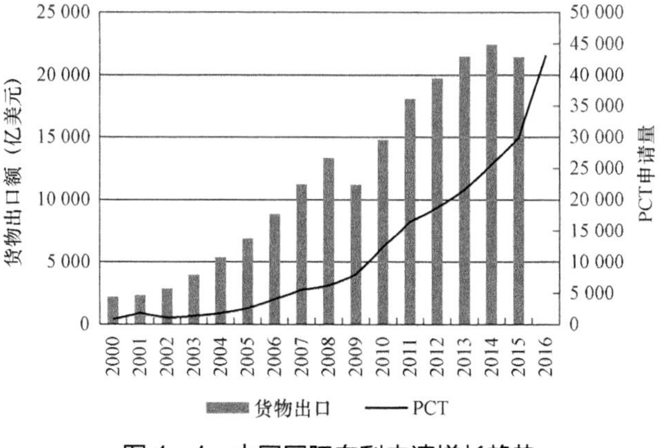

图 1－4　中国国际专利申请增长趋势

注：PCT 数据来源于 WIPO 网站数据库，货物出口来源于国家统计局网站“国家统计数据库”，项目组绘制。

（三）研究方法

项目组收集了各国 PCT 数据和相关经济数据，通过图表等方式比较不同国家 PCT 与其知识产权使用费、国际贸易、外国直接投资等经济指标之间的关系。通过对典型国家时间序列数据的统计分析，了解发达国家和发展中国家在不同发展时期 PCT 与各经济指标之间的关系，从而总结 PCT 在反映经济发展质量和国际竞争力方面的作用。

1. PCT 国际申请与知识产权使用费

一国对外知识产权使用费的支付和收入体现在《国际收支平衡表》的服务

贸易项下，世界贸易组织数据库提供了各国知识产权使用费的进口与出口。因此，项目组将利用知识产权使用费规模选取规模较大的国家，以及与中国知识产权使用费往来较多的伙伴国，分析在不同时期、不同阶段 PCT 数量与其知识产权使用费的关系。

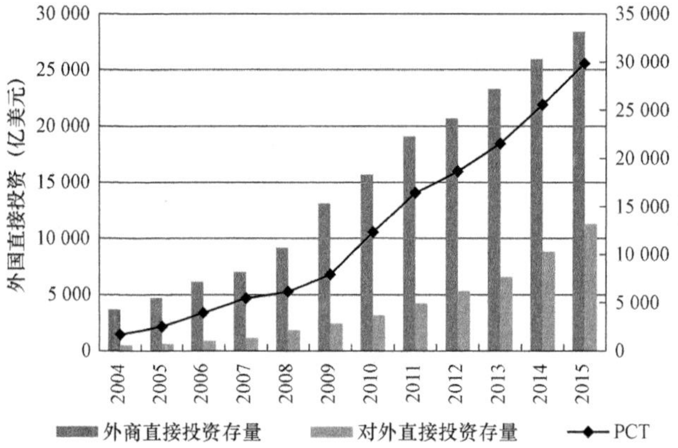

图 1–5　中国国际专利申请增长趋势

注：PCT 数据来源于 WIPO 网站数据库，外商直接投资存量和对外直接投资存量来源于国家外汇管理局网站《国际投资头寸表》，项目组绘制。

2. PCT 国际申请与国际贸易

WIPO 提供了分受理国、来源国、PCT 申请阶段、技术类别、时间等详细的 PCT 分类汇总数据。与双边贸易数据有类似的结构，项目组将分别从各国总量、分伙伴国以及产业比较的角度考察 PCT 与国际贸易的关系。由于 PCT 国际申请只涉及产品及其生产工艺相关的技术发明，而不涉及外观设计以及商标等知识产权，因此其与货物贸易关联较大，而与服务贸易关联较小。因此，本部分内容只研究 PCT 国际申请与货物进出口的关系。

为考查 PCT 国际申请与货物出口的关系，本项目选取主要制造业大国作为研究对象，通过历史数据分析 PCT 国际申请增长与各国货物出口增长的关联，并进一步明确这种关联与国家发展阶段、技术研发和产业战略的潜在联系。通过将中国的情况与主要竞争对手进行对比，明确当前我国 PCT 国际申请所处的相对发展阶段。同时，在统计全球和我国各类货物出口金额的占比变化以及 PCT 国际申请的技术领域变化的基础上，通过产业比较分析，揭示 PCT 国际申请在促进货物出口方面的产业差异。

本项目还将分析各国 PCT 申请数量与我国从相应国家货物进口额的关系。首先通过分析主要贸易伙伴的 PCT 申请数量以及其对我国的货物出口的时间序列数据，明确其关联的国家特征及其可能原因。其次，通过构建分产业的贸易竞争力指标，明确我国与主要贸易伙伴在不同产业的竞争优势和劣势。最后，通过构建 PCT 申请相对强度指标，并通过线性回归模型分析其对不同国家、不同产业贸易竞争力的解释力，从而明确 PCT 国际申请对贸易竞争力的贡献。

3. PCT 国际申请与外国直接投资

本项目主要通过国际比较研究，分析主要国家 PCT 国际申请与其对外直接投资的流量和存量的关系。对外直接投资是中国企业海外发展战略的一个新趋势。由于企业资本、技术实力的增强和过去十年左右人民币的强势，我国企业对外投资不断增加。PCT 指标在多大程度上能反映这一趋势？通过分析主要国家 PCT 申请数量与对外直接投资的时间序列数据，可以分析我国对外投资与所有权优势变化的关联。

本项目还通过分析主要国家的 PCT 申请增长与其外商直接投资的关联，梳理出这一关系的国家特征及其可能原因。PCT 国际申请对外商直接投资的影响机制较为复杂。PCT 国际申请的增长代表了知识产权环境的改善，有助于吸引外资；同时，高质量 PCT 国际申请的增长亦代表了本土企业创新对外资企业造成了技术壁垒，有可能抑制外商直接投资。通过国际对比分析，有助于明确哪种机制在我国占主导作用。

为了明确 PCT 国际申请与外国直接投资之间复杂的关联机制，本项目将分别从流量和存量展开分析，不同的时间划分标准能够帮助我们更清晰地识别 PCT 国际申请与外国直接投资之间发生关系的主要动力。

（四）数据来源

本项目综合运用了多个数据来源，以获取全球 PCT 国际申请数据以及知识产权费用、贸易和外国直接投资等经济数据。

项目中使用 PCT 数据主要来源于世界知识产权组织组织（WIPO）。该数据包括了主要国家自 2000 年以来分申请年度、技术领域的申请数量统计。为了对包括进入国家阶段的申请数量在内的部分数据进行检验、印证，本项目还使用了 Patstat 欧洲专利局数据库。

项目中使用的各国经济数据主要来源于世界贸易组织、联合国贸发会议、联合国统计司和各国政府统计部门公开的官方统计数据库。中国经济数据主要来源于国家外汇管理局、商务部和国家统计局公开的官方统计数据库。

二、PCT 国际申请与知识产权使用费

（一）PCT 国际申请与知识产权使用费概述

知识产权是诸多民事权利制度中的一种产权，具备更多科技含量和知识要

素。按照联合国（2012）《国民账户2008》，专利权协议可以看作一种获准使用R&D法律协议，被视为对服务的购买或资产的获得。按照国际货币基金组织（IMF）（2008），知识产权使用费作为一种服务贸易，包括知识产权使用费出口与进口两个维度，是国际收支经常账户的组成部分（IMF，2008）。随着经济全球化不断深化，世界各国之间的知识产权贸易额不断增加，构成了全球经济增长的组成部分。根据世界贸易组织（WTO）公布的知识产权使用费（Charges for the use of intellectual property）统计定义，该指标包含以下项目的收费：（1）授权使用的产权，如专利、商标、版权、包含商业秘密的工业工序与设计、特许经营权等；（2）通过许可协议使用的生产原件或原型，如书籍和手稿的版权、计算机软件、电影作品和录音资料等；（3）使用的相关权利，如现场表演、电视、有线电视、卫星广播等。其中专利属于技术应用领域，与技术进步和科技创新紧密相连。

PCT国际申请需要通过严格的国际检索和审查，通过审查的专利申请一般都具有较高的创新性，也更能体现专利的经济价值和社会效益。专利申请对知识产权的贸易具有最直接的影响，既增加了知识产权使用费的出口，又减少了其进口。但是，处于不同发展水平的国家或地区之间又表现出一定的异质性，这是由于知识产权贸易对其技术进步的不同影响机制决定的。根据经济增长理论，知识产权贸易对各个国家或地区的技术进步具有不同的激励机制：从发达国家角度看，贸易扩大了研发部门可获益的市场规模，增加了研发部门的回报率，从而激励研发活动，增加知识产出和总产出；从发展中国家的角度看，贸易促进技术交流，使得发展中国家获得比依靠其自身研发更高的知识产出，并使其总产出增加。PCT国际申请与知识产权使用费之间的关系在各个国家或地区之间有什么不同？PCT国际申请代表更高质量的创新技术，其高速增长对知识产权的贸易有什么影响？通过各个国家或地区的比较分析，厘清PCT国际申请与知识产权使用费的关系，有利于把握技术进步的规律，实现高质量的增长。

（二）PCT国际申请与知识产权使用费出口

1. PCT国际申请与知识产权使用费出口的影响机制分析

从微观上看，企业的专利战略决定了企业获取R&D超额利润的方式。有的企业构建专利组合，将获得专利使用费直接作为R&D和申请专利的目的；有的企业则通过在全球范围内组建专利战略联盟，创造高水平的专利垄断优势，专利战略联盟之间相互支付专利授权使用费，也会形成知识产权使用费出口（孙海荣，2017）。从宏观上讲，PCT国际申请量代表了收取知识产权使用费的标的物数量，如果PCT国际申请量构成了知识产权使用费的主要来源，那么，随着PCT国际申请量的增加，知识产权使用费出口就会相应增加。PCT国际申请量也代表了一个地区创新能力在国际上受到的认可程度，创新能力的回报则体现在知识产权使用费出口的高低。

在全球化与知识化并行的进程中，如果不具备强大的自主创新能力，就很难把握竞争的主动权。PCT 国际申请的直接目的是为获取知识产权使用费收入，取得专利变现收益。目前，发达国家的研发投入高，发明专利申请量大，凭借专利所构建的竞争优势，形成了对高技术市场的高度垄断，以便从中获取超额利润。以中国为代表的发展中国家，通过货物贸易嵌入全球价值链，由于缺乏核心技术，并受到发达国家专利的钳制，创新受到抑制，被锁定在全球价值链的低端（张杰，2017）。这种格局下，发展中国家在国际竞争中需要支付高额的知识产权使用费，但是却没有收取知识产权使用费的能力。正因为如此，一个国家的企业构筑专利群和专利战略联盟的过程，就是增强竞争优势的过程，这个过程可能会伴随着知识产权使用费的增长。

当然，由于企业专利战略的多样性，企业没有将获得知识产权使用费作为 R&D 和专利申请目的的现象广泛存在，而知识产权使用费还包含商标、著作等其他知识产权产品的收入，因此，在 PCT 直接产生的知识产权使用费数据无法取得的情况下，观察知识产权使用费与 PCT 国际申请量的关系时，必然会受到各种混杂因素的干扰。

2. PCT 国际申请与知识产权使用费出口的横向比较分析

为了解世界各国知识产权使用费出口的基本概况及其与各国 PCT 申请数量的关联，我们以世界知识产权组织数据库中的按区域分列的 PCT 申请量最多的 34 个国家为样本，收集了其知识产权使用费出口额数据。剔除缺失出口额数据的样本后，共得到 27 个国家的样本，其统计结果见表 2-1。样本中的国家的 PCT 国际申请总数、知识产权使用费出口总额和进口总额分别占全世界总量的 95.0%、92.7%、69.8%，具有很强的代表性。

表 2-1　　2015 年各国 PCT 国际申请数和知识产权使用费出口额

地区	国家	PCT 国际申请		知识产权使用费	
		申请量（件）	世界占比	出口额（百万美元）	世界占比
亚洲	日本	44 235	20.29%	36 077	12.13%
	中国	29 846	13.69%	1 085	0.36%
	韩国	14 626	6.71%	6 199	2.08%
	以色列	1 698	0.78%	761	0.26%
	印度	1 423	0.65%	464	0.16%

续表

地区	国家	PCT 国际申请		知识产权使用费	
		申请量（件）	世界占比	出口额（百万美元）	世界占比
亚洲	新加坡	910	0.42%	3 302	1.11%
	马来西亚	268	0.12%	81	0.03%
	泰国	132	0.06%	181	0.06%
拉丁美洲和加勒比海地区	巴西	547	0.25%	581	0.20%
	墨西哥	320	0.15%	308	0.10%
	哥伦比亚	86	0.04%	53	0.02%
	阿根廷	28	0.01%	171	0.06%
	秘鲁	25	0.01%	22	0.01%
欧洲	德国	18 072	8.29%	13 427	4.52%
	法国	8 476	3.89%	14 229	4.79%
	英国	5 313	2.44%	16 030	5.39%
	荷兰	4 357	2.00%	22 306	7.50%
	瑞士	4 280	1.96%	14 366	4.83%
	瑞典	3 858	1.77%	8 832	2.97%
	意大利	3 083	1.41%	2 991	1.01%
	西班牙	1 537	0.71%	1 621	0.55%
	奥地利	1 404	0.64%	863	0.29%
北美洲	美国	57 385	26.32%	126 212	42.45%
	加拿大	2 848	1.31%	4 174	1.40%
大洋洲	澳大利亚	1 752	0.80%	786	0.26%
	新西兰	360	0.17%	304	0.10%
非洲	南非	314	0.14%	103	0.03%

注：数据来源于 WTO 网站数据库、WIPO 网站数据库。

从表中的数据中可以得到以下主要特点：

（1）知识产权使用费出口和 PCT 申请的区域、国家分布极不平衡。在知识产权使用费出口方面，美国是唯一的超级大国，2015 年知识产权使用费出口额全球占比为 42.5%，排名第二的日本，仅为 12.1%。在亚洲，2015 年 PCT 排名第一的日本知识产权使用费出口额为360.77亿美元，是同区域泰国的199倍之多。不同区域的差距更大，如2015年全世界PCT排名第一的美国知识产权使用费出口额为1 262.12亿美元，是南非的1 225倍之多。美国和日本同样也是PCT国际申请的超级强国，2015年两者世界占比之和为46.6%，接近全球PCT国际申请总量的一半，而秘鲁世界占比仅为0.01%。同一区域之间的差距也十分明显，如亚洲的日本和泰国，2015年PCT国际申请量分别位列亚洲的第一和第十名，但前者是后者的335倍之多。

（2）整体而言，PCT国际申请量多的国家，知识产权使用费出口额也比较多，两者呈现出一种正相关的关系。但是也有例外，PCT国际申请量少，但知识产权使用费出口额较多，如英国PCT国际申请量与美国相比，是美国的9.3%，但知识产权使用费出口额却占到了12.7%。

（3）2015年中国的PCT申请量全球排名第三位，但知识产权使用费出口额全球占比仅为0.4%，全球排名第19位，这与其PCT国际申请大国地位不相符。

为了明确PCT国际申请量和知识产权使用费出口额之间的关系，本研究分别以PCT国际申请量和知识产权使用费出口额为两个维度，以两者的均值为临界值将各个样本国家划分为四个类型（如图2－1所示）。图2－1中纵横两条虚线分别为知识产权使用费出口额和PCT国际申请量，以两者的均值为临界值将它们的散点图划分为四个象限，各个国家分列于不同的象限之中：第一象限的国家类型为知识产权使用费出口额和PCT国际申请量均高于样本平均水平的国家；位于第二象限的国家为知识产权使用费出口额高于样本平均水平，但PCT国际申请量低于样本平均水平；位于第三象限的国家为知识产权使用费出口额和PCT国际申请量均低于样本平均水平的国家；位于第四象限的国家为PCT国际申请量高于样本平均水平，而知识产权使用费出口额低于样本平均水平的国家。从图2－1可以得出，处于第一象限为以美国为首的发达国家，包括日本、德国、法国；第二象限的为英国等老牌工业化国家，包括瑞士、荷兰；第三象

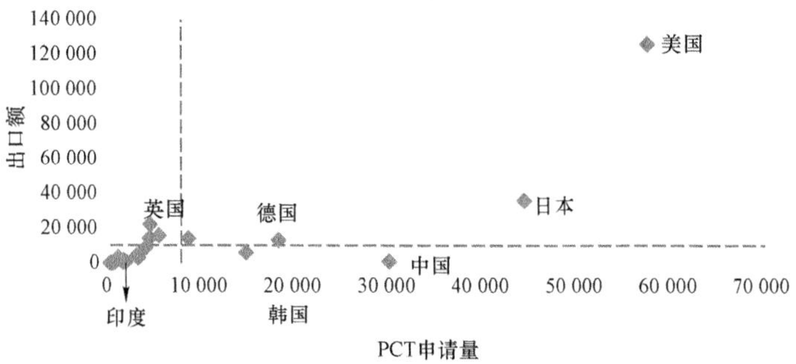

图2－1　2015年PCT申请量与知识产权使用费出口示意图

注：数据来源于WTO网站数据库、WIPO网站数据库。

限以经济发展水平较为落后的广大发展中国家为主，也包括一些发达国家，包括瑞典、马来西亚、泰国、秘鲁、阿根廷、巴西、墨西哥、澳大利亚等；第四象限为中国和韩国等新兴经济体。

3. PCT 国际申请与知识产权使用费出口的纵向分析

上述横向比较发现，PCT 国际申请的数量差异能够在较大程度上解释知识产权使用费出口的不平衡分布，说明了 PCT 国际申请对于成功以知识产权出口获取知识产权使用费具有重要作用。本节将进一步通过典型国家知识产权出口额和 PCT 国际申请数量的历史数据，纵向分析 PCT 国际申请对知识产权使用费出口增长的作用。

图2-2描述了四个主要知识产权出口国的PCT国际申请与知识产权使用费出口的变化趋势，并与我国和世界整体情况作为比较。从变化趋势上可以看出，PCT 国际申请与知识产权使用费具有密切的关系，两者的平均线性相关系数达到了 0.95。从全世界范围来看，2006 到 2015 年 PCT 国际申请量除 2009 年有略微下降之外，整体呈现明显的上升态势，年均增长达到了 3.1%。PCT 国际申请量从 2006 年的 149 641 件到 2015 年的 218 000 件，增加了约 1.5 倍，较十年前有了很大的增长。全世界知识产权使用费出口额从 2006 年的 1 821.78 亿美元增加到了 2015 年的 2 973.21 亿美元，增加了约 1.6 倍。受 2008 年全世界金融危机的影响，2009 年全世界知识产权使用费出口额下降了 3.8%，但从 2006 到 2015 年年均增长率达到了 5.4%。除 2015 年有小幅下降之外，全世界知识产权使用费出口额与 PCT 国际申请量的增长趋势基本相吻合。

各个国家面临着不同的发展情境，高新技术水平层次不齐，这也反映出 PCT 国际申请量和知识产权使用费出口额之间关系在各个国家之间的变异性。为了便于比较分析，特选取了五个制造业大国：美国、德国、日本、韩国、中国，这五个国家分处于不同的创新发展阶段，具有一定的代表性。

美国的 PCT 国际申请量和知识产权使用费出口额两者都排名世界第一，是典型的高 PCT 申请、高知识产权使用费出口的国家。从 2006 年到 2015 年，美国的知识产权使用费出口额除 2009 年有略微下降之外，始终保持着稳定的增长，绝对额增长了 1.5 倍，年均增长率达到了 4.9%。在 PCT 国际申请量方面，从 2006 到 2015 年美国年均 PCT 申请量增长率为 1.5%，低于世界平均水平。从 2007 年开始，美国的 PCT 国际申请量开始出现下滑的趋势，2009 年降幅一度达到了 11.7%，2010 年左右触底，2011 年开始逐步回升，2014 年再次到达了顶峰，可以说是经历了一次“过山车”式的发展。PCT 申请量的发展变化经历了比较大的波动。可以看出，PCT 国际申请量和知识产权使用费的相关度较低，两者的相关系数为 0.54，这主要是由于美国处于全球价值链的上游，尤其在高新技术领域的核心关键部件上，处于一个强势的输出国地位，因此其 PCT 国际申请量受到金融危机冲击的时候，知识产权使用费出口额受到了较小影响。

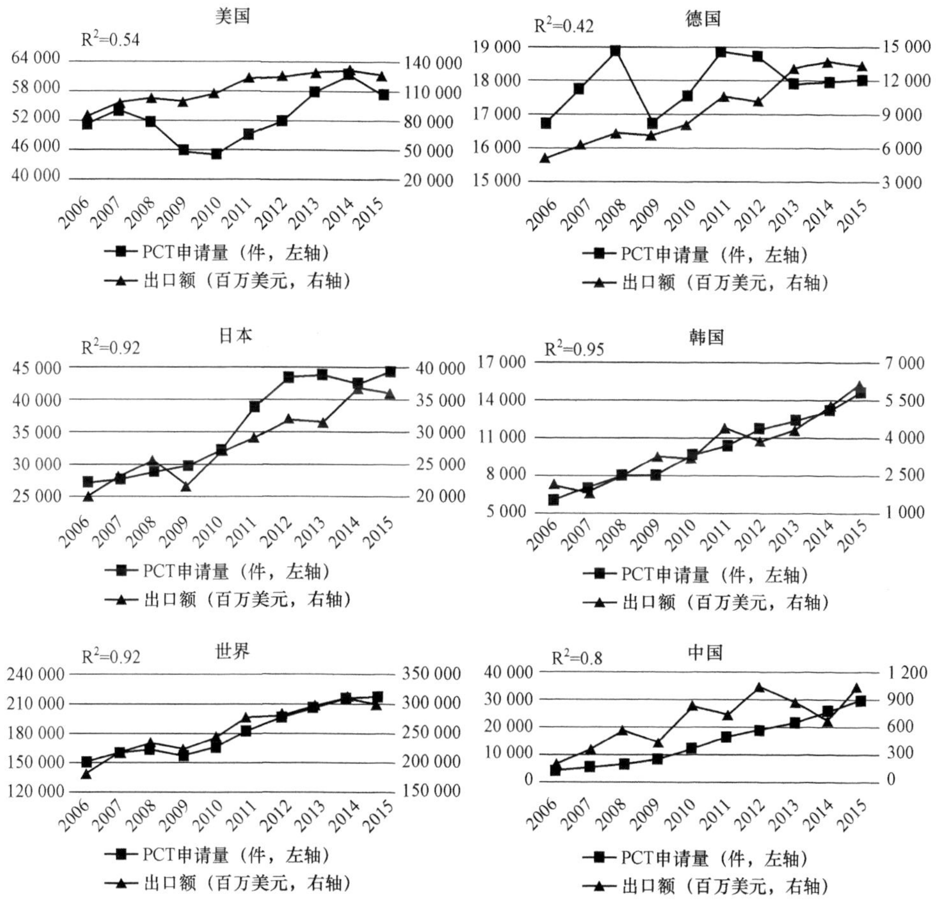

图 2-2　2006—2015 年 PCT 国际申请和知识产权使用费出口变化趋势

注：数据来源于 WTO 网站数据库、WIPO 网站数据库。

2015 年，德国的 PCT 国际申请量和知识产权使用费出口额世界排名分别为第四和第七位，也是一个高 PCT 申请、高知识产权使用费出口的国家。2006 至 2015 年，德国的 PCT 国际申请量年均增长率为 1.0%，增长变化不是很大，但经历了很大的增长波动。2007—2008 年，德国的 PCT 国际申请量增长率都超过了 5%，受全球金融危机的影响，2009 年德国的 PCT 国际申请量下降了 10.9%，2010—2011 两年增幅又分别达到了 4.5%、7.3%，可以说实现了一次 V 型反转。相反，知识产权使用费出口额实现了较为温和的快速增长，年均增长率为 11.9%。德国 PCT 国际申请量与知识产权使用费出口之间的线性相关度为 0.42，两者表现出很大差异的发展态势，这主要是由于德国重视制造业，提倡工匠精神，主要以全球价值链的两头参与为主，知识产权使用费出口大多来源于制造业等基础行业，抗金融风险能力较强，而其创新模式更多的是“跟随式”的，受外界环境影响较大。

日本PCT国际申请量仅次于美国，也是一个高PCT申请、高知识产权使用费出口的国家。2006年至2015年，日本的PCT国际申请量年均增长率为5.8%，绝对额增长了1.6倍，并呈现出S型的增长方式。2006年至2009年间增长较为缓慢，2010年开始加速增长，2011年增长率一度达到了20.8%，2014年又有所下降。在知识产权使用费出口方面，日本保持了年均7.3%的增长，但2009年有大幅的下降现象，降幅一度达到了15.6%，2010年又强势回升，升幅达到了23.1%，这也表明日本在技术密集型产业方面具有优势，是典型的出口导向国家，受全球金融危机影响明显。总体上，日本的PCT国际申请量和知识产权使用费出口额的发展趋势相一致，两者的线性相关度达到了0.92，但对经济环境动荡的敏感程度不同。

韩国是世界上经济发展速度最快的国家之一，也是一个高PCT申请量、高知识产权使用费出口的国家，两者的线性相关度达到了0.95，具有非常密切的关系。从2006年到2015年，PCT国际申请量保持了较快增长，年均增长率达到了10.7%，增长了2.5倍，同时其知识产权使用费出口额也保持了较快的增长，年增长率达到了14.3%。从图2－2可以看出，与PCT申请量增长态势不同，其知识产权使用费出口额表现出很大的波动性，尤其在2012年降幅达到了11.3%，2013年增幅又达到10.9%，一个可能的原因是三星电子有限公司是韩国的支柱企业，也是其PCT国际申请的主要主体，2012年经历了与苹果的专利大战，受此冲击导致知识产权使用费出口额大幅下降。

中国是新兴市场经济国家，是高PCT国际申请量、低知识产权使用费出口的国家，虽然两者的线性相关度达到了0.8，但两者的增长态势的差异比较明显，这可以从两者的增长率上面看出来。2006年至2015年，中国的PCT国际申请量年均增长率达到了25.9%，即使在受金融危机影响较为严重的2008年和2009年，也保持了两位数的增长。与PCT国际申请量不同的是，中国的知识产权使用费出口额年均增长率为28.2%，保持了较高的增长速度，但从2008年开始表现出很大的波动性，如2008年增长了66.5%，2009年又下降了24.9%，其中最大增幅为2010年的93.5%，后又下降了10.5%，表现出一种“锯齿状”的增长态势。与中国的PCT国际申请大国地位不匹配，中国的知识产权使用费出口额太少，如中国的PCT国际申请量为英国的5.6倍，但知识产权使用费出口额仅为英国的6.8%，一个可能的原因是中国的自主创新能力正逐步增强，创新质量稳步提升，但创新成果的转化与变现水平较低。

（三）PCT 国际申请与知识产权使用费进口

1. PCT 国际申请与知识产权使用费进口的影响机制分析

由于国家规模大小不同，经济结构各异，知识产权使用费进口与出口的产生机制是不同的。一般而言，技术先进国家具有“先占优势”，能够提前锁定专利的产权，因此是知识产权出口的大国。然而，落后国家具有“后发优势”。从微观上看，一些企业进行加工生产，需要向国外支付专利使用费，才可以获得稳定的收益，考虑到专利申请背后所需付出的 R&D 成本以及专利申请的成本，这些加工企业没有经济实力，也没有创新动力。这种企业如果占据主流，那么，与高额的知识产权使用费进口并存的是低频次的 PCT 国际申请。而另一些企业，通过嵌入全球价值链，已经具备一定的经济实力，不满足于锁定在价值链低端，从而在创新上发力，一方面承担着后发地位所需付出的专利使用费，一方面支撑着 PCT 国际申请的快速增加，那么，高额的知识产权使用费进口可能与高频次的 PCT 国际申请并存。Ivus（2010）研究发现发展中国家专利权的加强提高了发达国家的出口额，其中对专利敏感的高技术产业产品（如医药产品、科学设备等）的影响尤为明显。因此，PCT 国际申请作为一种知识产权保护，提升了发达国家的技术出口额，增加了发展中国家的技术进口额。随着经济全球化趋势的加强，各个国家之间经济的互补性越来越强，这也导致了“高 PCT 国际申请量、高知识产权使用费进口”现象的出现。代中强等（2015）认为服务贸易发展到一定阶段（一般是经济发展水平较高的发达国家），知识密集型服务业得到充分发展，需求“网络效应”开始出现。可以看出这种网络效应也是受到全球经济一体化的影响，使得发达国家更加倾向于知识产权保护，同时也增加了其知识产权使用费进口额。

然而知识产权进口对国家创新能力具有正反两面的影响：一方面直接推动了技术引进国生产技术的改进，使其技术能力发生跳跃式变化；另一方面会导致对国外技术的依赖，自主创新能力不足，影响国家长期技术水平。知识产权进口正面与负面的交互影响，给国家创新能力带来一定的不确定性，这也影响到了 PCT 国际申请的质量与数量。因此，有必要对不同类型的国家进行分析，得出差异性的结论。

2. PCT 国际申请与知识产权使用费进口的横向比较分析

与全世界知识产权使用费出口额分析相类似，以 2015 年世界知识产权组织数据库中的按区域分列的 PCT 申请量最多的 34 个国家为样本，来探讨 PCT 国际申请数和知识产权使用费进口额之间的关系（剔除缺失值后，得到有效样本 27 个，如表 2－2 所示）。

表 2－2 中的 27 个国家分别来自非洲、亚洲、欧洲、拉丁美洲和加勒比海

地区、北美洲和大洋洲等 6 个国际地区。从表 2-2 可以看出，虽然各个国家都是所在地区 PCT 国际申请量排名靠前的国家，但不同地区及其内部在知识产权使用费进口方面差距也十分明显。在亚洲，2015 年 PCT 排名第二的中国知识产权使用费进口额为 220.22 亿美元，是同区域以色列的 43 倍之多，而两者 PCT 申请量相差 17 倍左右。不同区域的差距更大，如 2015 年全世界 PCT 排名第一的美国知识产权使用费进口额为 391.57 亿美元，是秘鲁的 134 倍之多。但比较值得关注的是，中国不是本区域 PCT 国际申请量最多的国家，却是本区域知识产权使用费进口额最大的国家。与日本相比，中国的知识产权使用费进口额是其 1.3 倍左右，而 PCT 国际申请量却是其 67%左右。

表 2-2　2015 年各国 PCT 国际申请数和知识产权使用费进口额

地区	国家	PCT 国际申请		知识产权使用费	
		申请量（件）	世界占比	进口额（百万美元）	世界占比
亚洲	日本	44 235	20.29%	16 540	4.99%
	中国	29 846	13.69%	22 022	6.64%
	韩国	14 626	6.71%	9 831	2.97%
	以色列	1 698	0.78%	504	0.15%
	印度	1 423	0.65%	5 007	1.51%
	新加坡	910	0.42%	17 285	5.21%
	马来西亚	268	0.12%	1 254	0.38%
	泰国	132	0.06%	4 105	1.24%
拉丁美洲和加勒比海地区	巴西	547	0.25%	5 250	1.58%
	墨西哥	320	0.15%	873	0.26%
	哥伦比亚	86	0.04%	437	0.13%
	阿根廷	28	0.01%	1 867	0.56%
	秘鲁	25	0.01%	292	0.09%
欧洲	德国	18 072	8.29%	7 774	2.35%
	法国	8 476	3.89%	13 507	4.07%
	英国	5 313	2.44%	10 717	3.23%
	荷兰	4 357	2.00%	32 356	9.76%
	瑞士	4 280	1.96%	12 330	3.72%
	瑞典	3 858	1.77%	4 331	1.31%

续表

地区	国家	PCT 国际申请		知识产权使用费	
		申请量（件）	世界占比	进口额（百万美元）	世界占比
欧洲	意大利	3 083	1.41%	4 591	1.38%
	西班牙	1 537	0.71%	4 521	1.36%
	奥地利	1 404	0.64%	1 515	0.46%
北美洲	美国	57 385	26.32%	39 157	11.81%
	加拿大	2 848	1.31%	9 243	2.79%
大洋洲	澳大利亚	1 752	0.80%	3 516	1.06%
	新西兰	360	0.17%	826	0.25%
非洲	南非	314	0.14%	1 708	0.52%

注：数据来源于 WTO 网站数据库、WIPO 网站数据库。

为了明确 PCT 国际申请量和知识产权使用费进口额之间的关系，本研究分别以 PCT 国际申请量和知识产权使用费进口额为两个维度，以两者的均值为临界值将各个国家划分为四个类型（如图 2－3 所示）。

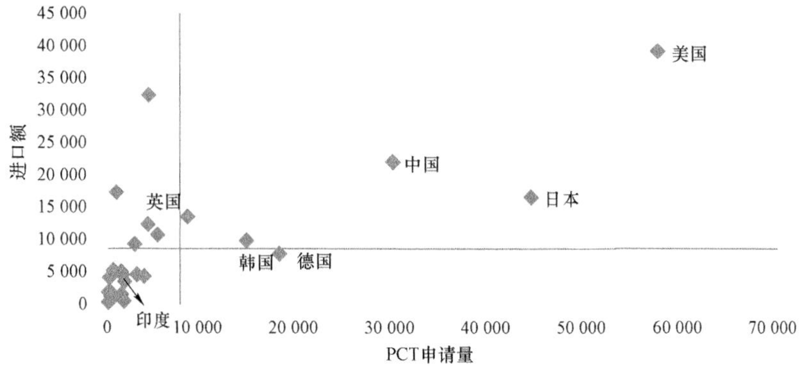

图 2－3　2015 年 PCT 申请量与知识产权使用费进口示意图

注：数据来源于 WTO 网站数据库、WIPO 网站数据库。

图 2－3 中纵横两条虚线分别为知识产权使用费进口额和 PCT 国际申请量，以两者的均值为临界值将它们的散点图划分为四个象限，各个国家分列于不同的象限之中：第一象限的国家类型为知识产权使用费进口额和 PCT 国际申请量均高于样本平均水平的国家；位于第二象限的国家为知识产权使用费进口额高于样本平均水平，但 PCT 国际申请量低于样本平均水平；位于第三象限的国家为知识产权使用费进口额和 PCT 国际申请量均低于样本平均水平的国家；位于

第四象限的国家为 PCT 国际申请量高于样本平均水平，而知识产权使用费进口额低于样本平均水平的国家。从图 2－3 可以得出，处于第一象限的国家为美国、日本、中国、法国和韩国；第二象限的为英国等老牌工业化国家，包括荷兰、新加坡、瑞士、加拿大；第三象限的为经济发展水平较为落后的广大发展中国家，包括印度、巴西、墨西哥、马来西亚、泰国、秘鲁等；处于第四象限的国家为德国。

3. PCT 国际申请与知识产权使用费进口的纵向分析

如图 2－4 所示，PCT 国际申请量和知识产权使用费进口额的线性相关度为 0.93，两者基本表现出一致的增长态势。2006 年到 2015 年全世界知识产权使用费进口额除 2008 年和 2014 年略有下降之外，总体呈现增长的态势，年均增长率达到了 12.2%。从总量上来看，知识产权使用费进口额从 2006 年的 1 272.08 亿

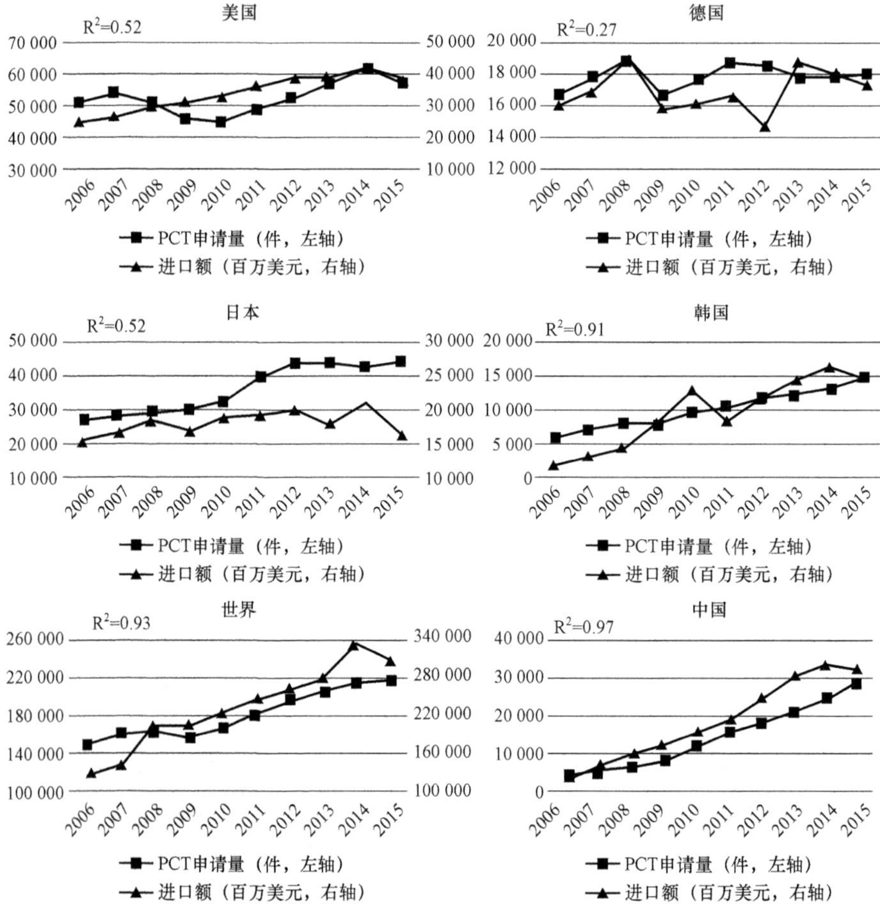

图 2－4　2006—2015 年典型国家的 PCT 申请量和知识产权使用费进口

注：数据来源于 WTO 网站数据库、WIPO 网站数据库。

美元，增加到了2015年的3 315.1亿美元，增长了2.6倍。总体来看，PCT国际申请量与知识产权使用费进口额呈现出一种正相关的关系，一个可能的解释是经济全球化的发展，各个国家、地区之间加深了技术分工与合作，产生了一定的技术协同效应，相互之间技术的互补性增强，即越是技术领先的国家，知识产权使用费进口额也越多。

为了便于分析PCT国际申请和知识产权使用费进口额之间关系在各个国家之间的差异性，选取了五个典型国家，这五个国家依次为美国、德国、日本、韩国、中国，这也与知识产权使用费出口额分析所选典型国家相一致。

2015年美国PCT国际申请量排名全球第一，知识产权使用费进口额仅次于爱尔兰，是一个高PCT申请、高知识产权使用费进口的国家。2006年至2015年，美国的知识产权使用费进口额年均增长5.2%，增长波动性较小，绝对额增加了1.6倍。知识产权使用费进口额与PCT国际申请量的增长趋势有比较大的差异，这也与两者相对而言比较低的线性相关度相适应。美国的知识产权保护制度比较完善，有利于高新技术产品的进口，其市场扩张效应大于市场垄断效应，导致了知识产权使用费进口的增长，而各种外来先进技术的消化吸收，促使PCT国际申请量的增长。

2006年至2015年，德国的知识产权使用费进口额年均增长 2.0%，虽然增长率较低，但增长幅度的波动性比较明显，如2008年增幅为15.1%，次年降幅为18.9%。2012年以前，知识产权使用费进口额和PCT申请量保持了比较一致的增长态势，之后两者的增长态势完全相反，这可能与德国提出的“工业4.0”计划相关，该计划提出之后，德国全国掀起了一股创新的浪潮和工业转型竞赛，更多地关注国内创新，减少了对外界技术的依赖性。

日本也是一个典型的高PCT申请、高知识产权使用费进口的国家，其PCT国际申请量和知识产权使用费进口额全球排名分别为第二和第六。2006年至2015年日本的知识产权使用费进口额年均增长了1.4%，增长波动性比较大，如2009年受国际金融危机影响，降幅达到了9.8%，2010年增幅又达到了11.5%。日本知识产权使用费进口额的波动与整体经济发展的“疲软”状态相适应，但较高PCT国际申请量，也预示着日本经历着经济发展方式的转变，更多的资源投入到了创新之中，以获取更多的“技术产能”。

韩国也是高PCT国际申请、高知识产权使用费进口的国家，其知识产权使用费进口和PCT国际申请的线性相关度为0.91，表现出比较密切的关系。2006年知识产权使用费进口额为47.8亿美元，2015年达到了98.3亿美元，增长了2倍多，年均增长为9.3%，保持了较快的增长。总体上看，除2011年和2015年有所下降之外，韩国的知识产权使用费进口和PCT申请量保持了较为一致的增长态势，这主要得益于韩国政府提出的提高自主创新成果质量的国策，投入了巨额科技创新资金，并重点支持企业成为技术创新的主体。

中国同样也是典型的高PCT申请、高知识产权使用费进口的国家，其PCT国际申请量和知识产权使用费进口额的增长趋势基本保持一致，两者的线性相关度达到了0.97。从2006年到2015年，中国的知识产权使用费进口额增长了3倍多，年均增长率达到了14.6%，高于世界平均水平。但是，高PCT国际申请量却伴随着高知识产权使用费进口，而这与美国等创新强国的状况有很大不同。中国的科研机构比较注重科技成果的产生，却比较轻视科技成果的市场转化。同时，其科技评价体系也十分重视科研成果的数量，而不注重日后的应用及普及情况，这也导致了对高新技术产品进口的过度依赖，导致了较高的知识产权使用费进口额。

（四）PCT国际申请与知识产权使用费贸易竞争力

为了全面反映PCT国际申请量与知识产权使用费之间的关系，需要同时考虑知识产权使用费的进、出口额。借鉴传统的贸易竞争力指数（Greenaway& Milner，1993），构建知识产权使用费的贸易竞争力如下：

$$IPTC_{i,t}=\frac{出口额-进口额}{出口额+进口额}$$

式中的$IPTC_{i,t}$表示i国t时期的贸易竞争力指数。当IPTC=−1时，说明该国只进口不出口，越接近于−1表示贸易竞争力越弱；IPTC=0时，则进口等于出口，贸易竞争力绝对平均；若IPTC=1，该国只出口不进口，越接近于1则表示贸易竞争力越强。

PCT国际申请量的增加，能够减少知识产权使用费的进口额，增加其出口额，因此与知识产权使用费贸易竞争力之间是一种正向关系。PCT国际申请量一定程度上反映了技术创新的质量，其直接的变现收益为知识产权使用费出口额，同时也间接地增加了专利所有者之间使用权的相互授予，降低了知识产权使用费进口额。知识产权使用费的贸易竞争力反映了科研成果的市场转化率、自主创新水平以及对外部技术的依赖性，能够衡量一个国家或地区的全球价值链分工。因此，PCT国际申请与知识产权使用费贸易竞争力之间的关系在不同国家或地区存在变异性，这就需要选取代表性国家进行分析，从而找到两者的影响机理。与知识产权使用费进、出口额分析所选典型国家相一致，特选取美国、德国、日本、韩国、中国等五个国家代表性样本。

由图2−5可知，贸易竞争力指数从2008年到2013年一直在0左右徘徊，反映出全球贸易的均衡。分典型国家来看，可以得出以下特征：

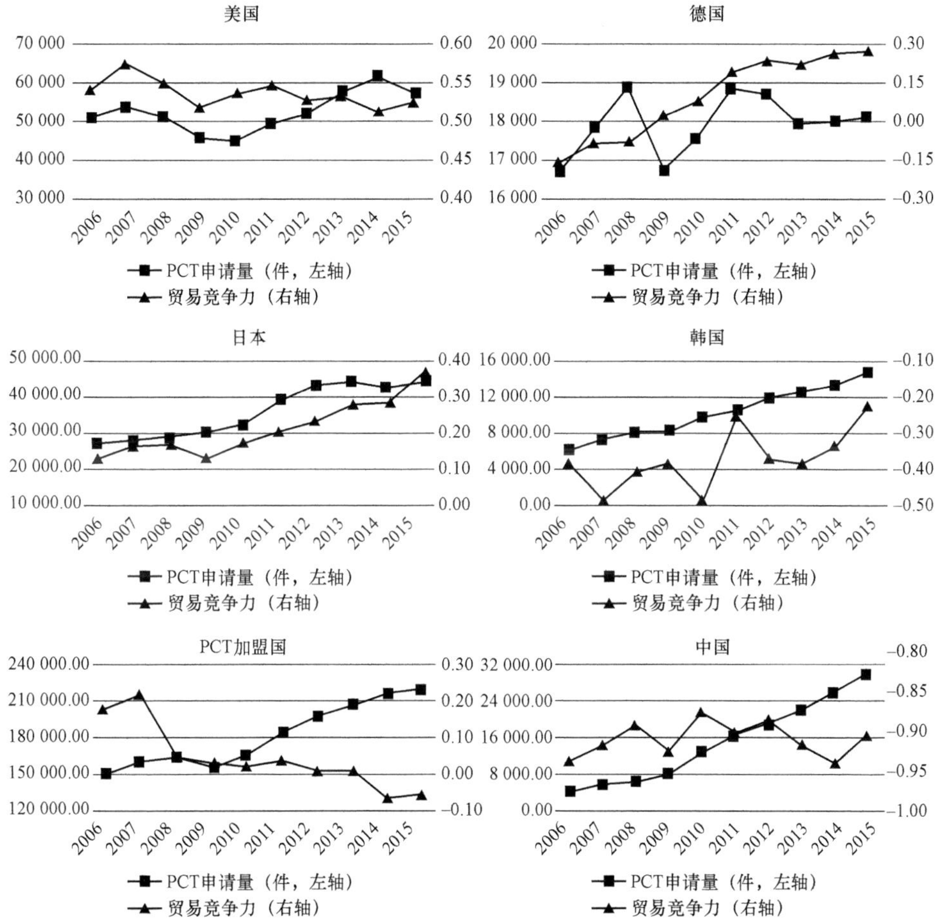

图 2–5　2006—2015 年典型国家的 PCT 申请量和知识产权使用费贸易竞争力

注：数据来源于 WTO 网站数据库、WIPO 网站数据库。

（1）美国和日本的知识产权使用费贸易竞争力指数始终大于 0，其与 PCT 国际申请保持了较为明显的正向关系。可能的原因是，美国和日本在高新技术领域具有很强的竞争力，处于全球价值链的上游，不仅出口的产品具有很高的附加值，也会凭借技术垄断的优势收取巨额的专利费用，从而出现知识产权使用费贸易顺差，这也进一步刺激了研发创新。

（2）德国的贸易竞争力指数受全球金融危机影响较为明显，2009 年以前为知识产权使用费贸易逆差，之后为顺差，并且与 PCT 国际申请基本保持了一致的增长趋势。这主要是由于德国是传统的制造业大国，在全球价值链中处于中游位置，贸易竞争力虽然不强，但技术积累及创新能力基础较好，随着全球经济向制造业等实体经济的回归，德国技术的出口数量增多。

（3）虽然 PCT 国际申请量较大，但中国和韩国的知识产权使用费竞争力较弱，是典型的知识产权使用费贸易逆差国家。造成这种现象的原因主要有两个方面：一，对外部技术的依赖性很强，尤其是核心高新技术，中国表现得更为明显；二，与外部技术的互补性很强，经济全球化使得各个国家之间技术联系更加紧密，不同国家在全球技术分工中扮演着不同角色，韩国在这方面表现很强。

从上述分析来看，在全球价值链中的地位不同，不同国家的 PCT 国际申请和知识产权使用费贸易竞争力的拟合程度不同。这主要是由于 PCT 国际申请的质量存在着很大的差异，直接影响到了知识产权使用费的竞争力水平。另一方面，由于受知识产权保护制度、经济结构、创新水平的影响，PCT 国际申请与知识产权使用费竞争力的正向关系不明显。

三、PCT 国际申请与国际货物贸易

（一）PCT 国际申请与国际货物贸易概述

专利的基本作用在于获取市场的垄断权或者利用交叉许可减少产品的知识产权风险。包括专利在内的知识产权保护与国际货物贸易密切相关，但其对出口存在着两种相反的影响机制。一方面有效的知识产权保护能使企业较少担心产品被模仿从而增加出口。Weng, Yang, and Huang（2009）和 Rafiquzzaman（2002）分别利用美国和加拿大的数据证明企业更愿意出口到知识产权保护较强的国家；Awokuse and Yin（2010）则发现中国知识产权保护的增强促进了知识密集型产品的进口；但强知识产权保护则会抑制知识产权弱势企业国际市场的动力，从而减少国际贸易总量（Smith, 2002）。

在以往很长一段时期，我国企业在国际贸易中亦多有因知识产权问题在国际市场中遇到挫折的经历。近些年来，包括华为和中兴在内的部分企业加大研发投入、积极在海外申请专利，在应对知识产权挑战方面取得了很大的进步，提升了我国高科技产品的出口。通常认为，包括 PCT 在内的专利申请应起到为企业出口“保驾护航”，促进产品出口的作用。近年来我国快速增长的 PCT 国际申请是否达到了这一目的？通过从国际比较分析的角度，考察出口增长与 PCT 国际申请的关联，有助于对这一问题给出初步回答。

与此同时，知识产权保护力度的提高，也增加了我国作为高知识产权含量产品出口目的地的魅力（Awokuse and Yin, 2010）。特别是 1994 年 1 月 1 日我国正式成为 PCT 的成员国，亦方便了海外企业在我国申请专利。对比研究国内公司的 PCT 申请状况，对理解我国不同产业的研发能力的相对强弱及其在贸易上的竞争力有重要意义。

由于 PCT 专利只涉及保护技术创新的发明专利和实用新型专利，这些专利

通常与产品相关度较大，而与服务贸易等相关度较小。因此，本报告专注于从货物的进出口角度研究 PCT 国际申请对国际贸易的影响。为此，项目组选取了具有较大的货物出口量的五个制造业大国——美国、德国、日本、韩国及中国作为研究对象，从国际比较和产业比较的角度通过数据分析揭示 PCT 与货物出口和进口的内在联系。研究使用的数据范围为 2001 年至 2015 年共 15 年，覆盖了我国“十五”至“十二五”规划时期。

（二）PCT 国际申请与货物出口

1. PCT 国际申请与货物出口的影响机制分析

PCT 国际申请对于货物出口增长的贡献体现在三个方面：（1）PCT 国际申请代表了企业的技术实力和创新能力。PCT 申请所保护的产品通常嵌入了很多新技术或是新的生产工艺，从而具备了更多的功能或成本优势，因而通常在国际市场上更有竞争力。（2）PCT 国际申请减小了企业在海外市场中的知识产权风险。拥有较多国外专利的企业可以通过交叉许可等方式获取互补专利的授权，减少许可费支出。因此，这些企业更有动力开拓海外市场。（3）PCT 国际申请增强了企业的议价能力。在海外市场上得到专利保护后，企业可以获得一定程度的垄断能力，从而获得更大的利润空间，其出口额的增长可能会高于产品数量的增长。

在讨论 PCT 申请的数量与出口的关系时，有两个方面的内容具有重要意义：（1）PCT 与出口关系的国家特征。由于各个国家的发展阶段、研发战略、产品出口的比较优势等不同，在 PCT 与出口的关联强弱上有可能呈现不同特点。（2）由于产品竞争维度（例如功能、价格、品牌等）的不同，PCT 与出口的关联在不同产业强弱不同。

需要注意的是，尽管在理论层面，包括 PCT 申请在内的国际专利对企业出口存在促进作用，但是对这一作用的实证分析（特别是因果分析）较为复杂。由于出口的增长亦会促进 PCT 的增长，使得出口和专利申请之间存在互为因果、互相促进的双向机制。当企业出口增长带来更多利润时，其受到的资金约束较少，从而能增加研发和专利申请方面的投入。此外，企业在出口过程中可以学习到更多知识和技术，从而提升其研发效率（Dai and Yu，2013），从而有可能获得更多专利[①]。作为对该问题的一个初步探讨，本课题对我国货物出口额和 PCT 申请量的月度数据进行时间序列分析，应用格兰杰因果检验方法对这一双向机制进行基本的实证检验。

---

① 相对于专利申请，贸易受到的外部冲击（例如关税变化）较多，因而寻找实证研究所需的工具变量更为容易，因此，就出口对创新的促进作用机制问题的实证研究更为广泛。

2. PCT国际申请与货物出口增长的国际比较分析

如上所述，PCT国际申请保护的是涉及产品的技术内容，因此与货物贸易关联强，与服务贸易关联弱。因此，我们选取了具有较大的货物出口量的五个制造业大国——美国、德国、日本、韩国及中国作为研究对象，对其PCT国际申请数量的增长趋势与货物出口金额变化做了描述性统计。统计结果见图3-1。

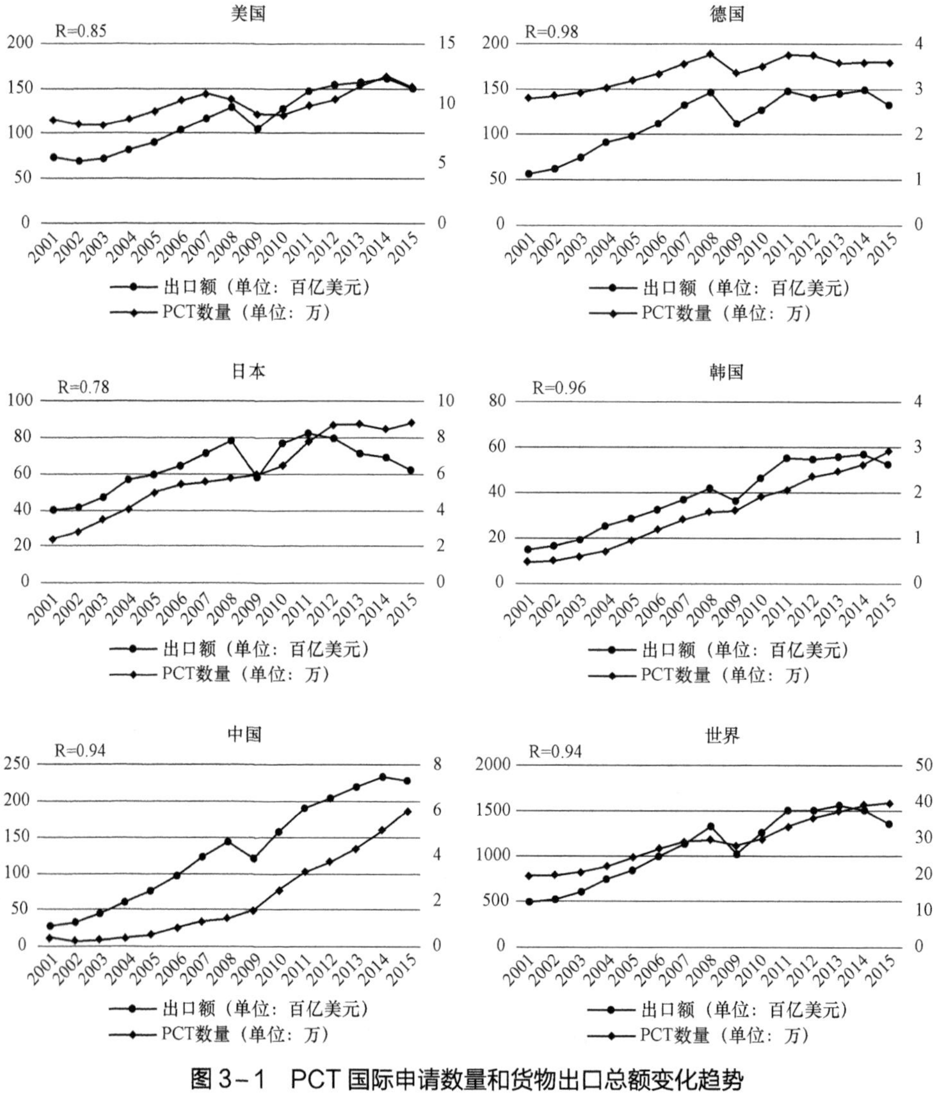

图3-1 PCT国际申请数量和货物出口总额变化趋势

注：数据来源于WIPO和联合国Comtrade数据库，项目组绘制。

从图中可以看出，PCT申请的数量与货物出口额有密切关系。2001年至2015

年，世界主要国家[①]的 PCT 申请数量与出口额的线性线性相关系数达到了 0.94。但是，具体到各制造业大国，两者的相关性的强弱则有所不同，并呈现出一些鲜明的国家特点：

（1）与 PCT 整体情况相比，美国和日本两国的 PCT 申请数量和出口额的相关度较低，相关系数分别为 0.85 和 0.78[②]。这一现象背后的一个原因可能是两国的基础研究能力较强，投入较多。这些研发的部分成果申请了 PCT 专利，但尚未形成规模化的产品生产和出口。此外，美、日两国的很多跨国公司的生产据点都逐步移向海外，PCT所代表的创新能力和海外市场竞争力不能完全通过出口数据反映。

（2）德国和韩国的 PCT 申请数量和出口额高度相关，相关系数分别为 0.98 和 0.96，反映出其 PCT 专利申请与出口产品的保护密切关联，具有明确的产业关联。

（3）我国 PCT 申请数量和出口额的相关度为 0.94，与世界总体水平相同，高于美国和日本，但低于韩国和德国。在 2005 年以前，尽管我国的出口已经有较快增长，但 PCT 数量增长缓慢。这一阶段的出口仍然是以技术含量少、低附加值产品为主。这一状况逐步发生了变化。2009 年以后，我国的出口与 PCT 保持了较为同步的增长，两者的相关度逐渐提高。

上述的国际比较给我们一个启示：PCT 的数量一定程度上代表了出口的竞争力，PCT 增长与出口增长密切关联，但是这种关联的强弱随着国家的发展阶段不同而呈现一个倒 U 型的变化趋势。在国家发展水平较低、创新能力较弱时，出口的增长相对独立于 PCT 的增长；随着创新能力的提高，出口产品的科技含量提高，PCT 增长与出口额之间的关联越来越强；当国家的创新能力进入科学前沿，创新的成果与产品之间的关联会有所减弱。需要注意的是，在最后一个阶段中，作为衡量出口产业竞争力的 PCT 指标并非变得不再重要。实际上，这些专利对于确保企业在未来市场中的竞争力有着重要意义，其对出口的促进作用可能会在较长时间后发挥作用。

从上述比较分析来看，我国现在的创新阶段位于韩国和德国之后，而与美国和日本距离更远一些。为直观描述这种差距，我国采用一个新的指标：每百亿美元出口额对应的 PCT 数量，进行横向比较。图 3-2 给出了一个参考。预计今后我国百亿美元出口额对应的 PCT 数量仍有较大的增长空间。若要达到韩国

① 统计中包括了 2015 年以前 PCT 缔约已经生效的 148 个国家。当前的 PCT 缔约国有 152 个，但柬埔寨等四国缔约生效日在 2016 年以后，尚没有统计数据。

② 2015 年日元相对于美元贬值幅度较大，导致以美元计价的出口金额较低。去除 2015 年的数据后，计算出的相关系数为 0.84。

当前的水平，仍需一倍左右的提升。

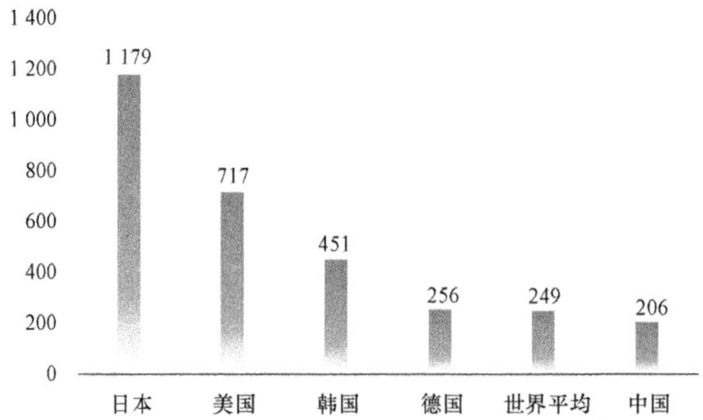

图 3－2　百亿美元出口对应的 PCT 申请量横向比较
（2011—2015 年平均值）

注：数据来源于 WIPO 和联合国 Comtrade 数据库，项目组绘制。

需要注意的是，由于出口产品的构成及专利申请策略的不同，上述指标只是提供一个粗略的估计。某些国家的数字可能并不完全反映其出口竞争力水平。

3. PCT 与出口增长的产业比较分析

PCT 申请是研究开发的成果。由于各个行业的研发投入强度①不同，PCT 申请的密度也有较大差异。此外，部分行业在某些年度有些新的技术热点，也会导致该行业的专利申请发生变化。

图 3－3 依据 IPC 专利分类统计了全球 PCT 国际申请的技术领域分布的年度变化情况。总体而言，电学、物理和机械工程等领域的专利占比近 50%左右，而固定建筑物以及纺织、造纸领域的专利较少。化学、冶金领域的专利在 2001 年占 20%以上，但近年来有所下降。图 3－4 则描述了我国 PCT 申请的技术领域的年度变化情况。

与世界总体水平相比，我国 PCT 申请的技术领域呈现如下特点：

（1）电学和物理领域的 PCT 申请占比提高很快，到 2015 年已经占到总申请量的 60%（PCT 缔约国平均为 40%）。

（2）化工、冶金领域的 PCT 申请比例下降明显。

（3）以轻工业为主的生活必需品领域的 PCT 申请占比在 2011 年以前下降明显，但是在 2014 年开始回升。

（4）以汽车产业为主的作业、运输领域的专利申请占比变化较小。

① 各行业的研发投入强度通常用研发支出/销售收入来衡量，研发强度较高的产业包括医药、电子、通信等领域。

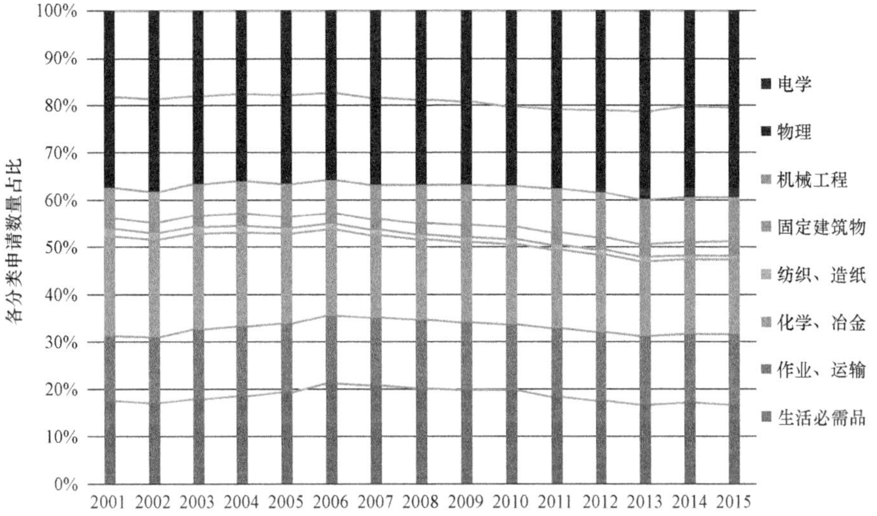

图 3-3　全球 PCT 国际申请的技术领域变化趋势

注：数据来源于 WIPO，项目组绘制。

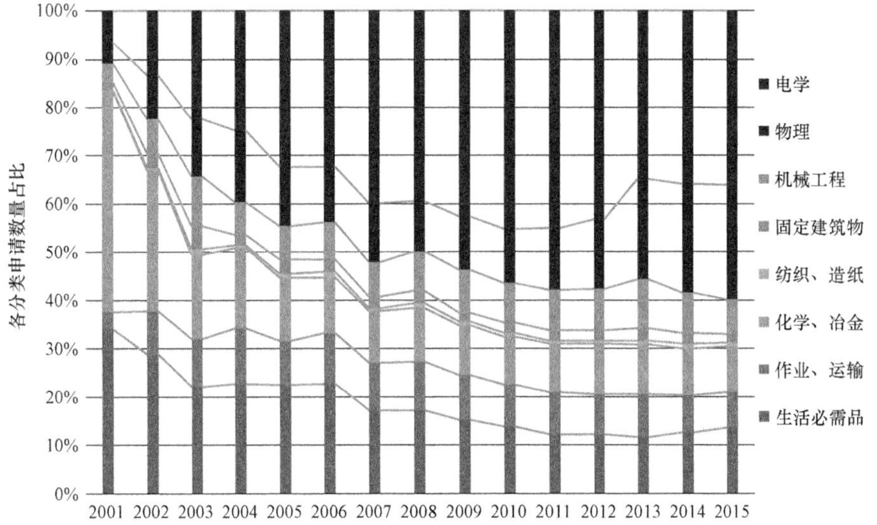

图 3-4　中国 PCT 申请的技术领域变化趋势

注：数据来源于 WIPO，项目组绘制。

PCT 技术分类的变化趋势是否与我国的货物出口品类变化之间存在关联？为了初步回答这一问题，项目组根据联合国 Comtrade 数据库对世界和我国的货物出口占比变化做了统计，绘制了图 3-5 和图 3-6。

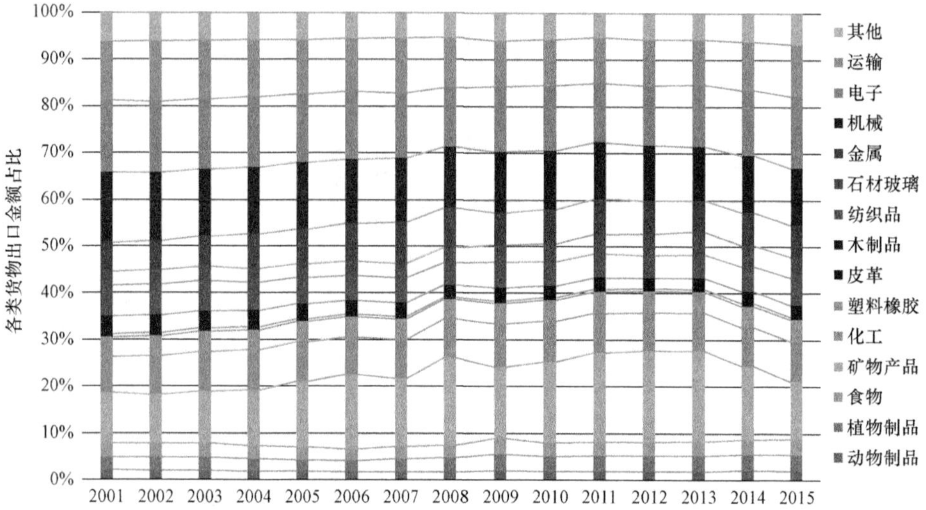

图 3-5 全球各类货物出口金额占比变化趋势

注：数据来源于联合国 Comtrade 数据库，项目组绘制。

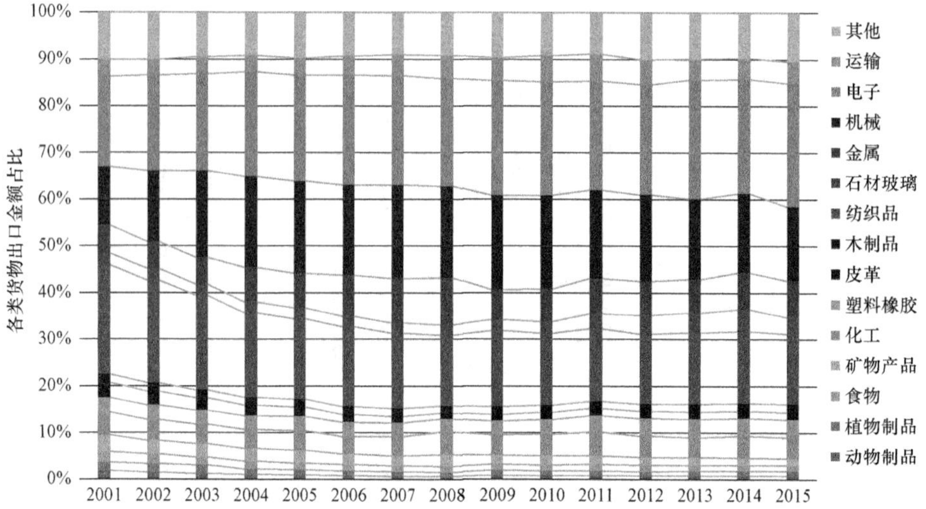

图 3-6 中国各类货物出口金额占比变化趋势

注：数据来源于联合国 Comtrade 数据库，项目组绘制。

图 3-5 显示全球各类货物出口的占比尽管有一定的波动起伏，但并无明显变化趋势。与之相比，图 3-6 显示出我国出口产品品类的一些变化。最为显著的是电子产品的出口金额占比自2001年以来稳步上升，占到了总体的25%左右，这也与我国电学类 PCT 国际申请的比例上升较为一致。与此相反，纺织品在出口中的占比有显著下降。但是IPC国际专利分类体系中，纺织与造纸是在一个

大类中，判断纺织相关PCT申请的变化趋势与出口额占比之间的关系较为困难。此问题在其他技术领域内亦普遍存在。由于出口额的统计是以产品为分类依据，其分类体系是依据世界海关组织（WCO）的商品名称编码体系（简称HS编码）；而专利的分类是依据由世界知识产权组织（WIPO）主持的IPC分类体系，无论在大类还是小类上两者之间的对应都较为困难，亦没有先行文献可供参考。

为解决HS编码与IPC之间的对应关系问题，我们利用中国海关的历史数据，将企业的货物出口记录和企业的发明专利数据通过企业名称等信息进行了匹配。根据企业出口产品HS编码和申请专利的IPC号同时出现的频率统计，获得了两位HS编码和4位IPC编码之间的对应关系。在此基础上，我们计算了各个产品分类下，2001年至2015年间货物出口额与PCT专利申请的相关系数。通过对主要制造业国家的统计分析，我们绘制了不同产业出口额和PCT的相关系数对比图。

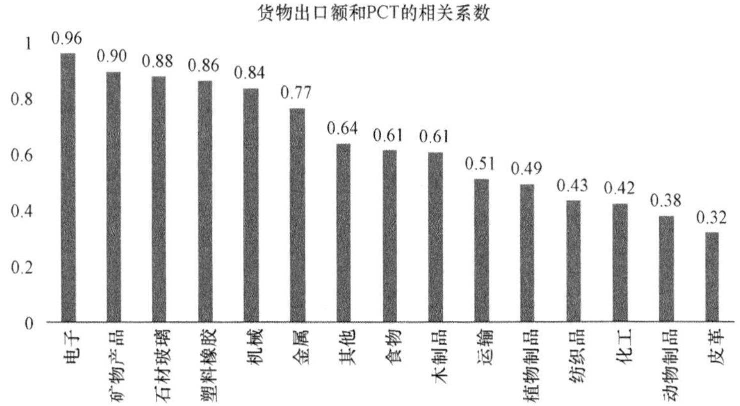

图3-7 各产业货物出口额与PCT申请数量的相关系数比较

注：货物出口数据来自联合国Comtrade数据库，
按IPC分类的PCT申请数据来自WIPO。

图3-7显示，电子、矿物产品、塑料橡胶等领域出口额和PCT申请的关联度较大，而化工、纺织品、皮革等产业两者的相关度较低。因此，在探讨PCT指标在出口中的经济意义上，需要关注产业特点，不能一概而论。特别值得注意的是，矿物产品和石材玻璃这些领域一般会被认为是资源密集型产业，但数据中显示PCT申请与出口金额之间关联度很高。这提示我们，在资源密集型产业中，通过研发创新，可以很大程度上提升出口产品的附加值。中国非金属矿业协会的资料亦认为通过创新提升技术水平，是解决矿物相关产业“低出（口

价格）高进（口价格）”问题的关键①。

4. PCT 与货物出口的时间序列分析

课题组收集了我国现有的 2001—2014 年 PCT 申请量和货物出口额的月度时间序列数据。为研究 PCT 增长和货物出口增长间的关系，我们分别对 PCT 申请量和出口额取了自然对数后求得一阶差分，利用向量自回归模型（VAR）研究 PCT 申请与货物出口额的关系。图 3–8 是这两个变量的散点图，纵轴 lnExportD1 表示出口额取自然对数后的一阶差分，而横轴 lnPctD1 表示 PCT 数量取自然对数后的一阶差分。

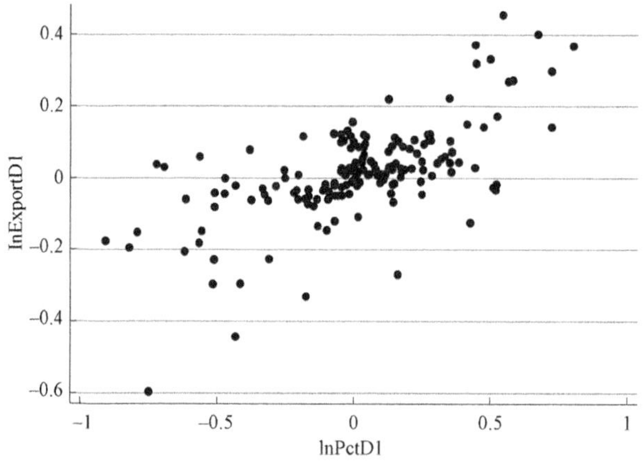

图 3–8　PCT 申请量和出口额的对数一阶差分的散点图

注：PCT 的月度申请数据来自于 Patstat 专利数据库 2017 年 4 月版；出口额数据来自于联合国 Comtrade 数据库。

在以 lnExportD1 和 lnPctD1 为变量的 VAR 模型回归中，依据 FPE、AIC、HQIC 和 SBIC 准则给出的结果，我们在模型中加入了 13 阶滞后变量。以 lnExportD1 为因变量的回归结果如下表所示：

表 3–1　　在以 lnExportD1 为因变量的 VAR 模型回归分析结果。

lnExportD1	回归系数	t 值
L.lnExportD1	−0.417***	（−4.73）
L2.lnExportD1	0.026 1	（0.30）
L3.lnExportD1	0.015 5	（0.17）

① 中国非金属矿资讯网《我国非金属矿物材料研发现状及发展思路》一文指出：“我国非金属矿产品进出口贸易中“低出高进”的现象比较严重，例如，2002 年我国出口石墨 32.18 万吨，其产品主要是不同含碳量的鳞片石墨和土状石墨原料，创汇 4 614.4 万美元，平均出口价格为 143.40 美元/吨；进口石墨材料 741 吨，用汇 401.08 万美元，平均进口价格 5 412.66 美元/吨，进口价为出口价的 37.75 倍；出口高岭土 70.8 万吨，创汇 2 236 万美元，主要为原矿，出口均价仅 31.58 美元/吨；进口 23.56 万吨，用汇 5091.4 万美元，主要为高档造纸涂料级和油漆填料级产品，进口均价为 215.16 美元/吨，进口价是出口价的 9.13 倍。”

续表

lnExportD1	回归系数	t 值
L4.lnExportD1	−0.055 2	(−0.62)
L5.lnExportD1	−0.031 6	(−0.36)
L6.lnExportD1	−0.141	(−1.64)
L7.lnExportD1	−0.235***	(−2.82)
L8.lnExportD1	−0.009 17	(−0.11)
L9.lnExportD1	−0.032 9	(−0.41)
L10.lnExportD1	−0.194**	(−2.38)
L11.lnExportD1	−0.099 1	(−1.14)
L12.lnExportD1	0.625***	(7.39)
L13.lnExportD1	0.205**	(2.22)
L.lnPctD1	−0.024 9	(−0.53)
L2.lnPctD1	−0.098 3*	(−1.82)
L3.lnPctD1	−0.072 6	(−1.23)
L4.lnPctD1	−0.031 3	(−0.51)
L5.lnPctD1	−0.030 0	(−0.48)
L6.lnPctD1	0.004 44	(0.07)
L7.lnPctD1	0.040 5	(0.64)
L8.lnPctD1	−0.027 5	(−0.45)
L9.lnPctD1	0.005 99	(0.10)
L10.lnPctD1	0.040 4	(0.70)
L11.lnPctD1	0.110**	(2.04)
L12.lnPctD1	0.038 9	(0.90)
L13.lnPctD1	0.109***	(2.99)
Constant	0.016 6	(1.44)
N	149	

“t 值”指括号内的数值。

* $p<0.10$，** $p<0.05$，*** $p<0.01$

从结果中可以看出，PCT 申请对货物出口有促进作用，但这一作用至少滞后于申请约11个月。我们对这一结果做了格兰杰因果检验，其结果如下：

表3-2　格兰杰因果检验结果

Equation	Excluded	chi 2	df	Prob>chi 2
ln Export D 1	lnP ctD 1	25.562	13	0.019
ln Export D 1	ALL	25.562	13	0.019

这一结果表明，PCT国际申请的增长与货物出口额增长间存在格兰杰因果关系，即PCT申请量的增长能够为预测货物出口额的增长提供价值。但是，需要注意的是反方向的格兰杰因果关系也成立。对PCT与货物出口额间的严格因果关系检验仍有待于利用更好的数据，特别是外生性变量相关的数据，以及更好的实证模型在未来做持续、深入的研究。

（三）PCT国际申请与货物进口

1. PCT国际申请与货物进口的影响机制分析

PCT与货物进口关系可能有两方面的产生机制。一方面，对外资企业来说，以PCT途径申请在华专利，是其对华出口的战略准备，因而外资企业的PCT专利有可能作为外资企业对华出口的重点领域做出预测。另一方面，中国企业对外的PCT专利申请，体现了中国企业在相应领域的技术实力的增强。相应地，这些领域产品的进口量可能会有所减少或者增幅低于其他产品。对于这两种机制的理解，有两个方面的问题值得分析。

（1）国家差异。各个国家对中国出口的产品品类及技术领域有所不同，企业的经营策略可能对PCT与其对华出口（即中国的货物进口）额之间的关系产生影响。

（2）PCT申请强度的相对变化。外资企业和国内企业的市场竞争的成败与其创新能力的相对变化有关。考虑PCT申请强度的相对变化有助于从更深层次理解PCT与进口之间的关系。

2. PCT申请数量与对华货物出口额相关性的国际比较

为研究PCT专利申请与进口的关系，我们选择了美国、德国、日本和韩国四个国家作为分析对象。这四个国家同为主要创新和制造业大国，也是我国主要的贸易伙伴，具有较强的代表性。

图3-9描述了各国PCT申请数量和对华出口额的变化趋势以及两个数据间的相关系数。从图中可以看出以下几个特征：

（1）美国和德国的PCT申请数量与对华出口额之间的相关系数显著低于日韩两国。可能的原因是欧美企业的国际化程度较高，其研究开发和PCT申请与全球市场关联度高，而与中国市场关联度较低。与此形成对照的是，日韩企业，尤其是韩国公司，比较依赖于中国市场，因此其 PCT 申请与对华出口相关性极高。

（2）美国和德国的 PCT 申请数量与对华出口额之间的关联度呈现收敛趋势。特别是美国的 PCT 申请数量增长与对华出口间的相关度在 2009 年大幅度提高，反映出中国市场对于欧美公司的重要性上升。

（3）与普遍趋势相反的是，日本的 PCT 申请数量与对华出口额之间的关联度自 2011 年起发生显著改变。2012 年，PCT 数量继续增长，但是由于钓鱼岛事件，对华出口下降显著。2013 年之后，PCT 申请数量有所下降，但是对华出口仍有缓慢增长。

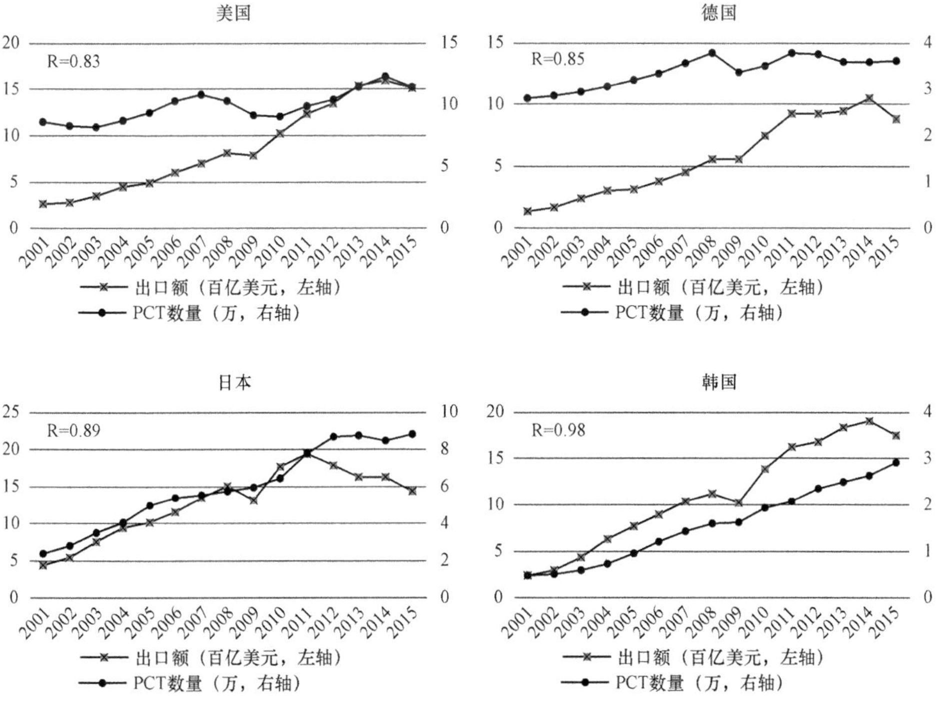

图 3-9　PCT 申请数量和对华出口总额变化趋势

注：PCT 申请数据来自于 WIPO，对华出口数据来自于联合国 Comtrade 数据库。

2008—2009 年的金融危机对于各国对华出口都造成了较大影响。但是欧美企业与日韩企业在 PCT 申请上存在显著的战略选择差异。美国和德国的 PCT 申请数量下降显著，而日韩两国的 PCT 申请数量却仍然维持了增长，尽管就对华出口而言，日韩受到的冲击更为明显。

从上述的简单统计分析来看，外国企业 PCT 申请数量与我国货物进口之间的关系更多取决于我国市场的吸引力、市场环境和其他外生因素。从国际比较角度来看，欧美企业与日韩企业在对华市场依赖度、专利申请战略上存在显著差异。在分析 PCT 与我国货物进口额时，需要考虑这些国家差异。

3. PCT 申请相对强度与贸易竞争力

发展经济学认为，随着后发国家的工业水平和创新能力的提高，本土公司可以通过自主研发和生产取代进口产品。基于低劳动力成本、规模经济等比较优势，后发国家企业还可以进一步对外出口。这一理论普遍被认为符合我国的机械、电子等行业的特征。但是，产业升级和竞争力的提升并不一定带来进口的减少。相反，由于出口加工的存在，产业升级后会带来原材料进口的增加。因此，可能出现某些产品相对进口的增加和另外一些产业相对出口的增加。因此，对于进口替代问题的研究，需要综合考虑出口与进口的相对变化，即贸易竞争力的变化。我们借鉴日本学者 Kazuyuki Motohashi 的贸易竞争力指标来分析中国与美、德、日、韩四国间的 PCT 申请强度对比与贸易竞争力变化的关系。

Kazuyuki Motohashi 给出的贸易竞争力指标公式是（Kazuyuki Motohashi，2014）：

$$\text{贸易竞争力}=\frac{\text{出口额}-\text{进口额}}{\text{出口额}+\text{进口额}}$$

公式的分子实际上是贸易顺差，而分母部分是进出口贸易总额，用来对贸易顺差进行归一化处理。将该指标应用于不同产业时，可以反映不同产业的相对竞争力。当一个国家某个产业的竞争力提升后，对进口的取代导致进口额减少，出口额增加，总体贸易竞争力就会提升。我们使用这一指标对中国的不同产业的贸易竞争力变化进行分析。

我们将 2001 年到 2015 年分成三个阶段，以减少短期的年度变化带来的干扰，并与我国的“十五”“十一五”和“十二五”阶段相对应。图 3-10 至图 3-13 分别描述了我国相对于美国、德国、日本和韩国在各个产业的贸易竞争力对比情况。图中，贸易竞争力指数大于 0 的柱形表示在该产业中我国相对于这些国家的出口大于进口。柱形越高，则出口优势越明显。相反，如果竞争力指数为负值，则表示进口大于出口；指数越接近 -1，则代表我国在该产业基本处于从该贸易伙伴纯进口状态。图中深色柱形代表了“十一五”期间（2006 年到 2010 年）的贸易竞争力指数的平均值，而浅色柱形则是“十二五”期间（2011 年到 2015 年）的平均值。两个柱形间的差值代表了我国在该产业内竞争力的变化情况。图中反映了我国贸易竞争力的几个主要特征：

（1）我国大多数产业对美国都处于净出口状态，以纺织品、石材玻璃、机械、电子等领域为代表。在植物制品上处于净进口。过去十年中，发生变化的领域主要为矿物产品和运输（主要为汽车），都从净出口变成了净进口。

（2）相对于德国，我国的净出口产业主要为较为低端的纺织、农产品等领域。在机械、电子领域的贸易竞争力改善较大。

（3）相对于日本，我国的进出口产业主要为农产品及轻工业制品。机械、电子领域的贸易竞争力劣势减小；以汽车为代表的运输产业劣势有所扩大。

（4）我国对韩国出口竞争力较大的为农产品相关产业，劣势较大的为塑料橡胶及化工领域。近年来，轻工业产品（皮革、木制品、纺织品）都由净进口转为净出口。机械、电子领域的贸易竞争力劣势减小。

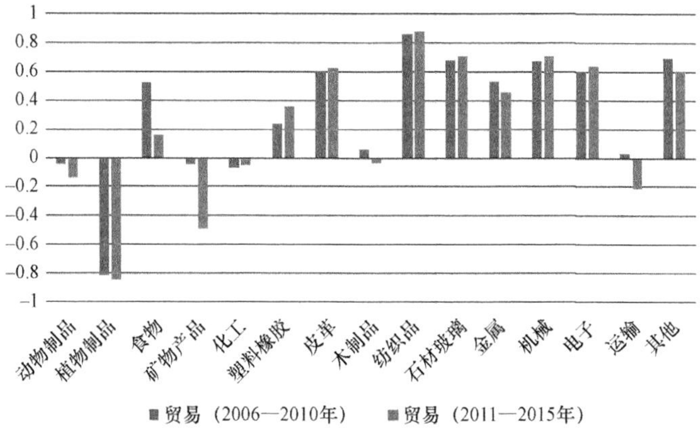

图3－10　中国相对于美国的贸易竞争力变化

注：项目组依据联合国 Comtrade 数据库中收录的中美双边贸易数据绘制。

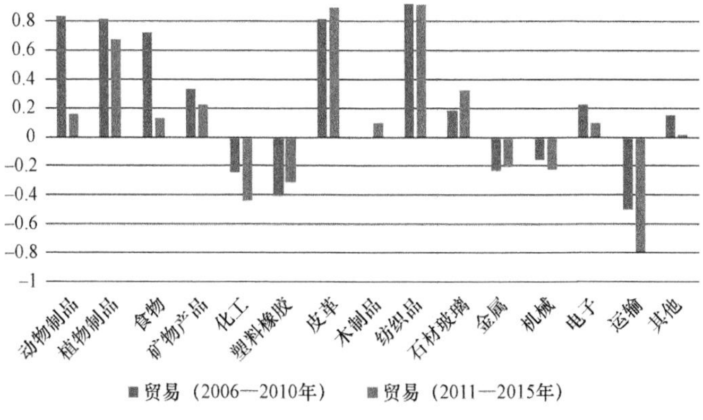

图3－11　中国相对于德国的贸易竞争力变化

注：项目组依据联合国 Comtrade 数据库中收录的中德双边贸易数据绘制。

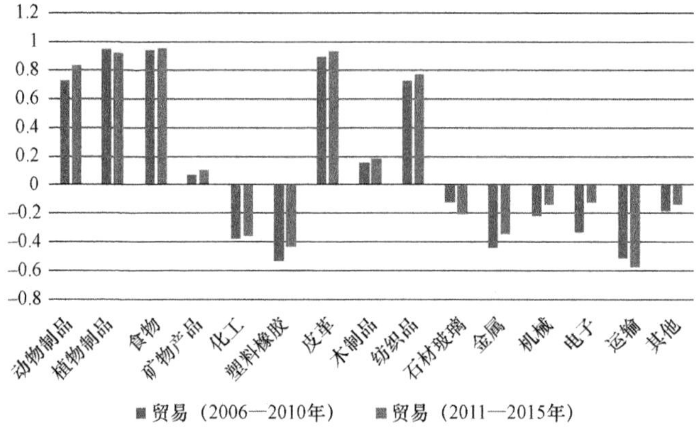

图 3－12　中国相对于日本的贸易竞争力变化

注：项目组依据联合国 Comtrade 数据库中收录的中日双边贸易数据绘制。

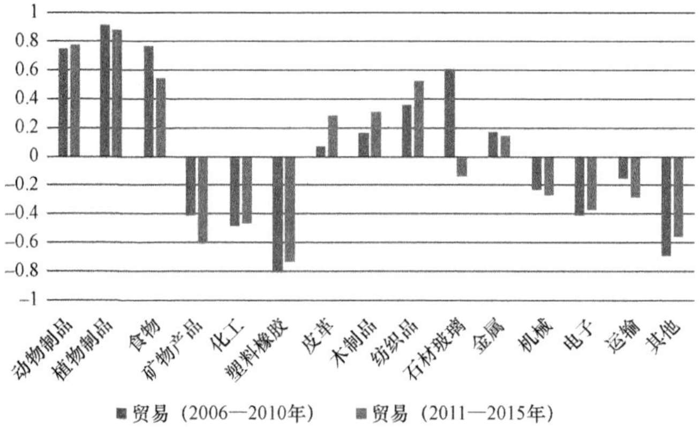

图 3－13　中国相对于韩国的贸易竞争力变化

注：项目组依据联合国 Comtrade 数据库中收录的中韩双边贸易数据绘制。

上述不同产业的贸易竞争力变化是否与我国与主要贸易伙伴间的创新能力对比有关？由于 PCT 申请数量的对比在能够部分代表中国在涉及技术创新的国际贸易中的竞争力，在 PCT 申请方面，我们用如下指标来衡量中国相对于贸易伙伴在专利上的竞争力：

$$\text{PCT申请相对强度} = \frac{\text{PCT申请数量} - \text{贸易伙伴PCT申请数量}}{\text{当年全球PCT申请数量}}$$

项目组计算了“十二五”和“十一五”期间我国各产业相对于美、德、日、韩四国的PCT申请相对强度，两者的差值就代表了我国各产业在PCT国际申请方面的竞争力变化。同样的，我们也将同一时期的贸易指数变化，从而将我国与对应贸易伙伴的PCT申请相对强度和贸易指数变化按照产业分类画成散点图如图3-14。

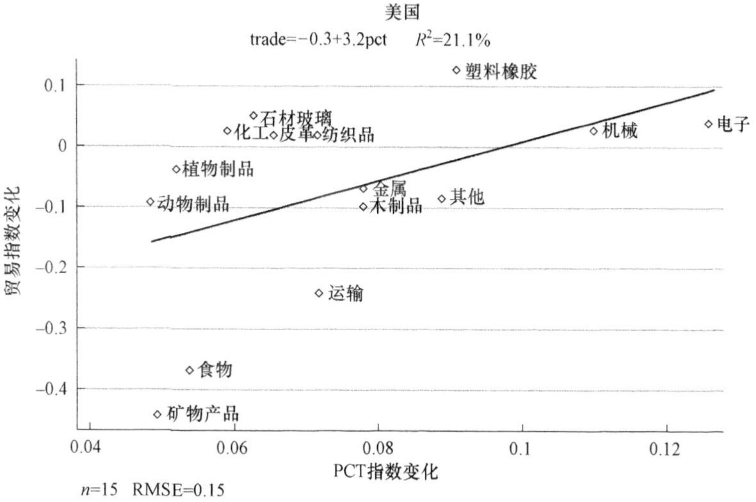

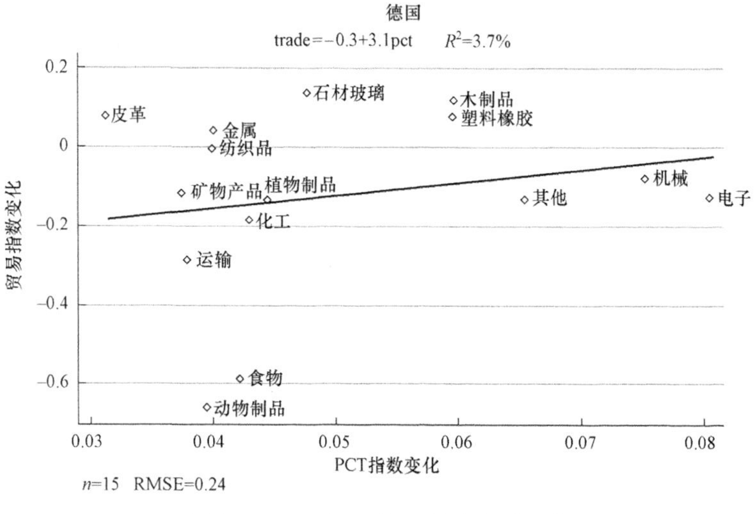

图3-14　PCT指数与贸易指数变化

注：项目组根据WIPO的PCT数据和联合国Comtrade贸易数据绘制。

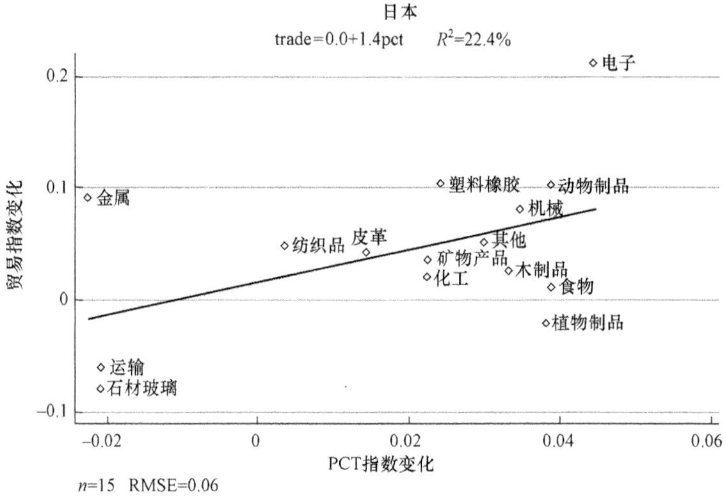

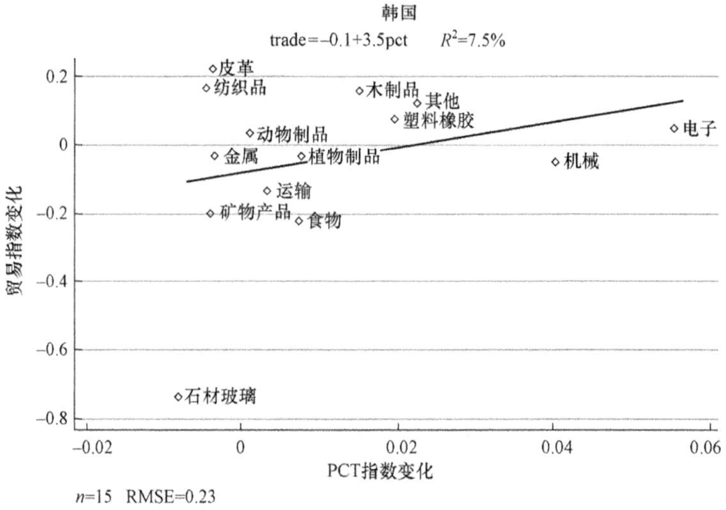

图 3－14　PCT 指数与贸易指数变化（续）

注：项目组根据 WIPO 的 PCT 数据和联合国 Comtrade 贸易数据绘制。

从图 3－14 中，可以发现以下特征：

（1）PCT 申请的相对强度与贸易竞争力指数的变化呈正相关，但这种相关关系在不同国家强弱不一。PCT 指数变化在解释我国各行业相对于美国和日本的贸易竞争力方面比较有效（拟合优度超过 20%），但在对德国和韩国贸易竞争力方面解释力较弱（拟合优度低于10%）。

（2）从拟合系数来看，1个单位PCT相对强度的变化约3个单位的贸易竞争力指数。但是，相对于日本，这一系数较小，要提高对日本的贸易竞争力指数的提高需要更多的PCT申请。

（3）拟合模型的常数项（截距）均小于等于0，直接的数学涵义是PCT申请相对强度维持不变的情况下，贸易竞争力将会减弱。这也反映了我国PCT申请质量偏低，单纯以数量计算的PCT竞争力指标不能完全转化为贸易竞争力。

（4）在机械、电子产业中我国PCT申请的相对强度和贸易竞争力变化关系较为一致，都呈上升态势，反映了我国在这些领域技术实力增强，贸易竞争力也不断提升。

（5）偏离拟合曲线较远的产业包括食物、矿物产品和石材玻璃等领域。这些产业的贸易竞争力状况更多地取决于全球分工的变化。例如，在石材玻璃产业中，我国相对于美国和德国的贸易竞争力指数都有所提高，但相对于日韩则大幅下降。原因可能在于，在智能手机和电视的面板、玻璃材料方面，我国大幅度依赖于从日韩进口。同时，在这些产业中，我国的PCT申请相对强度变弱。这些产业逐渐成为我国的比较劣势产业。

（6）在以汽车为代表的运输机器产业中，尽管我国PCT申请相对强度有所提高，但贸易竞争力指数下降低于各产业平均值，说明创新水平的提升尚未带来显著的贸易竞争力提升。未来如何将科技创新能力的提高转化为国际贸易竞争力提高将成为重要课题。

综上所述，PCT申请与贸易竞争力的关系较为复杂。在某些领域，两者间成显著正相关关系，但在另外一些领域则不显著。这是因为，贸易竞争力不完全取决于技术竞争，还取决于品牌力量、产业间的比较优势等因素。在探讨PCT指标的作用时，需要考虑这些因素。

上述分析的指标是基于各国2001年至2015年PCT国际申请的数量。另一个可能的方法是基于进入我国国家阶段的PCT申请数量计算。尽管这一指标更为直接，但是由于PCT制度规定申请者最晚可以在PCT申请的优先权日后的三十个月内转入国家阶段。在进入国家阶段后，由于办理手续、专利申请公开及进入主要数据库还需一到两年时间，因此，近几年来各国PCT国际申请中最终进入我国国家阶段的数量目前尚无法准确估计，而较为可靠的数据则是截至2012年。不过，由于我国市场广阔，各国企业提交的PCT申请通常都会将我国列入指定，并最终转入我国国家阶段。因此，用这两种计算方法得到的结论差异较小。我们亦检验了2012年以前的数据，发现主要制造业大国的PCT国际申请数量与进入我国国家阶段的申请数量高度相关。

四、PCT 国际申请与外国直接投资

（一）PCT 国际申请与外国直接投资概述

1. PCT 国际申请对外国直接投资的影响机制分析

作为在海外市场上保护技术性发明的 PCT 国际申请，能为企业出口技术或产品保驾护航，因此其与知识产权进出口以及货物贸易具有直接且显著的关联。在全球化进程中，由于跨国公司的研发、生产及市场活动的复杂性，PCT 国际申请与国际商务活动的联系可能已超越了技术和货物的流动，而与资本流动关联起来。这种关联的机制可能包括：一方面，随着国家发展水平的提高，一国往往经历从吸引外商直接投资为主的资本净输入国，逐步发展为对外直接投资为主的资本净输出国。在这个转化过程中，PCT 国际申请的增长代表了创新能力的提升，同时又代表了企业开拓海外市场的意愿，从而产生更多的对外直接投资。另一方面，PCT 申请增长体现了一国创新环境和能力的改善，从而对外商直接投资的数量和结构产生深刻影响。因此，从外国直接投资的角度研究 PCT 国际申请的影响和意义有助于理解 PCT 相关指标在全球化过程中的理论内涵。

2. 外国直接投资的关键概念

外国直接投资是一国投资者在外国进行的以获取持久利益为目的的投资，通常以股权和债权投资的方式，直接控制或影响外国直接投资企业的管理和经营（肯伍德、洛赫德，1992）。一般将直接投资中的投资者称为“外国投资者”，外国投资者所在的国家被称为“投资国”；投资者在另一个国家所投资的企业称为“外国直接投资企业”，外国直接投资企业所在的国家被称为“东道国”。统计上，一般以外国投资者持有直接投资企业 10%及以上股权或投票权为标准，识别投资是否属于外国直接投资（联合国，2012；IMF，2008）。

直接投资被视为一种金融工具，一方的资产与另一方的负债是直接投资的两面。站在投资国的立场，资金从投资国流出，投资国的对外资产增加，用“对外直接投资”表示，并作为资产记录。站在东道国的立场，资金流入东道国，东道国的对外负债增加，用“外国直接投资”表示，并作为负债记录。投资活动的结果是在两个不同国家之间建立了资产和负债的关系，一个国家既可以是投资国，也可以是东道国。以中国为例，来华外国直接投资是中国的对外负债，中国对外直接投资是中国的对外资产。目前 IMF（2008）BPM6 为此提供了编制外国直接投资统计数据的国际标准。各国也按照 BPM6 收集、汇总和发布外国直接投资数据。

对于一国而言，直接投资会持续发生。在特定时间段，比如一年内，直接投资活动的发生意味着一国向另一国新增了一定的投资额，这种特定时间段新

增的投资额被称为外国直接投资流量。在特定的时间点，比如年末，可以测度出投资者拥有的外国直接投资企业价值，这种特定时间点外国投资者所持有的投资额被称为外国直接投资存量。外国直接投资流量在不同时间段的累积是形成外国直接投资存量的重要来源，但是，并不是唯一来源。外国直接投资企业经营所获得的投资收益如果没有被投资者提取，而是作为留存收益，会形成收益再投资，也是外国直接投资存量的重要来源。此外，汇率等引起资产价格变化的因素、罚没等引起资产物量变化的因素，都会对外国直接投资存量产生影响。实际中，外国直接投资流量的累计值与外国直接投资存量存在较大的差异。因此，外国直接投资流量和存量是观察外国直接投资的重要维度。

3. 外国直接投资发展概况

从全球范围来看，2008 年的金融危机之前，全球外国直接投资存量保持加速增长，金融危机之后，全球外国直接投资存量增速下降，2015 年外国直接投资存量开始出现下降。

对于不同国家，外国直接投资通常表现出阶段性特征，按照邓宁的外国直接投资阶段理论，随着人均 GNP 的增长，一国企业的国际竞争力不断增强，外国直接投资会经历四个阶段（Dunning, 1981），“第一阶段，由于一个国家的企业还没有产生所有权优势，东道国各种条件的制约使这一阶段外资总的流入量不大，不会产生直接投资净流出的现象。第二阶段，外资流入量增加，但主要是利用东道国原材料及劳动力成本低廉的优势，进行一些技术水平较低的生产性投资。在对外投资方面，东道国的投资流出仍停留在很低的水平上，其主要的原因在于当地企业自身还没有产生较强的所有权优势，以克服进行国际生产的基本障碍。这个阶段一般通过引进技术及进入国际市场等形式，来实现进口替代投资的经济发展战略。第三阶段，由于东道国企业所有权优势和内部化优势大大增强，人均净投资流入开始下降，对外直接投资流出增加，专业化国际直接投资过程开始。第四阶段，是国际直接投资净流出的时期。随着该国经济发展水平的提高，这些国家的企业开始具有较强的所有权优势和内部化优势，并具备发现和利用外国区位优势的能力。”

美国、日本、德国在近十年基本都处于第四阶段，表现出较大的直接投资净输出。韩国从金融危机前的净输入国发展为危机之后的净输出国，其外国直接投资存量开始下降，直接投资净额持续扩大，在样本期已经从第三阶段进入第四阶段。中国一直是外国直接投资存量高于对外直接投资存量的净输入国，近年来对外直接投资存量加速增长，外国直接投资存量增速放缓，使得直接投资净额持续缩小，正在从第三阶段向第四阶段过渡（朱华，2012）。外国直接投资发展的不同阶段是伴随着一国企业国际竞争力不断增强的过程，PCT 国际申请量作为国际竞争力的具体体现，会与外国直接投资发展形成重要的关联。

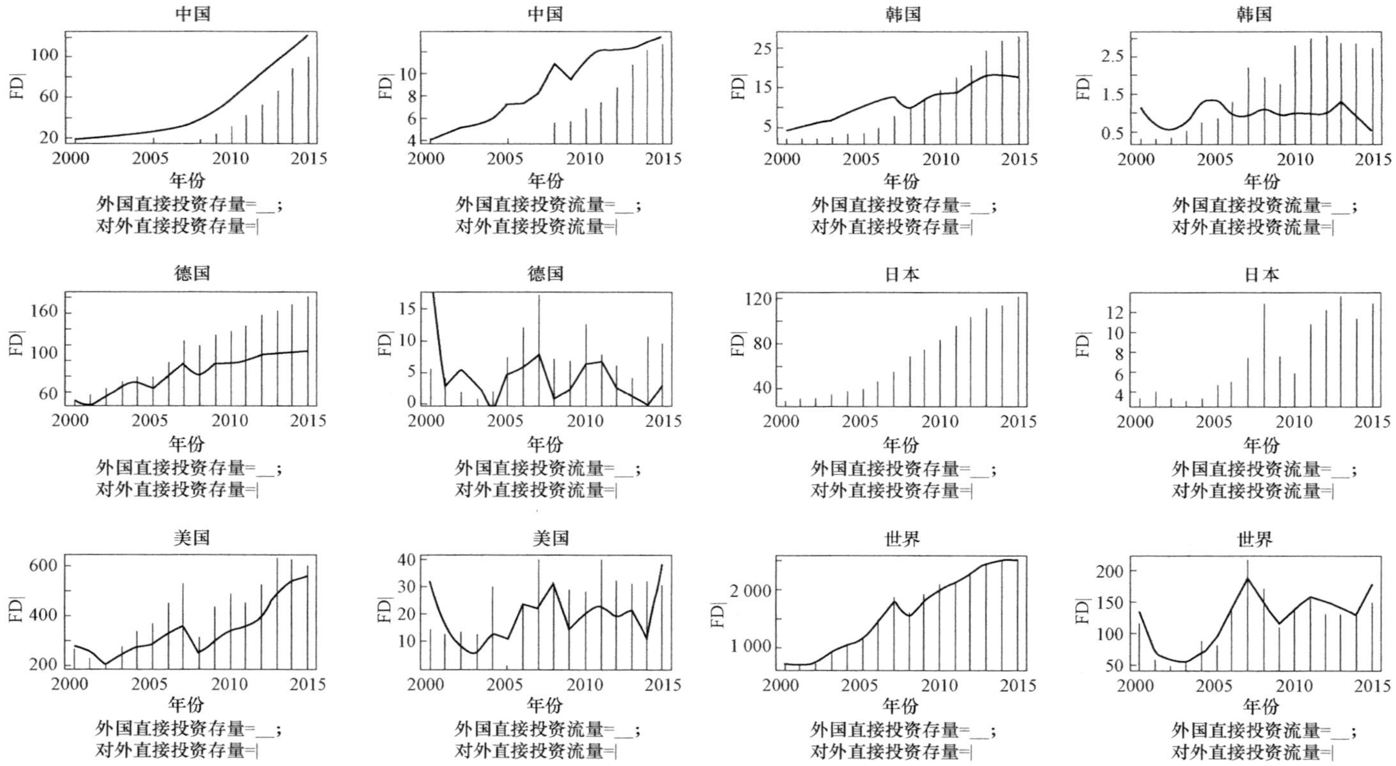

图 4－1　2000—2015 年各国 FDI 情况（单位：百亿美元）

注：数据来源于联合国贸发会议网站数据库，项目组绘制。

（二）PCT 国际专利申请与对外直接投资

1. PCT 国际申请与对外直接投资的影响机制分析

PCT 国际申请与对外直接投资的理论有二。第一，按照 Dunning 的国际生产折中理论，企业之所以选择对外直接投资而不是出口，是由于知识产权的优势与直接投资所获得的内部化优势与区位优势一起，能够使得其他通过对外直接投资获得的收益高于出口的收益（Dunning，1977）。第二，“逆向溢出”理论认为，企业是出于学习的目的进行直接投资，试图通过在东道国市场的竞争、逆向工程等模仿、人员流动和与上下游企业的合作中获得技术和知识，从而提升自身的创新能力（胡宗彪、王剑伟、刘军，2011）。如果这种动机的效果不错，母公司作为外国投资者进行对外直接投资，其逆向创新的成果由母公司持有，那么，母公司可能会在投资国进行 PCT 国际申请，能够在本国和东道国市场同时获得知识产权保护。

对于不同的国家，上述两种机制可能同时发生作用，只是侧重不同。由于对外直接投资是 PCT 获益的一种方式，国际生产折中理论下，PCT 申请量可能与对外直接投资流量之间的关系更为密切。由于 PCT 申请需要通过对外直接投资在一定时间的积累之后才能发生，逆向溢出理论下，PCT 申请量可能与对外直接投资存量之间的关系更为密切。

2. PCT 国际申请与对外直接投资的国际比较分析

（1）对外直接投资流量

从实际数据来看，2000—2015 年期间，PCT 国际申请与对外直接投资流量基本呈现为正向相关关系，但总体相关性不高。德国和美国每年新发生的对外直接投资活动（对外直接投资流量）与 PCT 关系并不密切，相关系数都在 0.6 以下。而中国和韩国对外直接投资流量与 PCT 国际申请的相关性非常高，相关系数都在 0.9 以上。从日本的情况来看，二者之间的关系更像具有某种门槛效应（Grossman&Helpman，1991），提示需要结合对外直接投资存量进行进一步观察。

（2）对外直接投资存量

从实际数据来看，2000—2015 年期间，PCT 国际申请与对外直接投资存量呈现为较高程度的正向相关关系，从世界来看，二者相关系数高达 0.974。德国和美国对外直接投资存量与 PCT 之间的相关关系相对不高，但相关系数都超过 0.8。而中国、韩国和日本的对外直接投资存量与 PCT 国际申请相关性都非常高，相关系数在 0.95 以上。

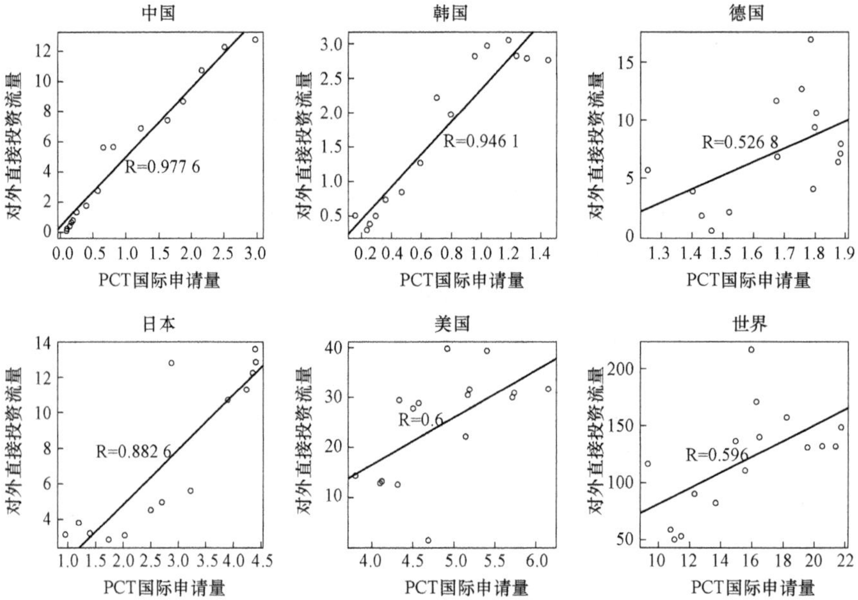

图 4-2　PCT 国际申请量与对外直接投资流量（单位：百亿美元，万件）

注：数据来源于 WIPO 和联合国贸发会议网站数据库，项目组绘制。

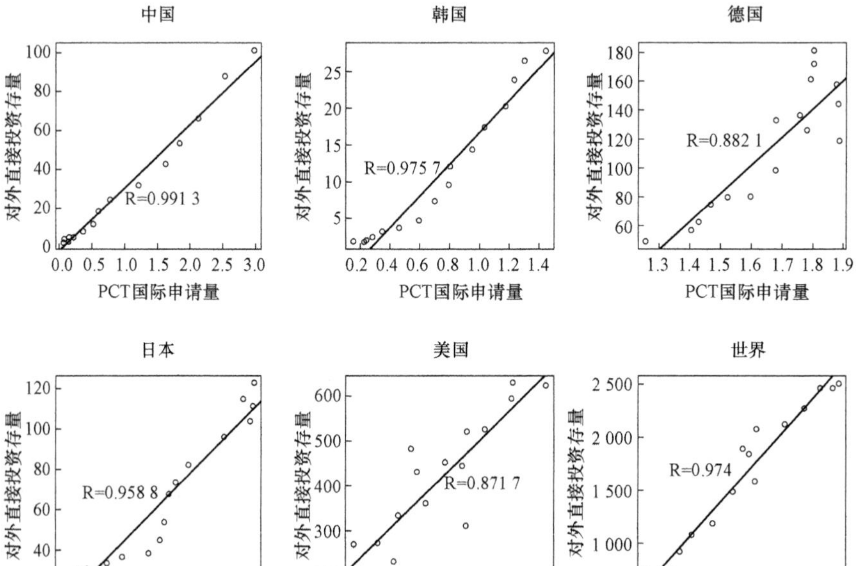

图 4-3　PCT 国际申请量与对外直接投资存量（单位：百亿美元，万件）

注：数据来源于 WIPO 和联合国贸发会议网站数据库，项目组绘制。

（3）PCT 国际申请与对外直接投资

综合对外直接投资流量与存量的结果来看，可以大致形成以下认识。首先，PCT 国际申请与对外直接投资之间是存在联系的，实际数据能够印证现有理论的预测（Grosby M.，2000）。其次，与国际生产折中理论相比，逆向溢出理论对于 PCT 国际申请量与对外直接投资的关系预测效果更好，与对外直接投资流量相比，PCT 国际申请量与对外直接投资存量的关系更为密切。最后，不同国家的市场规模不同，创新水平和竞争力水平不同，发展阶段不同，二者之间关系的密切程度不同，在所分析的样本中，无论是从对外直接投资存量还是流量来看，中国的 PCT 申请量都与对外直接投资存在着高度密切的关系，远远高于其他国家，中国现阶段 PCT 国际申请量与对外直接投资的紧密联系值得密切关注。

（三）PCT 国际申请与外国直接投资

1. PCT 国际申请与外国直接投资的影响机制分析

PCT 国际申请与外国直接投资之间的关系体现在如下方面。首先，按照逆向溢出理论，出于学习动机进行的外国直接投资，如果其外国直接投资企业所产生的创新成果直接在东道国申报知识产权保护，尤其是在东道国设立的外国直接投资企业属于全球研发中心时，二者关联可能更为突出，此类外国直接投资越高，东道国的 PCT 国际申请量就越大。这种情况下，与外国直接投资的流量相比，PCT 国际申请量与外国直接投资存量的关系更为密切。

第二，外国投资者倾向于选择知识产权保护制度比较完善的地区进行直接投资（Lee&Mansfield，1996），PCT 国际申请量可能构成东道国区位优势的来源，这种考量在外国直接投资企业在东道国所面临的外部竞争较弱时可能更为突出，此时，东道国的 PCT 国际申请量越大，外国直接投资越高。但是，如果外国投资者所从事的领域在东道国有强劲的竞争对手，那么东道国完善的知识产权保护体系可能恰恰会抑制同领域外国投资者的进入，导致东道国 PCT 国际申请量越大，外国直接投资可能越低。这种情况下，与外国直接投资的存量相比，PCT 国际申请量与外国直接投资流量的关系更为密切。

2. PCT 国际申请与外国直接投资的国际比较分析

（1）外国直接投资流量

从世界来看，PCT 国际申请量与外国直接投资流量的关系并不紧密，并且这种关系在不同的国家表现出较大的差异，韩国、德国和日本的 PCT 国际申请量与外国直接投资流量均表现出负相关的关系，美国的 PCT 国际申请量与外国直接投资流量相关系数虽然为正，但是仅为 0.29，相关性非常低。这些国家在 PCT 国际申请方面都具有非常强的基础，可以看出，良好的知识产权保护制度对于这些国家而言，PCT 国际申请对本地企业所提供保护的意义远远比其对外国直接投资的短期吸引的意义更强。

与这些国家形成鲜明对比的是，中国 PCT 国际申请量与外国直接投资流量的关系非常密切，相关系数高达 0.9，从图 4－4 中可以看到，随着 PCT 国际申请量的增长，外国直接投资流量快速上升，金融危机之前，一单位 PCT 国际申请量增加所带来的外国直接投资流量增加非常大。金融危机之后，这种边际效应有所减弱，但是，随着 PCT 国际申请量增长，外国直接投资流量仍然表现出上升的趋势。也就是说，PCT 国际申请所彰显的区位优势使得中国对外国直接投资有强劲的吸引力，中国可能在诸多领域都属于缺乏国内竞争的状况，PCT 国际申请对本地企业所提供保护的意义相对不高。

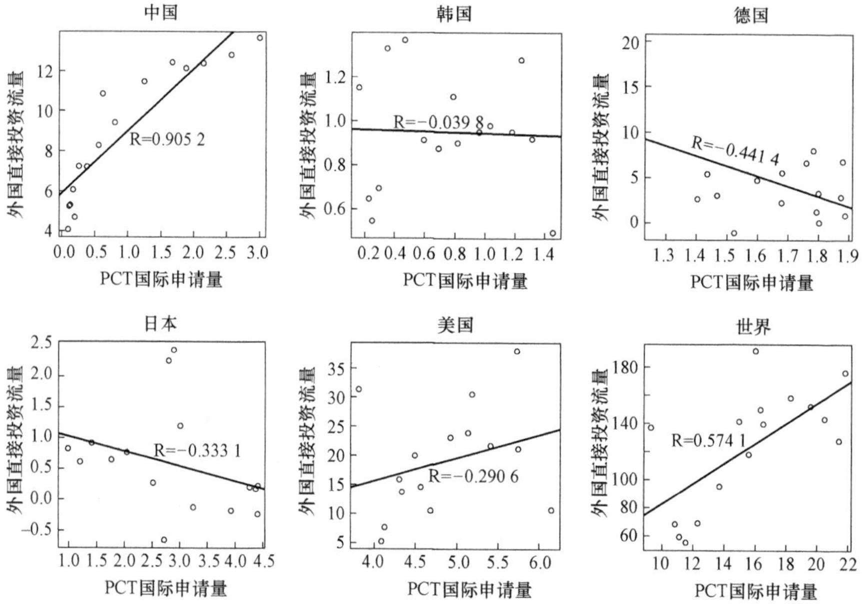

图 4－4　PCT 国际申请量与外国直接投资流量（单位：百亿美元，万件）

注：数据来源于 WIPO 和联合国贸发会议网站数据库，项目组绘制。

（2）外国直接投资存量

PCT 国际申请量与外国直接投资存量的关系具有非常高的相关性，从世界来看，二者的相关系数达到 0.98，所选取的样本国都表现出二者之间的高度相关关系。只是相关的程度略有差异。德国、日本和美国的 PCT 国际申请量与外国直接投资存量相关系数在 0.85 左右，相关性略低。而韩国的 PCT 国际申请量与外国直接投资存量相关系数为 0.96，中国则高达 0.998。对于跨国公司设立研发中心的选址，这些国家都属于最受欢迎的地区。

与PCT国际申请量与对外直接投资存量的关系相比，韩国、德国、日本和美国的PCT国际申请量与外国直接投资存量的相关系数较对外直接投资存量的相关系数低，特别是日本，PCT国际申请量与外国直接投资存量的相关系数仅为0.83，而与对外直接投资存量的相关系数高达0.95，而中国两个相关系数的差别并不大。这说明，尽管跨国公司可以通过母公司向投资国提交PCT国际申请，也可以通过外国直接投资企业在东道国提交，但是，日本等国作为投资国，可能由母公司提交的比例会更高。

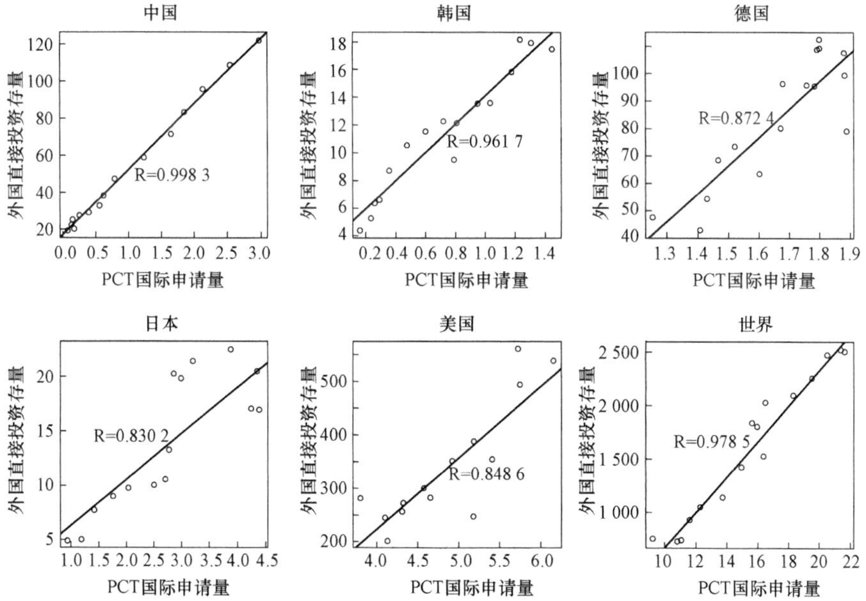

图4-5 PCT国际申请量与外国直接投资存量（单位：百亿美元，万件）

注：数据来源于WIPO和联合国贸发会议网站数据库，项目组绘制。

（3）PCT国际申请与外国直接投资

综合外国直接投资流量与存量的结果来看，可以大致形成以下认识。首先，PCT国际申请与外国直接投资之间是存在联系的，实际数据能够印证现有理论的预测。第二，外国直接投资存量更可能是PCT国际申请增长的原因，外国直接投资存量越大，PCT国际申请量越高（Blomstrom，1983），PCT方便本土企业获得国际专利的同时，也在为本地外资企业提供便利。特别是在研发国际化背景下，跨国公司在全球布局研发中心，PCT方便了这些研发中心在本地进行专利申请。当然，以日本为代表，跨国公司通过母公司在投资国进行PCT国际申请的比例可能更高。第三，一国PCT国际申请量的增长可能会引起外国投资者的关注，被视为该国知识产权保护制度完善的信号，从而引发与该国企业具有非竞争性的外国直接投资流入，中国在近十五年间都表现出这样的规律。但是，其他样本国家不同，这样的机制对于抑制竞争性外国直接投资流入的力量更加强劲。

五、结论和建议

（一）结论

本报告从国际比较的视角，利用多个来源的宏观统计数据，从知识产权使用费进出口、货物进出口和外国直接投资三个方面分析了PCT国际申请，对相关指标的影响机制和效果做出了理论探讨和统计分析，就PCT指标的经济意义得到了如下主要结论：

1. PCT国际申请对于知识产权使用费的出口、货物出口以及对外直接投资高度正向关联。因此，PCT国际申请作为一国在全球研发、贸易和投资活动中的竞争优势具有显著意义。

2. PCT国际申请对于知识产权使用费的进口、货物进口以及代表资本流入的外国直接投资方面的关联则更为复杂，呈现出较大的不一致性。PCT国际申请的增长并不会减少知识产权使用费的进口。这是因为一个国家自身研发的水平的提升会增强其利用外部技术的能力，从而对互补技术等需求更大。同样的问题亦存在于货物进口中。PCT国际申请对于外国直接投资的影响在各国并不一致。因此，不能轻易得到PCT申请的增长所代表的创新能力提升可以减少知识产权费用支出、产品进口或是取代外国投资的结论。

3. PCT国际申请与知识产权使用费、国际贸易以及外国投资的关系都会随着国家的发展阶段及国家的产业特征有所变化。例如，尽管PCT申请与知识产权使用费出口有正向关联，但是这一特征在美、德两国较弱。同样，美、日两国PCT申请与货物出口的正向联系亦低于其他主要制造业大国。与其他国家相反，日、德两国在外国投资流量与其PCT申请呈负向关系。因此，在考虑PCT指标的意义时，需要考虑这些指标的内涵随着国家发展阶段的变化有一个动态变化特征。

通过国际比较分析，本项目明确了我国PCT申请与知识产权使用费进出口、货物贸易以及外国直接投资中的一些特点和值得关注的问题，总结如下：

（1）尽管我国PCT申请量已经位居世界第三，但是知识产权使用费出口额全球排名（2015年列第19位）和占比偏低（2015年占比0.4%）。如何提升我国企业知识产权在全球技术市场上的交易价值应受到我国产业界和政府的重视。

（2）与其他主要国家PCT申请增长通常伴随知识产权贸易竞争力的提升不同，我国知识产权贸易竞争力在“十二五”期间亦没有明显提升。主要原因是知识产权使用费进口长期维持了两位数以上的增长速度。尽管知识产权使用费进口增长本身也意味着充分利用海外技术来推进产业升级，但是长期的快速增长表明企业的研发尚较多停留在外围技术上，而核心技术过度依赖从国外进口。

（3）百亿美元出口额对应的PCT数量能够反映货物出口的知识产权含量。我国“十二五”期间的这一指标位于韩国和德国之后，与美国和日本距离十分明显。若要达到韩国当前的水平，仍需一倍左右的提升。

（4）矿物产品和石材玻璃这些领域一般会被认为是资源密集型产业，但国际比较数据显示这些产业中PCT申请与出口金额之间关联度很高。这提示我们，在资源密集型产业中，通过研发创新可以很大程度上提升出口产品的附加值。“十二五”期间，我国在这些领域内贸易竞争力相较于“十一五”有明显下滑，背后可能有这些领域的创新水平相对偏低的因素。

（5）以汽车产业为主的交通制造业是国民经济发展的重要产业，亦是制造业大国在国际贸易中角逐的主要竞技场。尽管我国在这一领域的PCT数量有了一定程度增长，但是这些增长尚未带来相对于其他主要制造业国家贸易竞争力的提升。

（6）当前中国的PCT申请量与对外直接投资存在着高度密切的关系，远远高于其他国家。中国现阶段PCT国际申请量与对外直接投资的紧密联系值得密切关注。

（7）从国际对比来看，一国PCT国际申请的增长能够一定程度上形成技术壁垒，从而抑制外国直接投资的增长。与此不同，我国PCT国际申请量增长，仍然伴随着外国直接投资流量的同步增长，一方面反映了PCT国际申请所彰显的区位优势使得中国对外国直接投资有强劲的吸引力，但另一方面也反映了在众多领域我国企业的PCT国际申请尚缺乏能够充分形成技术壁垒的先进创新。

（二）建议

基于上述分析结论，我们得出以下的初步政策建议：

1. 在制定PCT国际申请相关指标时，充分考虑PCT与相关经济指标关联的国家发展阶段和产业特征。考虑到经济活动（例如知识产权费用进口额的增长对本国技术升级有促进作用）的复杂性，对于PCT增长在产业升级、经济增长上的贡献要从更长远的角度评估。

2. 在PCT国际申请已有一定规模的背景下，要支持企业增加技术出口，以直接从知识产权中获得收益。对于具有技术优势但缺乏扩展海外市场所需资金、市场资源的中小型高科技企业，可以支持其通过PCT专利授权和技术服务形式，从海外知识产权市场上获益。

3. 通过分产业调查，区分目前已经能够形成知识产权进出口同时增加、良性互动的产业和过度依靠技术进口的产业，对其创新研发和 PCT 国际申请给予区别性支持。

4. 过去一段时间，对 PCT 国际申请的关注多集中于电子和通信等产业，但是 PCT 国际申请对于一些通常意义上的资源密集型产业的出口产品附加值提升不容忽视。今后应对这些行业的知识产权意识提升和 PCT 国际申请给予关注和支持。

5. 我国汽车产业的 PCT 国际申请增长尚未带来贸易竞争力的提升。除了技术研发以外，外观设计、品牌等相关知识产权的 PCT 国际申请亦应得到足够重视和支持。

6. 将跨国公司作为 PCT 国际申请的主要对象给予关注，为跨国公司提供 PCT 国际申请的便利，吸引外国直接投资企业和对外直接投资企业在中国提出 PCT 国际申请。针对外国直接投资企业，从申请流程和费用等方面提供优于其母国的 PCT 国际申请的条件和便利。针对对外直接投资企业，为母公司设立 PCT 国际申请绿色通道，方便中国跨国公司母公司在中国的 PCT 国际申请。

参考文献

[1] Ivus O. Do stronger patent rights raise high-tech exports to the developing world [J]. Journal of International Economics, 2010, 81 (1): 38－47.

[2] Awokuse, Titus O., and Hong Yin. Does Stronger Intellectual Property Rights Protection Induce More Bilateral Trade? Evidence from China's Imports [J]. World Development, 2010, 38(8): 1094－1104. doi: 10.1016/j.worlddev. 2009. 12.016.

[3] Dai, Mi, and Miaojie Yu. Firm R&D, Absorptive Capacity and Learning by Exporting: Firm-Level Evidence from China [J]. The World Economy, 2013, 36(9): 1131－1145.

[4] Rafiquzzaman, Mohammed. The Impact of Patent Rights on International Trade: Evidence from Canada [J]. The Canadian Journal of Economics/Revue Canadienne d'Economique, 2002, 35(2): 307－30.

[5] Smith, Pamela J. Patent Rights and Trade: Analysis of Biological Products, Medicinals and Botanicals, and Pharmaceuticals [J]. American Journal of Agricultural Economics, 2002, 84(2): 495－512.

[6] Weng, Yungho, Chih-Hai Yang, and Yi-Ju Huang. Intellectual Property Rights and U.S. Information Goods Exports: The Role of Imitation Threat [J]. Journal of Cultural Economics, 2009, 33(2): 109－34. doi: 10.1007/s10824－009–9095－1.

[7] Dunning J H. International Production and the Multinational Enterprise [M].

London: George Allen and Unwin, 1981, 109－142.
[8] Dunning J H. Trade Location of Economic Activity and MNE: A Search for an Eclectic Approach In Ohlin. B P O Hesselborn, P M Wijkman eds, The International Allocation of Economic Activity [M]. London: Macmillan, 1997, 395－418.
[9] Grossman G, Helpman E. Innovation and Growth in the Global Economy [M]. Cambridge: MIT Press, 1991, 113－127.
[10] Grosby M. Patents, innovation and growth[J]. Economic Record, 2000, (76): 255－262.
[11] Lee J.Y and E. Mansfield. Intellectual Property Protection and US Foreign Direct Investment [J]. Review of Economics and Statistics. 1996, (2).
[12] Blomstrom M&Person H. Foreign Investment and Spillover Efficiency in an Underdeveloped Economy [J]. World Development, 1983: 492－501.
[13] Smith, Pamela J. Patent Rights and Trade: Analysis of Biological Products, Medicinals and Botanicals, and Pharmaceuticals [J]. American Journal of Agricultural Economics, 2002, 84(2): 495－512.
[14] IMF. Balance of Payments and International Investment Position Manual [M]. Sixth Edition(BPM6). Washington, D.C.: International Monetary Fund, 2009, 77, 108.
[15] OECD. OECD Benchmark Definition of Foreign Direct Investment [M]. Fourth Edition. OECD, 2008: 28, 56, 63, 210.
[16] Thompson,MA,and FW Rushing An Empirical Analysis of the Impact of Patent Protection on Economic Growth: An Extension [J]. Journal of Economic Development, 1999, 24(1): 67－76.
[17] Thompson, Mark A., and Francis W. Rushing An Empirical Study of the Impact of Patent Protection on Economic Growth[J]. Journal of Economic Development, 1996, 21(2): 61－77.
[18] 联合国等. 中国国家统计局国民经济核算司和中国人民大学国民经济核算研究所译. 2008 国民账户体系[M]. 北京：中国统计出版社，2012，p562.
[19] 孙海荣. 专利战略竞争优势——内生论和外生论视角[J]. 中国科技论坛，2017（1）：94－102.
[20] 张杰，郑文平. 全球价值链下中国本土企业的创新效应[J]. 经济研究，2017（3）：151－165.
[21] 戴维・N・韦尔. 经济增长[M]. 北京：中国人民大学出版社，2007，p28.
[22] 庄子银. 知识产权、市场结构、模仿和创新[J]. 经济研究，2009（11）：

95－104.
［23］郭春野，庄子银．知识产权保护与“南方”国家的自主创新激励［J］．经济研究，2012（9）：32－45.
［24］杨珍增．知识产权保护、国际生产分割与全球价值链分工［J］．南开经济研究，2014（5）：130－153.
［25］唐末兵，傅元海，王展祥．技术创新、技术引进与经济增长方式转变［J］．经济研究，2014（7）：31－43.
［26］代中强，梁俊伟，孙琪．知识产权保护、经济发展与服务贸易出口技术复杂度［J］．财贸经济，2015（7）：109－122.
［27］朱华．投资发展周期理论与中国 FDI 发展阶段定位研究［J］．经济学动态，2012（5）：37－42.
［28］胡宗彪，王剑伟，刘军．外向 FDI 的逆向技术溢出机制及其影响因素［J］．企业经济，2011（11）：128－130.
［29］AG. 肯伍德，AL. 洛赫德．国际经济的成长：1820—1990［M］．北京：经济科学出版社，1997.
［30］元橋一之．日はまた高く産業競争力の再生［M］．東京：日本経済新聞出版社，2014.

不确定性与双循环格局

童友俊

2020年，新冠肺炎疫情在全球范围内广泛蔓延，疫情的大流行不仅夺去了数以百万的生命，同时全球性系统风险不断提升，全球经济发展的不确定性持续增加。与此同时，伴随着国际贸易往来和国际投资需求的大幅萎缩，各国经济均出现了不同程度的停摆，全球经济更是陷入前所未有的深度衰退之中。

中国作为2020年全球唯一实现正增长的主要经济体，GDP首次突破了100万亿元人民币，同比增长了2.3%①。但是，我国当前对外贸易发展所面临的内外部环境依旧十分严峻且复杂，不确定性因素和不稳定性因素明显增多。加快稳住外资外贸基本盘、保障产业链和供应链畅通成为我国现阶段的工作重心。在以"国内大循环"为主体、"国内、国际双循环"相互促进的新发展格局下，"一带一路"建设作为双循环格局的有力抓手，也面临着诸多新的挑战与契机。因此，本文首先从投资角度梳理了中国与"一带一路"沿线国家合作情况，并进一步分析了当前"一带一路"共建过程中的新问题与新机遇。

一、"一带一路"沿线国家与全球投资合作

据联合国贸发会议（UNCTAD）《2020年世界投资报告》②显示，2019年，全球外国直接投资（FDI）的流入流量达到了15 398.8亿美元，同比增长了3.0%，其年末存量达到了364 701.6 亿美元；与此同时，全球 FDI 的流出流量达到了13 137.7亿美元，同比增长了33.2%，其年末存量达到了345 711.2亿美元。

（一）"一带一路"沿线国家投资规模

1. "一带一路"沿线国家FDI规模持续扩大

2019年，"一带一路"沿线国家的FDI流入流量规模持续扩大，达到了3 614.2亿美元，同比增长了7.4%；在当年全球FDI流入流量的比重接近四分之一，达

---

① 数据来源：中国国家统计局。

② 注：《2020年世界投资报告》详见联合国贸发会议（UNCTAD）的官网，具体下载网址为：https://www.unctad.org/en/PublicationsLibrary/wir2020_en.pdf。另，鉴于数据可获得性，下文数据的统计口径均截止至2019年。

到 23.5%，相较于上一年度增加了 1.0 个百分点。与此同时，“一带一路”沿线国家 FDI 的年末存量达到 59 304.8 亿美元，同比增长了 8.3%；占当年全球 FDI 存量的 16.3%，相较于上一年度减少了 0.4 个百分点。

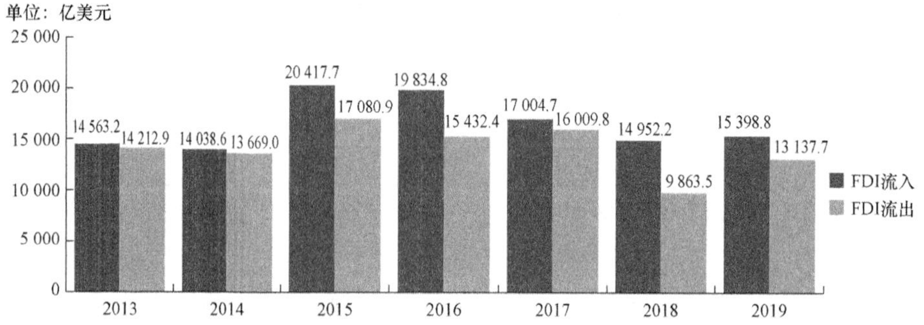

图 1　2013—2019 年全球 FDI 流入/流出流量

数据来源：联合国贸发会议（UNCTAD）。

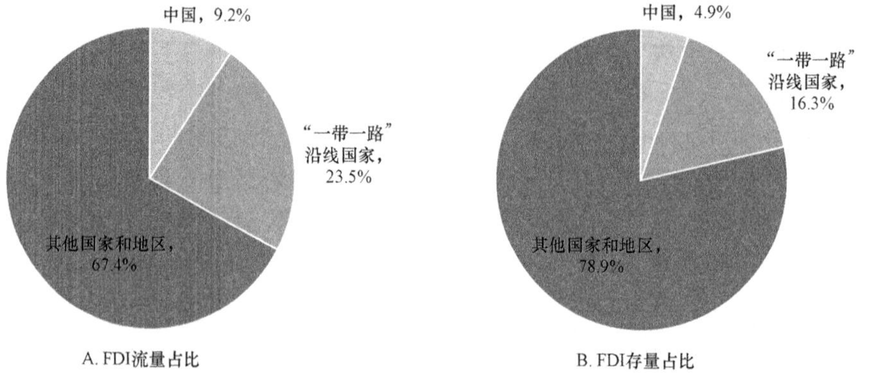

图 2　2019 年“一带一路”沿线国家和中国 FDI 流量/存量占全球比重

数据来源：联合国贸发会议（UNCTAD）。

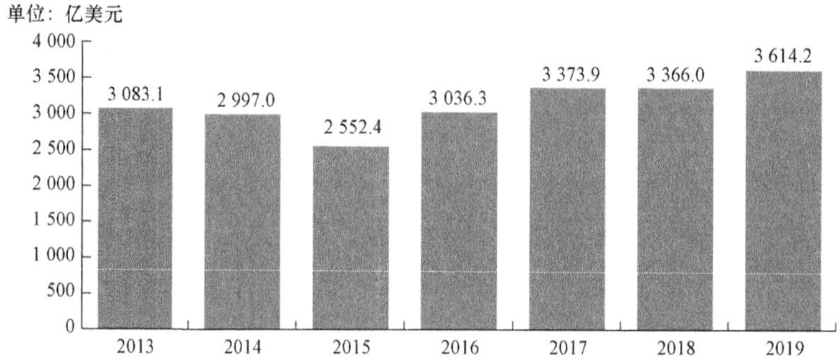

图 3　2013—2019 年“一带一路”沿线国家 FDI 流量

数据来源：联合国贸发会议（UNCTAD）。

从与全球的增速对比来看，2019 年，“一带一路”沿线国家 FDI 流入流量的增速高于同期全球增速 4.4 个百分点，反映出“一带一路”沿线国家对 FDI 的吸引力在进一步提升。

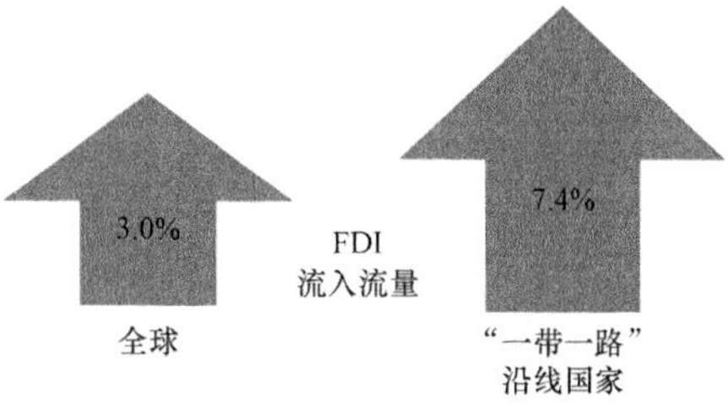

2.“一带一路”沿线国家对外直接投资（OFDI）规模有所下滑

2019 年，“一带一路”沿线国家的 OFDI 流量达到了 1 491.7 亿美元，同比下降了 19.2%；占当年全球 OFDI 流量的 11.4%，相较于上一年度减少了 7.4 个百分点。与此同时，“一带一路”沿线国家 OFDI 的年末存量达到了 28 537.1 亿美元，同比增长了 8.3%；占当年全球 OFDI 存量的 8.3%，相较于上一年度减少了 0.1 个百分点。

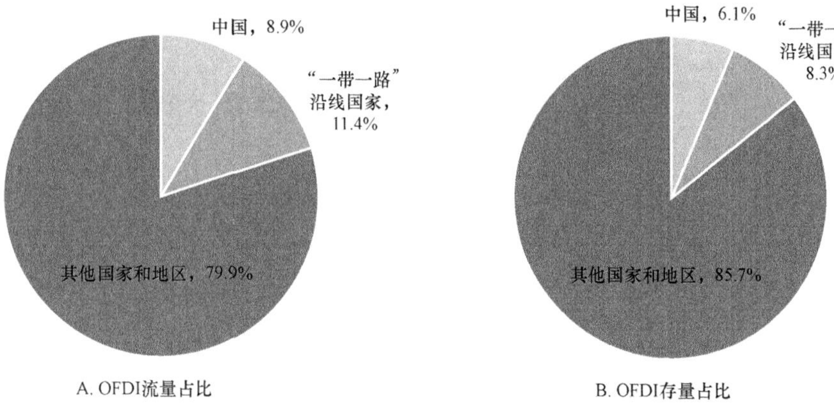

图 4 2019 年“一带一路”沿线国家和中国的 OFDI 流量/存量占全球比重

数据来源：联合国贸发会议（UNCTAD）。

（二）“一带一路”沿线国家 FDI 前十大国家

1. 新加坡、印度和俄罗斯是“一带一路”沿线国家 FDI 流量前三位

2019 年，新加坡、印度和俄罗斯是“一带一路”沿线国家中 FDI 流量前三位，合计吸引 FDI 1 743.7 亿美元，占当年“一带一路”沿线国家 FDI 流量总额的 48.2%。

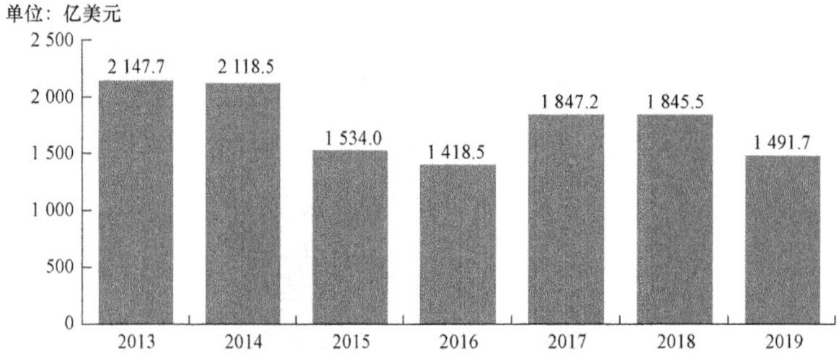

图 5　2013—2019 年“一带一路”沿线国家 OFDI 流量

数据来源：联合国贸发会议（UNCTAD）。

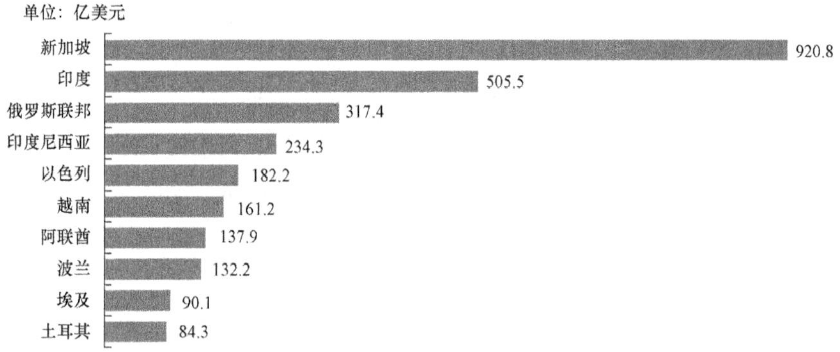

图 6　2019 年“一带一路”沿线国家 FDI 流量前十大国家

数据来源：联合国贸发会议（UNCTAD）。

2. 新加坡、俄罗斯联邦和印度是“一带一路”沿线国家 FDI 存量前三位

2019 年，新加坡、俄罗斯联邦和印度是“一带一路”沿线国家中 FDI 存量前三位，累计吸引外商投资 25 883.4 亿美元，占当年“一带一路”沿线国家 FDI 存量总额的 43.6%。

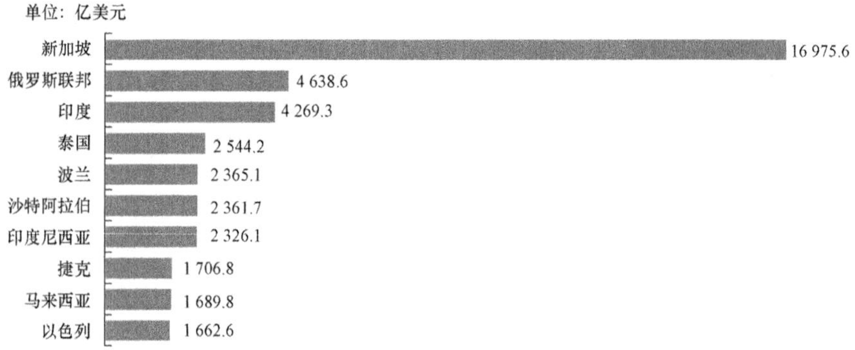

图 7　2019 年“一带一路”沿线国家 FDI 存量前十大国家

数据来源：联合国贸发会议（UNCTAD）。

（三）“一带一路”沿线国家OFDI前十大国家

1. 新加坡、俄罗斯联邦和阿联酋是“一带一路”沿线国家 OFDI 流量前三位

2019 年，新加坡、俄罗斯联邦和阿联酋是“一带一路”沿线国家中 OFDI 流量前三位，合计OFDI达到了 717.1 亿美元，占当年“一带一路”沿线国家 OFDI 流量总额的 48.1%。

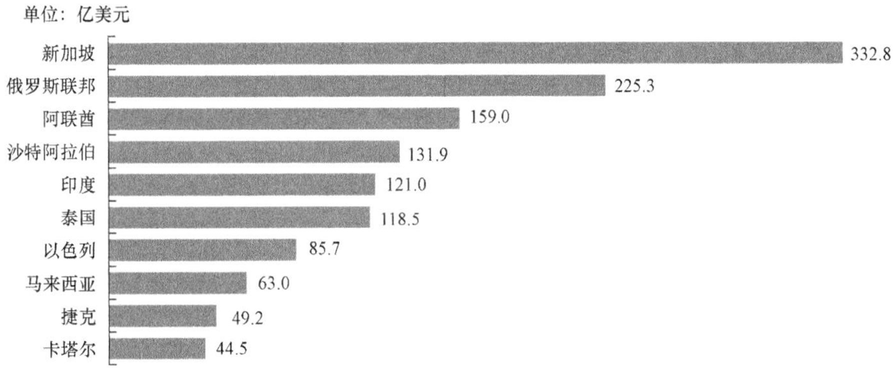

图 8　2019 年“一带一路”沿线国家 OFDI 流量前十大国家

数据来源：联合国贸发会议（UNCTAD）。

2. 新加坡、俄罗斯联邦和印度居于“一带一路”沿线国家 OFDI 存量前三位

2019 年，新加坡、俄罗斯联邦和印度是“一带一路”沿线国家中 OFDI 存量前三位，累计OFDI达到了 16 715.1 亿美元，占当年“一带一路”沿线国家 OFDI 存量总额的 58.6%。

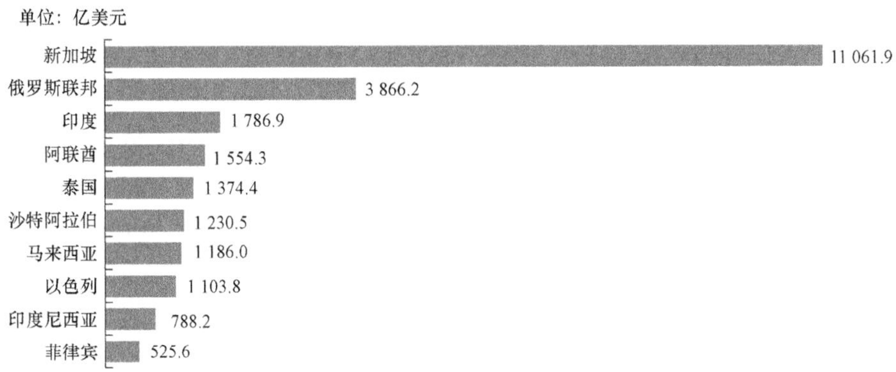

图 9　2019 年“一带一路”沿线国家 OFDI 存量前十大国家

数据来源：联合国贸发会议（UNCTAD）。

二、中国对“一带一路”沿线国家直接投资情况

自 2013 年“一带一路”倡议提出以来，中国对“一带一路”沿线国家直接投资占中国对外直接投资总额的比重不断上升，彰显了“一带一路”沿线国家在中国对外直接投资中的重要地位。特别地，自 2017 年以来，中国商务部陆续出台了一系列的《对外投资合作国别（地区）指南》，为中国境内企业提供关于“一带一路”沿线国家投资环境的详实信息。

本节将主要从投资规模、国别分布、产业布局等方面详细考察中国对“一带一路”沿线国家直接投资的相关情况。

（一）中国对“一带一路”沿线国家直接投资的规模

中国对“一带一路”沿线国家直接投资数量和占比均有所提升

据中国商务部、国家统计局和国家外汇管理局联合发布的《2019 年度中国对外直接投资统计公报》①显示，2019 年，中国对“一带一路”沿线国家直接投资流量达到了 186.9 亿美元，同比增长了 4.5%；占当年中国对外直接投资流量的 13.7%，相较于上一年度提高了 1.1 个百分点。

2013～2019 年，中国对“一带一路”沿线国家累计直接投资额达到了 1 173.1 亿美元。

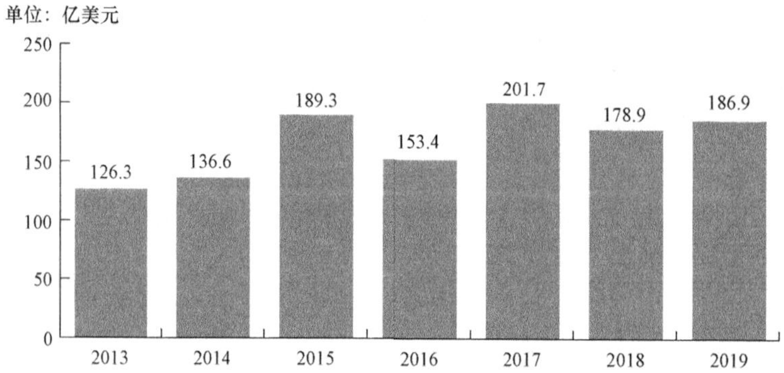

图 10　2013—2019 年中国对“一带一路”沿线国家直接投资流量

数据来源：中国商务部、国家统计局、国家外汇管理局

《2019 年度中国对外直接投资统计公报》。

①注：《2019 年度中国对外直接投资统计公报》详见中国商务部的官网，具体下载网址为：http://www.fec.mofcom.gov.cn/article/tjsj/tjgb/。

表 1　**2013—2019 年中国对“一带一路”沿线国家直接投资流量的变动情况**

年份	中国对“一带一路”沿线国家直接投资流量（亿美元）	同比（%）	中国对外直接投资流量（亿美元）	占比（%）
2013	126.3	—	1 078.4	11.7
2014	136.6	8.2	1 231.2	11.1
2015	189.3	38.6	1 456.7	13.0
2016	153.4	－19.0	1 961.5	7.8
2017	201.7	31.5	1 582.9	12.7
2018	178.9	－11.3	1 430.4	12.5
2019	186.9	4.5	1 369.1	13.7

数据来源：中国商务部、国家统计局、国家外汇管理局《2019 年度中国对外直接投资统计公报》。

（二）中国对“一带一路”沿线国家直接投资的地域分布

1. 新加坡保持着与中国密切的投资伙伴关系

2019 年，中国对新加坡的直接投资流量达到了 48.3 亿美元，占当年中国对“一带一路”沿线国家直接投资流量总额的 25.8%，占当年中国对外直接投资流量总额的 3.5%。

2. 东南亚是中国对“一带一路”沿线国家直接投资的主要地区

2019 年，中国对“一带一路”沿线国家直接投资流量前 5 位的国家分别是新加坡、印度尼西亚、越南、泰国以及阿拉伯联合酋长国，其中前 4 位均为东南亚国家，中国对这四国的直接投资额占当年对“一带一路”沿线国家直接投资流量总额的 53.9%。

表 2　**2019 年中国对“一带一路”沿线国家直接投资流量前 5 位的国家**　单位：亿美元

序号	国家	流量	占中国对“一带一路”沿线国家直接投资流量总额的比重（%）	占中国对外直接投资流量总额的比重（%）
1	新加坡	48.3	25.8	3.5
2	印度尼西亚	22.2	11.9	1.6
3	越南	16.5	8.8	1.2

续表

序号	国家	流量	占中国对“一带一路”沿线国家直接投资流量总额的比重（%）	占中国对外直接投资流量总额的比重（%）
4	泰国	13.7	7.3	1.0
5	阿拉伯联合酋长国	12.1	6.5	0.9

数据来源：中国商务部、国家统计局、国家外汇管理局《2019年度中国对外直接投资统计公报》。

（三）中国对“一带一路”沿线国家直接投资的行业分布

1. 投资行业多元化，流向制造业的直接投资居首位

2019年，中国对“一带一路”沿线国家直接投资的行业分布日趋多元化，已经涵盖了国民经济的18个行业大类，包括制造业、批发和零售业、建筑业、金融业、科学研究和技术服务业、电力生产和供应业以及其他行业等。其中，流向制造业的直接投资达到了67.9亿美元，占比为36.3%，位居第一位。

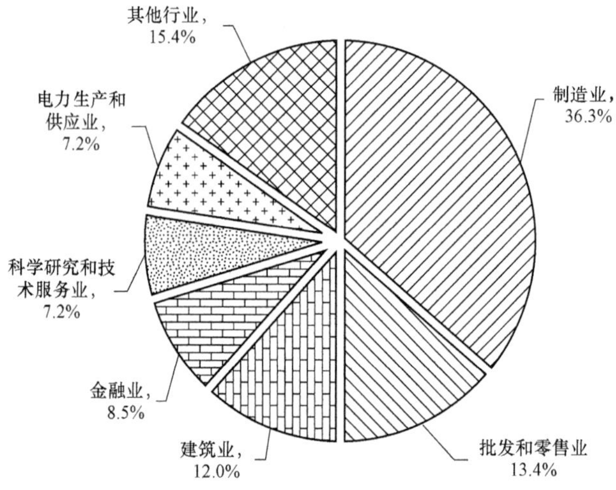

图11　2019年中国对“一带一路”沿线国家直接投资流量的行业分布

数据来源：中国商务部、国家统计局、国家外汇管理局《2019年度中国对外直接投资统计公报》。

2. 流向科学研究和技术服务业的直接投资大幅增长

2019年，在中国对“一带一路”沿线国家的直接投资中，流向制造业的直接投资达到了67.9亿美元，同比增长了15.5%；流向批发和零售业的直接投资达到了25.1亿美元，同比减少了32.3%；流向电力生产和供应业的直接投资达

到了 13.4 亿美元，同比减少了 20.2%。此外，流向建筑业和金融业的直接投资也分别达到了 22.4 亿美元和 15.9 亿美元。

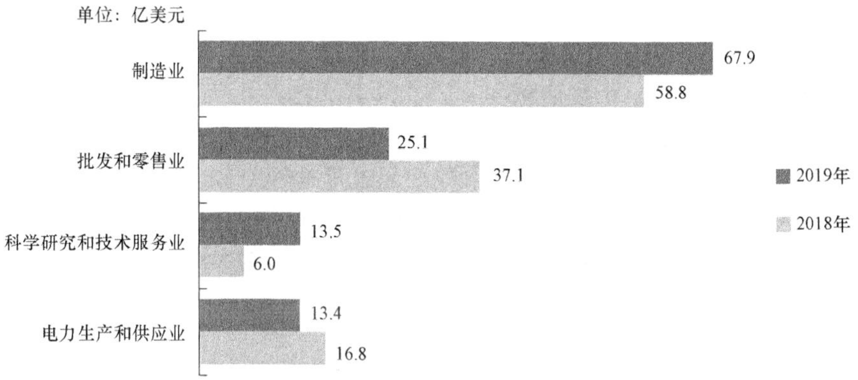

图 12　2019 年中国对“一带一路”沿线国家直接投资流量的行业分布

数据来源：中国商务部、国家统计局、国家外汇管理局《2018 年度中国对外直接投资统计公报》《2019 年度中国对外直接投资统计公报》。

特别地，2019 年中国流向“一带一路”沿线国家的科学研究和技术服务业的直接投资达到了 13.5 亿美元，占比为 7.2%，同比增长了 125.0%，增速较上一年度大幅提高了 79.9 个百分点。这也反映出中国对“一带一路”沿线国家直接投资的技术含量不断提高，投资结构持续优化。

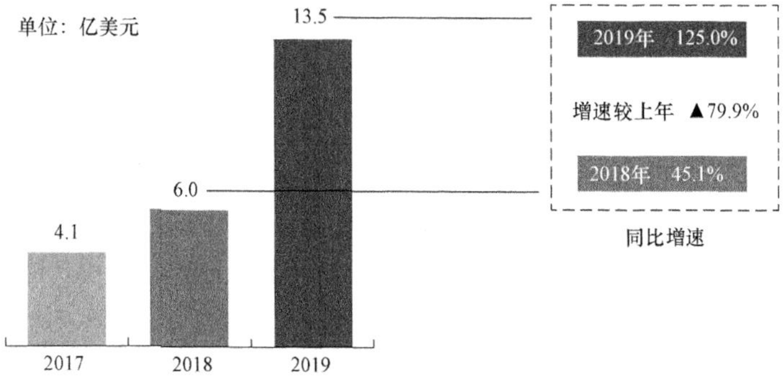

图 13　2017—2019 年中国对“一带一路”沿线国家的科学研究和技术服务业直接投资额及增速

数据来源：中国商务部、国家统计局、国家外汇管理局《2018 年度中国对外直接投资统计公报》《2019 年度中国对外直接投资统计公报》。

三、“一带一路”倡议的挑战与契机

（一）挑战：不确定性持续加剧

1. 新冠肺炎疫情引致负面阻力

截至本文发布前，印度、俄罗斯、土耳其、波兰、伊朗、乌克兰、印度尼西亚、捷克、罗马尼亚、伊拉克、以色列、孟加拉国、巴基斯坦、菲律宾等“一带一路”沿线国家的新冠肺炎确诊人数均超过了 50 万人，印度甚至已经超过了 1 000 万人，成为全球疫情的重灾区。持续反复的疫情使得“一带一路”沿线各国的国内经济运行压力骤增，各国间的贸易投资、交通物流和人员流动等均受到较大冲击，全球价值链趋于紧缩。

表 3　“一带一路”沿线部分国家的新冠肺炎疫情情况

（截至 2021 年 1 月 20 日）

序号	国家	累计确诊（人）	序号	国家	累计确诊（人）
1	印度	10 595 639	8	捷克	899 503
2	俄罗斯	3 574 330	9	罗马尼亚	697 898
3	土耳其	2 399 781	10	伊拉克	609 852
4	波兰	1 443 804	11	以色列	565 629
5	伊朗	1 342 134	12	孟加拉国	529 031
6	乌克兰	1 206 125	13	巴基斯坦	524 783
7	印度尼西亚	927 380	14	菲律宾	504 084

数据来源：世界卫生组织（WHO）。

2. 中美关系曲折加剧不稳定性

2020 年，特朗普政府继续大力推行“美国优先”战略和“脱钩政策”，叠加新冠肺炎疫情和美国大选等诸多因素，使得中美关系的不确定性持续增加。与此同时，中美博弈升级也使得地区安全风险有所上升，特别是中印两国的局部边境局势紧张更是为“一带一路”建设带来了一定程度的阻力。

（二）契机：双循环新发展格局

1. 国内大循环的驱动

自 2016 年我国政府将“发展数字经济”写入《政府工作报告》以来，数字经济发展浪潮迅猛，而疫情又在客观上推动了数字经济的进一步发展。随着大数据和数字技术作为一种新的生产要素被广泛运用，数字经济已经成为国民经济高质量发展的核心驱动力之一。而在“一带一路”建设中，加强各方的数字经济合作、推进数字贸易发展，将有助于实现“一带一路”的高质量发展。

2. 国际大循环的着力点

无论是近期签订的《区域全面经济伙伴关系协定》（RCEP）还是《中欧投资协定》（CAI），都成为中国现阶段高水平开放的实现路径。而“一带一路”建设在国际大循环中更是不可或缺的重要一环，是中国践行高质量对外开放的重要着力点。特别地，在新冠疫情的宏观背景下，加强与“一带一路”沿线国家的公共卫生合作，共同打造“健康丝绸之路”，是实现国际大循环的应有之义。

金砖国家机电产品出口质量时空特征及对贸易的影响[①]

周　昀[②]

摘　要：基于改进的回归反推方法，采用 UN Comtrade 数据库中 HS84 和 HS85 四位编码下 127 类机电产品数据，首次系统测算了“年份－金砖国家－产品”三维的机电产品出口质量，并采用引力模型考察机电产品及分类产品出口质量效应对贸易的影响，研究结果发现：（1）2000 年至 2019 年，金砖国家整体出口的机电产品质量处于较高水平。（2）分国家来看，金砖各国机电产品出口质量具有差异性，这种差异不仅体现在质量的时空特征上，还体现在不同机电产品的分类上。（3）对于整体机电产品而言，出口质量效应显著；细分产品后，出口质量效应在 HS84 类产品中显著存在，在 HS85 类产品中不显著。

关键词：金砖国家；机电产品；出口质量；时空特征

引言

金砖国家包括中国、俄罗斯、印度、巴西、南非 5 个国家。随着金砖国家合作机制不断完善，双边贸易额增长迅速，尤其是机电产品已成为金砖国家对外贸易中极其重要的组成部分。2010 年，金砖国家机电产品出口额约为 7 525.3 亿美元，约占外贸总出口的 30%。2017 年至 2019 年，金砖国家机电产品出口额均超过 10 000 亿美元，占外贸总出口比例也均超过 30%。快速增长的机电产品成为金砖国家经济增长的重要动力，与此同时，金砖国家机电产品的出口质量在此期间如何变化，则成为引人瞩目的重要问题。

---

① 基金项目：国家自然科学基金项目（11801359）；中国服务贸易协会课题（FWMYKT－202106）。

② 周昀（1989—），男，安徽潜山人，博士，讲师，研究方向：经济统计学，就职于上海对外经贸大学统计与信息学院。联系方式：上海市松江区文翔路 1900 号上海对外经贸大学乐群楼 212；手机 18516766323；电子邮箱 zhouyun19890323@126.com；邮政编码 201620。

多数研究发现，经济发展水平高的国家倾向于出口高质量的产品[1][2]，因此机电产品的出口质量水平可以作为一个反映金砖国家经济发展水平的重要标志。然而，在劳动力成本上升、外需不确定性加剧等不利条件下，金砖国家能否成功实现机电产品质量升级，从而提升金砖国家制造业在全球价值链中的地位，是金砖国家改变制造业“大而不强”特点的一个关键环节。因此，科学地测算金砖国家机电产品出口质量，从不同角度对其变化趋势进行全面刻画，具有重要的现实意义和政策含义。

1 文献综述

尽管出口质量的相关研究是重要的前沿理论问题，但是受制于研究数据和方法，如何精确测算跨时和跨国意义上可比的出口质量，一直是国际贸易研究中的一大挑战。梳理现有文献，可以将测算出口质量的方法归为以下几类：（1）单位价值法[3][4]。此方法将产品出口或进口单价作为质量的代理变量，其逻辑是：高质量产品带给消费者更高的满意度，因此消费者愿意支付的价格也越高。这种方法的优点是易于计算，但它忽略了企业生产率异质性所引起的差异，将价格差异归因于质量差异，并且无法将质量和价格分离。（2）特定产品特征法。此方法主要利用产品的特定特征构造质量指标，经典文献如 Goldberg et al.（2001）[5]、Auer et al.（2018）[6]通过引入与汽车具体特征有关的指标（如引擎马力等）来控制汽车的质量差异。该方法的优点是将研究范围限定于特定产品，最大程度量化质量；缺点则是研究方法和结论难以推广至一般情况。（3）回归反推方法[7]—[9]。此方法主要从需求角度出发，通过直接估计或回归反推消除需求中的价格和其他非质量因素，并将剩余部分与产品质量等同起来。这种方法被广泛使用，但是不同的学者在控制变量的选择和内生性处理上有很大的差异，导致最终测算结果的差异很大。（4）综合评价方法。朱启荣等（2012）[10]从外贸的增长速度、国际竞争力、经济效益、社会效益、资源利用水平和绿色发展能力六个维度评价中国外贸增长质量。贾怀勤等（2017）[11]从贸易增长、结构转型优化、贸易可持续性与国际地位四个方面构建了我国贸易质量的综合评价指标。这种方法主要侧重于国家层面出口质量的测算，而产品层面出口质量的研究偏少，尚未形成统一的评价标准。

在出口质量的应用研究方面，以 Melitz（2003）[12]、Verhoogen（2008）[13]、Baldwin et al.（2011）[14]为代表的新新贸易理论为相关研究注入了新的动力。这些研究都强调了企业异质性对贸易的影响，并且出口质量的差异也是企业异质性的核心要素，因此越来越多的文献开始关注出口质量对贸易的影响。Stokey（1991）[15]和 Murphy et al.（1997）[16]认为富裕国家在生成高质量产品方面具有比较优势，并且富裕国家在高质量产品上的支出更高，而这种更高的需求规模是比较优势的来源。Hallak（2006）[4]认为，一个国家的进口主要受到出口国产品质量和国内消费者对质量偏好程度的影响。Khandelwal（2010）[8]发现，如果一个国家不能持续提高本国产品质量，那么该产品将在国际贸易中受到强大的外部竞争压力。Jaimovich et al.（2012）[17]认为，一个国家高质量产品的出口增长率要远高于劣质产品，并且产品质量越高，该国总出口量的增长率就越高。施炳展（2014）[18]认为，一个国家的产品质量越高，该国的出口持续时间越长、广度越大。李小平等（2015）[19]认为，中国不同行业的出口质量较低，并且行业出口质量的提升能够促进本行业的出口贸易。随着出口质量测算方法的不断完善，出口质量对国际贸易的影响也逐渐成为当前的研究重点[20]。

综上所述，出口质量效应是新新贸易理论研究的前沿领域，也是金砖国家机电产品出口可持续增长的重要动力来源，现有文献对于该问题的研究还有待完善。本文将基于相关文献的最新进展，利用 2000—2019 年 UN comtrade 数据库，采用回归反推方法，系统研究金砖国家机电产品及其分类产品的出口质量，提炼金砖国家机电产品出口质量时空变化的特征。此外，本文还将采用引力模型分析出口质量对金砖国家机电产品及其分类产品出口贸易的影响机制，从而为该领域的发展提供一些不同的研究视角与事实基础。

2　理论模型与数据来源

2.1　回归反推方法

本文借鉴了 Khandelwal（2010）[8]、施炳展（2014）[18]的理论模型，并且认为产品数量和质量决定了消费者效应水平，同时性价比（即产品价格与产品质量的比值）决定了消费者的最优选择。假设消费者效应函数为：

$$U=\left[\sum_j(\lambda_j q_j)^{\frac{\sigma-1}{\sigma}}\right]^{\frac{\sigma}{\sigma-1}} \tag{1}$$

其中，λ_j 为产品种类 j 的质量，q_j 为产品种类 j 的数量，$\sigma>1$ 为产品种类之间的替代弹性。与此对应的价格指数为：

$$P=\sum_j p_j^{1-\sigma}\lambda_j^{\sigma-1} \tag{2}$$

其中，p_j 为产品种类 j 的价格，那么种类 j 相对应的消费数量为：

$$q_j=p_j^{-\sigma}\lambda_j^{\sigma-1}\frac{E}{P} \tag{3}$$

E 为消费者的支出水平。由（3）式的计量模型，从中国海关以及 UN Comtrade 数据库获取 HS 编码下的某一类别产品的贸易数据，就可以按照“年份－金砖国家－产品”三个维度进行分析，因此金砖国家 c 在 t 年对世界出口数量可以表示为：

$$q_{cjt} = p_{cjt}^{-\sigma} \lambda_{cjt}^{\sigma-1} \frac{E_{ct}}{P_{ct}} \tag{4}$$

两边取自然多数，并进行简单整理得出（5）式：

$$\ln q_{cjt} = \chi_{ct} - \sigma \ln p_{cjt} + \varepsilon_{cjt} \tag{5}$$

其中，$\chi_{ct} = \ln E_{ct} - \ln P_{ct}$ 为金砖“国家－年份”两维虚拟变量，可以选取仅随金砖国家变化的变量（如地理距离等）、仅随时间变化的变量（如汇率制度等）、或者同时随时间和金砖国家变化的变量（如国内生产总值等）。本文参考魏浩等（2017）[9]的做法，选取金砖国家人口数量作为控制变量，该方法既可以解决变量的内生性问题，又能避免样本大量损失，从而保证测算结果的准确性。改进后的测算公式为：

$$\ln q_{cjt} = -\sigma \ln p_{cjt} + \alpha_t + \alpha_{ct} \ln pop_{ct} + \varepsilon_{cjt} \tag{6}$$

则贸易质量为：

$$quality_{cjt} = \frac{\varepsilon_{cjt}}{\sigma - 1} \tag{7}$$

最后，为了观察整体质量的变化，本文需要将质量加总至整体层面，但是由于直接加总不同类型产品的质量不具有明显的经济学意义，对此还需对（7）式进行标准化处理，从而获得金砖各国在每种产品、每个年份上的标准化质量指标：

$$stdquality_{cjt} = \frac{quality_{cjt} - \min quality_{cjt}}{\max quality_{cjt} - \min quality_{cjt}} \tag{8}$$

其中，$\min quality_{cjt}$、$\max quality_{cjt}$ 分别为最小值与最大值，它们是在某一类别产品、所有年份求出的最值；（8）式所定义出来的标准化质量介于［0，1］之间，不受计量单位的影响，可以在多个维度的层面进行加总，从而完成跨期、跨截面的对比分析。整体加总过程为：

$$TQ = \frac{v_{cjt}}{\sum_{cjt \in \Omega} v_{cjt}} stdquality_{cjt} \tag{9}$$

其中，TQ 为相应样本集合 Ω 的整体质量，Ω 为某一层面的样本集合，v_{cjt} 代表样本的价值量。

2.2 引力模型

标准的引力模型主要包括三种类型的解释变量：一是，衡量每个国家市场规模的解释变量，例如进出口国家的人口数量和国内生产总值等；二是，衡量每个国家地理位置的解释性变量，例如国家之间的地理距离等；三是，衡量每个国家贸易政策的虚拟变量，并衡量各国之间是否存在优惠的贸易安排。本文将贸易质量纳入扩展的引力模型，考虑到研究对象都属于金砖国家，因此未纳入金砖国家层面的政策虚拟变量，并将基本模型设置为：

$$\begin{aligned}\ln export_{ijt}^{k} &= \alpha_0 + \alpha_1 \ln TQ_{it}^{k} + \alpha_2 \ln TQ_{jt}^{k} \\ &+ \alpha_3 \ln Population_{it} + \alpha_4 \ln Population_{jt} \\ &+ \alpha_5 \ln PGDP_{it} + \alpha_6 \ln PGDP_{jt} + \alpha_7 \ln distant_{ij} + \varepsilon_{ijt}\end{aligned} \tag{10}$$

其中：ln 为自然对数变换；k 为不同种类的机电产品；$export_{ijt}^{k}$ 为 t 期 i 国对 j 国第 k 类机电产品的出口额；TQ_{it}^{k}、TQ_{jt}^{k} 分别为 t 期 i 国与 j 国第 k 类机电产品出口质量；$Population_{it}$、$Population_{jt}$ 分别为 t 期 i 国与 j 国的人口数量；$PGDP_{it}$、$PGDP_{jt}$ 分别为 t 期 i 国与 j 国的人均国内生产总值；$distant_{ij}$ 为 i 国与 j 国之间的距离；ε_{ijt} 为随机误差项；$\alpha_i (i = 0,...,7)$ 为模型的系数值。

2.3 数据来源

参考曹亮等（2013）[21]的选取标准，本文的机电产品主要由 HS84（主要包括核反应堆、锅炉、机械器具及零件）与 HS85（主要包括电机、电气、音像设备及零附件）两类产品组成。为了获取贸易价格与贸易数量数据，仍需采用这两类产品 HS 四位码下的产品数据，其中 HS84 类产品可以细分为 HS8401—HS8487 共 87 类产品，HS85 类产品可以细分为 HS8501—8548 共 48 类产品。

本文测算金砖国家机电产品出口质量所涉及的进出口贸易数据均来自 UN Comtrade 数据库，提取出口价值量以及出口数量指标，并计算出口价格指标；金砖各国人口数量、人均国内生产总值等宏观经济变量来自 EPS 数据平台，按照（6）式进行回归。前期数据整理过程主要包括：（1）提取数据库中近 20 年的数据，样本量共计 17 816 个。（2）删除信息损失样本，包括出口数量为 0 或者缺失的数据，主要删除了缺失严重的 HS8469、HS8501、HS8504、HS8506、HS8524、HS8527、HS8528、HS8540 类产品。（3）同一产品编码的机电产品，部分产品具有多个数量计量单位，为了保证出口价格可比性，保留同一产品编码下计数单位最多的样本量。（4）对于缺失情况不严重的样本，采用线性插补以及中位数替换两种方法补齐面板数据，转为平衡面板数据。最终获得 2000 年至 2019 年金砖国家 127 类机电产品的出口数据，剩余样本量共计 12 700 个，占初始样本量的 71.28%，具有较强的代表性。

在数据整理的基础上，按照（6）式进行回归，总计 127 个回归模型，回归结果的汇总分析如表 1 所示。观察第 90%分位数可知，出口价格回归系数多数都小于−0.373 9，说明大部分回归系数为负值；t 值多数都小于−1.720 3，说明大部分回归系数具有显著性。观察 50%分位数，可决系数超过一半的数量大于 0.513 5，说明模型具有较好的解释能力。因此，回归系数、可信度以及模型拟合度均较好，后续基于回归反推法计算的机电产品出口质量具有较强的稳定性。

表 1 回归结果统计分析

参数	均值	10%	50%	90%
回归系数	−1.082 4	−1.833 4	−1.090 6	−0.373 9
t 值	−6.412 0	−11.106 2	−6.260 2	−1.720 3
可决系数	0.500 0	0.235 1	0.513 5	0.772 2

3 实证分析

3.1 出口质量的时空特征分析

在上述回归结果的基础上，按照（7）与（8）式分别计算出口质量和标准化出口质量，按照（9）式进行加总得到金砖国家整体层面、金砖国家层面与行业层面的出口质量。根据表 2 对 2000—2019 年金砖各国机电产品出口质量进行比较可以发现，金砖国家整体机电产品出口质量数值在研究区间内高于 0.5 的时期居多，这说明金砖国家整体出口的机电产品质量处于较高水平。分国家来看，俄罗斯机电产品出口质量均值低于 0.5，其余金砖国家机电产品出口质量均值高于 0.5。这说明俄罗斯机电产品出口质量处于较低水平，其余金砖国家机电产品出口质量处于较高水平。

从表 2 还可以观察金砖各国机电产品的时间演变趋势：巴西、中国与南非机电产品出口质量呈现波动下滑的趋势，印度与俄罗斯的机电产品出口质量呈现波动上升的趋势。为了进一步挖掘金砖各国机电产品出口质量变化的原因，本文将机电产品细分为 HS84 与 HS85 两类产品。图 1 展示了这两类产品在 2000—2009 年与 2010—2019 年两个阶段的均值分布情况。对于巴西与南非而言，HS84 与 HS85 两类产品出口质量均有下滑，尤其是南非 HS84 类产品下滑非常显著，进而导致整体机电产品质量下滑；对于中国而言，HS84 类产品质量明显高于其他金砖国家，而 HS85 类产品质量明显低于其他金砖国家，后者下降幅度远高于前者上升幅度，进而导致整体机电产品质量下滑；对于印度与俄罗斯而言，HS84 与 HS85 两类产品出口质量均有上升，进而使得整体机电产品出口质量呈现波动上升的趋势。

表 2　　2000—2019 年金砖国家机电产品出口质量

年份	巴西	中国	印度	俄罗斯	南非	金砖国家整体
2000	0.638 4	0.562 0	0.428 3	0.406 0	0.715 5	0.561 7
2001	0.616 4	0.592 8	0.458 4	0.385 0	0.731 7	0.585 0
2002	0.613 6	0.646 4	0.460 7	0.335 8	0.693 2	0.631 4
2003	0.565 7	0.695 9	0.452 9	0.328 2	0.702 5	0.676 2
2004	0.516 9	0.687 0	0.470 1	0.362 6	0.678 5	0.669 7
2005	0.544 7	0.679 4	0.469 7	0.370 8	0.700 3	0.664 6
2006	0.532 2	0.651 2	0.468 8	0.379 9	0.717 3	0.639 5
2007	0.559 1	0.546 6	0.483 3	0.376 3	0.723 0	0.545 5
2008	0.487 0	0.577 7	0.487 7	0.412 3	0.636 0	0.571 0
2009	0.512 3	0.605 1	0.508 7	0.380 8	0.599 8	0.596 7
2010	0.498 1	0.617 2	0.532 7	0.359 4	0.522 0	0.608 9
2011	0.510 5	0.594 1	0.519 2	0.437 1	0.545 9	0.588 1
2012	0.522 9	0.567 8	0.514 9	0.443 5	0.539 4	0.563 7
2013	0.520 1	0.536 8	0.536 6	0.420 4	0.489 5	0.534 5
2014	0.523 7	0.528 5	0.511 4	0.482 5	0.497 3	0.527 1
2015	0.535 6	0.491 4	0.518 6	0.458 7	0.487 7	0.492 2
2016	0.530 3	0.489 6	0.525 8	0.422 0	0.501 1	0.490 2
2017	0.509 6	0.490 8	0.545 1	0.419 4	0.484 9	0.491 3
2018	0.511 4	0.486 9	0.567 9	0.456 3	0.468 5	0.489 1
2019	0.503 7	0.479 6	0.561 3	0.443 2	0.451 5	0.481 8
均值	0.537 6	0.576 3	0.501 1	0.404 0	0.594 3	0.570 4
年均增长率	−137.71%	−101.42%	137.32%	12.84%	−259.21%	−95.42%

3.2　出口质量对贸易的影响

机电产品主要由 HS84 与 HS85 两类产品组成，而出口质量对两种分类产品出口贸易的影响机制和结果可能是不同的。因此，本文将采用三种具体形式对模型进行分析，分别为验证在整体机电产品、HS84 类产品、HS85 类产品的出口中是否存在出口质量效应。

考虑到引力模型中的两国距离不随时间变化而变化，所以本文采用随机效应方法对引力模型进行估计，表 3 中模型 1、模型 2 和模型 3 分别揭示了出口质量对整体机电产品、HS84 类产品和 HS85 类产品出口贸易的影响。模型中的回归结果符合理论预期，核心变量的回归系数基本都高度显著，得到三个模型的经验方程为：

$$\begin{aligned}\ln export_{ijt} = 4.088 + 0.919\ln TQ_{it} + 0.796\ln TQ_{jt} \\ + 1.497\ln Population_{it} + 0.632\ln Population_{jt} \\ + 1.049\ln PGDP_{it} + 0.406\ln PGDP_{jt} \text{-} 0.902\ln distant_{ij}\end{aligned}$$

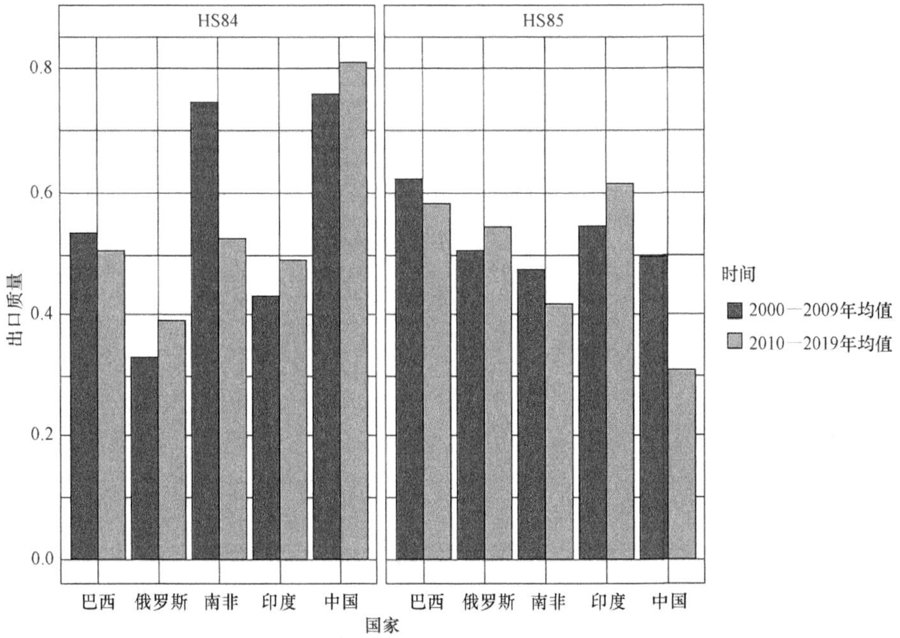

图 1　金砖国家 HS84 与 HS85 两类产品出口质量均值分布图

$$\begin{aligned}\ln export_{ijt}^{HS84} = 5.218 + 1.333\ln TQ_{it}^{HS84} + 0.898\ln TQ_{jt}^{HS84} + \\ 1.368\ln Population_{it} + 0.697\ln Population_{jt} + \\ 0.903\ln PGDP_{it} + 0.394\ln PGDP_{jt} - 0.872\ln distant_{ij}\end{aligned}$$

$$\begin{aligned}\ln export_{ijt}^{HS85} = 0.721 - 0.256\ln TQ_{it}^{HS85} + 0.289\ln TQ_{jt}^{HS85} + \\ 1.714\ln Population_{it} + 0.629\ln Population_{jt} + \\ 0.993\ln PGDP_{it} + 0.422\ln PGDP_{jt} - 0.881\ln distant_{ij}\end{aligned}$$

表 3　　金砖国家机电产品及分类产品出口质量效应的检验结果

	模型 1	模型 2	模型 3
	整体机电产品	HS84 类产品	HS85 类产品
$\ln TQ_{it}$	0.919 ***	1.333 ***	−0.256
	(3.64)	(4.63)	(−0.96)
$\ln TQ_{jt}$	0.796 **	0.898 **	0.289
	(3.15)	(3.12)	(1.09)
$\ln Population_{it}$	1.497 ***	1.368 ***	1.714 ***
	(7.31)	(6.17)	(8.08)
$\ln Population_{jt}$	0.632 **	0.697 **	0.629 **
	(3.08)	(3.14)	(2.97)
$\ln PGDP_{it}$	1.049 ***	0.903 ***	0.993 ***
	(12.58)	(8.21)	(8.52)
$\ln PGDP_{jt}$	0.406 ***	0.394 ***	0.422 ***
	(4.87)	(3.58)	(3.62)
$\ln distant_{ij}$	−0.902 *	−0.872	−0.881 *
	(−2.06)	(−1.86)	(−1.98)
截距	4.088	5.218	0.721
	(0.83)	(0.99)	(0.14)
观察值	400	400	400

注：***、**和* 分别表示 1%、5%和 10%的显著性水平。

从模型 1 的结果可以看出：（1）对于整体机电产品而言，进出口国的出口质量在 1%或 5%的水平下正向显著，这说明整体机电产品的样本下金砖各国的出口质量效应是存在的，通过高质量发展促进外贸的政策是有依据的。出口国与进口国的出口质量每增加 1%，分别可以使出口国向进口国出口机电产品的贸易额增加 0.919%和 0.796%，出口质量是双边贸易的重要引力来源。（2）进出口国人口数量在 1%或 5%的水平下正向显著，这说明随着进出口国人口的增加，两国之间机电产品的贸易流量越高。随着两国之间人口的增加，机电产品的整体需求和多样性的需求都会增加，这都会有利于两国之间双边贸易的进行。（3）进出口国人均国内生产总值在 1%的水平下正向显著，这说明进出口国的人均国内生产总值越大，两国之间机电产品的贸易流量越高。两国人均国内生产总值可以反映本国的经济规模和潜在的贸易需求，这可以转化为两国双边贸易的重要引力来源。（4）两国距离在 10%的水平下负向显著，这说明两国距离对双边机电产品的贸易具有一定的阻碍作用。两国距离每增加 1%，出口国向进口国出口机电产品的贸易额减少 0.902%。随着国际航运的发展以及金砖各国的协力合作，地理距离对金砖各国双边贸易的阻碍作用也会逐渐降低。

从模型 2 和模型 3 可以看出：（1）对于 HS84 类产品而言，进出口国的出口质量在 1%或 5%的水平下正向显著，出口质量效应存在；而对于 HS85 类产品而言，进出口国的出口质量不显著，出口质量效应不显著存在。通过前文分析可知，HS85 类产品的出口质量要远低于 HS84 类产品的出口质量，而且金砖各国在 HS85 类产品的出口上主要表现为“大而不强”的特征，在外部市场不确定的情况下，HS85 类产品的发展亟需转型升级与技术创新。（2）对于 HS84 类与 HS85 类产品而言，进出口国人口数量和进出口国人均国内生产总值在 1%或 5%的水平下均正向显著，这说明不论对于哪种分类产品而言，人口数量和人均国内生产总值都是提高其出口增长的重要因素。（3）在 10%的水平下，两国距离对于 HS85 类产品的出口贸易有显著负向影响，对于 HS84 类产品的出口贸易的影响不显著。

表 4　金砖国家机电产品及分类产品出口质量效应的稳健性检验结果

	模型 4	模型 5	模型 6	模型 7	模型 8	模型 9
	机电产品		HS84 类产品		HS85 类产品	
$\ln TQ_{it}$	3.351 ***	0.937 ***	2.765 ***	1.559 ***	−2.555 ***	−0.160
	(10.29)	(3.48)	(13.18)	(4.78)	(−8.43)	(−0.60)
$\ln TQ_{jt}$	1.486 ***	0.690 *	0.912 ***	0.832 *	−0.350	0.362
	(4.56)	(2.57)	(4.35)	(2.55)	(−1.15)	(1.35)
$\ln Population_{it}$	1.587 ***	2.593 ***	1.230 ***	4.206 ***	1.849 ***	1.713
	(28.42)	(3.35)	(20.06)	(4.35)	(28.66)	(1.78)
$\ln Population_{jt}$	0.524 ***	−0.455	0.563 ***	−0.747	0.461 ***	−0.160
	(9.39)	(−0.59)	(9.18)	(−0.77)	(7.15)	(−0.17)
$\ln PGDP_{it}$	1.505 ***	1.082 ***	1.117 ***	0.914 ***	1.261 ***	0.987 ***
	(19.56)	(11.18)	(13.72)	(7.27)	(13.73)	(7.18)
$\ln PGDP_{jt}$	0.109	0.367 ***	0.127	0.276 *	−0.199 *	0.507 ***
	(1.42)	(3.79)	(1.56)	(2.19)	(−2.17)	(3.69)

续表

	模型 4	模型 5	模型 6	模型 7	模型 8	模型 9
	机电产品		HS84 类产品		HS85 类产品	
$\ln distant_{ij}$	-1.046 ***	0	-1.018 ***	0	-0.663 ***	0
	(-10.26)	(.)	(-9.59)	(.)	(-5.71)	(.)
截距	6.226 ***	-4.115	9.448 ***	-9.583	-0.184	-3.273
	(4.29)	(-0.91)	(5.99)	(-1.72)	(-0.11)	(-0.60)
观察值	400	400	400	400	400	400

注：***、**和* 分别表示 1%、5%和 10%的显著性水平。

3.3 稳健性检验

表 3 汇报了随机效应方法对引力模型的估计结果，为了得到严谨的结论，我们仍需做更多的稳健性检验。为此，本文采用混合回归和固定效应方法对引力模型进行稳健性估计，估计结果如表 4 所示。其中，模型 4 和 5 分别表示混合回归和固定效应方法在整体机电产品的样本下的估计结果，模型 6 和 7 分别表示混合回归和固定效应方法在 HS84 类产品的样本下的估计结果，模型 8 和 9 分别表示混合回归和固定效应方法在 HS85 类产品的样本下的估计结果。除了个别变量的回归系数与表 3 略有不同，大部分核心变量的回归系数均显著，且符合理论预期，这在一定程度上说明了上述结果的稳健性。此外，本文还采用替换因变量方法进行稳健性检验，分别将因变量替换为进口额、进出口总额，研究发现出口质量等核心变量的影响依然具有较强的稳健性。限于篇幅原因，回归结果被略去。

4 主要结论

在新发展理念的背景下，贸易质量一直是前沿研究领域，尤其是金砖国家机电产品出口质量的测算更是有待解决的问题。尽管金砖国家机电产品出口规模较大，贸易结构不断优化，但是低价格、低质量问题也很突出。本文突破单位价值等于质量的假设，基于 Khandelwal（2010）[8]、施炳展（2014）[18]的理论模型，并借鉴魏浩等（2017）[9]的做法对模型进行了改进，从而得到金砖国家机电产品出口质量的回归反推方法模型。本文采用 HS84 与 HS85 两类产品 4 分位码下的产品数据，研究了 2000 年至 2019 年期间金砖国家机电产品出口质量。此外，本文还采用引力模型，检验出口质量效应是否存在，并研究了不同产品出口质量效应的不同表现。通过研究我们发现：

一是，在研究区间内，金砖国家整体出口的机电产品质量指数高于 0.5 的时期居多，这说明金砖国家整体出口的机电产品质量处于较高水平。分国家来看：（1）中国机电产品出口质量从横向比较整体较高，位于金砖国家中上游水平；从纵向比较来看，机电产品分类产品出口质量的发展趋势不同，其中 HS84 类产品略有上升，且明显优于其他金砖国家；HS85 类产品呈现下滑趋势，且明显劣于其他金砖国家。（2）巴西与南非机电产品出口质量从横向比较整体也较高，也位于金砖国家中上游水平；从纵向比较来看，两国 HS84 和 HS85 类产品出口质量均有下滑，尤其是南非 HS84 类产品下滑非常显著，进而导致整体机电产品质量下滑。（3）印度与俄罗斯机电产品出口质量从横向比较整体较低，位于金砖国家中下游水平；从纵向比较来看，两国 HS84 和 HS85 类产品出口质量均有上升，年均增长率远高于其他金砖国家。

二是，对于整体机电产品而言，在控制了人口数量、人均国内生产总值、两国距离等影响因素的条件下，进出口国的出口质量与机电产品出口之间存在着显著的正相关性。进一步研究 HS84 与 HS85 两种分类产品，本文发现出口质量效应更多地存在于 HS84 类产品中，在 HS85 类产品中这一效应不显著，即出口质量的提高可以有效促进 HS84 类产品的出口，而对 HS85 类产品的出口影响不大。通过前文分析可知，HS85 类产品的出口质量要远低于 HS84 类产品的出口质量，而且金砖各国在 HS85 类产品的出口上主要表现为“大而不强”的特征，在外部市场不确定的情况下，HS85 类产品的发展亟需转型升级与技术创新。

本文的结论表明，金砖国家机电产品出口质量处于较高水平，并且机电产品出口质量的提升在一定程度上可以促进金砖国家机电产品的对外贸易。面临新的形势与环境，尽管金砖国家机电产品的贸易规模仍在波动增长，但是出口质量与发达国家存在一定差距。因此，提升出口质量应当是金砖国家机电产品对外贸易发展的核心所在，进而助推金砖国家从出口大国向出口强国的跨越。

参考文献

[1] Hallak J C, Schott P K. Estimating Cross-Country Differences in Product Quality [J]. The Quarterly Journal of Economics, 2011, 126(1).

[2] Feenstra R C, Romalis J. International Prices and Endogenous Quality [J]. The Quarterly Journal of Economics, 2014, 129(2).

[3] Schott P K. Across-Product Versus within-Product Specialization in International Trade [J]. The Quarterly journal of economics, 2004, 119(2).

[4] Hallak J C. Product Quality and the Direction of Trade [J]. Journal of International Economics, 2006, 68(1).

[5] Goldberg P K, Verboven F. The Evolution of Price Dispersion in the European

Car Market [J]. Review of Economic Studies, 2001, 68(4).
[6] Auer R A, Chaney T, Sauréd P.Quality Pricing–to–Market [J]. Journal of International Economics, 2018, 110.
[7] 施炳展，邵文波．中国企业出口产品质量测算及其决定因素——培育出口竞争新优势的微观视角 [J]．管理世界，2014（9）．
[8] Khandelwal A. The Long and Short (of) Quality Ladders [J]. Review of Economic Studies, 2010, 77(4).
[9] 魏浩，林薛栋．进出口产品质量测度方法的比较与中国事实——基于微观产品和企业数据的实证分析 [J]．财经研究，2017，43（5）．
[10] 朱启荣，言英杰．中国外贸增长质量的评价指标构建与实证研究 [J]．财贸经济，2012（12）．
[11] 贾怀勤，吴珍倩．我国贸易质量综合评价初探[J]．国际贸易，2017（4）．
[12] Melitz M J. The Impact of Trade On Intra–Industry Reallocations and Aggregate Industry Productivity [J]. Econometrica, 2003, 71(6).
[13] Verhoogen E A. Trade, Quality Upgrading, and Wage Inequality in the Mexican Manufacturing Sector [J]. The Quarterly journal of economics, 2008, 123(2).
[14] Baldwin R, Harrigan J.Zeros, Quality, and Space:Trade Theory and Trade Evidence [J]. American Economic Journal: Microeconomics, 2011, 3(2).
[15] Stokey N L. The Volume and Composition of Trade Between Rich and Poor Countries [J]. The Review of economic studies, 1991, 58(1).
[16] Murphy K M, Shleifer A.Quality and Trade [J]. Journal of development economics, 1997, 53(1).
[17] Jaimovich E, Merella V. Quality Ladders in a Ricardian Model of Trade with Nonhomothetic Preferences [J]. Journal of the European Economic Association, 2012, 10(4).
[18] 施炳展．中国企业出口产品质量异质性：测度与事实[J]．经济学（季刊），2014，13（1）．
[19] 李小平，周记顺，卢现祥等．出口的“质”影响了出口的“量”吗？[J]．经济研究，2015，50（8）．
[20] 苏玉珠，刘哲奇，宋爽．中国高新技术产业贸易增长质量分析 [J]．统计与决策，2013（22）．
[21] 曹亮，蒋洪斌，陈小鸿．CAFTA 框架下中国进口的贸易创造和贸易转移——以 HS–6 位数机电产品为例 [J]．国际贸易问题，2013（8）．

世界经济危机前后全球贸易主干网的演变研究

——基于 GMRIO 的复杂网络分析

吴开尧　崔昊天　鄢德春①

内容提要：在世界经济危机背景下，伴随国际贸易流量激烈动荡，国际贸易网络结构如何改变？各国在贸易网络中地位的演变与其在贸易份额中地位的演变是否有所不同？本文基于世界投入产出数据库（WIOD），建立网络模型模拟全球贸易主干网，利用复杂网络分析技术，尝试对上述问题进行回答。研究表明，2008 全球金融危机前后，全球贸易主干网网络结构和国际贸易流量都发生了激烈动荡，而网络结构的动态比贸易流量的动态更加不稳定；各国在全球贸易主干网网络结构中和贸易流量份额中的位置也发生了显著变化，而网络结构地位的变化更加明显。

关键词：多区域投入－产出模型；复杂网络分析；全球经济；国际贸易

1　导言

自 2011 年全球经济危机以来，世界可能已经进入了全球贸易增长放缓的时期，这在很大程度上可以由国际贸易流量所体现。人们认为，由于全球经济停滞和反全球化思潮的影响，全球经济的相互联系弱化，进而导致发展速度放缓。

全球经济是一个复杂的体系，是因为如此多的国家和部门之间总是相互作用（Albert and Barabási, 2002; Baldwin and Lopez-Gonzalez, 2015）[1][2]。用复杂的贸易体系来代表网络是可行的，其中节点（国家和部门）代表组成部分，贸易联系代表它们之间的互动[3][4]。由于节点之间的交互作用产生了网络系统的

① 吴开尧、崔昊天均来自上海对外经贸大学，鄢德春来自上海立信会计金融学院。

行为，因此复杂系统中的许多重要问题只能通过更仔细地思考交互式网络来解决[5]。现有关于国家间的经济互动，更注重强调国际贸易流量的测量，如进出口，对网络问题的重要性的重视相对不足。

投入产出模型最初由 Leontief 提出的，为描述经济部门之间的联系，研究人员进一步扩展为多区域投入产出模型（MRIO），以证明区域部门之间的相互作用。但现有大多数文献只使用 MRIO 来作为国际联动流的行为测量，比如投入产出，忽略了 MRIO 中交互网络里的丰富信息，使复杂系统仍处于未知状态。尽管 MRIO 和复杂网络分析方法近年来被越来越多的学者用于在全球范围内进行国际贸易分析，但却很少致力于通过多种描述性方法探索全球国际贸易网络中多种特征的演变，也缺乏探索贸易流量动态与贸易网络动态之间的差异。

在本文中，我们基于 WIOD 世界投入产出数据库，建立网络模型模拟全球贸易主干网，利用复杂网络分析技术，对全球经济复杂系统中的相互作用网络提供了一些有价值的见解。

我们认为本文可以为文献研究做出以下贡献：

（1）使用多种网络描述方法，研究全球贸易主干网的整体和节点（各国）连接特征，并追踪这些特征随时间的动态变化；

（2）证明了网络特性动态与流量特性动态有很大的不同，不管是整体网络结构还是位于其中的各国地位。

本文的框架如下，第一部分是导言，第二部分是对投入产出分析和复杂网络分析的文献综述；第三部分描述了数据及其处理方法；第四部分展示了实证研究中的方法论；第五部分是结果和讨论；最后一部分是总结。

2 文献综述和研究问题

2.1 文献综述

本文涉及的一个研究领域是“全球投入产出分析”。Isard 最早提出了区域间互动模型[8]，此后的研究主要有两个方向，一是，通过区域间投入－产出矩阵来反映区域间的相互依存关系。研究人员使用联系指标来衡量区域间经济流动的数量和重要性。这些测量指标建立在整个经济体系的背景下，主要包括三种类型：（1）直接完整的测量[7]，（2）后向相关系数和前向相关系数[9]—[12]，（3）区域内效应、区域间溢出效应和反馈效应[13][14]。这些指标有需求模型[6][14][15]和供应模型[16]—[18]两个研究方向。此外，需求和供应模型又对贸易流动进行了区分，包括标准贸易和增值贸易，这方面的研究非常丰富[19][20]。

本文涉及的另一个研究领域是“复杂网络分析”，它更多地强调由区域联系组成的网络连接结构，而不是区域之间的联系流量。Monarca 等人（2019）[21]使用世界投入产出数据库和网络分析（NA）来描述和比较意大利和中国制造业与其他部门的部门间联系。Cahen-Fourot 等人（2020）[22]建立了全国倒金字塔网络并将其可视化，还通过将来自 18 个欧洲国家的输入/输出（IO）数据视为目标网络的邻接矩阵来分析其结构。Huang（2020）[23]的研究基于全球价值链理论和社会网络分析，通过选择 2005 年至 2015 年的出口国内增值数据，构建了全球制造业价值网络核算框架。Blázquez（2020）[24]运用图论和社会网络分析技术，探索了 1995 年至 2011 年间国际制造业服务化现象。

尽管近年来，许多研究通过 MRIO 和复杂网络分析方法，从全球角度对国际贸易进行研究。但是这两个方面综合的运用仍存在不足，比如缺乏对国际贸易网络演变的系统而详细的刻画，以及缺乏对在网络结构演变特征和贸易流量演变特征间差异的探索。

2.2 研究问题

显然，在全球经济中，各国之间始终存在相互依存和相互交织的关系，这不仅反映了国家之间的贸易流动，而且反映了国家组成的贸易关联网络。在投入产出框架中，贸易流量指标和复杂网络分析技术可以更加深入地并行工作，以使我们能够更加清晰地理解复杂的全球经济系统。

在本文中，我们基于投入产出需求模型（Leontief, 1936）[7]推导了贸易流量指标，根据图论方法构建了全球国际贸易主干网，使用多种描述性方法来探索国际贸易网络系统和细致的特征，跟踪这些特征随时间的动态变化，从而较为生动地描绘了国际贸易联系网络的全球模式。我们进而探讨：这种模式是如何随着重大的全球经济变化而演变的？在这种模式下，各国之间有什么区别？哪些国家是最重要的，都发挥了什么作用？

为了有目的地追踪全球贸易流量演变与全球贸易网络演变，并验证两者之间的差异，我们提出以下两个假设：

H1: 全球国际贸易主干网整体动态与全球贸易流量整体动态不同。

H2: 各国在全球国际贸易主干网中地位动态与在全球贸易份额中地位动态不同。

3 数据来源和处理

3.1 数据来源

我们的数据来源于 2016 年发布的 WIOD 世界投入产出数据库，时间跨度是从 2000 年至 2014 年，涵盖 43 个国家（包括欧盟所有 28 个成员国[①]和其他 15 个主要经济体），每个国家有 56 个部门。

3.2 数据处理

为了便于分析，我们将所有调查年度内每个国家的所有部门都整合成一个单一部门，即每个国家都是其 56 个部门的总和。通过这种方式，我们只需考虑每个双边关系的总贸易流量，并因此得出了各个年份相应的网络矩阵，其中国家自身对本国的产品需求，位于网络矩阵的对角阵位置，被视为自反流。

由于复杂网络分析最成熟和最常用的是二分网络，我们使用以下二分法规则对每一年度网络矩阵进行二分法：

如果 f_{ij} 大于或等于 64 551，则 $f_{ij}=1$，否则 $f_{ij}=0$，矩阵的对角遵循二分法规则。

此处应用该阈值的原因是，我们想在 2008 年的相应矩阵中，在 1 892 支全部流量里，选择将前 100 个最大规模的流量设定为 1。如此，前 100 个最大规模的贸易流量及其国家节点构成全球国际贸易的骨干网。针对 2008 年前后的各个年份，我们始终采用相同的二分法规则，因此转换后的矩阵所表示的网络都具有可比性。2008 年发生世界金融危机，标志着世界经济发展的一个重要拐点。2016 年发布的 WIOD 世界投入产出数据库为我们研究重要国际经济危机前后的世界贸易骨干网的演变提供了样本。

4 方法

4.1 流量指标

全球多区域投入–产出核算框架如图 1 所示。

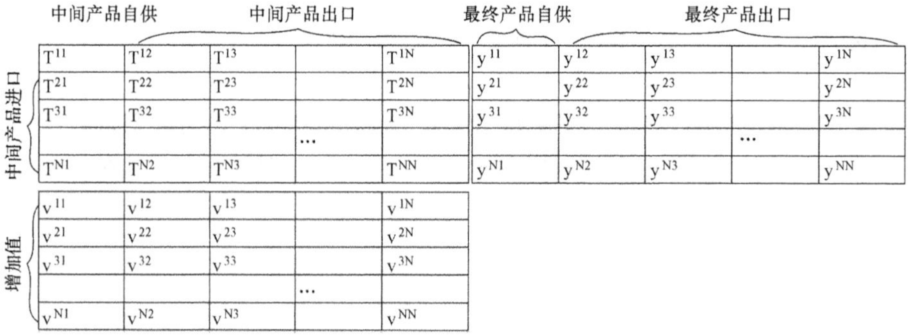

图 1 GMRIO 框架

① 2000—2014 年，英国还未脱欧，在此期间欧盟成员为 28 个。

根据投入和产出之间的数量关系，s 区的总供给可以表示为：

$$x^s = T^{ss} + y^{ss} + \Sigma_{r \neq s} T^{sr} + \Sigma_{r \neq s} y^{sr} \tag{1}$$

s 区的总使用可表示为：

$$z^s = T^{ss} + y^{ss} + \Sigma_{r \neq s} T^{rs} + \Sigma_{r \neq s} y^{rs} \tag{2}$$

因此，我们可以得出以下流量指标：

（1）中间产品出口：$\Sigma_{r \neq s} T^{sr}$；

（2）中间产品进口：$\Sigma_{r \neq s} T^{rs}$；

（3）最终产品出口：$\Sigma_{r \neq s} y^{sr}$；

（4）最终产品进口：$\Sigma_{r \neq s} y^{rs}$；

（5）出口总额：$\Sigma_{r \neq s} T^{sr} + \Sigma_{r \neq s} y^{sr}$；

（6）进口总额：$\Sigma_{r \neq s} T^{rs} + \Sigma_{r \neq s} y^{rs}$；

（7）中间产品自供：T^{ss}；

（8）最终产品自供：y^{ss}；

（9）总自供：$T^{ss} + y^{ss}$；

（10）总供应量：x^s；

（11）总使用量：z^s。

4.2 MDS 可视化

我们使用 UCINET 的内置算法，在 NetDraw①中命名为“迭代度量多维标度”（MDS），基于相似性生成坐标，调整到最近的欧几里得距离[29]。为了阐明主要国家的作用，我们删除了世界其他国家（ROW）的流入和流出。因为我们的主要目的是探索网络结构，所以我们不改变外观选项来反映节点的任何属性，保持默认的整洁风格。

4.3 三元关系普查

在三元关系普查中，二元组合当然也会被监控。表 3（见“结果和讨论”小节）统计了网络中除了自反连接的 16 种可能的三元关系配置。类型 003（以下简称“类别Ⅰ”），实际上是 3 个未连接的节点或 3 个空二元体的组合。类型 012 实际上是不对称二元体，而类型 102 实际上是相互二元体（这两个此后称为“类别Ⅱ”）。其他包括内向星、外向星、传递和不传递三元体，都有不少于 2 个连接绑定了 3 个节点（以下简称“类别Ⅲ”）。

① 网络绘图是 UCINET 软件中的一种网络可视化工具。

4.4 描述整个网络的集聚度指标

通过这些内聚度量指标，整个网络中的节点之间是如何紧密连接的情况可以得以度量。如表 3 所示，这 5 个度量均是正的，并且基于“二元体”，即仅仅是考虑所有两个节点之间的关系。它们的概念和公式如下所示。本文用 UCINET 计算它们的值，忽略自反连接，但不忽略连接的方向（如果公式中涉及方向）。

（1）Avg Degree $AD(t)$，平均度，$0 \leqslant AD(t) \leqslant n-1$，这是最简单的内聚度量。

$$AD = \frac{\Sigma_i \Sigma_{ij} d_{ij}(t)}{n} \tag{3}$$

其中，如果在时间段 t 内，节点 i 和节点 j 间存在联系，则 $d_{ij}(t)$ 的值为 1，反之为 0。

（2）Density $\delta(T)$，密度，实际连接的数目除以可能的最大连接数目（对角线上的元素被忽略）$0 \leqslant \delta(T) \leqslant 1$。

$$\delta(t) = \frac{\Sigma_i \Sigma_{ij} d_{ij}(t)}{n(n-1)} \tag{4}$$

（3）$CN(t)$，关联度，$0 \leqslant CN(t) \leqslant 1$，定义为可以通过任意长度的路径到达彼此的节点对占所有节点对的比例。它可以用 1 减去碎片来计算，其中碎片是无法到达的节点对的比例。

$$CN(t) = 1 - \frac{V}{n(n-1)/2} \tag{5}$$

其中 V 是无法到达的节点对数。

（4）$CP(t)$，紧凑度是基于距离的内聚度量，$0 \leqslant CP(t) \leqslant 1$，将连接节点的路径按其长度反向加权。当网络是一个圈（每个人都是相邻的）时，它的值为 1，当网络完全由孤立节点组成时，它的值为 0。

$$CP(t) = \frac{\sum_{(i \neq j)} [1/g_{ij}(t)]}{n(n-1)} \tag{6}$$

其中 $g_{ij}(t)$ 是从节点 i 和节点 j 的捷线距离，且当从节点 i 和节点 j 不存在路径时，$1/g_{ij}(t)$ 为 0。

（5）$C(t)$，网络度中心性，$0 \leqslant C(t) \leqslant n-1$，是根据度中心性（见下文）的概念通过应用方程式（7）计算而得，但不考虑供求方向。

$$C(t) = \frac{\sum_j (C_{j*}(t) - C_j(t))}{(n-1)^2} \tag{7}$$

前四种是纯内聚度量；第五种是根据位置方法度量整个网络由单个节点主导的程度，具有混合性质，基于位置方法讲述内聚特性，因此它们是与位置信息混合的内聚度量。

4.5 位置度量：节点度中心性

描述整个网络的内聚度量指标时我们使用单个数字来描述网络的聚集程度，但没有说明节点和连接是如何分布的，节点度中心性实际上是衡量节点在整个网络中位置的一个指标。对于有向图来说，节点的入边条数称为该节点的入度。

$$DC_i^{in}(t)=\Sigma_{j(j\neq i)}d_{ij}(t) \tag{8}$$

其中 $0\leqslant DC_i^{in}(t)\leqslant n-1$；节点的出边条数称为该节点的出度，

$$DC_i^{out}(t)=\Sigma_{j(j\neq i)}d_{ij}(t) \tag{9}$$

其中 $0\leqslant DC_i^{out}(t)\leqslant n-1$。

4.6 “核心－外围”模型

该模型基于节点的位置对等将节点划分为两组（核心和外围）（Hanneman and Rdle, 2005）[25]。位置对等概念背后的基本思想是结构对应或相似。在“核心－外围”模型中，我们既可以包括核心成员之间的关系的思想，也可以包括内部对等的思想，以及与核心外的成员分离的思想。“核心－外围”的模式可以在表3所示的块模型中看到：在类分块邻接矩阵中有4个块，分别是核心、核心－外围、外围－核心和外围。由于位置对等的节点会表现出相似的行为和结果，因此划分核心节点和外围节点具有重要的政策意义。本文在UCINET中采用基于度中心度划分准则和相关适应度度量的“离散核心－边缘”方法。

4.7 动态追踪

4.7.1 连续增长率

为了跟踪贸易流量和贸易网络的一般特征，我们使用全球贸易骨干网内贸易流量描述性指标（进出口均值和均值的标准差）与网络的描述性指标进行比较。但是，由于两者间维度不同，无法直接进行比较。因此，我们使用每个描述性指标的连续增长率SGR，并比较它们的数值和动态路线。

$$SGR=(M_t-M_{t-1})/M_{t-1} \tag{10}$$

M_t 是 t 时期的描述性指标，M_{t-1} 是 t–1 时期的描述性指标

4.7.2 排名变化图

为了跟踪国家/地区的位置，我们将根据国家/地区的进出口贸易流量和出入度中心性来分别对国家/地区进行降序排序，获得其每年的排名，并绘制基年度时间的多线图。

5 结果和讨论

5.1 国际贸易流量的演变

图 2 是基于各个国家进出口贸易的总规模。它表明，中国和一些新兴发展中国家正在迅猛增长，并在国际贸易中发挥着重要作用，而传统贸易大国仍然占据着前列。

如图 2 所示，由于受到 2008 年的世界金融危机的影响，2009 年大多数国家的贸易量骤减，但总体来看，各国的贸易量持续增长。在 21 世纪初，美国是总出口和总进口额最高的国家。在 2007 年和 2008 年，德国以微小的幅度超过了美国。在 2009 年后，中国成为总出口额第一的国家，其次是美国和德国。尽管中国的总进口量在 2010 年之后迅速增长，但只超越了德国，位居第二。虽然日本、英国、法国、韩国以及荷兰在 2000—2014 年期间出现了轻微的波动，但他们仍然是进出口的巨头。

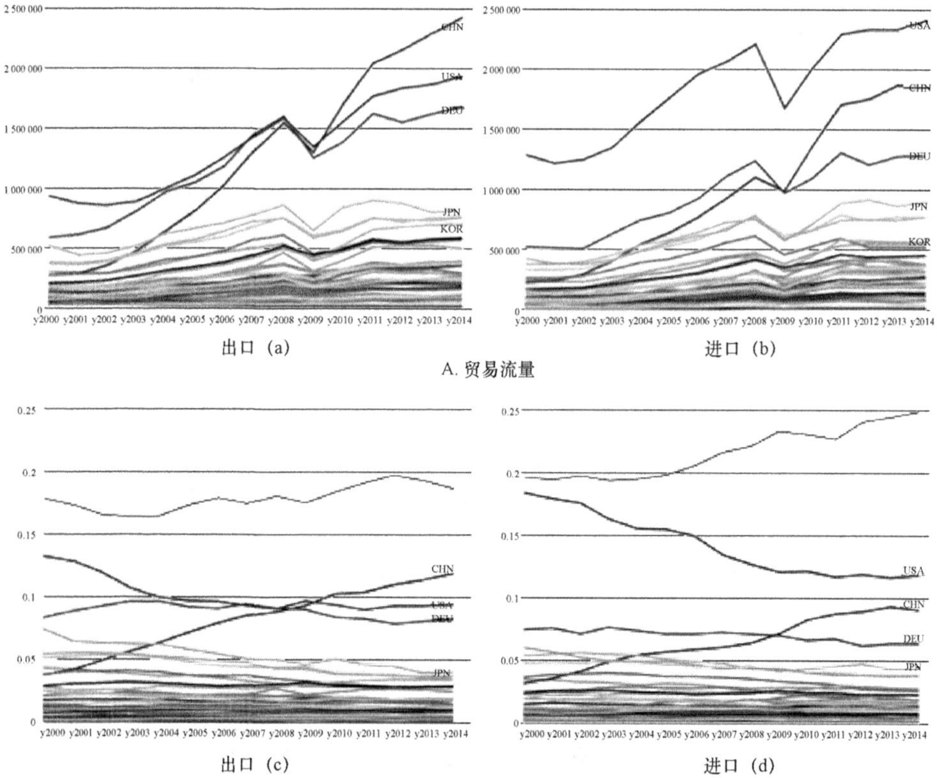

出口 (a)　　进口 (b)

A. 贸易流量

出口 (c)　　进口 (d)

B. 各国占世界的比例

图 2　各国出口和进口

就贸易流量占全世界的比例而言，中国和世界其他国家（ROW）都是快速增长的力量。就出口而言，中国的增长比世界其他国家更快。就进口而言，中国和世界其他国家（ROW）几乎是平行发展的。其他经济巨头大多经历了一定程度的收缩并呈不同形态的波动。世界金融危机确实产生了短暂的影响，但并不影响长期的上升发展趋势。

5.2　网络可视化

图 3 是在 NetDraw 中使用 MDS 所可得到的网络视图。可以明显看出：网络图连接非常稀疏，网络图中的连接包括大多数的国家产品自供所反映的自反

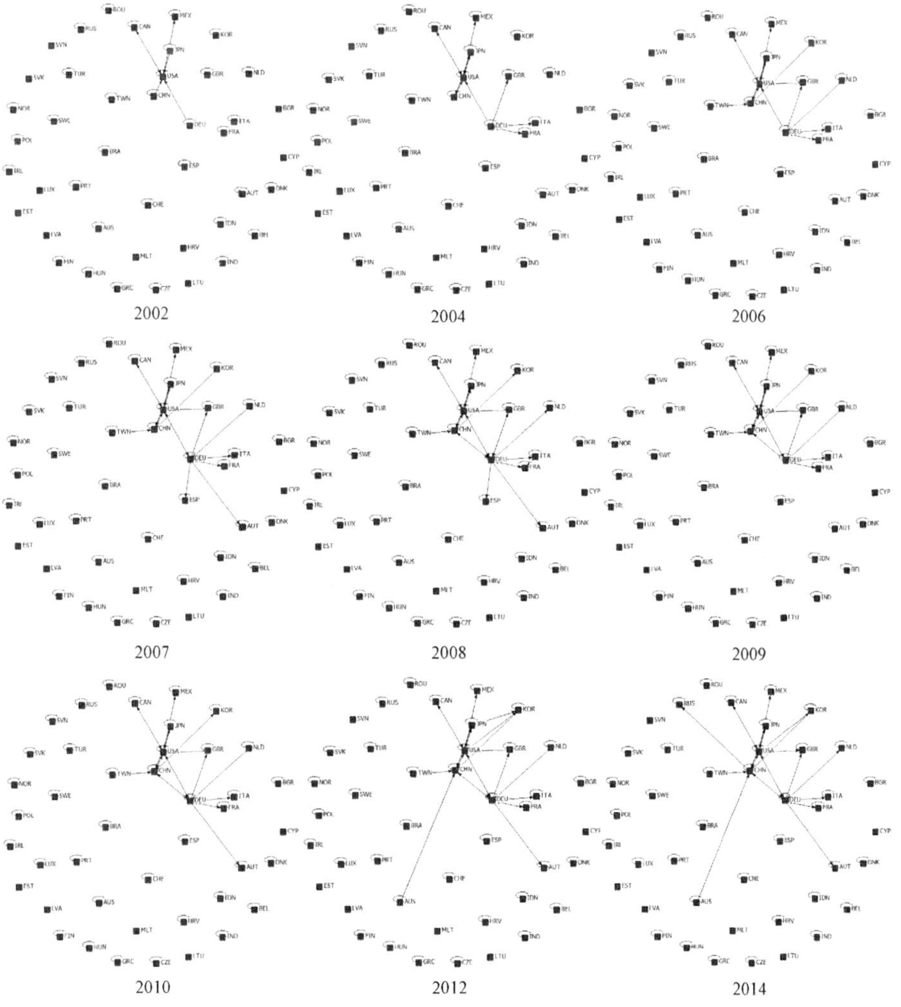

图 3　网络可视化

连接，以及数量较少的双边贸易连接；美国一直是发达区域性和全球性的双边连接的核心；而中国、德国是区域性双边连接的显著核心；核心成员间经常有显著的双边连接；区域巨头，如日本、英国，与区域核心和全球核心有显著的双边连接。全球金融危机降低了全球双边连接的数目，特别是流入或流出美国的双边连接，但在 2009 年后又逐渐恢复。

因为我们设计的网络代表了全球国际贸易的中坚力量，所以其网络的动态会较明显地反映出全球经济危机。同时，网络结构揭露了全球国际贸易的一些重要趋势，例如区域化、美国贸易地位下降以及中国的崛起。

每个国家在贸易主干网中的相对重要性以及其随时间的变化明显不同于图 2，后者是基于每个国家的进出口贸易规模而定的。更重要的是，贸易主干网提供了图 2 中没有的国家之间连接的信息。

5.3 三元关系普查

表 1 统计了全球贸易骨干网中有向非自反连接的 16 种可能的三元关系配置，并将它们分为 3 类。大多数是类别Ⅰ，占每年次网络所有三元关系的 88%以上，随着时间的推移，它们的频率几乎都在下降，除了 2009 年相比 2008 年有了反复，但是 2009 年后依然保持下降的趋势。类别Ⅱ的连接占所有三元关系第二大频率比例，它们的比例在研究期间几乎都在增加。除了 2009 年相比 2008 年有了反复，但是 2009 年后依然保持上升的趋势。尽管类别Ⅲ所占比例相当小（不到 2.4%），但是比例几乎是逐步增加，除了 2008 年出现了波折。

表 1　　　　三元关系普查

	类别Ⅰ	类别Ⅱ	类别Ⅲ
2000 年	97.0%	2.8%	0.2%
2002 年	96.7%	3.1%	0.2%
2004 年	95.0%	4.6%	0.3%
2006 年	92.9%	6.4%	0.7%
2007 年	91.5%	7.3%	1.2%
2008 年	90.4%	7.9%	1.7%
2009 年	91.4%	7.2%	1.4%
2010 年	91.0%	7.4%	1.6%

续表

	类别Ⅰ	类别Ⅱ	类别Ⅲ
2012 年	90.0%	8.2%	1.8%
2014 年	89.8%	8.1%	2.0%

注：类别Ⅰ包括：

1. 003=A，B，C，空子图。

类别Ⅱ包括：：

2. 012=A->B，C，具有单个有向边的子图。
3. 102=A<->B，C，两个节点之间相互连接的子图。

类别Ⅲ包括：

4. 021D=A<-B->C，外向星。
5. 021U=A->B-C，内向星。
6. 021C=A->B-C，有向直线。
7. 111D=A<->B<-C。
8. 111U=A<->B->C。
9. 030T=A->B<-C，A->C。
10. 030C =A<-B<-C，A->C。
11. 201 =A<->B<->C。
12. 120D =A<-B->C，A<->C。
13. 120U =A->B<-C，A<->C。
14. 120C =A->B->C，A<->C。
15. 210 =A->B<->C，A<->C。
16. 300=A<->B<->C，A<-C，完整子图。

9、12、13、16 是传递性的，而 6、7、8、10、11、14、15 是非传递性的。

5.4 集聚度指标的动态

如表 2 所示，从 2000 年到 2008 年，四个纯内聚度量（平均度、密度、关联度和紧凑度）和网络度中心性的值都在增加，从 2008 年到 2009 年它们都经历了暂时性的下降，然后重新增加。这意味着，除了因金融危机而导致中断外，网络集聚度和由单个节点代表的网络中心性几乎都在增加。

表 2　　集聚度指标演变

	2002 年	2004 年	2006 年	2007 年	2008 年	2009 年	2010 年	2012 年	2014 年
平均度	0.386	0.614	0.886	1.136	1.386	1.091	1.318	1.477	1.500
集中度	0.088	0.131	0.222	0.289	0.332	0.241	0.358	0.378	0.353

续表

	2002 年	2004 年	2006 年	2007 年	2008 年	2009 年	2010 年	2012 年	2014 年
密度	0.009	0.014	0.021	0.026	0.032	0.025	0.031	0.034	0.035
关联度	0.030	0.058	0.096	0.153	0.192	0.134	0.201	0.223	0.233
紧凑度	0.018	0.033	0.056	0.086	0.108	0.077	0.112	0.125	0.129

5.5 各国地位的变化

根据公式(8)、(9)，我们得到了各国在 15 年次国际贸易骨干网络中地位的度量，如图 4 所示。

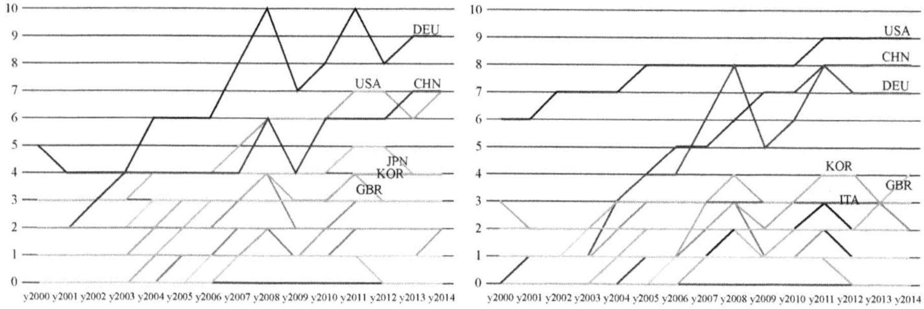

图 4 度中心性

关于出度（如图 4 左侧所示），德国、美国、中国、日本、韩国、英国是 2009 年后 6 个出度最大的国家。而澳大利亚、加拿大、法国、意大利和荷兰则是其他具有 3 个出度的重要参与者。德国在 2003 年之后就一直保持在最高的位置，而按贸易规模计算，其出口排在第二位。2009 年以来，中国的出度排名第二或第三，而同期中国却是最大的出口国。在全球经济危机之后，美国排名第二或第三，而同期美国是第二大出口国。

关于入度（如图 4 右侧所示），2003 年之后，美国、中国、德国、德国、英国、法国、意大利是 6 个最大的入度国家，日本、韩国，荷兰、俄罗斯是其他重要参与国家。在研究期间，美国的入度数量和进口数量最多。中国、德国分别是第二或第三名，他们的确切位置和根据贸易规模的排名并不相同。全球金融危机的第二年中国的入度位置上升，美国、意大利不变，其余大国下降，2010 或保持不变或有上升，并各有波折。

总之而言，按照出度、入度列出的全球贸易骨干网中的最重要参与者不是那些出口或进口量最大的国家，这显示了从另一角度视野下的国际贸易特征。

5.6 “核心－外围”分析

从 2000 年到 2014 年，类块邻接矩阵与理想化块结构（拟合度）的相关性分别超过 0.77，表明具有相当好的“核心－外围”结构。类块邻接矩阵和密度矩阵表明，不同国家的网络行为可归因于其在网络中的地位。

类块邻接矩阵显示：美国始终处于核心地位；日本在 2004、2008、2011 和 2012 年处于核心地位；中国在 2002 年之后处于核心地位；德国在 2003 年之后处于核心地位。

核心块密度大于 0.67，外围块密度小于 0.001，表明核心国家向其他核心国家供应，外围国家不向其他外围国家供应。通过对两个非对角块的检查，进一步加强了核心外围结构的验证。巨量的贸易连接最多发生在核心到核心国家，然后是外围到核心国家，最后才是核心到外围国家，很少是从外围到外围国家。

我们可以看到，“核心－外围”结构并没有因为全球金融危机而受到破坏。

表 3　“核心－外围”分析

	拟合优度	核心				密度			
						c-c	c-p	p-c	p-p
2000	1	美国	他国			1	0.2	0.188	0
2001	1	美国	他国			1	0.2	0.181	0
2002	1	美国	他国			1	0.1	0.181	0.001
2003	0.833	美国	他国	中国		1	0.2	0.188	0.001
2004	0.815	美国	他国	中国	德国	1	0.1	0.156	0
2005	0.815	美国	他国	中国	德国	0.92	0.1	0.144	0
2006	0.815	美国	他国	中国	德国	0.92	0.1	0.162	0.001
2007	0.865	美国	他国	中国	德国	0.75	0.1	0.144	0
2008	0.916	美国	他国	中国	德国	0.67	0.1	0.112	0
2009	0.957	美国	他国	中国	德国	0.67	0.1	0.094	0
2010	1	美国	他国	中国	德国	0.67	0.1	0.063	0
2011	0.96	美国	他国	中国	德国	0.83	0	0.065	0.001
2012	0.96	美国	他国	中国	德国	1	0.1	0.119	0
2013	1	美国	他国	中国	德国	1	0.1	0.107	0
2014	1	美国	他国	中国	德国	1	0.1	0.107	0

5.7 贸易流量和网络结构的动态比较

5.7.1 整体特征的动态比较

对于全球国际贸易骨干网内的双边贸易流量，此处考虑的是进、出口规模。为了描述其统计特征，我们使用了均值和均值的标准差，因此我们有 4 个描述性指标，分别是 imMean、imStdMean、exMean 和 exStdMean。对于网络结构，我们使用了平均度、度中心性、密度、关联度和紧凑度这 5 个集聚度指标，如 4.4 节所示。我们分别计算了它们的 SGR，并将其映射到多线图中，如图 5 所示。

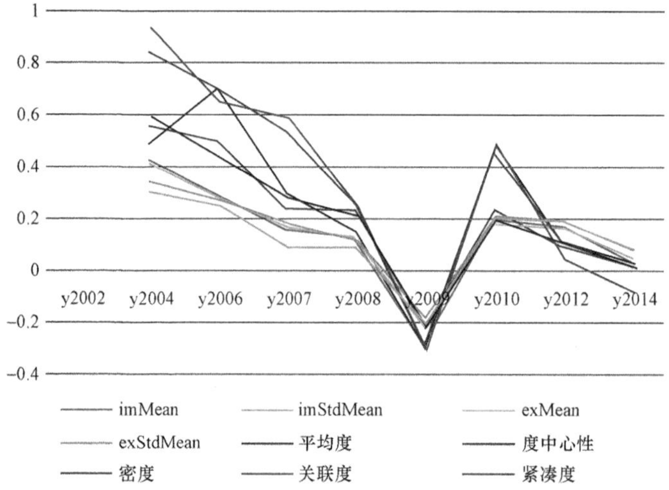

图 5 描述性指标的 SGR

尽管所有 SGR 都有相似的趋势，但在 2009 年从正值下降为负值，然后又恢复到正增长，它的增长率从 2010 年开始下降。可以看出，网络集聚度的 SGR 比双边贸易流的 SGR 更不稳定。

5.7.2 国家位置的动态比较

我们使用 5.7 节中显示的技术，根据每个国家的贸易份额和度中心性来获得其排名。在图 6 A 组的右图中，国家的排名位置取决于出口量；图 6 A 组左图是根据相应网络的出度；图 6 B 组右图是以进口量为准；图 6 B 组左图是根据相应网络的入度。我们发现，特定国家在网络结构中的位置排名与贸易份额中的位置排名有很大不同，并且随着时间的推移，前者比后者更不稳定。为了阐明清楚，我绘制了 5 个国家/地区的数据并将其映射到多行中以显示其动态变化。在比较进口和入度时，尽管无论采用哪种规则，美国都在研究期间排名第一，但中国、加拿大、德国和墨西哥会根据不同的规则排在不同的名次，而且由于采用了“网络”规则，因此每个国家/地区的排名动态在左侧图表中的波动性都更大。在比较出口和出度时，可以得出类似的结论，只是美国的地位并不总是位于首位，在不同的规则中有不同的表现。我们已经知道，这些变化是在2018 年全球金融危机前后十余年都显示的动态。

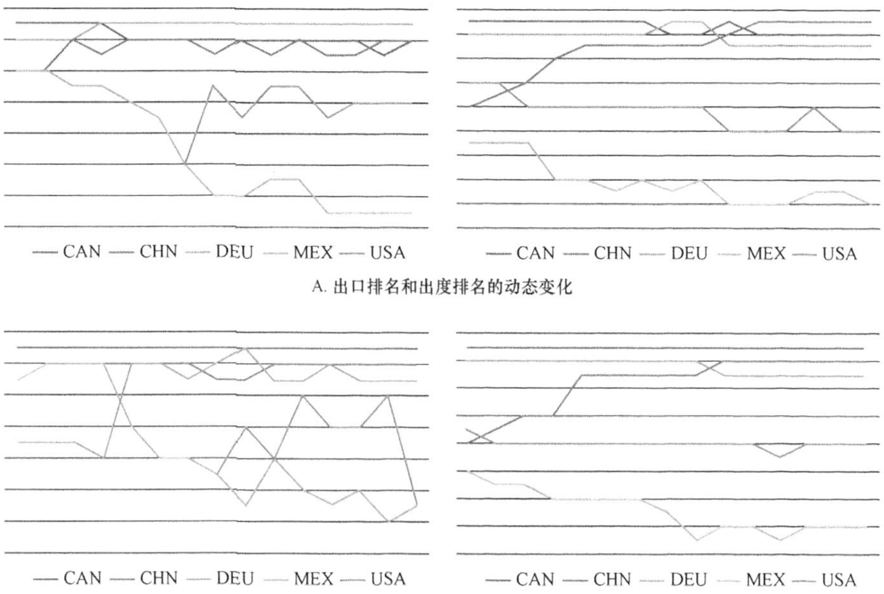

A. 出口排名和出度排名的动态变化

B. 进口排名和入度排名的动态变化

图 6　国家排名的动态变化

6　结论

在本文中，我们结合投入–产出分析框架中的流量指标和复杂网络分析的方法，在构建 15 年次全球国际贸易主干网的基础上，给全球贸易格局描绘一个更系统和明确的动态图景。我们计算出口和进口的流量指标，然后对这些指标进行静态和动态比较。利用网络可视化、三元关系普查、网络集聚性度量、节点位置度量和“核心–外围”模型的复杂网络分析，分别从整体网络和国家节点层面对全球国际贸易主干网的演化进行了较深入的探索和分析。

我们发现，除了世界金融危机导致的短暂下降趋势以外，全球贸易骨干网的国际间贸易流量在 2000 年至 2014 年期间一直在发展。虽然美国和西方国家仍占主导地位，但中国和新兴国家发展较快，已经发挥了重要作用。中国已成为推动全球贸易流动发展的主要巨头，并已成为第一大出口国。从复杂网络分析来看，除了世界危机后的一年之外，全球国际贸易主干网的密度、关联度和紧凑度都在随着时间的推移而增加，而各国在贸易联系网络中的作用的动态也显示出它们的重要性的上升和下降。最显著的变化是中国在世界贸易网络中的地位，因为在这一研究时期，中国与世界贸易网络的贸易联系急剧增加。另外，我们有一个新颖的发现：网络结构的动态性比两边贸易流量的动态性更加不稳定，这在整个网络以及各国在其中的地位都得到了体现。在这种情况下，贸易网络结构比双边贸易规模更容易受到经济危机的影响，这对经济研究人员和政策制定者具有重要意义。

总之，我们通过流量指标和复杂网络分析的方法来追踪复杂的全球经济体系的演变。我们展示了这些现象，但这一现象背后的机制还需进一步探索。在未来的研究中，对其机制的深入研究可以更好地理解复杂的全球经济互动体系，并针对全球经济带来的挑战给出解决方案。

7 附录

附录 1

国家或地区名称缩写					
	简写	国家		简写	国家
1	AUS	澳大利亚	23	IRL	爱尔兰
2	AUT	奥地利	24	ITA	意大利
3	BEL	比利时	25	JPN	日本
4	BGR	保加利亚	26	KOR	韩国
5	BRA	巴西	27	LTU	立陶宛
6	CAN	加拿大	28	LUX	卢森堡
7	CHE	瑞士	29	LVA	拉脱维亚
8	CHN	中国	30	MEX	墨西哥
9	CYP	塞浦路斯	31	MLT	马耳他
10	CZE	捷克	32	NLD	荷兰
11	DEU	德国	33	NOR	挪威
12	DNK	丹麦	34	POL	波兰
13	ESP	西班牙	35	PRT	葡萄牙
14	EST	爱沙尼亚	36	ROU	罗马尼亚
15	FIN	芬兰	37	RUS	俄罗斯
16	FRA	法国	38	SVK	斯洛伐克
17	GBR	英国	39	SVN	斯洛文尼亚
18	GRC	希腊	40	SWE	瑞典
19	HRV	克罗地亚	41	TUR	土耳其
20	HUN	匈牙利	42	TWN	中国台湾
21	IDN	印度尼西亚	43	USA	美国
22	IND	印度			

附录 2

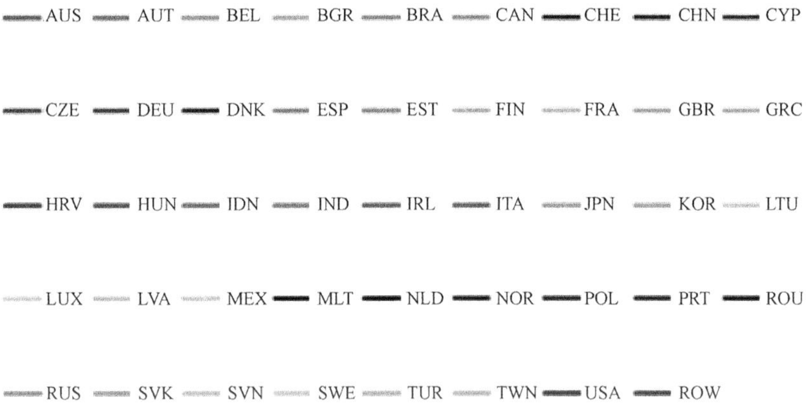

图 2、图 4、图 6 中使用的图例

参考文献

[1] Albert, R., & Barabási, A.L. Statistical mechanics of complex networks. Reviews of modern physics, 2002, 74(1), 47-97. https://www.doi.org/10.1103/RevModPhys.74.47.

[2] Baldwin, R., & Lopez - Gonzalez, J. Supply - chain trade: A portrait of global patterns and several testable hypotheses. The World Economy, 2015, 38(11), 1682-1721. https://www.doi.org/10.1111/t wec. 12189.

[3] Buldyrev, S. V., Parshani, R., Paul, G., Stanley, H. E., & Havlin, S. Catastrophic cascade of failures in interdependent networks. Nature, 2010, 464: 1025-1028. https://www.www. nature.com/ articles/nature08932.

[4] Newman, M. Networks. Oxford university press, 2018.

[5] Lancichinetti, A., Radicchi, F., Ramasco, J. J., & Fortunato, S. Finding statistically significant communities in networks. PloS one, 2011, 6(4). https://www.doi.org/10.1371/journal.pone.0018961.

[6] Bar-Yam, Y. General Features of Complex Systems. Encyclopedia of Life Support Systems, 2002.

[7] Leontief, W. W. Quantitative input and output relations in the economic systems of the United States. The review of economic statistics, 1936, 18(3), 105-125. https://www.doi.org/10.2307/1927837.

[8] Miller, R. E., & Blair, P. D. Input-output analysis: foundations and extensions.

Cambridge university press, 2009.
[9] Isard, W. Interregional and regional input-output analysis: a model of a space-economy. The review of Economics and Statistics, 1951, 33(4), 318-328. https://www.doi.org/10.2307/1926459.
[10] Beyers, W. B. Empirical identification of key sectors: some further evidence. Environment and Planning A, 1976, 8(2), 231-236. https://www.doi.org/10.1068/a080231.
[11] Heimler, A. Linkages and vertical integration in the Chinese economy. The Review of Economics and Statistics, 1991, 73(2), 261-267. https://www.doi.org/10.2307/2109516.
[12] Cuello, F. A., Mansouri, F., & Hewings, G. J. D. The identification of structure at the sectoral level: a reformulation of the Hirschman - Rasmussen key sector indices. Economic Systems Research, 1992, 4(4), 285-296. https://www.doi.org/10.1080/09535319200000027.
[13] Lenzen, M. Environmentally important paths, linkages and key sectors in the Australian economy. Structural Change and Economic Dynamics, 2003, 14(1), 1-34. https://www.doi.org/10.1016/S0954-349X(02)00025-5.
[14] Pyatt G., & Round, J. I. Accounting and fixed price multipliers in a social accounting matrix framework. The Economic Journal, 1978, 89(356), 850-873. https://www.doi.org/10.2307/2231503.
[15] Dietzenbacher, E. Interregional multipliers: looking backward, looking forward. Regional Studies, 2010, 36(2), 125-136. https://www.doi.org/10.1080/00343400220121918.
[16] Zhang, Y. Interregional carbon emission spillover - feedback effects in China. Energy Policy, 2017, 100, 138-148. https://www.doi.org/10.1016/j.enpol.2016.10.012.
[17] Ghosh, A. Input-output approach in an allocation system. Economica, 1958, 25(97), 58-64. https://www.doi.org/10.2307/2550694.
[18] Dietzenbacher, E. In Vindication of the Ghosh Model: A Reinterpretation as a Price Model. Journal of Regional Science, 2002, 37(4), 629 - 651. https://www.doi.org/10.1111/0022-4146.00073.
[19] Zhang, H., Chen, L., Tong, Y., Zhang, W., Yang, W., Liu, M., Liu, L., Wang, H., & Wang, X. Impacts of supply and consumption structure on the mercury emission in China: An input-output analysis based assessment. Journal of Cleaner Production, 2018, 170, 96-107. https://www.doi.org/10.1016/j.jclepro.

2017.09.139.
[20] Johnson, R. C., & Noguera, G. Accounting for intermediates: Production sharing and trade in value added. Journal of international Economics, 2012, 86(2), 224-236. https://www.doi.org/10.1016/j.jinteco.2011.10.003.
[21] Monarca, U., Cassetta, E., Re, M. L., & Meleo, L. A Network Analysis of the Intersectoral Linkages Between Manufacturing and Other Industries in China and Italy. Global Journal of Emerging Market Economies, 2019, 11(1-2), 80-97. https://www.doi.org/10.1177/0974910119871367.
[22] Cahen-Fourot, L., Campiglio, E., Dawkins, E. Godin, A., & Kemp-Benedict, Eric. Looking for the inverted pyramid:An application using input-output networks. Ecological Economics, 2020, 169, 106554. https://www.doi.org/10.1016/j.ecolecon.2019.106554.
[23] Huang, G. Global Value Networks of Manufacturing: Accounting Framework, Power Centers and World Images. Power Centers and World Images, 2020. http://dx.doi.org/10.2139/ssrn. 3596041.
[24] Blázquez, L., Díaz-Mora, C., & González-Díaz, B. The role of services content for manufacturing competitiveness: A network analysis. Plos one, 2020. https: //doi.org /10.1371/ journal. pone.0226411.
[25] Hanneman R. A., & Riddle, M. Introduction to social network methods, 2005. http:// faculty.ucr.edu/~hanneman/.
[26] Lv, K., Feng, X., Kelly, S., Zhu, L., & Deng, M. A study on embodied carbon transfer at the provincial level of China from a social network perspective. Journal of Cleaner Production, 2019, 225, 1089-1104. https://www.doi.org/10.1016/j.jclepro.2019.03.233.
[27] Steen-Olsen, K., Owen, A., Barrett, J., & Guan, D. Accounting for value added embodied in trade and consumption: an intercomparison of global multiregional input-output databases. Economic Systems Research, 2016, 28(1), 78-94. https://www.doi.org/10.1080/09535314.2016. 1141751.
[28] Sun, L., Qin, L., Taghizadeh-Hesary, F., Zhang, J., Mohsin, M., & SharifChaudhry, I. Analyzing carbon emission transfer network structure among provinces in China: new evidence from social network analysis. Environmental Science and Pollution Research. 2020, 27, 23281-23300.
[29] Li, Z., Sun, L., Geng, Y., Ren, J., Liu, Z., Tian, X., Yabar, H., & Higano, Y. Examining industrial structure changes and corresponding carbon emission reduction effect by combining input-output analysis and social network

analysis: A comparison study of China and Japan. Journal of Cleaner Production, 2017, 162, 61-70. https://www.doi.org/ 10.1016/j.jclepro.2017.05.200.

[30] Tang, M., Hong, J., Liu, G., & Shen, G. Q. Exploring energy flows embodied in China's economy from the regional and sectoral perspectives via combination of multi-regional inputeoutput analysis and a complex network approach. Energy, 2019, 170, 1191-1201. https://www.doi.org/10.1016/j.energy.2018.12.164.

[31] Liang, X., Yang, X., Yan, F., & Li, Z. Exploring global embodied metal flows in international trade based combination of multi-regional input-output analysis and complex network analysis. Resource Policy, 2020, 67, 111661. https://www.doi.org/10.1016/j.resourpol.2020.101661.

[32] Xu, M., &Liang, S. Input-output networks offer new insights of economic structure. Physica A: Statistical Mechanics and its Applications, 2019, 527, 121178. https://www.doi.org/10.1016/j.phy sa.2019.121178.

[33] Giammetti, R., Russo, A., & Gallegati, M. Key sectors in input - output production networks: An application to Brexit. The World Economy, 2020, 43(4), 840-870. https://www.doi.org/10.1111/twec.12920.

[34] Sun, X., An, H., & Liu, X. Network analysis of Chinese provincial economies. Physica A: Statistical Mechanics and its Applications, 2018, 492, 1168-1180. https://www.doi.org/10.1016/j.physa.2017.11.045.

[35] He, Y. Y., Wei, Z. X., Liu, G. Q., & Zhou, P. Spatial network analysis of carbon emissions from the electricity sector in China. Journal of Cleaner Production, 2020, 262, 121193. https://www.doi.org/10.1016/j.jclepro.2020.121193.

长三角地区国际贸易与国际物流协同发展研究

邵　扬　周书莹[①]

摘　要： 长江三角洲地区是我国经济最为活跃的区域之一，国际物流与国际贸易发展迅猛，但长三角地区国际物流基础设施仍不完善，港口之间存在同质性竞争，限制了长三角地区国际物流与国际贸易的进一步的协同发展。本文利用 2000 年至 2020 年的相关数据，利用耦合度模型和 Super-SBM 模型计算了长三角地区国际贸易与国际物流之间的协同程度和协同效率，并采用同步系数法观察国际贸易与国际物流协同度与协同效率的同步性。

关键词： 长三角地区；协同度；协同效率；耦合度模型；Super-SBM 模型；同步系数法

2013 年 9 月，“一带一路”的合作倡议被提出，中国企业与“一带一路”沿线国家的交流逐步增多。同时，国家、地区之间的竞争正处于转型阶段。作为现代服务业和商业的重要部分，国际贸易支持和保证国际贸易的发展。随着贸易数字化进程的不断推进，需要为国际物流业的发展提供新的思路。但是，我国与发达国家相比物流成本较高，物流水平仍十分薄弱，对外贸易的发展相对被动。因此，现阶段应聚焦于扩大国际物流供应，改善国际物流基础设施建设以及降低国际物流成本。长三角的一体化发展一直备受广大学者的关注，2019 年 1 月，上海市市长应勇发布《（上海市）政府工作报告》，将安徽 16 个城市加入长三角地区。由此长三角地区形成了以国际大都市上海为主导，带领南京、杭州和合肥等城市进行一体化发展的局面。首届中国国际进口博览会于 2018 年成功召开，这促进了长三角国际贸易的发展。2019 年第二届进博会在上海成功举办，会上的累计意向成交额达 713 亿美元，比第一届增长 23%，加快了长三

① 邵扬，博士，副教授，上海对外经贸大学经济统计专业教师，主要研究方向：贸易统计。周书莹，研究生，上海对外经贸大学贸易统计专业，主要研究方向：国际商务。

角国际化的步伐。长江三角洲地区是中国经济发展的核心，作为区域经济和区域物流的关键一环，国际贸易和国际物流在扩大对外开放和进一步促进经济一体化方面发挥着至关重要的作用。因此，基于长三角的研究已成为值得研究和讨论的热点问题。

1 文献综述

国外研究从经济发展的不同角度全面探讨了对外贸易与物流之间的协同作用。Halaszovic 和 Kinrab（2017）使用贸易引力模型将东道国的进口、出口、外商直接投资流入和对外直接投资库存作为被解释变量；将距离因素、人均 GDP 和衡量国家运输系统的相关指标作为解释变量，探讨了亚洲物流系统与贸易方式之间的关系。Halaszovic 和 Kinrab 的研究结果表明，国家运输系统要素对贸易和外国直接投资具有积极影响，而更发达的国家运输系统可以在一定程度上降低物流成本。Jungran Chou 等（2019）对保护主义与中美贸易冲突的现有文献进行了研究，发现现有文献的重点是中美贸易冲突对特定问题和双边关系的影响，缺乏定量分析。Jungran Chou 使用动态一般均衡模型来估计全球贸易保护主义对国际航运物流需求的影响。研究假设全球贸易保护主义是衡量关税和非关税壁垒的手段，将其分配给动态一般均衡模型来估计其对全球贸易流量的影响。结果显示，预计港口货物将减少 3.95 万吨至 6.9 万吨，占全球商品的一半。Tesfaye B.Takele 和 Arnt S.Buvik（2019）利用世界银行物流绩效指数（LPI）研究了 2016 年世界各国的绩效统计数据，更深入分析了非洲国家的贸易物流绩效。根据 LPI 中的各个组成部分，确定非洲国家中无法进一步改善的贸易物流区域。他们的文章调查了非洲国家贸易物流与出口价值的相关性，以增加在全球市场上的商品出口份额。基于贸易引力模型，将描述性统计和推断性统计相结合，探讨了贸易物流绩效对出口的作用。他们的结果表明，平均而言，非洲国家的 LPI 得分最低，尤其是在与贸易和运输相关的基础设施、海关和边境通关等领域。基础设施的改善将提高非洲国家供应链交付的效率，包括交付的时效性、跨境交易中的国际运输等。

国内关于国际贸易与国际物流是否存在协调关系的研究已十分完整。在定量分析上，杨长春（2007）研究了三个国家和地区的相关资料，实证研究了国际贸易和国际物流之间的关系，证明了国际贸易和国际物流之间会相互影响和促进。侯方淼（2010）将格兰杰因果关系检验用于对中国的国际贸易和国际物流的关系的实证分析，结果表明中国对外贸易与物流之间存在因果关系。在定性分析上，刘新楼（2019）在“一带一路”背景下对国际贸易与国际物流的发展现状进行了分析，深入分析了国际贸易与国际物流协调发展中的一系列问题，最后提出了适当的对策建议。

考虑到长三角地区协同度和协同效率的发展同步程度不同，本文采用岳冬冬（2011）提出的同步系数法研究协同度与协同效率的同步性。现有研究中采用相关系数法探讨同步性的文献较多，如薛敬孝和张兵（2001）使用相关系数来衡量东亚国家和地区之间经济波动的协调性。秦宛顺等（2002）运用相关系数法来探究中国和美国经济周期的波动。但是，相关系数法存在测量过程复杂、结果可靠性差的问题，岳冬冬提出的同步系数法可以很好地解决这个问题。

综上所述，在研究国际贸易和国际物流之间关系的方法上，不论是定量分析还是定性分析都比较成熟，现有研究所得出的结论是国际贸易与国际物流之间存在因果关系，也有许多方法被用于效率的测量和协同度的测度中。但是，将视角聚焦于长三角的研究较少。现有的结论只是单纯构建了线性模型，缺少定量的测度，统计指标的选取也比较不完善。

基于以上综述，本文聚焦长三角地区国际物流和国际贸易协调发展的定性和定量分析，量化长三角地区国际贸易和国际物流的协同效率，提出科学客观的政策建议。

2 数据的来源与指标体系的构建

通过对相关研究结果的整理，可以看出衡量国际贸易与国际物流的指标很多，但是统计指标存参差不齐、无法形成统一的口径。在现有文献中常用进出口贸易总额、对外直接投资实际使用额、国民生产总值作为衡量国际贸易的指标。根据长三角地区的具体情况，本文创新的将自贸区面积、自贸区个数加入衡量长三角地区国际贸易的统计指标中，构建针对长三角的统计指标体系。

表 2.1 长三角地区国际贸易与国际物流指标体系

一级指标	二级指标	三级指标	变量
国际贸易	国际贸易水平	对外直接投资总量（万美元）	Y_1
		进出口总额（亿美元）	Y_2
		GDP（亿元）	Y_3
		自贸区个数（个）	Y_4
		自贸区面积（平方公里 Y_1 ）	Y_5
国际物流	国际物流基础设施	公路通车里程（公里）	X_1
		内河航道里程（公里）	X_2
		铁路营业里程（公里）	X_3

续表

一级指标	二级指标	三级指标	变量
国际物流	国际物流基础设施	码头泊位数（个）	X_4
		载货汽车量（辆）	X_5
	国际物流能力	港口货物吞吐量（万吨）	X_6
		货物周转量（亿吨/公里）	X_7
		货运量（万吨）	X_8
	国际物流发展潜力	邮电业务总量（亿元）	X_9
		邮路总长度（公里）	X_{10}
		邮政营业网点数量（个）	X_{11}

本文选取长三角三省一市（江、浙、沪、皖）2000 年至 2020 上半年的相关数据。而一些数据无法从各种途径获取，例如 2019 年的相关数据中衡量国际物流的相关指标中码头泊位数、内河航道里程、铁路营业里程、载货汽车量四个指标无法获取。在各省市统计局网站以及国家相关网站上只能收集到 2020 年上半年货运量以及货物吞吐量两个指标。

利用指数平滑法对无法获取的数据进行了预测，然后验证预测效果，如表 2.2 至表 2.4 所示。

表 2.2　　载货汽车量预测值

	真实值	预测值	绝对误差	相对误差
2017 年	661 698	651 311.1	10 386.9	1.57%
2018 年	693 821	659 989.8	33 831.2	4.88%

表 2.3　　内河航道里程预测结果

	真实值	预测值	绝对误差	相对误差
2017 年	42 767	42 562.9	204	0.05%
2018 年	42 763	42 778.4	15	0.04%

表 2.4　　铁路营业里程预测结果

	真实值	预测值	绝对误差	相对误差
2017 年	4 275	4 220.8	54.2	1.27%
2018 年	4 275	4 265.4	9.6	0.22%

由结果可以看出，载货汽车量、内河航道里程和铁路营业里程的绝对误差与相对误差都较小，说明指数平滑法可以取得比较好的预测效果。

3 长三角国际贸易与国际物流协同度的测算

利用耦合度模型对长三角国际贸易与国际物流协同程度进行测度，根据哈肯（Hermann Haken）在1969年提出的协同理论，各系统之间相互影响和相互合作，在相互协作下，系统从无序变为有序。国际贸易与国际物流即存在竞争又存在合作，形成了区域经济和区域物流下的复杂子系统，从杂乱无章变得井然有序。本文在基于复杂系统模型中加入耦合函数，以计算长三角地区国际贸易与国际物流之间的协同程度。

首先利用Z−Score法对数据进行标准化，公式如下：

$$X_{ij}^{'}=\frac{X_{ij}-\overline{X_j}}{\sigma_j} \tag{1}$$

接着利用熵权法赋权，首先记标准化后的数据矩阵为$R=(r_{ij})_{m\times n}$，计算第j个指标的熵值H_j，计算公式如下：

$$H_j=-k\sum_{i=1}^{m}f_{ij}\ln f_{ij}$$

其中$f_{ij}=\frac{r_{ij}}{\sum_{i=1}^{m}r_{ij}},k=1$，为第$j$个指标下第$i$个项目的指标值的去重。

接着计算第j个指标的熵权f_{ij}：

$$w_j=\frac{1-H_j}{\sum_{j=1}^{n}(1-H_j)}=\frac{1-H_j}{n-\sum_{j=1}^{n}H_j} \tag{2}$$

最后计算指标的综合权重λ_j：

$$\lambda_j=\frac{\lambda_j^{'}\omega_j}{\sum_{j=1}^{n}\lambda_j^{'}w_j} \tag{3}$$

然后利用复合系统模型计算序参量有序度，计算公式如下：

$$u_x(t)=\sum_{i=1}^{n}\lambda_j u_{ij}(t),(i=1,2,3,\cdots,n),(j=1,2,3,\cdots,m) \tag{4}$$

其中λ_j为子系统指标X_j的权重，加权之后的范围在[0,1]之间。故$u_x(t)$为子系统在t时刻的综合发展水平。

最后，利用耦合度模型计算协同程度耦合度公式如下：

$$CI=\sqrt{\frac{u_x(t)u_x(t)}{(u_x(t)+u_y(t))^2}} \tag{5}$$

接着在耦合度的基础上计算协同度 $SD(t)$

$$SD(t)=(CI\times T)^{1/2} \tag{6}$$

利用模型计算出的协同度结果如表 3.1 所示，由协同度计算出的折线图，如图 3.1 所示。

表 3.1　　长三角区域内协同度

年份	区域内协同度					协同水平
	上海市	江苏省	浙江省	安徽省	长三角	
2000 年	0.344 32	0.330 768	0.195 967	0.213 131	0.253 468	轻度失衡
2001 年	0.277 901	0.363 348	0.366 787	0.229 862	0.353 473	
2002 年	0.288 937	0.400 607	0.388 747	0.248 808	0.378 542	
2003 年	0.310 922	0.450 857	0.423 359	0.271 838	0.422 668	濒临失衡
2004 年	0.331 805	0.462 381	0.448 22	0.224 628	0.439 853	
2005 年	0.349 376	0.547 932	0.484 788	0.237 589	0.470 486	
2006 年	0.366 805	0.540 569	0.521 13	0.258 778	0.505 125	
2007 年	0.409 27	0.586 019	0.554 529	0.292 784	0.557 734	
2008 年	0.429 581	0.621 661	0.568 94	0.288 803	0.587 409	勉强协调
2009 年	0.419 829	0.630 283	0.579 557	0.279 805	0.590 929	
2010 年	0.468 022	0.739 415	0.660 806	0.250 31	0.774 017	
2011 年	0.472 38	0.711 856	0.636 991	0.342 185	0.670 449	初级协调
2012 年	0.478 476	0.737 72	0.667 367	0.248 356	0.696 48	
2013 年	0.702 922	0.744 513	0.685 88	0.473 172	0.691 763	
2014 年	0.799 054	0.763 689	0.724 481	0.515 106	0.753 286	中级协调
2015 年	0.821 515	0.753 294	0.754 275	0.529 674	0.770 973	
2016 年	0.819 582	0.756 028	0.778 054	0.574 557	0.770 556	
2017 年	0.865 036	0.804 376	0.843 027	0.604 714	0.827 733	良好协调
2018 年	0.803 6	0.828 808	0.881 733	0.648 606	0.850 113	
2019 年	0.814 876	0.817 522	0.879 664	0.571 536	0.876 657	
2020 年	0.789 885	0.526 633	0.715 927	0.283 915	0.594 487	

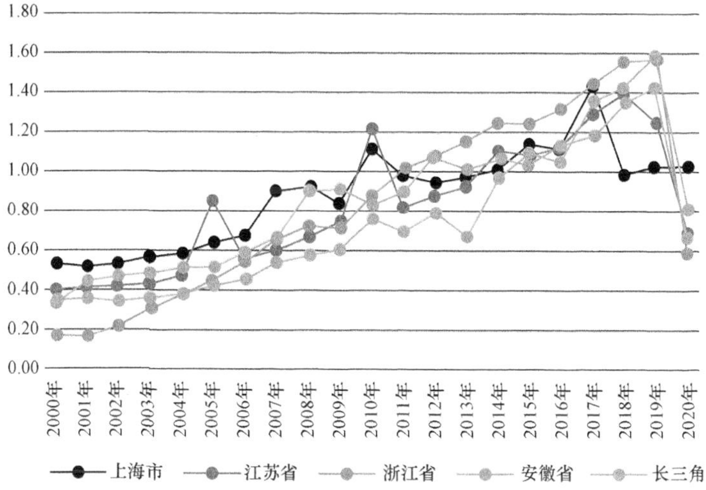

图 3.1　长三角区域内协同度

由结果可以看出，长三角地区国际贸易与国际物流是协同上升的，协同度从 2000 年的 0.253 4 上升至 2018 年的 0.85。安徽省的协同度从 2000 年的 0.213 1 上升至 2018 年的 0.648 6，协同度低于其他省市。

4　长三角国际贸易与国际物流协同效率的测算

运用 Super－SBM 模型测算国际贸易和国际物流的协同效率，本文利用 Tone Kaoru（2001）提出的 Super－SBM 模型，对传统的 DEA 模型进行了改进，在模型中加入了松弛变量，计算出的效率值可以大于 1，克服了传统模型计算值不能大于 1 的缺点。

Super－SBM 模型为：

$$\min \rho = \frac{1-\frac{1}{m}\sum_{i=1}^{m}\frac{s_i^-}{x_{ik}}}{1+\frac{1}{q}\sum_{r=1}^{q}\frac{s_r^+}{y_{rk}}} \tag{7}$$

$$s.t. X\lambda + s^- = x_k$$

$$Y\lambda - s^+ = y_k$$

$$\lambda, s^+, s^- \geqslant 0$$

ρ 表示效率值，模型测度的效率值可以大于 1，这样便能弥补 DEA 模型测度效果的不足，具有独特的优越性，计算结果如表 4.1 和图 4.1 所示。

表 4.1　　Super－SBM 模型协同效率测算

时间	区域内协同效率				长三角
	上海市	江苏省	浙江省	安徽省	
2000 年	1.513 7	1.961 9	1.494 4	1.534 7	0.770 5
2001 年	1.124 9	0.919 2	1.049 3	1.242 6	0.842 4
2002 年	1.055 3	0.897 1	1.019 3	1.067	0.904 4
2003 年	1.010 4	0.932 2	0.987 8	1.086 5	1.268 7
2004 年	0.900 6	2.645 1	1.060 6	1.227 7	0.888 1
2005 年	0.985 7	1.018 7	1.259	1.094 9	0.910 1
2006 年	1.106 4	1.017	1.195 6	1.242 7	0.927 6
2007 年	1.458 2	1.003 6	1.048 1	1.059	1.019 5
2008 年	1.026 3	1.017 3	1.005 4	1.168 3	1.050 1
2009 年	1.045 3	2.253 5	1.050 3	1.358 1	0.948 1
2010 年	1.190 9	0.870 4	1.659 8	0.922 8	0.972 7
2011 年	0.838 5	0.883 2	1.069	0.871 5	1.050 9
2012 年	0.78	1.019 7	1.019 3	1.363	1.142 4
2013 年	0.768 2	1.019 7	1.044 5	0.993 6	1.079 3
2014 年	0.705 5	1.157 8	0.971	1.011 3	1.026 7
2015 年	0.870 6	1.031 2	0.992 7	0.772 3	1.041 4
2016 年	0.776 1	1.066 6	1.220 1	0.765 4	1.095 2
2017 年	2.006 4	1.122 4	1.124 1	0.745 7	1.078 3
2018 年	0.704 9	1.697 7	1.647 5	1.303 2	1.083 6
2019 年	0.776 6	1.592 5	1.225 2	1.060 7	1.317 3
2020 年	0.625 4	1.020 5	2.060 2	2.047 1	2.202 8

可以看出，利用 Super－SBM 模型可以测度出长三角地区各省市国际贸易与国际物流协同效率的具体数值，测度效果较好。整个长三角区域国际贸易与国际物流的协同效率平稳上升，但各省市国际贸易和国际物流协同效率有较大波动，例如江苏省国际贸易与国际物流的协同效率在 2004 年和 2009 年都出现了峰值，2017 年上海市的协同效率最高，这说明长三角内部各省市国际贸易与

国际物流的发展仍不均衡，可能存在同质性竞争。

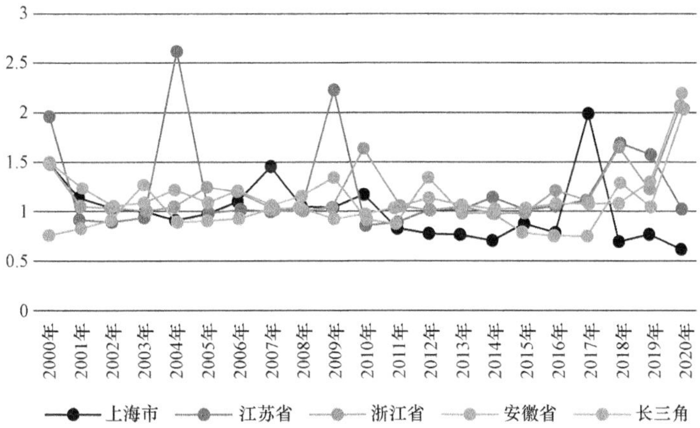

图 4.1　区域内协同效率

5　协同度与协同效率同步性研究

运用同步系数法，量化探究长三角区域国际贸易和国际物流的协同度与协同效率是否同步。同步系数（Synchronous Coefficient）是电气工程专业名词，常用来观测两序列数据的变化方向是否相同。

在比较序列 X 和 Y 的变化方向时，有四种情况：

（1）当 $x_{t+1} \geqslant x_t$ 时，$y_{t+1} \geqslant y_t$；

（2）当 $x_{t+1} \leqslant x_t$ 时，$y_{t+1} \leqslant y_t$；

（3）当 $x_{t+1} > x_t$ 时，$y_{t+1} < y_t$；

（4）当 $x_{t+1} < x_t$ 时，$y_{t+1} > y_t$。

这四种情况内不同的组合让 m_t 有不同的组合，在同步性系数的六个假设的前提下，组合的具体方式与 m_t 的取值对应如下：

$m_t = 1$ 的组合方式

（1）当 $x_{t+1} > x_t$ 时，$y_{t+1} > y_t$；

（2）当 $x_{t+1} > x_t$ 时，$y_{t+1} = y_t$；

（3）当 $x_{t+1} = x_t$ 时，$y_{t+1} > y_t$；

（4）当 $x_{t+1} = x_t$ 时，$y_{t+1} = y_t$；

（5）当 $x_{t+1} < x_t$ 时，$y_{t+1} < y_t$。

$m_t = 0$ 的组合方式

（6）当 $x_{t+1} = x_t$ 时，$y_{t+1} < y_t$；

（7）当 $x_{t+1} < x_t$ 时， $y_{t+1} = y_t$ ；

（8）当 $x_{t+1} > x_t$ 时， $y_{t+1} < y_t$ ；

（9）当 $x_{t+1} < x_t$ 时， $y_{t+1} > y_t$ 。

在上述相邻数据变化方向的异同性以及取值的基础上，可以对样本序列之间的同步系数进行定义，同步系数的计算公式定义如下：

$$rr = \frac{M}{(n-1)} \tag{8}$$

其中， $M = \sum_{t=1}^{n-1} m_t$ ， n 为样本序列的长度， $n-1$ 为相邻数据对比的总数量。m_t 的取值为 0 或 1。M 的取值为 $[0, n-1]$ ， rr 的取值范围为 $[0,1]$ 。

计算结果如表 5.1 所示，协同度与协同效率对比图如图 5.1 至图 5.5 所示。

表 5.1　　区域内同步系数

区域内同步系数					
地区	上海市	江苏省	浙江省	安徽省	长三角
系数	0.45	0.65	0.5	0.3	0.65

从计算结果可以看出长三角地区国际贸易与国际物流协同度与协同效率的同步系数为 0.65，这说明长三角协同度与协同效率的同步性较好。可以看出浙江省、江苏省和安徽省协同度协同效率同步性较好，上海市在 2013 年后同步性较差。

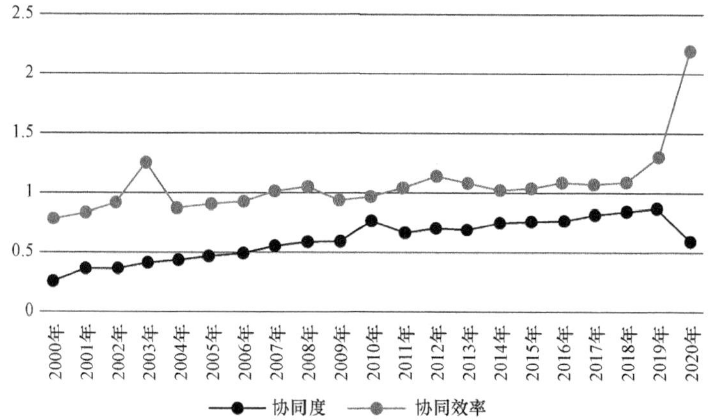

图 5.1　长三角地区协同度与协同效率对比图

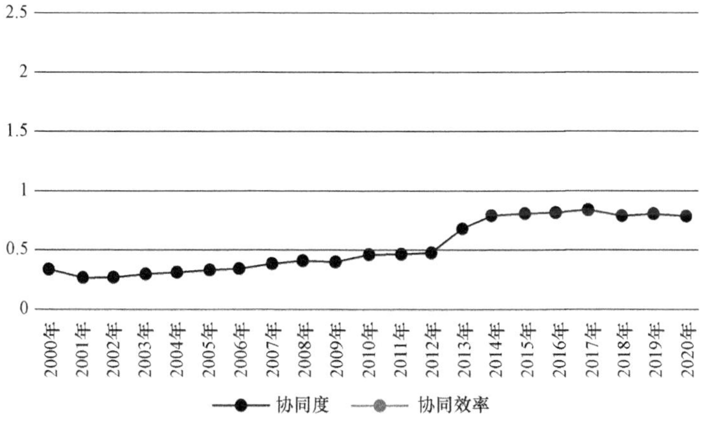

图 5.2 上海市协同度与协同效率对比图

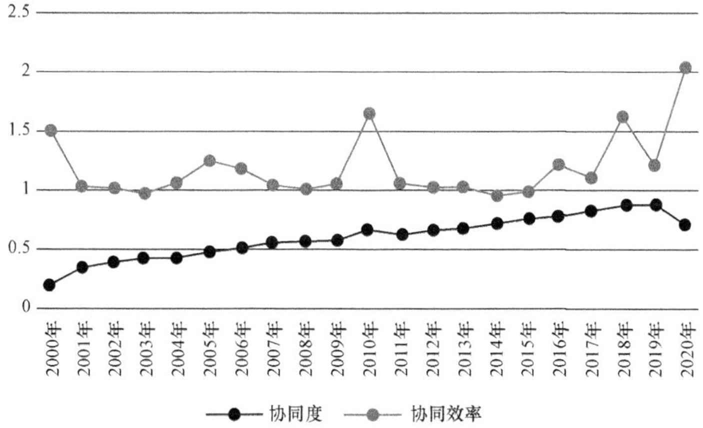

图 5.3 浙江省协同度与协同效率对比图

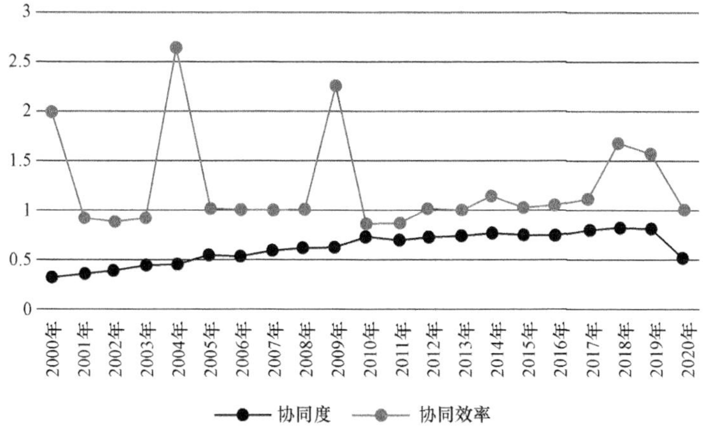

图 5.4 江苏省协同度与协同效率对比图

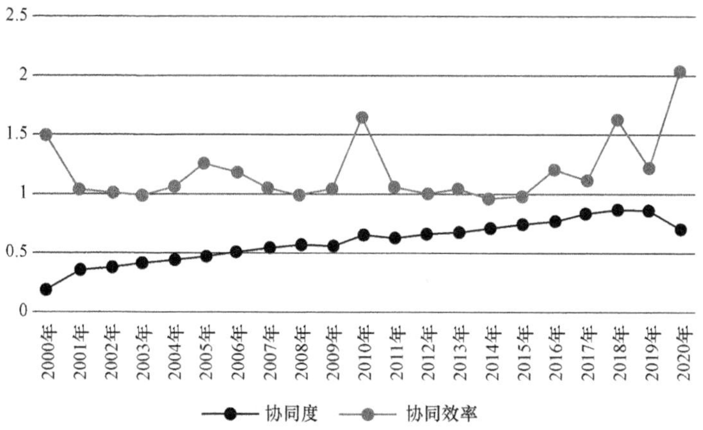

图 5.5　安徽省协同度与协同效率对比图

6　结论与建议

近年来，2013 年“一带一路”倡议的提出与上海自贸区的成立进一步加速了长三角地区国际贸易的发展。2000 年至 2020 年长三角区域国际贸易与国际物流的协同度呈协同上升的状态，2011 年之后协同效率较高。协同度和协同效率的同步系数为 0.65，这说明长三角区域国际贸易与国际物流协同性较好，协同效率的提升拉动了协同度的增长。长三角内部各省市国际贸易与国际物流协同度度呈较好的上升的趋势，但安徽省国际贸易与国际物流协同度较其他省市来说较为滞后，协同度与协同效率的同步系数仅为 0.3。

应创新地建立多层次的出口经济框架，全面推进对外开放战略措施，对此可以从以下几个方面入手：

（1）改善港口基础设施建设，提高物流效率，降低物流成本。

长三角区域港口众多，交通便利，为国际物流业的发展带来了优势。但港口之间战略定位仍不明显，同质性竞争等问题仍旧存在。从上文分析可知，浙江省国际贸易与国际物流协同度呈上升趋势，协同度与协同效率的同步性较好，但浙江省与上海市之间的国际贸易与国际物流协同度与协同效率的同步性较差。随着港口功能的不断完善，上海港、宁波舟山港作为较早发展起来的港口，发展水平已经日趋完善。但嘉兴港、温州港和泰州港则处于较为滞后的发展阶段。港口的发展阶段不同，代表着港口对一体化模型的需求不同，需要进一步系统地规划差异，定制一体化的发展方案。

（2）拓展外商可投资领域，积极完善外商投资环境。

长三角地区的投资环境影响着外商直接投资，这决定着贸易与物流的进一步发展。国家与地区出台了相应的扶持政策，积极创建良好的外商投资环境以吸引优质的外商投资。应进一步加强长三角保税区的建设，积极提高核心竞争力，促进海关特殊监管区高质高量发展。坚持竞争中性原则，确保具有竞争优势的内外资企业能够进一步发展并带动配套产业的集聚，同时需要避免优质资源要素被不正当的挤出。

（3）逐步完善长三角地区人才引进政策，促进长三角地区与其他国家的对外劳务合作。

在“一带一路”倡议走向成熟、经济一体化日趋深入的背景下，想要提高地区国际贸易发展水平占据中心地位的是人才。长三角地区发展的不平衡性也为人才的引进与调配带来了困难。例如，从上文分析可以看出安徽省国际贸易与国际物流协同度与协同效率一直处于劣势的地位，其中可能的原因是港口高端人才的稀缺。上海是长三角地区的龙头平台，吸引着全国甚至于全球的优秀人才，浙江省的优势则是互联网、数字经济，江苏省的竞争优势是制造业，安徽省的竞争优势是科教行业和新型工业制造业。因此，长三角地区需要合理配置人才资源，对于人才资源短缺的省市可以采取优惠政策，大力吸引高端人才。

（4）坚持战略协同，着力支持外贸落后省市，完善长三角贸易一体化。

对长三角各省市实施具有针对性的外贸政策，如国际贸易与国际物流协同度与协同效率同步性较差的安徽省，应从技术、资金、政策、基础设施建设几个方面对安徽省给予一定的优惠或者支持。2013 年 9 月上海市成立自贸区，随后在 2017 年浙江省自贸区挂牌成立，江苏省在刚刚过去的 2019 年成立了首个自贸区。在自贸区成立后长三角地区国际贸易增速提高，对外贸易依存度下降，安徽省、浙江省在长三角地区国际贸易占比有所提升。自贸区对长三角地区国际贸易发展影响深远，所以，应尝试建设安徽自由贸易区，利用安徽省的区位优势，提升对外开放的广度和深度。

（5）优化产业布局，加快贸易现代化进程。

政府可以对长三角地区经济进行宏观调控，采取适当的干预措施，提升外贸企业竞争力与管理水平。根据长三角地区内各省市经济运行情况，指定并完善适用于长三角地区国际贸易的法律法规，营造良好的贸易竞争环境。对相关外贸企业实行减免税等优惠政策，鼓励长三角地区各企业发展外贸服务。企业也应积极响应政府政策，优化改进企业管理方法。提升技术创新水平，将现阶段比较热门的大数据、人工智能等融合进外贸企业的运作中，提升企业生产效率与物流效率。

综上所述，长三角地区港口基础设施建设仍应该逐步完善，物流成本仍需进一步降低，物流效率仍有待提高。应充分发挥自贸区优势，扩展外商可投资区域，积极完善外商直接投资环境。进一步完善人才引进政策，针对各地区制定相应的政策，促进长三角地区与其他国家之间的对外劳务合作。进一步支持长三角地区国际贸易发展较落后的省市，加速长三角地区一体化焕发生机。应优化产业规划，提升外贸企业管理水平，优化生产和物流效率，确保长三角国际贸易与国际物流的协调发展。上海市应促进长三角合理分工，避免竞争产生的不平衡，实现协调发展。制定长三角区域协同发展计划，优势互补。

参考文献

［1］Peter J. Hylton, Catherine L. Ross. Agglomeration economies' influence on logistics clusters' growth and competitiveness [J]. Regional Studies, 2018, 52(3).

［2］Tilo F. Halaszovich, Aseem Kinra. The impact of distance, national transportation systems and logistics performance on FDI and international trade patterns: Results from Asian global value chains [J]. Transport Policy, 2018.

［3］Jungran Cho, Emma Kyoungseo Hong, Jeongho Yoo, et al. The Impact of Global Protectionism on Port Logistics Demand. 2020, 12(4).

［4］郭湖斌，齐源．长三角区域物流与区域经济协同发展水平及空间协同特征研究［J］．经济问题探索，2018（11）：77－85.

［5］杨长春．我国对外贸易与国际物流关系的实证研究［J］．对外经济贸易大学学报，2008（1）：8－11.

［6］徐兴兵．供给侧改革背景下区域物流协同发展分析——以京津冀为例［J］．物流科技，2019，42（10）：126－130.

［7］杨柳，王元明．基于复合系统协同度模型的京津冀区域产学研协同发展研究［J］．科技和产业，2019，19（10）：17－25.

［8］侯方淼．现代物流：国际贸易的加速器［J］．财经科学，2008（4）：108－114.

［9］岳冬冬，王征兵．一种测度数据序列协动性的同步系数法［J］．统计与决策，2011（1）：4－6.

需求拉动还是竞争力驱动？
——中国对 RCEP 农产品出口波动因素研究

葛　明　高远东①

摘　要：出口规模波动既依赖于进口需求的变化，也决定于出口竞争力的大小，同时还受到国别结构和产品结构的影响。基于改进的恒定市场份额（CMS）分解模型，我们研究了 2010—2018 年中国对 RCEP 国家农产品出口波动的影响因素，结果表明：中国对 RCEP 国家农产品出口规模波动性增长、进口需求扩大是最主要的驱动因素，整体进口规模扩张和国别需求结构调整的带动作用十分显著，但产品需求结构效应的贡献为负；出口竞争力效应在前期促进了出口增长，但近期表现不佳，整体竞争力以及国别和产业竞争力结构效应均降低了出口规模；供需交互效应缓解了竞争力不足导致的出口下降；各类效应在不同国家和产业部门的表现有明显的差异。因此，中国农产品出口需充分利用 RCEP 市场需求扩大效应，积极提升出口产品质量和国际竞争力水平，促进出口规模和市场份额稳步增长。

关键词：RCEP；农产品出口；国际竞争力；CMS 模型

一、引言

在当前经济全球化进程受阻、贸易保护主义抬头的背景下，建立区域经贸合作组织成为各国谋求国际贸易合作的主要方式。《区域全面经济伙伴关系协定》（RCEP）由东盟 10 国于 2012 年发起，邀请中国、日本、韩国、印度、新西兰、澳大利亚组成“10+6”模式，旨在削减关税及非关税壁垒，建立 16 国统一市场的自由贸易协定，经过八年艰苦谈判，该协定于 2020 年 11 月 15 日在第四次 RCEP 领导人会议上正式签署，除印度外的十五国即将建成全球规模最

---

① 葛明，男，经济学博士，西南大学经济管理学院副教授，硕士生导师，研究方向为对外贸易统计。高远东，男，西南大学经济管理学院教授，博士生导师，研究方向为经济统计。

大的自由贸易区。由于关税及非关税壁垒降低的影响，贸易创造及转移效应将增大 RCEP 区域内国家之间的贸易往来，为了固守已有的市场份额并争取更多的外部市场，国家间的竞争将日趋激烈，而决定胜负的主要因素依然是产品国际竞争力。在 RCEP 协定中，农产品关税和非关税壁垒有所降低，比如日本将对来自中韩两国大约五成的农产品逐步撤销关税，RCEP 框架下的类似政策将对中国农产品出口产生实质影响。

一直以来，RCEP 国家①是中国农产品主要且稳定的贸易伙伴。2010—2018 年，中国对 RCEP 国家农产品出口额由 233 亿美元增加至 382 亿美元，年均增速 6.38%，占中国农产品出口额的比重由 39.23%到 40.51%，均值 40.15%，反映了中国农产品对 RCEP 国家市场较高的依赖度。与此同时，RCEP 国家农产品进口总规模也由 1 800 亿美元增长至 2 530 亿美元，年均增幅 4.98%，但在 2015 年出现较大幅度的波动，相对于 2014 年减少了 160 亿美元。中国农产品在 RCEP 国家的市场份额呈上升趋势，由 2010 年的 12.90%上升到 2018 年的 15.10%，但增速变化较大，2010—2015 年快速上升，至 2015 年达到最高值 15.81%后逐步回落②。由此可见，中国农产品在 RCEP 国家市场的出口规模，与 RCEP 国家进口总额及中国农产品所占市场份额的变动趋势并不完全匹配，存在结构性差异。那么，在 RCEP 国家市场，中国农产品出口增长究竟是由进口需求增长拉动，还是由出口竞争力驱动的呢？关于这些问题的探讨，有助于在 RCEP 协议签署的重要时点上，为中国调整农产品发展政策、完善贸易自由化便利化政策、提升出口竞争力水平、促进出口规模和市场份额稳步增长提供实证依据。

二、文献综述

关于国际贸易竞争力的研究模型有很多，比较常用的指标主要有国内要素成本、显示性比较优势、恒定市场份额等。国内要素成本涵盖范围广泛，需要大量财务指标加总形成，应用范围受到因素完备性和数据可得性的制约[1]；显示性比较优势指标采用贸易变化相对量来分析某一产品或产业在目标国的竞争力，但该指标因不能结构性分解而无法直观地辨析决定因素，进而难以获得明确的政策导向[2]。恒定市场份额（CMS）模型将一国出口增长额的影响因素分解为供给和需求两个层次多个结构，成为分析贸易动态变化和探讨影响因素的主流模型[3][4]，该模型最先由 Tyszynski 提出，将工业品贸易增长的成因分解为结构效应和竞争效应两部分[5]，后由 Leamer 和 Stern、Rigaux、Sprot 等学者引

① 此处的“RCEP 国家”指 RCEP 协议签署国中除中国以外的 14 个国家，下文同。

② 本文国际贸易相关的基础数据均来自 UNcomtrade 数据库，采取 HS6 分位数据汇总形成。

入二阶效应，补充了结构效应与竞争效应同时变化的的交互影响，形成贸易增长的第一层次分解[6]—[8]。Jepma、Milana 等将 CMS 影响因素进一步细化，把结构效应分解为增长效应、市场效应、商品效应和交互效应，竞争效应分解为整体竞争效应和具体竞争效应，二阶效应分解为纯二阶效应和动态残差效应，形成 CMS 的第二层次分解框架，成为当前研究贸易波动问题普遍应用的模型[9][10]。实证研究从多个视角探讨了中国对外贸易波动的影响因素，一是关于中国出口在特定区域合作组织中的竞争力变化特征，比如中国对金砖国家[11]、"一带一路"沿线国家[12]、欧盟国家[13]，东盟国家[14]等经济体出口增长动态及其竞争力变化趋势，揭示贸易波动的源泉及其应对方式；二是分析中国针对特定国家和产品的贸易动态及其影响因素，以中美为例，现有研究探讨了双边信息技术产品[15]，高新技术产品[16]、纺织品[17]等领域贸易增长的影响因素，重点比较市场需求与供给竞争力对双边贸易波动的影响力大小；三是关于农产品贸易的影响因素分析，这是 CMS 模型应用的重点领域，已有文献涉及畜产品[18]、粮食[19]、水产品[20]、木质林[21]以及农产品大类[22]等方面，比较竞争力水平的大小及其对出口贸易波动的影响。

上述研究为本文的选题提供了方法论借鉴，但在以下几个方面需要拓展：其一，关于 CMS 模型的中文指标含义及其结构特征，采用英文直译方式并不能清晰揭示出各指标的真实含义，比如中文文献常用的"结构效应"由英文 structure interaction effect 直接翻译过来，但是从公式分解方式看，这一指标的含义应理解为进口需求变化所导致的出口规模变动，而其二层次分解结果也进一步区分了进口市场需求结构和产品需求结构变化的影响，因而，在总效应层面，定义为"进口需求效应"更为妥当，其他指标也存在相似的问题；另外，关于竞争力效应的第二层次分解并未区分出口份额国别结构和产品结构的影响，研究结论缺乏针对性，也不利于出口竞争力政策的精准设计。其二，现有文献关于中国对 RCEP 国家整体贸易变动的研究还处于初步探索阶段，RCEP 国家人口约占世界总人口的 30%，全球经济总量的 29.3%，全球贸易总额的 27.4%，成员国之间贸易互补性强，范围经济效应巨大，发展潜力可期，因而，在 RCEP 框架下分析中国贸易竞争力问题具有重要的现实意义。其三，农产品作为食品和工业原料的来源，关系到人们的衣食住行和产业的健康发展，影响一国的粮食安全、经济安全和国家安全[23]；同时，农产品出口对增加农民收入、创造就业机会、改善乡村环境、升级产业与贸易结构等方面仍占有重要的战略地位[24]；现有研究习惯将农产品分为资本密集型与劳动密集型两大类[25]，或是进一步细分为动物、植物、油脂、食品、羊毛制品等五大类[26]，这种标准与国内将农业定义为农林牧副渔五大类的习惯并不完全相符，研究结论缺乏直观的启示。

因而，本文从以下几方面做了有益的补充：第一，按照模型分解结果的具体含义，重新定义了 CMS 模型各分解指标的中文标识，并在第二层次分解时，将出口竞争力效应分解为整体竞争力效应、国别竞争力结构效应、产品竞争力结构效应、竞争力结构交互效应等四部分，以突出竞争力变动在不同进口市场和商品的影响，并明确了各指标的具体含义，进而完善了 CMS 二层次分解框架；第二，依据 HS 编码与国内惯用标准，将农产品细分为种植业、林产业、畜牧业、农副业、水产业等五大类进行结构性研究；第三，以 RCEP 国家为研究范围，从整体、国别、产业结构等维度分析了中国对 RCEP 国家农产品出口的动态特征和影响因素，希冀在 RCEP 协议签订的特殊时点上，深入理解中国农产品出口的进口需求效应和出口竞争力贡献。

综上所言，本文拟改进 CMS 第二层次分解模型，结合 2010—2018 年 UN comtrade 农产品贸易数据，从总体、国别、产业等不同维度探讨中国对 RCEP 国家农产品出口增长的进口需求效应、出口竞争力贡献及其结构特征，基于研究结论提出中国对 RCEP 国家农产品出口规模和市场份额平稳增长的政策建议。

三、CMS 模型改进及数据处理

（一）CMS 二层次分解模型及其改进

恒定市场份额（CMS）模型由 Tysynski（1951）等提出，将一国针对某个区域的产品出口变动额 DEX 可以分解为进口需求效应 IME、出口竞争力效应 EXE、供需交互效应 EIE 等三个部分，形成 CMS 模型的第一层次分解。具体公式如下：

$$\underbrace{\Delta EX}_{DEX} = \underbrace{\sum_i \sum_j S_{ij}^0 \Delta Q_{ij}}_{IME} + \underbrace{\sum_i \sum_j \Delta S_{ij} Q_{ij}^0}_{EXE} + \underbrace{\sum_i \sum_j \Delta S_{ij} \Delta Q_{ij}}_{EIE} \tag{1}$$

在上式中，i 表示具体产品，j 表示单个国家。EX 表示中国对区域 J 产业 I 的出口额，Q_{ij} 表示 j 国家农产品 i 自世界进口总额；S_{ij} 表示中国对 j 国产品 i 的出口额在 j 国产品 i 全部进口额中所占的比重；上标 0 表示基期指标，Δ 表示观察期与基期之间的变化量。

按照 Jepma（1986）等学者的修正方法，进口需求效应 IME 分解为进口需求规模效应 GIM、国别进口结构效应 CIM、产品进口结构效应 PIM、进口结构交互效应 CPM 等四部分，具体公式如下：

$$\underbrace{\sum_i\sum_j S_{ij}^0 \Delta Q_{ij}}_{IME} = \underbrace{S^0 \Delta Q}_{GIM} + \underbrace{\left(\sum_i\sum_j S_{ij}^0 \Delta Q_{ij} - \sum_i S_i^0 \Delta Q_i\right)}_{CIM} + \underbrace{\left(\sum_i\sum_j S_{ij}^0 \Delta Q_{ij} - \sum_j S_j^0 \Delta Q_j\right)}_{PIM} + \underbrace{\left[\left(\sum_i S_i^0 \Delta Q_i - S^0 \Delta Q\right) - \left(\sum_i\sum_j S_{ij}^0 \Delta Q_{ij} - \sum_j S_j^0 \Delta Q_j\right)\right]}_{CPM} \quad (2)$$

上式中，Q 表示区域 J 产业 I 自世界总进口额，Q_i 表示区域 J 产品 i 自世界总进口额，Q_j 表示国家 j 产业 I 自世界总进口额；S 表示中国对区域 J 产业 I 出口额占区域 J 产业 I 总进口的比重，S_i 表示中国对区域 J 产品 i 出口额占区域 J 产品 i 总进口的比重，S_j 表示中国对国家 j 产业 I 出口额占国家 j 产业 I 总进口的比重。

出口竞争力效应 EXE 分解为整体竞争力效应 GEX 和结构竞争力效应 SEX 两个部分，具体公式如下：

$$\underbrace{\sum_i\sum_j \Delta S_{ij} Q_{ij}^0}_{EXE} = \underbrace{\Delta S Q^0}_{GEX} + \underbrace{\left(\sum_i\sum_j \Delta S_{ij} Q_{ij}^0 - \Delta S Q^0\right)}_{SEX} \quad (3)$$

供需结构交互效应 EIE 分解为总体交互效应 PIE 和结构交互效应 DIE 两个部分，具体分解公式如下：

$$\underbrace{\sum_i\sum_j \Delta S_{ij} \Delta Q_{ij}}_{EIE} = \underbrace{\left(\frac{Q^1}{Q^0} - 1\right)\sum_i\sum_j \Delta S_{ij} Q_{ij}^0}_{PIE} + \underbrace{\left[\sum_i\sum_j \Delta S_{ij} \Delta Q_{ij} - \left(\frac{Q^1}{Q^0} - 1\right)\sum_i\sum_j \Delta S_{ij} Q_{ij}^0\right]}_{DIE} \quad (4)$$

上述公式即为当前普遍采用的 CMS 二层次分解框架。然而，结构竞争力效应 SEX 并未揭示出口竞争力的具体结构特征，未能区分一国针对不同国家出口份额的变化、出口产品份额的调整、结构交互效应对出口变动的影响，因而，本文将具体竞争力效应 SEX 进一步区分为国别竞争力结构效应 CEX、产品竞争力结构效应 PEX、竞争力结构交互效应 CPX 等三个部分，具体公式如下：

$$\underbrace{\left(\sum_i\sum_j \Delta S_{ij}Q_{ij}^0 - \Delta SQ^0\right)}_{SEX} = \underbrace{\left(\sum_i\sum_j \Delta S_{ij}Q_{ij}^0 - \sum_i \Delta S_i Q_i^0\right)}_{CEX} + \underbrace{\left(\sum_i\sum_j \Delta S_{ij}Q_{ij}^0 - \sum_j \Delta S_j Q_j^0\right)}_{PEX} + \underbrace{\left[\left(\sum_i \Delta S_i Q_i^0 - \Delta SQ^0\right) - \left(\sum_i\sum_j \Delta S_{ij}Q_{ij}^0 - \sum_j \Delta S_j Q_j^0\right)\right]}_{CPX} \tag{5}$$

改进后的 CMS 模型，有助于更深入理解一国出口贸易额变动的出口竞争力结构特征，形成更加完善的 CMS 二层次分解框架，全部分解指标及含义如下表所示：

表 1　　恒定市场份额（CMS）模型指标及其含义

代码	指标	含义
DEX	出口变动额	一国对其他多国多产品出口额的变化
IME	进口需求效应	由进口需求变化引起的出口变动
EXE	出口竞争力效应	由出口竞争力变化引起的出口变动
EIE	供需交互效应	进口需求与出口竞争力的交互效应
GIM	进口需求规模效应	由进口需求规模总体变化引起的出口变动
CIM	国别进口结构效应	由国别进口结构变化引起的出口变动
PIM	产品进口结构效应	由产品进口结构变化引起的出口变动
CPM	进口结构交互效应	国别进口结构与产品进口结构的交互效应
GEX	出口整体竞争力效应	由出口市场份额整体变化引起的出口变动
CEX	国别竞争力结构效应	由出口国别竞争力结构调整引起的出口变动
PEX	产品竞争力结构效应	由出口产品竞争力结构调整引起的出口变动
CPX	竞争力结构交互效应	出口国别结构竞争力与产品结构竞争力的交互效应
PIE	总体交互效应	进口需求规模变动与出口竞争力变化的交互效应
DIE	结构交互效应	进口需求结构调整与出口竞争力变化的交互效应

数据来源：作者根据公式分解指标含义设计。

（二）数据来源与说明

本文数据均来源于联合国商品贸易统计数据库（UN comtrade Database）[①]。

① https://www.comtrade.un.org/。

由于中国－东盟自由贸易区于2010年1月1日正式启动，且RCEP部分国家2010年以前的贸易数据存在大范围缺失，影响结果有效性，因而，本文将研究区期界定为2010—2018年。依据HS编码编制规则，将第1—24章与44—46章界定为农产品，且依据国内惯例将农产品细分为种植业、林产业、畜牧业、农副业、水产业等五大类。其中，种植业为HS编码第6—14、17—20、24章，主要包括谷物、蔬菜、水果、坚果、植物液汁及其简单制品等；林产业为HS编码第44—46章，主要包括木材、软木、秸秆及其简单制品等；畜牧业为HS编码第1—2、4—5章、16章01—03目，主要包括活动物、肉和食用杂碎及蛋乳蜜等制品；农副业为HS编码第21—23章，主要包括饮料、酒、醋、杂项食品和动物饲料等；水产业为HS编码第3章、16章04—05目，主要包括淡水和海水鱼类、甲壳动物、软体动物及其他水生无脊椎动物等。

四、中国对RCEP国家农产品出口变动研究

根据上文改进的CMS二层次分解模型，分别解析2010—2018年中国对RCEP国家农产品出口变动的影响因素及其国别和产业结构特征，以下是分解结果。

（一）总体样本的CMS模型分解结果

为了研究中国对RCEP国家农产品出口动态波动性，依据出口贸易额变动趋势，本文将研究期间区分为2010—2012、2012—2015、2015—2018年三个时期分别探讨。

1. CMS模型的第一层次分解结果

如表2所示，在总效应中，2010—2018年，进口市场需求效应贡献最大，均值达87.30%，反映了中国对RCEP国家农产品出口增长主要源于RCEP国家进口市场需求的扩大，中国出口农产品的产品及国别结构较好地适应了RCEP国家农产品进口需求的增长。但是，RCEP国家进口需求效应在不同时期也有显著的差别，2010—2012年贡献值达56.15亿美元，贡献率为74.02%；而2012—2015年的贡献值急剧下降为－9.20亿美元，贡献率也降至－92.39%；但2015—2018年，贡献值又大幅提升，增加至72.81亿美元，贡献率也增长至186.86%。这反映了RCEP国家农产品进口市场需求存在不稳定性，致使中国农产品出口规模遭遇较大程度的波动性，但总体而言，RCEP国家农产品进口需求迅速走出低谷，拉动中国出口快速增长。

出口竞争力效应的贡献相对较低，但为正值，2010—2018年的贡献率10.47%，反映中国农产品在RCEP国家市场的竞争力有所提升，对出口增长也起到积极的推动作用。但其贡献值在不同阶段有较大差异，2010—2012年，出

口竞争力效应贡献值为 11.01 亿美元，贡献率为 14.52%；至 2012—2015 年，贡献值上升为 24.87 亿美元，贡献率大幅飙升至 249.65%；但在 2015—2018 年，竞争力效应的贡献值及贡献率均急剧下降，分别是－29.24 亿美元和－75.05%，此时，中国农产品出口竞争力明显衰退，对贸易增长的影响显著为负。不过，出口竞争力效应到底是由整体市场份额下降，还是由产品竞争力结构和国别竞争力结构变化所导致的，仍需进一步探讨。

2010—2018 年，供需交互效应的贡献值与贡献率均处于较低水平，分别为 2.79 亿美元和 2.24%，对中国农产品出口增长的影响力比较弱。分时期来看，2010—2012 年，进口需求规模与出口竞争力交互影响的贡献值与贡献率均为正值，对进口需求效应和出口竞争力效应存在小幅度的补充；而 2012—2015 年，贡献值与贡献率均变为负值，部分抵消了进口需求萎缩效应和出口竞争力扩张效应；在 2015—2018 年，交互效应的矫正作用呈现出相反的情况，部分抑制了进口需求扩张效应，同时弥补了出口竞争力不足的萎缩效应。

表 2　　　中国对 RCEP 国家农产品出口的 CMS 第一层次分解结果

类别	2010—2018 年		2010—2012 年		2012—2015 年		2015—2018 年	
	差额	贡献率	差额	贡献率	差额	贡献率	差额	贡献率
DEX	124.79	100.00	75.86	100.00	9.96	100.00	38.96	100.00
IME	108.94	87.30	56.15	74.02	－9.20	－92.39	72.81	186.86
EXE	13.06	10.47	11.01	14.52	24.87	249.65	－29.24	－75.05
EIE	2.79	2.24	8.70	11.47	－5.71	－57.26	－4.60	－11.81

注：差额单位：亿美元，贡献率单位：%。

2. CMS 模型的第二层次分解结果

如表 3 所示，进口需求效应的结构特征显示，2010—2018 年，进口需求规模效应贡献率最大，为 67.68%，对中国农产品出口增长起主导作用；产品进口结构效应次之，贡献率 24.65%，表明进口产品结构的调整有利于中国农产品的出口；国别进口结构效应的贡献率为 10.30%，不同国家进口需求规模的变动拉动了中国农产品出口的扩张；进口结构交互效应贡献率为负值－15.33%，部分抑制了进口需求规模、产品进口结构、国别进口结构变动的扩张效应。分时期来看，不管是扩张型贡献还是萎缩性贡献，进口需求规模效应都处于绝对优势地位，特别是在 2010—2012 年间，几乎全部进口需求效应均源自规模的变化，此时，RECP 区域内的国家进口结构和产品进口结构均保持平稳状态；但之后，国别进口结构和产品进口结构均发生较大幅度调整，2012—2015 年度的贡献率分别达到 95.56%和 113.13%，大幅抵消了进口需求规模效应和结构交互效应的负向贡献；2015—2018 年最明显的特征是进口规模效应的贡献率由负转正，达 142.37%，此时 RCEP 农产品进口需求规模的大幅提升，对促进中国出口增长起到决定性作用。

出口竞争力效应的结构特征显示，2010—2018 年，中国农产品在 RCEP 国家的整体市场份额有所增加，拉动出口增长 28.83 亿美元，贡献率 23.11%；整体竞争力效应在 2010—2012 年以及 2012—2015 年均呈现正向贡献，且在 2012—2015 年的贡献率达到 293.18%，大幅高于前期和均值，显示这一时期农产品竞争力提高成为拉动中国出口增长的主要动力；但是这一动力在 2015—2018 年未能延续，总体市场份额开始萎缩，农产品整体竞争力有所下降。在整个考察期以及不同的细分区间内，产品竞争力结构效应和国别竞争力结构效应的贡献均为负值，至 2015—2018 年分别达到－16.08%和－15.97，与前一区间相比近乎翻倍，表明中国在出口规模较大的产品和国别市场上，竞争力未得到提升，反而出现市场份额的大幅萎缩。竞争力结构交互效应在不同区间内均为正值，表明在 RCEP 国家市场上，中国主动调整了出口产品和国别结构，虽然从单一层面看，其效果并不理想，但是两重结构的交互效应，有效增加了中国的出口，缓解了单一结构竞争力变化的负面影响。

供需交互效应的结构显示：在整个样本期间，总体交互效应拉动出口增长 5.21 亿美元，贡献率 4.18%，中国出口竞争力变化适应了总体进口规模的变动，有效促进了中国农产品出口的增长，显示出供需两端的积极影响。但是从动态的变化来看，这一交互效应很快由正转负，且差额越来越大，贡献率增至－13.99%，部分修正了总体进口规模扩张效应和出口竞争力萎缩效应。进口结构变动与出口竞争力变化的交互效应并不显著，贡献率－1.94%，但是不同考察期间波动较大，其中，2010—2012 年拉动出口增长 5.89 亿美元，贡献率 7.76%，意味着中国在进口规模增长较快的国别和产品市场上，出口份额也有所增长；2012—2015 年结构交互效应的贡献率转为－42.10%，2015—2018 年的影响虽转为正值但贡献比较微弱，对出口的拉动仅 0.85 亿美元，远低于总体结构效应，因此，从最新状态来看，结构交互效应仅有微弱的调整效果。

表 3　　中国对 RCEP 国家农产品出口的 CMS 第二层次分解结果

类别	2010—2018 年		2010—2012 年		2012—2015 年		2015—2018 年	
	差额	贡献率	差额	贡献率	差额	贡献率	差额	贡献率
GIM	84.46	67.68	54.06	71.26	－17.47	－175.37	55.47	142.37
CIM	12.85	10.30	－0.75	－0.98	9.52	95.56	21.28	54.61

续表

类别	2010—2018年		2010—2012年		2012—2015年		2015—2018年	
	差额	贡献率	差额	贡献率	差额	贡献率	差额	贡献率
PIM	30.76	24.65	2.41	3.18	11.27	113.13	18.07	46.37
CPM	−19.13	−15.33	0.43	0.56	−12.52	−125.71	−22.01	−56.50
GEX	28.83	23.11	17.37	22.89	29.21	293.18	−13.92	−35.71
CEX	−10.42	−8.35	−2.65	−3.49	−8.45	−84.81	−15.97	−40.98
PEX	−17.28	−13.85	−6.35	−8.37	−8.84	−88.78	−16.08	−41.26
CPX	11.93	9.56	2.65	3.49	12.96	130.06	16.72	42.91
PIE	5.21	4.18	2.81	3.71	−1.51	−15.17	−5.45	−13.99
DIE	−2.42	−1.94	5.89	7.76	−4.19	−42.10	0.85	2.18

注：差额单位：亿美元，贡献率单位：%。

（二）国别结构的CMS模型分解

上文提到中国对RCEP国家农产品出口增长存在进口需求和出口竞争力的国别结构效应和产品结构效应，接下来本文将进一步分析2010—2018年中国针对RCEP不同国家、不同农产品类型的出口增长态势及其影响因素。

首先将东盟10国作为一个整体，比较其与韩国、日本、澳大利亚、新西兰的状况，2010—2018年，中国对东盟10国农产品出口增长83.92亿美元，远高于其他4个单一国家。CMS第一层次分解结果发现，进口需求效应在各个市场均占据主导地位，特别是韩国，贡献率超过145.78%；然而，出口竞争力效应在韩国市场表现不佳，贡献率仅−20.15%，市场份额出现萎缩；而除了韩国市场外，中国农产品出口竞争力都有较好的表现，在东盟国家拉动出口增长10.28亿美元，在澳大利亚市场的贡献率达到31.84%；供需交互效应贡献率相对较低，在韩国和日本市场为负值，部分矫正了进口需求和出口竞争力的扩张效应，而其他经济体为正值，进一步促进了进口需求和出口竞争力对出口增长的拉动作用。

CMS第二层次分解结果表明，农产品进口需求效应主要由市场规模整体扩大来支撑，特别是在澳大利亚、韩国、新西兰等国占据绝对优势地位；产品进口结构效应在日本表现较为明显，对出口增长的贡献率达到40.37%，接近于整体市场需求效应，表明日本农产品进口结构的变动有利于中国出口规模的扩大；市场结构交互效应在各个经济体均不显著。出口竞争力效应主要来自中国农产品整体竞争水平的增强，比如在日本市场，整体竞争力效应对出口增长的贡献率达到 50.29%，在东盟、新西兰、澳大利益等市场也有不俗的表现，而在韩国市场的贡献率为负值，整体市场份额萎缩；出口产品竞争力的变动并未显著促进出口额的提升，在新西兰、澳大利亚、韩国的贡献率均比较低，对日本和东盟的影响为负值，显示农产品出口未能集中在快速增长的产品种类，对市场变化的适应性不足。供需交互效应在不同国家也存在显著的结构性特征，新西兰、澳大利亚、东盟等经济体主要表现为总体交互效应，中国农产品出口结构变动适应了这些经济体市场需求规模的变化；在日本市场主要表现为结构交互效应，显示出在日本进口需求增长较快的产品类别上，中国农产品出口竞争力和份额增长较快；而在韩国，两种结构的交互影响势均力敌。

表 4　中国对 RCEP 国家 2010—2018 年农产品出口变动及 CMS 分解

类别	澳大利亚		韩国		日本		新西兰		东盟	
	差额	贡献率	差额	贡献率	差额	贡献率	差额	贡献率	差额	贡献率
DEX	6.39	100.00	17.97	100.00	15.37	100.00	1.14	100.00	83.92	100.00
IME	3.84	60.09	26.20	145.78	13.32	86.66	0.50	43.75	65.08	77.55
EXE	2.03	31.84	−3.62	−20.15	3.99	25.95	0.38	33.06	10.28	12.25
EIE	0.52	8.07	−4.61	−25.63	−1.94	−12.61	0.26	23.18	8.55	10.19
GIM	3.85	60.27	23.56	131.13	7.11	46.29	0.66	57.96	42.47	50.61
PIM	−0.01	−0.19	2.63	14.65	6.20	40.37	−0.16	−14.21	22.09	26.32
CPM	0.00	0.00	0.00	0.00	0.00	0.00	0.00	0.00	−0.14	−0.17
GEX	1.76	27.53	−3.46	−19.24	7.73	50.29	0.31	27.20	24.10	28.72
PEX	0.28	4.31	−0.16	−0.91	−3.74	−24.34	0.07	5.87	−13.72	−16.35
CPX	0.00	0.00	0.00	0.00	0.00	0.00	0.00	0.00	0.96	1.14
PIE	0.90	14.10	−2.24	−12.45	0.27	1.76	0.21	18.04	7.40	8.81
DIE	−0.39	−6.04	−2.37	−13.19	−2.21	−14.37	0.06	5.14	1.16	1.38

注：差额单位：亿美元，贡献率单位：%。

2010—2018 年，中国对东盟农产品出口增加额主要源于泰国、越南、菲律宾、马来西亚、印度尼西亚等 5 国的贡献，普遍高于 10 亿美元，特别是泰国，达到 22.38 亿美元；新加坡、缅甸、柬埔寨等国也有少量贡献；而老挝、文莱的变动并不明显。CMS 第一层次分解结果显示进口市场需求效应在大多数国家处于主导地位，特别是在缅甸、越南、老挝等国的贡献率均超过 100%，表明中国农产品出口增长绝对依赖于这些国家进口市场需求的扩大；而泰国、新加坡等国市场需求的影响与出口竞争力的贡献大致相当，均有效促进了中国出口规模的增长；但总体而言，出口竞争力效应的贡献率并不高，仅有新加坡、文莱等国高于 50%，其他国家普遍较低，印度尼西亚等国的影响甚至为负，凸显了中国农产品出口竞争力亟待提升的困境。由 CMS 第二层次分解结果发现，针对单个国家，进口市场需求效应主要源于整体市场规模的扩充，而对于产品进口结构调整的依赖度比较低，仅有缅甸、越南等国受这两种效应的影响程度大致相当；出口竞争力效应主要反映在整体市场份额的变化，产品出口结构调整的贡献相对不高，竞争力结构效应在大多数国家可以忽略不计；供需交互效应主要表现在进口需求结构调整与出口竞争力变化的综合影响，在大多数国家占据主导地位，其中，在日本、韩国、澳大利亚的贡献值与贡献率为负且数值较大，表明中国农产品在这些国家进口需求增长较快的产品种类上出口份额有所下滑，需进一步调整产品出口结构，增强产品竞争力，以适应市场变化的需要。

表 5　中国对东盟 10 国 2010—2018 年农产品出口变动及 CMS 分解

类别	文莱	印度尼西亚	马来西亚	缅甸	菲律宾	新加坡	越南	泰国	老挝	柬埔寨
DEX	0.11	10.43	10.71	2.08	11.59	5.22	19.63	22.38	0.22	1.54
IME	29.46	86.77	71.15	217.68	64.93	41.64	133.46	31.23	126.12	43.98
EXE	56.18	−6.26	18.37	−0.91	4.54	59.38	2.14	21.58	12.18	1.49
EIE	14.36	19.49	10.48	−116.77	30.53	−1.02	−35.59	47.19	−38.30	54.54
GIM	18.31	81.84	40.40	104.55	53.36	37.13	64.29	28.02	181.75	33.60
PIM	11.16	4.92	30.75	113.13	11.58	4.51	69.17	3.21	−55.63	10.38
CPM	0.00	0.00	0.00	0.00	0.00	0.00	0.00	0.00	0.00	0.00
GEX	70.01	10.57	46.93	−0.64	23.37	47.86	14.77	42.48	−22.14	15.60
PEX	−13.83	−16.83	−28.57	−0.27	−18.84	11.53	−12.63	−20.90	34.32	−14.12
CPX	0.00	0.00	0.00	0.00	8.27	0.00	0.00	0.00	0.00	0.00
PIE	9.38	−4.49	4.96	−5.56	4.52	18.63	3.03	14.98	32.81	4.84
DIE	4.98	23.98	5.52	−111.21	26.01	−19.65	−38.62	32.21	−71.11	49.70

注：DEX 单位是：亿美元，其他指标单位：%。

（三）产业层面的 CMS 模型分解

2010—2018 年，中国对 RCEP 国家农产品出口增长主要源于种植业，增长 62.73 亿美元，占比超过一半，其他类型农产品也有不同程度的增长。CMS 第一层次分解结果发现，进口市场需求效应占据主导地位，特别是种植业、畜牧业、农副业、渔产业等四大类产品，出口增长主要是由进口需求扩大引起的；林产业的市场需求效应稍低于出口竞争力效应，表明中国林产业出口竞争力的提升对出口增长起到关键作用，但是其他产业竞争力效应普遍不高，特别是畜牧业的贡献率仅为 – 35.54%，意味着总体市场份额是萎缩的，出口竞争力面临巨大压力；但是畜牧业的供需交互效应显著为正，部分抵消了出口竞争力不高的压力，林产业的交互效应进一步推动了进口市场规模效应和出口竞争力效应的扩张，其他产业的交互效应没有显著的影响。

CMS 第二层次分解结果发现，在进口需求效应中，五大类农产品无一例外，总体市场规模效应占据主导地位，为中国农产品出口增长提供了稳步上升的市场空间；进口国别结构效应在种植业和畜牧业中有积极影响，但其贡献率仍低于进口产品结构效应，说明种植业和畜牧业的出口结构契合了 RCEP 国别需求结构和产品需求结构的变化，相似的情况还有水产业的出口，而林产业和农副业的契合度存在问题，市场结构交互效应对此有所矫正。在出口竞争力效应中，整体竞争力效应的贡献较大，但不同产业的贡献率有所增减，主要原因在于产品竞争力结构效应和国别竞争力结构效应的影响较大，且竞争力结构变动对出口增长的影响各有差异，种植业和水产业均为负值，林产业和畜牧业相互掣肘，农副业的促进作用比较低，虽然竞争力结构交互效应对此有所矫正，但幅度不大。而供需交互效应主要体现为进口结构变化与出口竞争力变动的协同效应，林产业、畜牧业的贡献率为正，而种植业、水产业、农副业未能抓住 RCEP 国家进口需求增长的机会。

表 6　中国 2010—2018 年对 RCEP 国家不同产业出口变动及 CMS 分解

类别	种植业		林产业		畜牧业		农副业		水产业	
	差额	贡献率	差额	贡献率	差额	贡献率	差额	贡献率	差额	贡献率
DEX	62.73	100.00	18.24	100.00	6.42	100.00	13.65	100.00	22.39	100.00
IME	62.92	100.31	5.77	31.65	6.74	105.00	11.53	84.46	21.51	96.07
EXE	2.57	4.09	7.19	39.40	– 2.28	– 35.54	2.10	15.41	2.62	11.72
EIE	– 2.76	– 4.40	5.28	28.95	1.96	30.55	0.02	0.13	– 1.74	– 7.78
GIM	37.24	59.36	6.17	33.84	7.41	115.58	11.28	82.68	14.26	63.68

续表

类别	种植业		林产业		畜牧业		农副业		水产业	
	差额	贡献率	差额	贡献率	差额	贡献率	差额	贡献率	差额	贡献率
CIM	11.85	18.89	0.81	4.42	1.12	17.47	-0.03	-0.21	1.72	7.67
PIM	24.96	39.79	-0.89	-4.88	1.67	25.98	-2.52	-18.43	6.23	27.81
CPM	-11.13	-17.74	-0.32	-1.74	-3.47	-54.03	2.79	20.42	-0.69	-3.09
GEX	18.33	29.22	9.72	53.29	-0.68	-10.60	1.50	11.00	6.44	28.75
CEX	-6.37	-10.15	-3.47	-19.01	0.12	1.82	1.06	7.74	-0.81	-3.61
PEX	-14.70	-23.44	0.49	2.68	-2.12	-33.10	0.53	3.88	-4.38	-19.57
CPX	5.31	8.47	0.44	2.44	0.41	6.33	-0.98	-7.21	1.38	6.15
PIE	1.00	1.60	1.74	9.51	-1.07	-16.72	1.21	8.85	0.69	3.08
DIE	-3.76	-6.00	3.55	19.44	3.03	47.26	-1.19	-8.73	-2.43	-10.87

注：差额单位：亿美元，贡献率单位：%。

五、研究结论与政策建议

为探讨出口增长的影响因素及竞争力结构特征，本文改进了 CMS 二层次分解模型，将出口竞争力结构效应区分为国别竞争力结构效应、产品竞争力结构效应、竞争力结构交互效应等三部分。基于改进的 CMS 模型，研究了中国对 RCEP 国家农产品出口增长的动态特征及波动因素，主要结论表明：（1）中国农产品在 RCEP 国家市场的出口规模不断增长，主要集中在日本、越南、韩国、泰国、马来西亚、菲律宾等国家和种植业、农副业等产品类型；出口增长主要源于 RCEP 国家总体进口规模的扩大，其次为产品进口结构的调整以及国别进口结构的变化，但是 RCEP 国家进口规模不稳定，导致中国农产品出口波动性较大。（2）中国农产品出口竞争力有所提升，对出口增长起到积极的推动作用，但在出口规模较大的国别和产品市场上，中国出口竞争力明显下降，特别是在韩国、缅甸、印度尼西亚等国家，以及畜牧业等产品类型上，对出口增长的负面影响十分显著，不过国别与产品竞争力结构的交互效应缓和了部分不利影响；另外，动态分析发现，近些年中国农产品出口竞争力有下降的趋势。（3）供需交互效应对中国农产品出口增长的影响较弱，中国出口竞争力变化较好地适应了总体进口规模的变动，而未能与进口结构变化相协调，这一特征在日本、越南、澳大利亚、新加坡等市场以及种植业、农副业、渔业等产品市场上表现明显。

针对中国对 RCEP 国家农产品出口额增长的制约因素，本文提出以下几点改进建议：（1）利用 RCEP 正式签署的贸易创造和转移效应，充分挖掘域内农产品市场潜力。通过增加国际贸易运输、仓储、物流等配套设施的建设，降低中国进出口贸易成本；通过优化报关、通关、检验检疫等方面的合作，不断优化贸易便利化水平；构建区域内贸易交易结算机制和争端协调解决机制，不断完善中国与 RCEP 国家的贸易环境；加强农业技术、产品标准、绿色环保等方面的合作，实现资源的有效配置和市场需求的规模扩大，促进中国农产品出口增长。（2）提升中国出口农产品的质量及国际竞争力。坚持推进农业供给侧结构性改革，通过土地使用权流转改革实现农产品规模生产，降低平均成本；鼓励山地丘陵等地区因地制宜发展特色农业，提高农产品附加值；应用财政贴息和调减法定准备金等手段，鼓励涉农企业上市融资或者银行贷款，扶植新型农业经营主体发展；加大农产品科技研发的项目支持力度，实施不低于国际标准的农产品生产销售全流程监管，建立农产品品牌效应和多模式销售渠道，扩大在 RCEP 国家的市场份额，特别是在市场需求快速增长的国家和产品市场。（3）积极推进中国与 RCEP 国家的经济、科技、学术与文化交流，通过多层次的沟通渠道，充分挖掘区域内有价值的要素资源和有效的市场，基于要素市场和商品市场的有效配置机制，实现生产效率的提高、质量的提升、规模的扩大，以及国际贸易的便捷、高效和规模的扩张，实现出口竞争力提高与进口规模扩大的良性循环。

参考文献

[1] Michael Bruno. Domestic Resource Costs and Effective Protection: Clarification and Synthesis [J]. Journal of Political Economy, 1972, 80(1): 16－33.

[2] Balassa, Bela. Trade Liberalization and Revealed Comparative Advantage [J]. Manchester School of Economic and Social Studies, 1965(33): 99–123.

[3] Ahmadi－Esfahani, F.Z.. Wheat Market Shares in the Presence of Japanese Import Quotas [J]. Journal of Policy Modeling, 1995.17(3): p.315－323.

[4] Batista J C. Competition between Brazil and other exporting countries in the US import market: a new extension of constant-market-shares analysis [J].Applied Economics, 2008, 40(19): 2477－2487.

[5] Tyszynski H. World Trade in Manufactured Commodities, 1899－1950 [J]. The Manchester School. 1951, 19(3): 272－304.

[6] Leamer, E. E., & Stern, R.M.. Constant-market-share analysis of export growth [J]. Quantitative international economics. Boston: Allyn and Bacon, 1970(1): 171－183.

［7］Rigaux, L. R. Market share analysis applied to Canadian wheat exports [J]. Canadian Journal of Agricultural Economics, 1971 Jul; 19(1): 22－34..
［8］Sprott, D. C. Market share analysis of Australian wheat exports between 1950－51 and 1969－70 [J]. Australia Bur Agr Econ Wheat Situation, 1972.
［9］Jepma C J. Extensions and application possibilities of the constant market shares analysis. The case of the developing countries' export [J]. University of Groningen, 1986.
［10］Milana C. Constant-market-shares analysis and index number theory [J]. European Journal of Political Economy, 1988, 4(4): 453－478.
［11］李萍．中国对金砖国家出口贸易增长动态波动研究——基于 CMS 模型的因素分解及测算［J］．国际贸易问题，2015（5）：82－91.
［12］杨立卓．中国对“一带一路”国家出口动态波动的实证分析——基于需求、结构和竞争力的三维视角［J］．世界经济与政治论坛，2016（1）：106－118.
［13］陆文聪，梅燕．中国–欧盟农产品贸易增长的成因：基于 CMS 模型的实证分析［J］．农业经济问题，2007（12）：15－19，110.
［14］樊兢．中国与东盟高新技术产品贸易动态波动研究——基于修正的 CMS 模型的因素测算［J］．经济体制改革，2019（1）：120－127.
［15］王玉荣，吴刚．中美信息技术产品贸易增长动态演变研究［J］．科研管理，2018，V39（3）：20－28.
［16］郑学党，庄芮．中美高新技术产品贸易增长因素研究——基于修正的 CMS 模型分析［J］．科学学研究，2015，33（5）：683－693.
［17］卢艳平，肖海峰．中美纺织品贸易变动影响因素——基于修正的 CMS 模型［J］．中国农业大学学报，2020，25（6）：154－164.
［18］马佳，漆雁斌．中国畜产品贸易逆差影响因素研究——基于 CMS 模型的实证分析［J］．农业技术经济，2014（2）：96－102.
［19］李靓，穆月英．基于 CMS 模型的中澳粮食贸易及其影响因素分解研究［J］．国际经贸探索，2015，31（9）：20－30.
［20］耿晔强．中国对日本水产品出口的动态增长：基于 CMS 模型的实证分析［J］．中国农村经济，2010（7）：19－27.
［21］高薇洋，田明华，吴成亮，李春晖，魏僮．CMS 模型中国木质林产品供给波动分析［J］．林业经济问题，2019，39（1）：8－17.
［22］刘春鹏，肖海峰．中国与中东欧 16 国农产品贸易增长成因研究——基于 CMS 模型的实证分析［J］．农业技术经济，2018（9）：135－144.
［23］徐明峰．全球农产品贸易与中国农产品国际竞争力研究［D］．东北财经大学，2011.

[24] 程国强. 世界贸易体系中的中国农业[J]. 管理世界，2005（5）：84-95.
[25] 赵亮，穆月英. 东亚“10+3”国家农产品国际竞争力分解及比较研究——基于分类农产品的 CMS 模型[J]. 国际贸易问题，2012（4）：61-74.
[26] 佟继英. 中澳农产品贸易特征及国际竞争力分解——基于分类农产品的 CMS 模型[J]. 经济问题探索，2016（8）：155-164.